54 rue Centrale

Presse, littérature et gastronomie lyonnaises (1930-1950)

En couverture : Kléber Haedens, Henry Clos Jouve, Yves Krier, Marcel E. Grancher et Pierre Scize, croqués par Julien Pavil.

Jean-Bernard Frappé

54 rue Centrale

Presse, littérature et gastronomie lyonnaises (1930-1950)

HEIMDAL

- Ouvrage écrit par Jean-Bernard Frappé
- Rédaction graphique : Christel Lebret
- Prépresse : Nicolas Bucourt

Editions Heimdal
2 rue de la Cartoucherie - 14400 Saint-Martin-des-Entrées
Tél. : 02.31.51.68.68
www.editions-heimdal.fr

ISBN 978-2-84048-555-1

Sommaire

I En guise d'introduction 9
La presse à Lyon dans les années 1930 9
II Marcel E. Grancher 13
Lyon – Paris - Lyon 13
Le gone 14
Le soldat 21
Le globe-trotter 24
Le journaliste 28
Le publiciste 32
L'auteur 35
L'éditeur 43
III Les *Editions Lugdunum* et *Le Mois à Lyon* 45
Les éditeurs, imprimeurs et libraires lyonnais de l'entre-deux guerres 45
Des débuts prometteurs 46
La Semaine à Lyon 47
Et *La Semaine* devint *Le Mois* ! 52
Pendant ce temps-là, aux Editions Lugdunum… 54
En quête de nouveaux auteurs 56
François Lecot (1878-1959) - L'homme des 400 000 kilomètres 56
Vers la guerre… 62
IV Max-André Dazergues 65
La discrétion faite homme 65
Le polygraphe 67
Montée des anges 70
La guerre, l'occupation 72
La liberté retrouvée 74
Les temps changent 76
Post-scriptum 79
V Léon Charlaix 81
Une vie d'aventures : Félix Charlaix 81
Un jeune homme de bonne famille 83

Le journaliste-publiciste-courtier ... 86
C'est la guerre ! ... 89
La Ferme ... 91
La paix revenue ... 94

VI Marcel Veyre ... 97
Où tout commence par un accident de la circulation ... 97
Où l'on se doit de faire un retour en arrière ! ... 98
Où entre en scène l'esprit de Mandrin ... 100
Où les esprits se manifestent ... 103
Où la crédulité et l'abus de confiance font bientôt place à l'escroquerie 106
Où tout se complique ... 109
Où l'on découvre le pot aux roses ... 112
Où se tient l'extravagant procès de Mandrin ... 115
La deuxième vie de Marcel Veyre ... 118
Marcel Veyre vu par Frédéric Dard ... 123
Le retour du soldat ... 126
La troisième vie de Marcel Veyre… de Bagot ... 128

VII La guerre, la défaite et les « Repliés » ... 135
Le temps d'une « Drôle de guerre » ! ... 135
En zone libre ... 136
Les repliés ... 137
Nouvelle donne pour la presse « lyonnaise » ... 141
L'œuvre de la Goutte de vin ... 144
La Maison de la Presse parisienne ... 145
Lyon, capitale de la presse française ... 149
« Madame Anastasie » ... 150
Retour sous la botte allemande ... 152
Paris-soir : les tribulations
d'un grand quotidien national dans l'adversité ... 153
Lyon, capitale de la presse clandestine ... 156
L'affaire du « faux *Nouvelliste* » ... 158

VIII Les copains ... 163
Les journalistes ... 163
Pierre Scize ... 163
Henry Clos-Jouve ... 170

Le professeur 177
Edmond Locard 177
Les restaurateurs 181
Gaston Simonet 181
Gaby Roch 189

IX Frédéric Dard 195
Le Mois à Lyon 195
Premiers écrits 202
Monsieur Joos 205
Les Editions de Savoie 210
Gregory Alexinsky 214
« Paris, 410 kilomètres » 219

X Le Prix Lugdunum et autres prix littéraires 227
Le Prix des Amis de Lyon et le prix Paul Lintier 227
Jean Dufourt 229
Le Prix Pierre-Scize 233
Le Prix Littéraire du « Comité du Cercle Lyonnais des Relations Intellectuelles » 234
Le Grand Prix Littéraire de Lyon et le Prix André Dahl 236
Le Prix Lugdunum et le Prix Claude Le Marguet 241
Le Grand Prix de Comédie et le Prix Gahide 244
Georges-Charles Gahide 244
Le Prix Lugdunum s'installe dans la pérennité 246

XI Journalisme et gastronomie 253
« Lyon, capitale mondiale de la gastronomie » 253
Maurice Edmond Saillant dit Curnonsky « Prince des gastronomes » 256
Début dans les lettres 257
Curnonsky « Prince des gastronomes » 258
Amicales, sociétés et autres clubs 260
Le concours du meilleur « pot » 261
L'Académie Lyonnaise des gastronomes 263
Les Amis des Halles 265

XII L'avenir est ailleurs ! 269
Marcel Grancher, la guerre et les lendemains qui déchantent 269
1943 : année de tous les dangers 271

L'espoir… au bout de la nuit ? 273
Marcel Grancher : le temps de la discrétion 274
La Libération…, enfin ! 275
Et le *Mois* redevint *La Semaine* ! 278
L'Almanach de la Semaine et le prix Rabelais 279
Tel le Phénix 281
Les Editions Lugdunum pendant ce temps-là 282
Un cycle s'achève, un autre commence 285

I En guise d'introduction

« Le journaliste est le seul écrivain qui, lorsqu'il prend la plume, ne songe pas à l'immortalité. Cela suffit pour le faire aimer. »

Ugo Ojetti (1)

Un propos original, des « focus » inédits, des personnages pittoresques et attachants, vingt années entre guerre et paix, voilà ce que proposent les pages qui vont suivre : une histoire lyonnaise vue à travers le prisme des aventures et des tribulations de quelques protagonistes pour le moins originaux : des journalistes, des auteurs, des artistes, des fantaisistes, des gastronomes...

Cette histoire prend place au début des années 1930, à Lyon. Elle se déroule durant dix années de paix lourdes de menaces, cinq années de guerre et cinq encore de liberté revenue. Elle trouvera son terme à l'aube des années 1950 : c'était hier. C'était au siècle dernier.

La presse à Lyon dans les années 1930

Nous voilà au milieu des années 1930. Cinq grands quotidiens d'information, de nombreux magazines périodiques et une centaine de publications spécialisées couvrant des domaines très divers sont à disposition des Lyonnais. Le paysage « journalistique » de l'époque compte même quelques feuilles périphériques comme à Villeurbanne ou à Vienne, qui complètent agréablement l'offre d'information.

Chaque matin, les *Messageries Hachette* distribuent ainsi *Le progrès*, *Le Nouvelliste*, le *Lyon Républicain* et dans une moindre mesure *Le Nouveau Journal* à la diffusion plus restreinte. La tournée du soir permet aux vendeurs des kiosques de mettre en place *Le Salut Public* dès 17 heures.

Tous ces journaux sont politiquement engagés et cultivent une clientèle qui leur est particulièrement fidèle.

Le plus ancien d'entre eux, *Le Salut Public*, se veut un quotidien politique, littéraire, commercial et financier : il est, à la différence de ses confrères, purement « lyonnais » ! Créé en 1848, il occupe alors des locaux situés au-delà du Rhône, au 71 de la rue Molière, dans un grand immeuble construit en 1882. Outre ses lecteurs du soir, il est avant tout utilisé par les sociétés lyonnaises pour leurs publications et avis. Un conseil d'administration, composé d'industriels et de gros commerçants, veille de très près à une ligne éditoriale catholique, républicaine et libérale.

(1) *Sessanta*, A. Mondadori Editore, Milano, 1937. Ugo Ojetti (1871-1946) : écrivain, critique d'art et journaliste italien qui dirigea un temps le *Corriere Della Sera*.

Son concurrent direct est *Le Progrès*, dont le premier numéro est paru en 1859. C'est à l'époque le plus gros tirage de la presse régionale – 250 000 exemplaires vers 1935 - et ses nombreuses éditions sont diffusées des montagnes de Savoie jusqu'aux vallées de la Saône et de la Loire. Lui s'affiche comme un journal de la gauche « républicaine », mais aussi comme un grand journal d'informations. Il occupe alors, au 85 de la rue de la République, les somptueux locaux de l'ancien *Théâtre Bellecour* où il s'est installé au milieu des années 1890(2). Rédaction, administration, imprimerie, mobilisent près de 350 employés. Idéalement située au cœur même de la ville, sa vaste salle des dépêches est le lieu de rendez-vous quotidien de très nombreux Lyonnais qui viennent là prendre en direct les dernières informations régionales, nationales ou internationales du moment.

Plus engagé encore vers les classes ouvrières et populaires, le Lyon Républicain occupe la troisième place des quotidiens du matin. Crée en 1878, c'est aussi le plus jeune des trois, mais il peut déjà revendiquer plus de cinquante années d'existence. Il partage ses locaux entre le 6 de la rue Childebert, où il a son administration et sa salle des dépêches, et la rue Bellecordière, au 10 bis, où se situent la rédaction et l'imprimerie. Avec ses neuf éditions quotidiennes distribuées sur 27 départements, le journal, qui prône les valeurs d'une gauche engagée, se veut avant tout un journal d'opinion.

Telle est aussi la vocation de son adversaire le plus déterminé, *Le Nouvelliste*, dont l'audience approche souvent celle du *Progrès*. Dernier arrivé sur la place, son premier numéro est paru en 1880. La personnalité de son directeur, Félix Garcin, marque profondément le journal qui reprend à son compte les positions de la droite chrétienne, très influente à Lyon(3). Etabli dans un grand et bel immeuble au 14 de la rue de la Charité, il dispose d'un matériel moderne et peut se permettre de gros tirages qui touchent alors un large public de lecteurs.

Enfin, le plus « jeune » de tous, *Le Nouveau Journal*, qui a installé ses bureaux au 46 de la rue de la Charité, offre, depuis le 1er mars 1925, un quotidien « républicain » qui se veut « Le Grand Organe moderne d'information » de Lyon, du Sud-est et du Centre. Racheté depuis peu par *Le Nouvelliste*, sa ligne éditoriale s'infléchit naturellement vers une droite conservatrice.

A la même époque, nombreux sont les périodiques qui abondent les kiosques et les marchands de journaux lyonnais. Paul Duvivier est alors le président de *l'Association de la Presse Périodique Lyonnaise*. Ce qui ne l'empêche pas de veiller par ailleurs à la bonne marche de l'hebdomadaire *Le Tout Lyon*. Depuis près de quarante ans, son journal rapporte fidèlement, tous les dimanches, « tout ce qui touche au monde, aux lettres et aux arts » mais surtout aux évènements de la vie mondaine : soirées, banquets, « premières », d'entre Rhône et Saône.

Intervenant sur ce même champ de la vie mondaine, le bimensuel *Notre Carnet* initié en 1923 par Tancrède de Visan tient sa place depuis une douzaine d'années : sa spécialité, les mariages dans les familles de la bourgeoisie locale. La deuxième moitié du périodique offre à ses lecteurs toutes les photos des « convolants » sur le parvis des églises, plus rarement des mairies. Du « people » avant l'heure !

Plus en prise avec la vie institutionnelle, politique et économique, *La Vie Lyonnaise* propose chaque semaine des articles superficiels et convenus, illustrés de nombreuses photographies. Son directeur, Gabriel Berthillier, plutôt engagé à droite, conduira son magazine, la guerre venue, du côté du régime de Vichy, ce qui lui vaudra de le perdre à la Libération.

Cette revue de la presse ne serait pas complète si on ne citait encore les hebdomadaires de la vie politique et littéraire lyonnaise comme *Ici Lyon* de Paul Dorzal ou *La République lyonnaise* de Louis Jasseron, les hebdomadaires satiriques comme *Le Passe-partout* de Marcel d'Acanthe ou encore *Le Cri de Lyon* de Jacques Morins, voire *Guignol* de Joanny Lorge. Quant à l'hebdomadaire *Lyon-sport*, de Jacques Faivre, outre sa qualité d'avoir été le premier journal sportif français, il propose un panorama complet des différentes disciplines pratiquées dans la région. *Spectacles* enfin, de Jean Clère, livre au moins une fois par mois une revue exhaustive de la vie artistique : concerts, cinéma, théâtre, expositions...

Si on ajoute les dizaines de « feuilles » professionnelles et autres bulletins d'associations qui paraissent périodiquement, ce sont plus de 250 publications qui sortent régulièrement d'un grand nombre d'imprimeries de toutes tailles allant des grandes maisons aux petits ateliers de quartier. Sur les 300 millions de tonnes de papier que l'on « consomme » alors en France par an, on peut estimer qu'entre 20 et 30 millions de tonnes passent entre les rotatives ou sous les presses lyonnaises.

Au total, ce sont des centaines de linotypistes, de livreurs, de manutentionnaires, de secrétaires, de journalistes, d'écrivains – on y rencontre quelquefois le double lauréat du *Prix Goncourt* Henri Béraud - qui ont alors leurs habitudes à proximité des rédactions ou des imprimeries des journaux.

Les bistrots, bars et petits restaurants de la rue Bellecordière ou de la rue Confort sont autant de lieux de convivialité, de rencontre et d'échanges : *La ratière, Le Dauphin*, *Le Monde*, à deux pas des locaux du *Progrès* ou du *Lyon Républicain* sont parmi les plus fréquentés. Le café Camus, place de l'Hôpital, a ses clients fidèles. Certains de ces établissements, comme *L'horizon,* restent même ouverts très tard dans la nuit. Une affichette sur le volet de sa porte avertit les éventuels clients noctambules : « Si vous n'êtes pas de la presse, ne frappez pas ! ».

Enfin, il y a ceux que l'on fréquente plus particulièrement pour leur cadre et leur table que pour l'intimité qu'ils offrent : *La Brasserie des Archers*, sise au 93

(2) Adresse qui est aujourd'hui celle de la *FNAC Bellecour*, *Le Progrès* ayant entre-temps transféré son siège dans le nouveau quartier de la Confluence.

(3) Catholique intransigeant et foncièrement anticommuniste, Félix Garcin entraînera son journal dans un corporatisme de plus en plus affirmé qui l'amènera à cautionner, dès la fin de l'année 1940, la « Révolution nationale » prônée par le maréchal Pétain. Devenu « collaborationniste », le quotidien disparaîtra avec le régime de Vichy et seule la superbe façade de l'immeuble qu'il occupait rue de la Charité ainsi que son enseigne gravée dans la pierre rappellent aujourd'hui au passant son existence.

de la rue de l'Hôtel de Ville,[4] y tient une place de choix et le monde s'y précipite nuit et jour :

> *Voulez-vous, au cours de l'après-midi, boire une bonne bière ? Vous allez aux Archers. Voulez-vous prendre un apéritif bien servi ? Vous allez aux Archers. Voulez-vous bien déjeuner ou bien dîner ? Vous allez aux Archers. Voulez-vous souper après le spectacle ? Vous allez au Archers. Vous n'avez même pas à chercher : cela vous vient tout naturellement à l'esprit.*
>
> *Ah ! ces soupers des Archers... La gratinée fumante... Les huîtres... Les écrevisses... Le pâté en croûte... Le vin blanc...*

peut-on alors lire dans un livre qui vient de paraître, livre tout entier consacré à la gastronomie lyonnaise : 245 pages, riches d'illustrations, de photos, de caricatures, proposées par Curnonsky, le prince élu des gastronomes, associé à un certain Marcel-E. Grancher.

Dernier venu dans le paysage journalistique et littéraire de la capitale des Gaules, celui-ci est alors à la tête d'une nouvelle maison d'édition particulièrement active, en même temps que d'un mensuel qui commence à faire beaucoup d'ombre à ses concurrents et dont il est le directeur-rédacteur en chef. Adresse ? **54 rue Centrale**.

Les Editions Lugdunum, le magazine *Le Mois à Lyon*, la vie de Marcel Grancher et de quelques-uns de ses amis donneront le ton des chapitres qui vont suivre...

(4) Actuelle rue du Président-Herriot.

II Marcel E. Grancher

L'ingratitude est fille du bienfait.

Henry Murger[6]

Vingt années durant, entre 1930 et 1950, Marcel Grancher n'eut de cesse que de faire connaître et aimer Lyon. Nul lieu de la capitale des Gaules ne rappelle pourtant aujourd'hui son souvenir !

Lyon – Paris - Lyon

L'homme porte beau ! Quant il ne se présente pas vêtu d'un costume sur mesure du meilleur chic parisien et coiffé d'un chapeau à large bord, Marcel Grancher arbore des tenues plus « sport », blazer sombre et pantalon clair, une ample casquette sur la tête. L'élégance est son fort et il sait la mettre à son profit. Grand, carré d'épaules, le front haut, le regard vif et clair, il ne laisse personne indifférent. Son caractère y aide car le personnage est courageux, entreprenant, déterminé. Il aime l'aventure et le risque. Et à trente-cinq ans il l'a souvent prouvé !

On est à l'été 1932. Grancher vient de se décider à tout remettre en cause pour se lancer dans une nouvelle aventure : quitter Paris où il avait « émigré » quelques années auparavant et où il s'est fait une situation des plus confortables, pour rentrer à Lyon où il compte investir une partie de son capital dans la création d'une maison d'édition et d'un nouvel hebdomadaire. Rien de moins !

La situation économique de la France n'est pourtant pas au mieux et le pays connaît une importante récession. Ainsi, la production industrielle est tombée à plus de vingt points en dessous de son niveau de 1928. Plus de 900 000 chômeurs sont privés de revenus et le quart des travailleurs des grandes entreprises sont touchés par le chômage partiel. Pourtant, les effets de la crise restent supportables pour la population car la diminution de plus de douze pour cent des salaires a été accompagnée d'une forte déflation qui a vu les prix de détail et le coût de la vie diminuer dans le même temps de vingt-cinq pour cent.

Et puis les signes encourageants pour notre industrie sont là : n'est-on pas sur le point de mettre à flot le paquebot *Normandie*, appelé à devenir le plus grand et le plus luxueux navire du monde. Une nouvelle marque automobile, la *SAFAF*, une filiale de *FIAT* qui va bientôt donner naissance à la célèbre marque *SIMCA*[7] vient de faire son apparition au dernier Salon de Paris. Quelque mois plus tôt, un

(6) *Scènes de la vie de bohème,* Michel Lévy, libraires-éditeurs, Paris, 1851.

(7) SAFAF : Société Anonyme Française pour la fabrication en France des Automobiles Fiat – SIMCA : Société Industrielle de Mécanique et Carrosserie Automobile.

certain Jean Mantelet a même déposé un brevet pour un « moulin-légume » qui va révolutionner la vie de la ménagère française en même temps qu'il devait faire sa fortune : de ce presse-purée devait naître quelques années plus tard *Moulinex* !

Marcel Grancher lui ne rêve pas de fortune mais de réussite. Chez lui, à Lyon !

Voilà sept années qu'il a quitté les bords du Rhône pour rejoindre ceux de la Seine.

Dans un premier temps, il s'agissait pour lui de rompre avec une certaine monotonie, voire un certain ennui qui commençait à s'installer dans sa vie. Il faut dire que jusqu'alors celle-ci avait été particulièrement riche d'aventures, de découvertes et d'émotions.

Revenons-en au point de départ !

Le gone

Marcel Etienne Grancher est né le 12 août 1897 à Lons-le-Saunier. Ses parents sont alors les heureux propriétaires du « Grand café du Palais », un établissement très bien placé face à l'Hôtel de ville, au 7 de la place du même nom. L'affaire est prospère et le lieu de rendez-vous habituel de bien des notables de la ville, son maire en tête. Le jeune Grancher, qui vit là ses toutes premières années, en gardera un souvenir des plus colorés :

> *Un beau café : tables de marbre, « caisse » en marbre, comptoir en marbre – le tout délicatement veiné comme un vieux Roquefort – percolateur nickelé, plantes grasses. Etagères surchargées de bouteilles multicolores, à la contemplation précoce desquelles je dois sans doute le goût que j'éprouve depuis toujours pour la peinture : opale des absinthes, brun van Dyck des amers, ponceau des cassis, or vert des sirops de citron, blanc laiteux des orgeats...*[(8)]

Si sa grand-mère et sa mère, en femmes avisées, gèrent l'affaire avec sérieux, il n'en est pas de même pour le père : Antoine Grancher[(9)] serait plutôt du genre bohême. L'homme est pour le moins pittoresque : grand, fort, musclé, la moustache portée haut, le verbe sonore, il est aussi élégant qu'imprévisible et met une ardeur toute personnelle à gérer son établissement. A vrai dire, il s'occupe plus particulièrement de la cave...

Ses amis le savent bien qui n'hésitent jamais à profiter de ses largesses, car Grancher père règle le plus souvent l'addition avec ses propres deniers... et ceux de la famille par la même occasion. La politique, les parties de cartes, le billard, la chasse, la cuisine et les voyages à travers le monde sont ses passions.

Aussi l'argent file vite entre ses doigts et la bonne marche de l'établissement s'en ressent. Quatre années plus tard, de la dot amenée par son épouse il ne reste pratiquement plus rien et le café doit être vendu. Comme pour beaucoup de Jurassiens de cette époque, il ne reste plus que l'exode. Et comme pour beaucoup d'entre eux, c'est vers Lyon que des familles entières convergent.

En mai 1901, les Grancher emménagent donc dans le quartier des Brotteaux. Rue du Parfait-Silence, au 9[10]. Trois pièces situées à l'entresol. L'appartement est triste et sombre. Les fenêtres ne donnent plus sur les montagnes lédoniennes[11] mais sur la façade de l'immeuble d'en face. Pavée de gros galets, la rue est limitée à chacune de ses extrémités par d'imposantes et mystérieuses bâtisses, la loge maçonnique qui lui a donné son nom à son débouché sur le cours Garibaldi, la villa du mage-guérisseur Philippe vers celui de la rue Tête d'Or. La première, pratiquement dépourvue d'ouvertures et défendue par une lourde porte de chêne, ressemble à une forteresse, tandis qu'un haut mur peint d'un bleu étrange interdit l'accès au jardin et à la maison du mage. De quoi exciter la curiosité de bien des enfants du voisinage, le petit Marcel n'étant pas le dernier à vouloir percer ces mystères : sans succès.[12]

Le jeune enfant est en effet curieux et sa curiosité est largement satisfaite par un père qui l'entraîne à tous propos vers les différents quartiers de Lyon. Ici pour suivre les travaux de construction de la nouvelle gare des Brotteaux, là pour assister au spectacle coloré des joutes sur la Saône à Vaise, là encore pour admirer les joueurs de boules de la Place Bellecour. Les jours de pluie, c'est vers le musée du Palais Saint-Pierre que le père emmène le fils : aux toiles suspendues des cimaises, il est vrai que Marcel préfère les momies égyptiennes.

Le jeune garçon devait-il y fonder son goût pour les arts et les artistes ?

Et puis il y a les fêtes : le 14 juillet et ses bals de quartiers, le 8 décembre et ses incroyables illuminations, sans oublier la célèbre vogue des marrons à la Croix-Rousse. Marcel découvre le théâtre de Guignol, admire les cow-boys et les indiens du *Wild West Show* du célèbre Buffalo Bill, que son père à l'honneur de connaître personnellement !

N'a-t-il pas « bourlingué » dans le monde entier pour y faire tant de rencontres : en Chine, à Madagascar, au Chili, en Tunisie, à Londres…

Le jeune Grancher devait-il hériter de ce penchant immodéré pour le voyage ?

Des rencontres, ce père exubérant en fait encore de plus modestes à longueur d'année à Lyon où il fréquente les (très) nombreux « bouchons » de quartiers. Il y emmène son fils qu'il présente avec fierté au patron et aux consommateurs. Il a plus particulièrement ses habitudes dans deux de ces établissements, le renommé *La Brioche* de la rue de la Barre et le fantastique *Mal-Assis* de la rue Jean-de-Tournes.

(8) In *Quand la soif s'apaise…*, Editions Rabelais, Paris, 1962

(9) Curieusement, Marcel Grancher évoquera à plusieurs reprises dans ses livres la figure de son père à qui il donne le prénom d'Henri. Tous les actes d'état civil ne mentionnent cependant que le seul prénom d'Antoine. Ce prénom d'Henri est toutefois attesté lors du recensement de 1906, après que la famille soit venue s'installer à Lyon, à cette adresse.

(10) Aujourd'hui rue Laurent Vibert, industriel qui donna une dimension internationale à la célèbre lotion capillaire *Pétrole Hahn* dont les usines étaient à Lyon. Reconnu pour sa politique d'entreprise visant au progrès social, il organisa et présida le syndicat de la parfumerie lyonnaise.

(11) Adjectif qualifiant ce qui se rattache à la ville de Lons-le-Saunier dont les habitants sont des Lédoniens.

(12) L'imposant bâtiment de la loge sera démoli à la fin des années 1960. Il en sera de même pour la maison de Maître Philippe, les deux édifices ayant laissé place de nos jours à des immeubles modernes.

Jeux de rue devant la Loge du Parfait Silence, vers 1910.

Le jeune Marcel devait-il ne jamais oublier ce dernier établissement pour en faire le cadre du pittoresque roman à succès qu'il écrirait bien plus tard ?

Grancher père a également le goût de la lecture. Un de ses auteurs préférés : Georges Courteline ! *Le Journal amusant* auquel il est abonné publie régulièrement les contes de cet auteur alors à la mode et le père a pris l'habitude de lire au fils quelques histoires des plus savoureuses qui y paraissent. A ce jeu, le jeune garçon en redemande. Avec insistance ! Mais la patience du père a parfois ses limites : si Marcel en veut encore, et bien qu'il apprenne à lire ! C'est ainsi qu'au grand dam de Philomène, sa grand-mère, il ânonnera ses premières phrases avant de goûter aux bancs de l'école.

Il s'agit tout d'abord d'un établissement laïque de la rue Tronchet où il ne reste guère. Fernande, sa mère, profitant d'une nouvelle escapade « au long court » de son mari, décide de le réinscrire dans un externat privé de la rue de Sèze. Les méthodes peu orthodoxes de l'institutrice ont cependant vite fait de revenir aux oreilles de la maman qui décide finalement de confier l'éducation de son fils à une école confessionnelle. C'est ainsi que Marcel Grancher fera la suite de sa scolarité chez les frères de la doctrine chrétienne, dans leur établissement de la rue Sully.

Le 27 janvier 1908, le malheur frappe cette petite famille. Sans qu'on en connaisse la cause, Antoine Grancher décède brutalement à l'hôpital de la Croix-Rousse. Il avait à peine quarante ans. Marcel lui n'en a que dix !

Septembre 1909 : ses études primaires terminées, le garçon est maintenant élève à l'*Ecole de la Salle*, rigoureuse institution jésuite de la rue Masson, sur les pentes de la Croix-Rousse. A l'innocence de la jeunesse a vite succédé la rudesse de la vie des « grands ». Horaires, rythmes d'apprentissage, matières enseignées, professeurs, tout est nouveau. Marcel Grancher écrira plus tard :

> *Une rude école ! Trop rude, peut-être : les malheureux gamins, au nombre desquels je comptais, devaient, pour peu qu'ils habitassent les Brotteaux ou Perrache, se lever à cinq heures pour être à l'école à six et réciter leurs leçons avant la messe de sept heures. Après quoi cours jusqu'à cinq heures du soir et, une fois rentré chez soi, des devoirs qui nous occupaient jusqu'à l'heure du dîner, sinon plus tard. Les jeudis et les dimanches, même programme, mais le matin seulement. [...] Ou l'on devenait un as, ou l'on en sortait abruti pour le restant de ses jours. [...] Le déchet était d'ailleurs considérable : sur cent vingt élèves entrés, une trentaine seulement parvenaient à terminer les trois années d'enseignement prévues.*(13)

Deux ans durant, Marcel Grancher étudiera ainsi l'algèbre, la trigonométrie, la physique, la chimie, particulièrement à l'honneur dans cet établissement. Ces matières « nobles » sont encore complétées par des cours pratiques d'ajustage, de menuiserie et même de tissage... Cependant la littérature n'est pas oubliée, avec des professeurs de qualité qui ont à cœur d'organiser chaque année un concours littéraire : Marcel Grancher devait y acquérir ses premiers lauriers en la matière en raflant dès sa deuxième année de présence le premier prix, battant ainsi d'une « courte tête » un de ses camarades de classe, un certain Joseph Faure qui devait lui aussi « faire carrière » plus tard sous le nom d'Henri Danjou(14).

Sans que son impétrant puisse encore le réaliser, ce premier « prix littéraire » devait déterminer à jamais la vie de Marcel Grancher. En récompense, son professeur de français, le père Marey, a décidé, à quelque temps de là, de conduire son jeune élève au *Salut Public*, le célèbre quotidien lyonnais, pour une visite du journal. Martin Basse, le secrétaire de rédaction est un ancien élève de *la Salle* qui compte alors au nombre des gloires de l'école. L'homme, fin lettré et historien, les aura accueilli avec le meilleur sourire avant de leur faire visiter les locaux du journal.

> *J'en avais le sang aux tempes. Le « marbre », les linos, les Marinonis*(15)*... Ces quelques instants suffirent à révéler l'instinct puissant qu'obscurément j'avais en moi. Et, il ne s'agissait plus d'enfantillages comme mes précédents engouements pour des professions fantaisistes : le soir je fis de la fièvre !*

(13) In *Lyon de mon cœur*, Editions Lugdunum, Lyon, 1932, pour cet extrait et les cinq suivants.

(14) Henri Danjou (1898-1954), poursuivra ses études pour finir avec le titre d'ingénieur de l'Ecole Centrale de Lyon. En 1921, il se reconvertira dans le journalisme et travaillera pour *le Quotidien*, *Paris-Journal*, *Comœdia Illustré*, *Détective*, *Paris-soir*. Envoyé par ce dernier journal comme grand reporter pour couvrir la guerre d'Espagne, il sera le premier à mentionner la présence de l'Allemagne et de l'Italie auprès des insurgés du général Franco. Particulièrement reconnu pour la qualité de ses articles et reportages en France et dans le monde, il accompagnera un temps à ses tous débuts l'Abbé Pierre pour faire connaître la misère des sans-abris. Auteur de romans et d'essais politiques, il aura encore écrit plusieurs scénarii pour le cinéma.

(15) Nom générique des presses rotatives à plieuse, machine inventée par Hyppolite Marinoni (1823-1904).

C'était écrit : Marcel serait journaliste. Seulement voilà ! A l'heure de la rentrée 1912, le tout jeune homme ne veut plus continuer ses études, trop abstraites, trop techniques à son goût : il veut travailler !

> J'avais soif de faire l'homme, comme certains de mes anciens condisciples, que je croisais sur le pont Morand, portant pantalons et discutant affaires. Pour le journalisme, on verrait plus tard.

C'est aussi l'avis de sa mère qui a prévu faute de mieux de l'inscrire aux cours du soir pour qu'il se perfectionne. En attendant, elle lui a trouvé une place de commis chez *Mollard Frères*, des marchands de soie établis au 5 de la Grande rue des Feuillants. Marcel va y faire ses premiers essais professionnels en étant plus particulièrement chargé des courses et de quelques écritures, ceci au salaire de 20 francs par mois. Une unique pièce jaune, un louis d'or, alors que la plupart des autres saute-ruisseaux travaillant dans la soierie sont payés 25 francs ! Cela ne peux suffire au regard de l'ambition du jeune garçon.

Aussi, après quelque temps, quitte-t'il la relativement modeste entreprise *Mollard Frères* pour rejoindre l'une des plus importantes firmes productrices de soies d'Europe, en l'occurrence la société *L. Payen et Cie*, alors installée rue Pizay. Le salaire : 30 francs mensuels. Une manne !

La besogne est cependant plus ardue d'autant qu'il est maintenant confronté à la gestion méticuleuse des stocks de soies, marchandises des plus coûteuses qui demandent un contrôle des plus précis. A l'enregistrement des balles, pesées avec la plus grande exactitude au moment de leur arrivée, correspond un compte particulièrement rigoureux des prélèvements à destination des différents magasins de la firme. Rédaction de fiches, tenues de livres, déclarations d'envois, sont maintenant le lot quotidien du jeune aide-magasinier. Heureusement pour lui, la gestion et la livraison des « flottes d'échantillons » destinées aux acheteurs ou aux essayeurs(16) lui donne l'occasion de grandes tournées à travers tout le quartier et au-delà.

Aussi, apprend-il vite. Il faut dire que ce métier est fait pour inciter au rêve et au voyage. Au-delà de la marchandise première de *Payen*, c'est tout un monde – tout le monde devrait-on dire – qui fait bientôt parti du quotidien de Marcel. L'entreprise est importante et a essaimé aux quatre coins de l'Europe et jusqu'en Inde. Ses filatures sont installées aussi bien aux Vans, en Ardèche, qu'à Pinerolo ou Novi Ligure dans le Piémont italien, à Murcie en Espagne et même à Murshidabad au Bengale. C'est de là que partent principalement les balles de soie à destination de Lyon et dont l'arrivage mensuel est un évènement à part entière.

Aussi, le directeur de ce dernier établissement vient-il au moins une fois l'an en France pour y rencontrer les directeurs lyonnais avant d'aller prendre quelques vacances dans les Alpes ou le Jura. Toute cette activité ne tarde guère à éveiller chez Marcel une furieuse envie d'aller lui aussi « voir ailleurs » :

> *Avec tout ceci, ne manqua pas de naître en moi, puis de grandir et de devenir pénible comme une obsession, ce dessein coupable : partir pour les Indes, au service des filatures Payen.*

Je m'en ouvris à M. Edouard Payen père, qui était bien le plus brave homme que j'eusse jamais rencontré. Il ne se moqua pas de moi, mais me dit :

- Plus tard, petit, plus tard... Travaille bien et nous verrons cela...

Cette réponse normande ne faisait pas mon affaire. J'attendis la prochaine venue de P.E. Gourju [le directeur des filatures des Indes] *et, quand il fut là, le rouge aux oreilles, je fermais les yeux et me lançai, comme quand on veut se noyer :*

- Monsieur, je désirerais aller au Bengale !...

Le directeur des filatures, lui non plus ne rit pas. Il me mit avec gravité la main sur la tête, me regarda attentivement, et dit :

- Excellente idée, petit. Si davantage de tes camarades pensaient au voyage, notre commerce n'en serait pas là où il est. Quel âge as-tu ?

- Quinze ans.

- Parles-tu l'anglais ?

- Un peu.

- Alors, il faut apprendre à le parler très bien. Nous verrons après. Tu es jeune. Tu as encore le temps de partir...

Le jour même, je me fis inscrire aux cours du soir.

Deux années allaient ainsi passer, sans que grand-chose ne change dans la vie de l'aide-magasinier, si ce n'est une augmentation substantielle de ses émoluments passés à 45 francs ! La routine et l'ennui se sont installés et si le jeune homme continue à faire son travail avec sérieux et application, il n'en prête pas moins une oreille attentive aux propos d'un de ses camarades avec lequel il fait du sport.

Car Marcel est sportif, et ce depuis son plus jeune âge. Il s'est ainsi successivement passionné pour le football, puis le rugby. Inscrit au L.O.U., - le Lyon Olympique Universitaire, au déjà célèbre maillot rayé rouge et noir – il pratique très régulièrement le ballon ovale et joue en équipe quatrième. De même s'intéresse-t-il à la boxe et il croise régulièrement les gants avec son camarade Emile Valin, un champion celui-là. Un jour que la conversation s'est orientée vers leurs activités professionnelles respectives et que Marcel lui a fait part de son désir « d'ailleurs », ce Valin, qui est employé dans une importante entreprise de « commission », lui laisse entendre que « chez lui » tous ceux qui désirent aller à l'étranger y trouvent une écoute favorable, suivie le plus souvent d'effet. Lui-même est sur le point de changer d'emploi et il céderait volontiers sa place à son camarade si tant est qu'il sache saisir cette chance !...

Fin de l'année 1913, Marcel intégrait la firme *Cambefort et Cie*, installée au 4 de la rue de la République, pour y débuter au service du courrier :

(16) Techniciens en charge de tester la résistance ou l'élasticité de la soie, sa torsion, etc.

Ce n'était plus une sinécure du genre de celle que j'occupais précédemment. Toute la journée, je devais copier des lettres, écrire des adresses, fermer et timbrer des enveloppes, envoyer des télégrammes. Et ce, pour cent pays différents, la firme trafiquant avec le monde entier. Quelle correspondance ! Certains jours, j'expédiais cinq ou six cents lettres et employais pour mille francs de timbres [...]. Le gros moment de presse était évidemment le soir, tout le monde se trouvant en retard et tous les « rayons » arrivant à la fois et se bousculant pour passer en premier lieu. Quel métier ! Il fallait que le malheureux gone l'exerçant possédât la dextérité d'un escamoteur, la diplomatie d'un ambassadeur et le cerveau d'un Inaudi(17)*. [...] La maison Cambefort faisait de la « commission » c'est-à-dire qu'elle servait d'intermédiaire ducroire*(18) *entre le fabricant et l'acheteur étranger. On lui remettait pour cela des collections d'échantillons qu'elle soumettait à ses clients éventuels, soit en les envoyant par la poste, soit en les faisant présenter par ses voyageurs. D'où l'importance de la correspondance. D'où la multiplicité des rayons : il y avait l'Angleterre, l'Amérique, l'Allemagne, la Suisse, l'Italie, l'Espagne, les Pays balkaniques, l'Amérique du sud, l'Australie, l'Outremer – qui comptait tous les pays au-delà de Suez. -, d'autres encore...*

Les rêves d'évasion du jeune Marcel ont trouvé là une raison supplémentaire de s'enrichir, d'autant que beaucoup de clients étrangers font le voyage de Lyon, interpellant la curiosité du jeune homme qui les voit passer.

A quelque temps de là, alors qu'il a fait des progrès très sensibles en anglais, une nouvelle opportunité lui permet d'intégrer le rayon Outremer, celui des « pays situés au-delà de Suez ». Son chef est un homme brillant, reconnu pour son sens des affaires. Intelligent, élégant, assidu au travail, il est réputé pour avoir voyagé dans le monde entier et passe pour avoir initié les relations de l'entreprise *Cambefort* avec la Chine. Bien des attraits qui lui valent bientôt une admiration et un dévouement sans faille de la part du jeune Grancher. Il ne compte dès lors plus ses heures et s'investit plus que jamais dans son travail, d'autant que la réalité commerciale de celui-ci le met chaque jour qui passe en relation avec des clients ou des correspondants résidants aux quatre coins du monde. Des noms magiques dansent devant ses yeux ou résonnent à ses oreilles : Hanoï, Manille, le Siam, Java, Shanghaï. Il faut dire encore que chez *Cambefort* on fait alors commerce de presque tout !

Nous vendions non seulement ce que produisait Lyon : les damas, les gazes façonnées, les satins, les failles, les velours, les éoliennes, les lamés, les voiles. Nous allions aussi chercher les rubans à Saint-Etienne, les plumetis à Tarare, les cotonnades à Roanne, les dentelles à Caudry, les couvertures à Cours. Franchissant les frontières, nous achetions des soieries à Côme [...], des broderies à Saint-Gall, des tulles à Nottingham, des peluches à Manchester – et jusqu'à du papier en Norvège. [...] Nous ex-

portions des couverts de métal, du lait condensé, des spiritueux, de la bonneterie, du santal...
Je vous le dis en toute vérité : ce commerce-là relève de la littérature !

L'enthousiasme du jeune homme va cependant brusquement marquer le pas à l'été 1914. Et pour cause !

Le soldat

Le 28 juin 1914, l'assassinat par des nationalistes serbes de l'archiduc François-Ferdinand et de son épouse la duchesse de Hohenberg devait avoir des conséquences incalculables. Très vite l'empire austro-hongrois va accuser la Serbie d'être le commanditaire du crime avant de lui déclarer la guerre un mois jour pour jour après l'attentat. Le 29 juillet, conformément aux alliances contractées entre les différents pays européens, la Russie, l'Allemagne, la France et la Grande-Bretagne entrent à leur tour dans le conflit et mobilisent. Le 3 août, l'Europe est en guerre !
A Lyon comme partout en France, c'est pourtant la liesse ! La revanche sur la défaite cuisante de 1870 est là. L'ennemi allemand va être cette fois définitivement balayé par nos armées dont les soldats se voient déjà à Berlin.

Encore trop jeune pour être mobilisé, il vient tout juste d'avoir dix-sept ans, Marcel Grancher assiste avec intérêt à ces débordements d'enthousiasme qui vont durer plusieurs jours. Mais très vite la situation militaire va ramener tout le monde à la réalité. En quelques semaines, la guerre s'enlise et s'installe dans la durée. Pour longtemps.

Hiver 1915. Marcel Grancher a quitté la maison *Cambefort* pour suivre Louis Wegelin, le chef du rayon « Outremer » qui a monté sa propre affaire ! Alors que l'activité commerciale marque le pas, la guerre a toutefois favorablement profité aux « trop » jeunes gens restés à l'arrière après le départ de leurs aînés pour le front. Les avancements ont été rapides même si les salaires n'ont pas vraiment suivi !

Ignorant de la sordide réalité des tranchées, ils profitent de la vie tant qu'il en est encore temps, tous sachant bien que l'appel de leur classe n'est plus qu'une question de mois.

Le 7 août 1916, c'est chose faite pour Marcel Grancher : il rejoint son Jura natal pour être incorporé dans le 5e régiment d'artillerie de campagne. Il ne sait pas encore qu'il va trouver là, pour plus tard, matière à écrire le best-seller qui le rendra riche et célèbre !

En attendant c'est toute une carrière militaire – contrainte et forcée, il faut le dire – qui s'ouvre devant lui. Comme il en a pris l'habitude dans ses précédents emplois, il va s'y impliquer avec d'autant plus de foi qu'il a parfaitement

(17) Giacomo Inaudi (1867-1950) était alors un calculateur mental prodige italien qui faisait carrière en France.

(18) Société agissant pour le compte de ses clients en garantissant sur ses fonds propres la bonne conclusion des transactions.

conscience de participer à la défense de son pays et de la liberté, ainsi que des valeurs morales qu'une décennie plus tôt son père lui avait fait partager. Cinq mois après son incorporation, le canonnier de 2e classe est déjà promu en soldat de 1re classe. Son instruction terminée, il est envoyé sur le front pour la première fois. Le 5 avril 1917, il rejoint le 265e régiment d'artillerie de campagne, créé dans les jours précédents à partir d'éléments du 5e régiment. Fort de trois groupes équipés des célèbres canons de 75, ce régiment intervient alors en appui d'une division d'infanterie qui participe à l'offensive sur le non moins célèbre *Chemin des Dames*, dans l'Aisne. La tuerie consommée – elle fera plus de 200 000 victimes du seul coté français, et probablement autant d'Allemands, le tout en moins de deux mois - le régiment de Marcel Grancher est transféré après l'arrêt de l'offensive vers une zone plus calme et s'installe dans les environs de Dunkerque. Il suffira de quelques jours de repos dans cette région si insolite pour le jeune soldat venu d'un pays de montagne, pour qu'il tombe aussitôt sous le charme de cette contrée de dunes, de canaux et de maisons basses, au point qu'il reviendra un jour s'y installer, une fois la guerre finie.

En attendant les opérations militaires reprennent bientôt et voient le régiment intervenir à nouveau, au nord d'Ypres cette fois, en soutien des attaques anglaises sur le front des Flandres. Le 14 juillet 1917, Marcel Grancher est promu brigadier !

Le 265e RAC restera ainsi sur l'Yser jusqu'au 25 mars 1918 avant d'être transféré en urgence vers la région s'étendant au sud de Saint-Quentin où l'ennemi vient de passer à l'offensive. Mais le brigadier Grancher ne sera pas du voyage !

Contre toute attente, lui qui a fait une demande, il y a quelques temps, pour être affecté dans l'aviation où il rêve d'une carrière de pilote, a vu son dossier pris en compte et retenu !

C'est ainsi qu'il a rejoint, le 16 mars 1918, le 1er groupe d'aviation, stationné à Longvic, aux portes de Dijon, bien loin du tumulte des batailles. Il va y rester six semaines, six longues semaines à recevoir l'instruction de base donnée à chaque futur pilote. Début mai, les choses sérieuses commencent avec son transfert à Istres où il doit faire ses premiers vols. Le séjour sur les bords de la Méditerranée ne durera cependant pas. Enchaînant les maladresses lors des entraînements, et expert à « casser du bois », l'apprenti pilote a vite fait le désespoir de ses instructeurs. L'expérience va définitivement trouver son terme après qu'il ait convaincu une gentille pensionnaire d'un « établissement » voisin de faire un tour de terrain avec lui. L'affaire se termine mal : l'hôpital pour elle, le « trou » pour lui. Décision est finalement prise, après un mois d'arrêt de rigueur, de le renvoyer dans son régiment d'origine !

Début juillet, il se retrouve donc chez lui à Lyon, et plus précisément au centre de réaffectation des pilotes radiés de Bron. Le temps d'organiser son transfert, c'est via Paris, puis Sotteville-les-Rouen qu'il rejoint finalement le village de Remaugies, à mi-chemin entre Compiègne et Amiens, où stationne le 265e RAC qui participe alors à l'appui de la contre-offensive du groupe Mangin sur l'Oise.

Bien peu des camarades qu'il avait quittés six mois plus tôt sont encore là : la guerre a largement prélevé son tribut ! Grancher est immédiatement affecté aux transmissions de la 44e batterie qui a été particulièrement éprouvée et à laquelle on vient d'affecter de jeunes recrues de la classe 19. Ils sont très jeunes, sans expérience et... ils ont peur !

Donnant l'exemple, le brigadier Grancher va profiter de chaque répit dans les combats pour compléter leur instruction. A la mi-septembre, le régiment est devant Saint-Quentin où les Allemands défendent pied à pied leurs positions. Une puissante artillerie bat le devant d'un réseau inextricable de tranchées, de sapes, de haies de barbelés. Le 19 septembre, de très violents bombardements de l'ennemi mettent à mal les liaisons entre les différentes batteries de 75 qui soutiennent alors l'avancée de l'infanterie progressant au-delà de Roupy, vers L'Épine de Dallon. Toute l'équipe téléphonique de Grancher est à pied d'œuvre pour maintenir coûte que coûte les communications entre les différents postes et tirer de nouvelles lignes. Ainsi, accompagné de deux de ses camarades, a-t-il reçu l'ordre d'aller poser un nouveau câble toujours plus avant. Vingt années plus tard, il racontera la suite, se mettant en scène sous les traits de Maurice Ruet dans son célèbre *5 de Campagne* :

> *Ils partirent en déroulant le câble derrière eux. Des 210 percutèrent sur la route, à leur droite.*
>
> *- Couchez-vous ! hurla Ruet.*
>
> *Les deux jeunes obéirent avec empressement.*
>
> *[...]*
>
> *Ils avancèrent de nouveau et, bientôt, atteignirent la zone dangereuse. Un 150 éclata devant eux. Puis ils entendirent le sifflement caractéristique des rapides 130 autrichiens. Les fumées des éclatements empuantissaient l'air. Les téléphonistes s'allongèrent sur le sol :*
>
> *- Il y a à peine 50 mètres de mauvais, évalua Ruet, en levant les yeux prudemment au-dessus du sol... Faut franchir ça en vitesse [...] Je vois à une dizaine de mètres un petit ruisseau, suivi d'un monticule... Faisons un premier bond jusque-là... Allez !.. [...]*
>
> *- Vous y êtes ?... En avant !.. Un... Deux...*
>
> *Le brigadier s'était levé et, d'une main montrait le point qu'il fallait atteindre cependant que, de l'autre, il essuyait la boue coulant sur son visage. Il n'eut pas le temps de compter « trois »... Une colonne de feu fut sur lui, le souleva, l'envoya rouler jusqu'au ruisseau, cependant qu'une sorte de coup de bâton, suivi d'une douleur atroce, lui cinglait la jambe... Il s'évanouit...*(19)

Le soldat, que deux infirmiers relèvent quelques instants plus tard, est très sérieusement blessé : un éclat d'obus lui a profondément entaillé la jambe droite

(19) In *5 de Campagne*, Editions Lugdunum, Lyon, 1937.

de l'arrière du genou jusqu'au milieu du mollet. Une artère est coupée. Son transfert vers un hôpital de campagne s'impose. Près de deux heures plus tard, et après cinquante kilomètres de routes chaotiques, Grancher et quelques autres de ses camarades d'infortune arrivaient à l'H.O.E. 36[20] installé à Hargicourt.

Il a perdu beaucoup de sang et le chirurgien qui le prend en charge est persuadé que son intervention ne servira pas à grand-chose. Et pourtant ! Sa très bonne constitution physique, acquise par une pratique assidue du sport, en décidera autrement.

En attendant, le blessé est bientôt en état d'être transporté vers l'arrière et il est embarqué dans un train sanitaire à destination de l'Hôtel-Dieu de Chartres. Il y restera plusieurs semaines avant de continuer sa convalescence au service de mécanothérapie de l'hôpital de Dreux où il apprend la signature de l'armistice : moins de deux mois se sont écoulés entre l'explosion de l'obus qui l'avait frappé et la fin de la Première Guerre mondiale ! Ses souffrances n'étaient pour autant pas finies.

La suite, il la résumera dans la préface d'un livre pour laquelle l'aura sollicité son auteur :

> *Onze mois d'hosto, que je me suis tapé... Neuf opérations avec anesthésie... Trente ou quarante séances de billard, pour les pansements... Deux transfusions...*[21]

Ce qu'il ne précise pas, ce sont les complications ultérieures qu'il aura eu à subir et qui se solderont en fin de compte par l'amputation des orteils du pied droit et une raideur importante et définitive de la jambe à laquelle on tente encore de remédier lorsqu'il rentre finalement à Lyon en février 1919. Des mois durant, il se rendra chaque jour au service de neurologie de l'hôpital, installé dans la célèbre *Brasserie du Parc*, aux Brotteaux pour des séances de galvanothérapie. Sans autre résultat ! La démarche de Marcel Grancher s'en ressentira pour le reste de sa vie.

Le 27 juillet 1919, il est enfin « renvoyé dans ses foyers et rayé des contrôles ».

Sa carrière militaire se solde par une citation à l'ordre de l'artillerie divisionnaire en date du 13 septembre 1918, la Croix de guerre avec étoile et l'attribution de la Médaille militaire, conférée le 23 octobre 1918. Pour la Légion d'Honneur, on verrait plus tard..., en 1940 ! On y reviendra.

Le globe-trotter

Nimbé du prestige de ceux qui ont survécu, grand blessé de guerre de surcroît, brillamment décoré, Marcel Grancher retrouve la vie civile sans inquiétude particulière. Les années de guerre qui auraient pu le détruire lui ont permis de dépasser son statut de soldat du front en lui offrant un terrain d'observation de ses contemporains sans limites. Son regard en demeurera à jamais aiguisé, tant il aura eu à relever en bien des circonstances les petits et grands travers de ces derniers. La guerre l'a profondément meurtri certes, mais elle lui a permis également de prendre beaucoup de distance par rapport à la vie, si rudement mise à mal durant ces années tragiques.

Marcel Grancher, lui, ne veut retenir de cette sinistre période que les bons moments qu'il a vécus en compagnie de tant de camarades de fortune et d'infortune. Ils sont tellement nombreux ceux qui ne sont pas revenus ! Ses « carnets de croquis », ses « cahiers d'observations », définitivement inscrits dans sa mémoire, lui fourniront une base inépuisable pour ses réflexions à venir et se traduiront par une production littéraire particulièrement abondante, riche d'anecdotes et de souvenirs.

A l'été 1919, on n'en est pourtant pas là. Une vie d'adulte s'ouvre devant lui. Et d'abord, il s'agit de reprendre sa place dans la société. Il a vingt-deux ans, il a de l'ambition et de la volonté à revendre. Sa prime de démobilisation en poche, son invalidité reconnue, il reprend contact avec son employeur de 1916 et se voit immédiatement proposer une place en rapport avec son expérience et son nouveau statut d'ancien combattant. Les affaires de la maison *Wegelin* se sont en effet considérablement développées durant la guerre, en particulier grâce à de juteux marchés d'état avec l'armée, dévoreuse de biens en tous genres et en particulier de soie pour les parachutes ! Désireux de corriger ce côté affairiste, son directeur a jugé qu'il serait bon, en terme d'image, d'employer un héros de la guerre arborant à sa boutonnière le ruban jaune et vert de la prestigieuse Médaille militaire. Celui-ci écrira plus tard :

> *Les acheteurs étrangers commençaient à revenir à Lyon. Trouvant que ma médaille militaire produisait sur eux une impression efficace, mon patron me chargea de les piloter pendant leurs tournées en fabrique.*
>
> *Or, dans la soierie, il est de tradition de ne jamais abandonner l'acheteur au moment des repas – à moins qu'il n'en manifeste expressément le désir – et, même, de pourvoir à ses distractions d'après-dîner.*
>
> *Je connaissais déjà, certes, de réputation, les restaurants fameux que compte notre ville. Mais, de réputation seulement : il n'avait jamais été dans mes possibilités financières de fréquenter l'un ou l'autre d'entre eux.*
>
> *Je débutai – à tout seigneur, tout honneur - par la mère Fillioux.*[22]

Marcel Grancher allait y découvrir les arts de la table et du bien-manger : il ne devait plus jamais s'en détacher.

Le travail est donc des plus agréables, qui va lui permettre de « passer en revue » toutes les grandes tables lyonnaises de l'époque : *Morateur*, rue Grôlée, *Martin*, rue Childebert… Mais aussi des établissements plus discrets comme l'épicerie-comptoir de *la mère Caron*, rue Pierre Corneille, chez *Garcin*, rue d'Algérie ou encore *Lamour*, place Tolozan, sans oublier Léon Déan, ancêtre de ce qui allait devenir bien des décennies plus tard le célèbre *Léon de Lyon*. De nou-

(20) H.O.E. : **H**ôpital d'**O**rigine d'**E**tapes, plus couramment dénommé Hôpital d'évacuation.

(21) *Crépin Infirmier de réserve*, Fulbert Taillard, Société d'édition savoyarde, Thonon-les-Bains, 1946.

(22) In *Lyon de mon cœur*, Editions Lugdunum, Lyon, 1932.

veaux noms apparaissent également à cette époque : celui de *La mère Bigot*, rue Chavanne, le *Café Neuf*, place Bellecour, la *Brasserie du Dragon*, rue Neuve, *Chez la mère Brazier*, rue Royale... Grancher conduit encore ses invités en bord de Saône, chez *La mère Guy*, à la Mulatière, voire au pont de Collonges, chez *Bocuze*, qui s'écrivait encore avec un Z, s'il vous plaît, et jusque dans la Dombes, à Villard, chez *Burnichon*, le roi de la fricassée de grenouilles.

Tout ceci ne devait toutefois durer qu'un temps, mais allait fonder chez le jeune homme un attrait immodéré pour « la gueule » allant jusqu'à en faire une image de marque indissociable de la personnalité qu'il commençait à se forger.

A la rentrée de septembre, le goût de l'aventure et du voyage l'ont repris. Peut-être aussi parce que son employeur a évoqué avec lui l'idée de l'envoyer en Chine pour le représenter et y développer davantage encore les activités de l'entreprise. L'occasion est trop tentante pour être refusée d'autant que 100 000 francs or accompagnent l'offre !

Un dernier dîner chez *Morateur*, huit jours d'attente à Marseille, le temps d'une grève des dockers (déjà !) et celui de faire le point sur la gastronomie locale – le tour était pris ! – et Marcel Grancher embarqua sur le *Sphinx*, paquebot poste rapide des Messageries Maritimes.

Le Sphinx, en route vers la Chine.

Plus d'un mois de voyage à travers mers et océan, via Port-Saïd, Djibouti, Colombo, Singapour et Saïgon.

Le 11 novembre 1919, jour anniversaire de l'armistice, Marcel Grancher débarquait à Shanghaï : sa médaille militaire et la canne sur laquelle il s'appuie alors lui valent immédiatement un accueil des plus chaleureux de la communauté française, le jeune homme étant bientôt installé dans une chambre de la pension *Lepetit*, de la Bubbling Well Road, point de passage incontournable de tout nouvel arrivant en Extrême-Orient.

Son séjour en Chine va durer près de deux ans. Deux ans de vie facile, d'argent facile, de femmes faciles... de travail facile !

Grancher y consacre cinq heures par jour en commençant vers 11 heures... comme tout le monde, dira-t-il ! Officiant au 10 de la Nanjing Road, il achète bien sûr des soies brutes pour sa maison de Lyon, mais aussi du savon, du santal... En retour, il vend aux Chinois des soies tissées, des brochés, des draperies. A quatre heures de l'après-midi, tout est fini. On se retrouve alors au *Palace*, au *French club*, au *Cercle sportif*... Poker, apéritifs, dîners, spectacles, prennent le relai et accaparent le jeune homme à qui cette grande et nouvelle vie fait certainement oublier les derniers mois de guerre à laquelle il a eu la chance de survivre.

Shanghaï devant la pension Lepetit.

Aussi, Marcel Grancher mène t-il « grand train » à l'image de bien des fils de famille lyonnais venus faire fortune sur les bords du Pacifique. Le salaire est ce qu'il est mais les dépenses ne suivent que trop bien. Le jeu, la spéculation - sans grands risques quand on est riche - vont vite devenir le talon d'Achille du jeune courtier qui s'est rapidement acheté une voiture, une Scripps-Booth de 18 chevaux, dans laquelle il promène les jeunes femmes qui croisent sa vie à cette époque !

Et ce d'autant plus qu'à ce rythme insensé, auquel s'ajoute le climat particulièrement malsain qui pèse sur Shanghaï, sa blessure, mal cicatrisée, ne tarde guère à se manifester de nouveau. A la lésion du nerf sciatique s'ajoute maintenant des « troubles trophiques », diagnostique-t-on ! Trois fois encore, il va devoir être hospitalisé et opéré, perdant dans l'affaire, les uns après les autres, ses orteils. Il racontera plus tard : *« De temps en temps, je passe sur le billard et on me coupe un petit bout de pied. J'ai l'impression d'être détaillé comme un saucisson ».*

Ces semaines d'inactivité ne font finalement ni les affaires de sa société, ni les siennes. Son train de vie et les mondanités qui vont avec s'en ressentent. Aussi prend-il quelques risques : alors que les cours montent, il achète pour son compte..., à découvert..., modestement d'abord, puis bientôt déraisonnablement. Et il revend... comptant. Et puis un jour le cours du *taël* tombe, puis s'effondre. Celui des marchandises suit bientôt la même pente. Pour couvrir ses « achats », Grancher doit vendre, tout vendre, dans les plus mauvaises conditions. La voiture, le mobilier... Ses amis d'hier commencent à se détourner de ce malchanceux qui ne peut plus suivre le train. Déboires, désillusion, lassitude, problèmes de santé, Marcel Grancher *« rincé, tordu, lavé, raide comme plusieurs passe-lacets »*, comme il l'écrira plus tard, décide d'arrêter là l'expérience extrême-orientale pour rentrer en France : il lui reste dix mille francs en poche[23]. Sept mille vont payer le voyage du retour, en 1re classe s'il vous plaît, à bord de l'*André-Lebon*, mille autres vont régler les menues dépenses du bord, mille encore les frais aux escales – Grancher se veut rester « grand seigneur » jusqu'au bout. Sait-on jamais, d'une rencontre fortuite avec quelque riche héritière peut venir la fortune !

Ni l'une ni l'autre ne devaient se manifester et, après un mois de voyage, il débarqua à Marseille où il changea son dernier billet de mille :

> *Le soir de l'arrivée, j'invitais chez* Basso[24] *quelques Indochinois, d'ailleurs beaucoup plus fortunés que moi (ce qui n'était pas difficile) et qui ne m'en surent aucun gré. Ils me conduisirent à la gare, où je pus encore acheter un billet de première classe. Fichu pour fichu, il me fallait finir en beauté. Il fallait que ces gens, que je ne reverrais sans doute jamais, emportassent de moi le souvenir d'un vainqueur, d'un puissant de la vie – pas celui d'un fauché... Je suis ainsi, et on ne se refait pas !... Le coup de sifflet du départ me fut comme une délivrance...* [25]

Quelques heures plus tard, notre voyageur était de retour dans sa ville de Lyon. Une petite pluie fine et froide noyait la place Carnot. Son pécule ne lui permit plus que de prendre le tramway qui le ramena rue du Parfait-Silence où l'attendait sa mère.

Le journaliste

Juillet 1921 : la crise commerciale qui s'est étendue à l'ensemble des continents, paralyse une grande partie des échanges internationaux et notamment ceux avec la Chine où ses conséquences sur les banques et sur les crédits pèsent plus particulièrement.

Démissionnaire, Marcel Grancher n'a pas retrouvé de place chez *Wegelin*. Peu désireux de rester inactif, il va s'employer des semaines durant à chercher un emploi en même temps qu'il renoue avec des camarades de jeunesse. C'est l'un d'eux, André Gabison, fils d'un agent d'assurances qu'il a connu à l'école avant de le retrouver soldat dans la batterie voisine de la sienne, qui le met, vers la fin de l'automne 1921, sur la piste d'un emploi proposé par un *« commissionnaire juif de la rue de la Bourse »*[26]. Le poste est exigeant : outre prestance et distinction, il faut parler et écrire parfaitement l'anglais, savoir taper à la machine et connaître la soierie. Marcel Grancher passe l'examen avec succès et triomphe finalement de ses concurrents. Pour un salaire de 450 francs, il va devoir de nouveau accompagner les clients en fabrique. Mais, comme il l'écrira plus tard :

> *... les acheteurs n'achetaient plus. Du moins, ils liardaient, se tâtaient et reniflaient dix fois sur un échantillon avant que de se décider. Donc, plus de déjeuners fins, plus de dîners au long de la Saône, plus de soirées au dancing qui, à tout prendre, eussent rendus plus acceptable la modicité de mon salaire. Toutefois, nombreux étaient les camarades qui battaient le pavé, à la recherche d'une place : j'étais encore parmi les favorisés.*[27]

Cependant, le sérieux de son travail le fait vite remarquer par son employeur qui, au bout de quelques mois, s'est mis en tête, on ne sait pourquoi, de lui trouver un emploi plus en rapport avec ses capacités et aussi mieux rémunéré !

A la grande surprise du jeune commissionnaire, celui-ci va tenir parole et, sur sa recommandation, le faire entrer à quelques semaines de là au journal *Le Salut Public*.

Son rêve de jeunesse, de devenir un jour journaliste, était sur le point de se concrétiser.

Le *Salut Public* est alors le doyen de la presse française. Ce quotidien du soir, purement « lyonnais » fondé en 1848, est à cette époque dirigé par Lucien Henriet, un ancien chef de bataillon sorti de Saint Cyr, qui a organisé son monde d'une manière quasi-militaire. La ligne éditoriale quant à elle est plus particulièrement l'affaire de Marius Gonin, le rédacteur en chef. Militant catholique social très engagé, il veille avec soin à la « bonne tenue » de son journal, sous la haute surveillance d'un conseil d'administration, majoritairement constitué de « soyeux ».

Le troisième personnage de la hiérarchie enfin, n'est pas un inconnu pour Marcel Grancher : Martin Basse, le secrétaire général, est celui-là même qui l'avait reçu une dizaine d'années auparavant lorsqu'il était sorti lauréat du concours littéraire organisé par son école.

Ceci étant, et pour l'heure, il ne s'agit cependant pas, pour le nouvel arrivant, d'endosser le titre de journaliste : lui sont dévolues les relations de l'imprimerie commerciale du journal[(28)] avec la Société des Nations et plus particulièrement avec le Bureau International du Travail, établi depuis quelques mois à Genève.

Sous l'énergique impulsion de son premier directeur, Albert Thomas, quelques centaines de fonctionnaires venus de tous les pays élaborent alors des milliers de textes et articles concourants à la constitution de dizaines de conventions et autres recommandations internationales qui doivent trouver le chemin des presses pour être imprimées et diffusées. Très vite, l'imprimerie du *Salut Public* s'est positionnée sur ce juteux marché où l'argent international coule à flot. C'était l'époque heureuse où même la Chine, même le Vénézuéla (sic !), payaient leurs cotisations – écrira plus tard Marcel Grancher.

Fort de ses compétences linguistiques et de son entregent, celui-ci se voit dès lors confier la traduction d'articles puis l'organisation et le suivi de la part du gâteau dévolue au journal lyonnais :

> *Il y avait des brochures en français à traduire en anglais, et réciproquement. D'autre part, la langue généralement parlée au B. I. T. était, encore que l'on en pense, l'idiome britannique plutôt que le nôtre. Il avait fallu*

(23) Environ 10 000 euros.

(24) Célèbre restaurant marseillais du début des années 1900, alors établi au 5 du quai des Belges, sur le Vieux-Port.

(25) In *De Courteline à Curnonsky*, chez l'auteur, Le Cannet, 1969.

(26) A la différence de ses autres employeurs, Marcel Grancher ne précisera jamais le nom de celui-ci qui pourtant joua un rôle déterminant dans sa vie !

(27) In *Lyon de mon cœur*, Editions Lugdunum, Lyon, 1932.

(28) Située dans les locaux même du quotidien, au 71 de la rue Molière, l'imprimerie occupait la totalité du rez-de-chaussée, les journalistes étant installés dans les étages. Transformé et loti en appartements, ce bel immeuble classé, qui abrite à son rez-de-chaussée une école professionnelle, arbore toujours de nos jours, au-dessus de la grande porte d'entrée flanquée de deux plumes d'oie symbolisant la presse, l'enseigne du journal disparu.

monter un service complet avec traducteur, correcteur, employé d'imprimerie etc. J'en devins le chef.[29]

Très vite encore, Marcel Grancher a compris le rôle qu'il peut jouer auprès de ses correspondants étrangers. En gagnant leur amitié, il récupère des contrats !

Une à deux fois par semaine, il fait dorénavant le voyage de Genève. La ligne de chemin de fer qui l'emmène de la gare des Brotteaux jusqu'en Suisse n'a bientôt plus de secret pour lui. Ambérieu, Virieu-le-Grand, Bellegarde sont autant de haltes possibles qui recèlent de si agréables établissements où l'on déjeune ou dîne divinement. Et les détours sont toujours possibles par Bourg, Priay, Belley ou Annemasse !

Sans oublier les boites de nuit lyonnaises, ce sont bientôt autant de « guet-apens » où il conduit ses invités-clients, voire quelques fonctionnaires « genevois » en mal de distractions. Qu'ils soient américains, britanniques, suédois, brésiliens ou espagnols, tous partagent avec lui les bonnes tables, la bonne chère et autres menus plaisirs, Marcel Grancher renouant là avec une méthode qui lui avait particulièrement réussi dans l'immédiat après-guerre lorsqu'il travaillait chez *Wegelin*.

Aussi, les résultats obtenus pour *Le Salut Public* lui valent-ils bientôt la reconnaissance de ses employeurs et une confiance accrue, Martin Basse allant jusqu'à lui passer ses premières commandes d'articles pour le journal. Dans un premier temps, il lui confie la rubrique sportive puis bientôt l'envoie couvrir à l'occasion quelques évènements lyonnais.

Le sport ! Voilà bien des reportages en perspective pour cet amateur éclairé, lui qui a pratiqué le rugby, le football, le tennis, la boxe[30]... Il s'installe ainsi insensiblement mais sûrement dans son nouveau rôle, même si le style de ses premiers papiers n'est pas toujours dans le ton de la maison :

N'importe : j'écrivais. J'avais un coupe-file. Je m'étais fait établir des cartes de visite où figurait, au-dessous de mon patronyme, ma qualité récente et approximative de journaliste. Dans les banquets, ma place était marquée, à la table de la presse. Je réalisais enfin le rêve de ma vie ![31]

A chaque occasion, de nouvelles rencontres. Il fréquente bientôt ses « confrères » de la presse sportive, particulièrement représentée sur la place lyonnaise.

Ainsi Aimé Sapin, dit Sap, le rédacteur en chef du *Lyon-Sport*, ou Henri Cochet, futur « mousquetaire » du tennis français, André Chavent, Charles-Anthoine Gonnet, l'international de rugby[32], Teddy Sarre, Pierre Lorme, tous rédacteurs au *Tous-Sports* où émargent également les dessinateurs Ergé ou Pellos. Et puis il y a encore Marcel Requien, récemment arrivé du Cambodge, avec qui Marcel Grancher partage sa passion pour la boxe et aussi Victor del Pietro, un ancien camarade du L.O.U., qui rentre lui d'Indochine... Tous seront appelés un jour ou l'autre à recroiser sa route !

En attendant, il travaille et n'oublie pas de retrouver les copains la journée finie. *Le Kléber*, *le Cintra*, *le Thé russe*, sont autant de points de chute pour préparer des soirées aussi pittoresques qu'arrosées qui lui fourniront mille anecdotes propres à enrichir les livres de souvenirs qu'il publiera plus tard.

Il travaille et son sérieux, son style sont bientôt reconnus et appréciés. En plus du *Salut*, il donne maintenant des papiers pour le *Tous-Sports*, mais bientôt aussi pour *En Auto*, voire *Le Cri de Lyon* ou la luxueuse revue *En la ville de la soie*(33).

A l'entrée de l'été 1924, on ne parle plus à Lyon que du *Grand Prix Automobile d'Europe* qui doit se courir aux « Sept chemins », en contrebas des Monts du Lyonnais. Des dizaines de concurrents, autos, motos, de toutes les marques, grandes et petites, se sont inscrits. On attend des milliers de spectateurs. Quinze jours d'essais pour deux jours de compétition. Aussi, fait-on appel à Grancher pour couvrir l'évènement en lui donnant « carte blanche ». Pour la première fois, il se voit désigné comme reporter, un nouveau rôle qu'il va assurer avec autant d'enthousiasme que de professionnalisme. Ses premiers papiers signés « M.-E.G. » sont publiés dès la mi-juillet et si le style dérange encore sa rédaction, du moins s'en accommode-t-elle. Dix jours durant, dans la poussière libérée par le soleil ou dans la boue générée par la pluie qui détrempe les routes et les stands, il suit dans le détail les essais des voitures et des motos, toutes catégories confondues et ce jusqu'aux épreuves finales. L'apothéose vient le 3 août lorsque *Le Salut Public* lui octroie « cinq colonnes à la une » pour un compte rendu aussi complet que magistral de l'évènement.

Du rarement vu pour ce journal avant tout conformiste et conservateur qui avait dans les jours précédents constaté un net regain de ses ventes !

Reconnaissante, la direction ira même jusqu'à lui attribuer une prime exceptionnelle de 300 francs.

Mais la monotonie reprend vite le dessus, d'autant plus que l'imprimerie du *Salut* perd à cette même époque son marché avec le B.I.T. !

(29) In *Vingt ans chez Calixte*, Editions Lugdunum, Lyon, 1940.

(30) Faute de pouvoir encore croiser les gants en raison de son handicap de guerre, il reste très en prise avec ce sport et vient d'être nommé sous-délégué pour Lyon de la Fédération Française de Boxe. Il lui arrive même d'arbitrer des rencontres.

(31) In *Lyon de mon cœur*, Editions Lugdunum, Lyon, 1932.

(32) Sportif accompli, Charles-Anthoine Gonnet participera aux jeux olympiques de Paris en 1924, l'équipe de France de rugby remportant une médaille d'argent. Plus originale sera la médaille de bronze qui lui sera attribuée au titre des compétitions artistiques, dans la catégorie littérature, pour son œuvre *Vers le dieu d'Olympie*.

(33) Ce très beau magazine, qui se veut être une déclinaison lyonnaise de la revue *L'Illustration*, est alors édité par Robert Perrier, un jeune homme talentueux qui se fera connaitre quelques années plus tard en reprenant la société *Occulta* et en lançant la célèbre gaine *Scandale* qui « libérera » définitivement la femme moderne ! Près de 300 personnes travailleront ainsi sous sa direction dans les années 1950 sur le site de son usine à la Croix-Rousse. Homme aux multiples facettes, il s'investira jusque dans les années 1980 aussi bien dans le milieu du cinéma où il produira plusieurs films de Sacha Guitry, que dans le monde de la haute-couture après l'acquisition de la maison parisienne *Jacques Griffe*. Engagé également dans la vie publique, il prendra des responsabilités à l'Institut Pasteur et à la Croix-Rouge, avant d'être élu en 1965 maire de Charbonnières-les-Bains, où il est décédé en 1993 à l'âge de 94 ans.

Marcel Grancher en 1925.

« Raison avouée : compression de dépenses. Finie, la bonne vie ! Terminées, les balades à Genève », écrira-t-il plus tard. Même si son directeur lui confie alors une partie de son secrétariat, tandis que Martin Basse l'envoie çà et là pour des « papiers d'impression », Marcel Grancher s'ennuie. Et ce ne sont pas un stage à la *Société Linotype* de la rue Servan, à Paris, pas plus qu'un voyage en Angleterre, où son journal l'envoie à la fin de l'automne faire un reportage sur l'exposition coloniale britannique, qui vont changer les choses :

Tout au contraire, rêvai-je trop devant l'eau violette du petit lac birman, où nageait une tortue sacrée ; trop respirai-je l'opium dangereux de Soho ; trop parcourus-je les caravansérails de Maida Vale(34)*. Il me fallait partir... Et pour bien loin...*(35)

Ce séjour à Wembley, près de Londres, où se tient la manifestation, a en tout état de cause réactivé son goût de l'exotisme et du voyage ! De retour à Lyon, la situation va bientôt évoluer... Au hasard des rencontres, comme souvent.

Ainsi un de ses collègues du *Progrès,* qui lui assure que l'avenir de tout journaliste de province passe par Paris ! Ou encore son ami del Pietro, en instance de repartir pour l'Extrême-Orient, qui se fait fort de l'aider à trouver une nouvelle place avec voyages et évasions à la clef.

A quelque temps de là, c'est chose faite : une importante entreprise de la rue Vivienne, à Paris, dont del Pietro est client, recherche un courtier qui pourrait prospecter « les Indes anglaises, la Birmanie, la Malaisie, le Laos, le Siam, les Philippines... ». Marcel Grancher n'hésite pas. Le temps de se désengager du *Salut Public*, de préparer quelques bagages, d'honorer un dernier réveillon lyonnais...

Le 1er janvier 1925, il débarquait à Paris pour y prendre ses nouvelles fonctions. L'aventure devait durer huit années.

Le publiciste

L'affaire commence cependant plutôt mal. La société qui l'accueille et qui compte tout d'abord le former « à sa main » dans ses bureaux de Paris et de Londres, lui a, dans un premier temps, confié un rôle de commis de vente. Mille francs par mois ! Très vite le travail se révèle être aussi peu agréable qu'inintéressant ; l'ambiance est détestable, marquée par la présence d'employés mesquins et jaloux les uns des autres. L'encadrement ? Il est des plus rétrogrades ! Quant aux voyages à venir, ce n'est pas d'actualité : il s'agit bien d'aller vendre à terme les produits à l'étranger, mais lorsque le titulaire du poste aura laissé sa place. Aussi l'enthousiasme qui avait prévalu quelques semaines plus tôt pour un départ vers l'aventure s'estompe-t-il rapidement. Marcel Grancher a pourtant repris contact avec quelques-unes de ses connaissances « montées » comme lui à Paris. Ainsi Teddy Sarre qu'il a connu au *Tous-Sports*, ou encore René Ginet, venu s'établir depuis peu dans la capitale comme correspondant du *Lyon Républicain*. Tous deux vont être d'un grand secours pour notre commis en draperies. Avec le premier, « compagnon plein d'entrain et de fantaisie », il loue un temps, pour 400 francs, une chambre dans un hôtel « de passes » de la rue de Provence où ils ont pris leurs quartiers. Ensemble, ils partagent les dîners dans un modeste restaurant où le repas est à cinq francs, vin compris ! Ensemble, ils se retrouvent plus tard dans quelque « boîte louche » où Sarre a (déjà) ses habitudes !

Avec René Ginet, c'est autre chose. Le personnage est attachant : fils d'un banquier de Vienne, il a largement profité des moyens financiers de ses parents à Lyon où il a, deux ans durant, animé une maison de haute couture, offerte en dot à une compagne avide de reconnaissance mais bien inexpérimentée ! Installé dans un hôtel particulier bordant le parc de la Tête d'Or, il n'a jamais su trouver sa clientèle et y a laissé une grande part de sa fortune. « Monté » à Paris, c'est maintenant le cinéma qui occupe le plus clair de son temps. Habilité par le quotidien lyonnais, il livre chaque semaine à ce journal une page toute entière consacrée à ce qu'on appelle depuis peu le 7e art : une première dans le genre pour les organes de province. Egalement féru de gastronomie, ses retrouvailles avec Grancher l'amènent à imaginer un rendez-vous hebdomadaire « entre Lyonnais » qui débouche bientôt sur le *Club des Grandes Gueules*, Ginet se faisant fort de confectionner régulièrement un bon repas « à pas cher » ! L'expérience prendra date et durera quelques temps, confortant par là même Marcel Grancher dans son goût pour la bonne cuisine.

Hormis une activité professionnelle décevante, tout va donc à peu près bien pour lui si ce n'est que son avenir va bientôt brusquement s'assombrir.

Voilà trois semaines qu'il peine à trouver sa place chez son employeur : il ne s'y plaît pas et la « discipline » de l'établissement lui pèse. Vient un client particulièrement antipathique, une situation qui dégénère, une réplique pour le moins désobligeante qui fuse… c'en est trop pour les directeurs de cette maison qui jugent bon de se séparer sur le champ de ce nouveau commis par trop impudent ! Le voilà à la rue, non sans avoir dit leur fait aux directeurs médusés !

Qu'importe, il aura vite fait, pense t-il, de trouver une nouvelle situation. En tout état de cause, il a retenu de cette courte expérience, de quoi enrichir sa galerie de portraits qui trouveront d'ici peu leurs places dans quelque idée de roman qui lui « trotte » déjà dans la tête. Car Marcel Grancher a envie d'écrire. Grâce à son ami Pierre Lorme, ancien du *Tous-Sports*, maintenant journaliste au *Paris-soir*

(34) Quartier résidentiel de l'Ouest londonien.

(35) In *Vingt ans chez Calixte*, Editions Lugdunum, Lyon, 1940.

d'Eugène Merle, il commet pour ce journal des contes humoristiques qui lui valent d'aléatoires piges en fin de mois. De même, fait-il des commentaires sportifs pour la revue *La boxe et les boxeurs*, un sport qu'il affectionne toujours autant(36). Des manifestations automobiles auxquelles il assiste en fin de semaine, il tire encore quelques sujets d'articles qu'il propose à *L'Auto*, d'Henri Desgrange. Nombre de pigistes de ce journal sportif se retrouvent en fin de journée à *la Chope du nègre*, un restaurant de la rue Montmartre, où il a pris ses habitudes. A ceux-ci, à qui le soir même de son renvoi de chez les drapiers il conte son aventure, l'un d'eux l'informe d'une place à prendre dans une grosse entreprise américaine qui fait dans le pétrole et l'huile moteur. Le poste nécessite une parfaite connaissance de l'anglais et une expérience de journaliste !

Une semaine plus tard, Marcel Grancher entrait à la *Vacuum Oil Compagny*(37) et intégrait son service de publicité, sis rue du Renard, non loin du Châtelet, pour prendre en charge la rédaction de ce qui s'appelait alors le « house-organ » de la société. On dirait aujourd'hui la revue d'entreprise ! Très rapidement, sa vie va changer. Du tout au tout !

Le salaire d'abord : les Américains paient bien, très bien même. Marcel Grancher n'a jamais gagné autant d'argent, ce qui lui permet d'emménager dans un nouvel appartement et d'y faire venir sa mère. L'intérêt du travail ensuite. Il doit assurer la parution mensuelle d'un magazine de 24 pages et faire la promotion du produit phare de la marque, la célèbre *Mobiloil*. Le service auquel il a été affecté est dirigé par un vieil Italien notoirement incompétent qui lui laisse carte blanche dans la mesure où celui qu'il doit suppléer a pour principale « qualité » d'être le plus souvent absent pour de prétendues causes de maladie ou de problèmes familiaux ! Il s'appelle Jean d'Agraives. Son véritable centre d'intérêt : écrire des livres. Son thème préféré : les aventures aux quatre coins du monde avec un penchant affirmé pour les mers et les océans où ses héros empruntent à l'histoire militaire et coloniale de la France. Les deux hommes sympathisent et Grancher invite bientôt son nouvel ami aux dîners du *Club des Grandes Gueules*. Bonne chère et bonnes bouteilles aidant, d'Agraives prête une oreille des plus attentives au récit des aventures passées de son nouveau collègue ! N'y aurait-il pas matière à quelque histoire aussi exotique que romanesque qui pourrait se concrétiser par l'écriture d'un livre, ce d'autant qu'il a ses entrées chez Hachette ?(38).

L'idée séduit bien sûr Marcel Grancher qui voit là l'occasion de « passer à la vitesse supérieure » et de s'affranchir en partie des colonnes des journaux dans lesquels il a écrit jusqu'ici. Un roman ? Pourquoi ne pas essayer ? Il lui suffira de s'organiser en dehors du temps qu'il doit consacrer à la revue de son entreprise et des voyages qu'il effectue maintenant à travers la France entière pour y rencontrer grossistes et détaillants de la *Mobiloil*.

C'est ainsi qu'un déplacement vers Vichy va décider de la suite sa vie ! Le soir venu, il assiste au spectacle d'une troupe de ballet lorsqu'il remarque une des danseuses « premier sujet » qu'il retrouve à l'entracte : ils bavardent, sympathisent, prennent rendez-vous pour l'après-spectacle. Les voilà qui échangent devant leurs verres. Elle est Belge et plus précisément Bruxelloise et fait partie de la troupe de l'opéra de Lyon. Les deux jeunes gens se plaisent... ils se reverront.

Quelques mois plus tard, le 14 janvier 1926, Marcel Etienne Grancher épousait Louise Pauline Hernot à la mairie du 14e arrondissement de Paris. Pour abriter leur union, ils ont choisi la banlieue et un modeste pavillon de Clamart qui domine le sud-ouest parisien depuis les collines de Châtillon jusqu'à la forêt de Meudon : il a pour nom Les glycines.

C'est là, qu'installé derrière son bureau, il va se lancer dans la rédaction de son premier roman qu'il aura terminé avant la fin de l'année. Le contrat avec Jean d'Agraives est simple : au « maître » la relecture, la signature du livre et les trois-quarts des droits d'auteur. Au « nègre », le reste des droits et l'insigne honneur de voir son nom suivre celui de son mentor ! Mirage d'Asie sort des presses en mai 1927.

Marcel E. Grancher vient de débuter une carrière d'auteur qui s'étalera sur cinquante années. Au bout du compte, une centaine de titres dont deux « best-sellers » qui feront sa fortune.(39)

L'auteur

Il y a maintenant plus de deux ans que Grancher est installé à Paris.

Il fait son chemin... avec enthousiasme !

Et ce d'autant qu'il a repris, grâce à sa fonction de rédacteur du magazine mensuel de la *Vacuum Oil Compagny*, le chemin des autodromes pour assister aux nombreuses épreuves organisées ici ou là par l'Automobile Club de France. La vie est facile, les pilotes accessibles et les tournées gastronomiques à l'avenant ! Tout autant d'occasions pour donner des papiers à plusieurs périodiques parisiens au nombre desquels *L'Auto* ou *La revue des vins de France*. Dans les bureaux du premier, il fait la connaissance de Francis Carco et de Roland Dorgelès... Dans les couloirs du second, qui vient d'être fondé par Raymond Baudouin - un « drôle » de personnage qu'il a connu à Lyon -, il croise parfois un certain Curnonsky qui commence à se faire un nom dans le monde de la gastronomie(40).

(36) Si le Noble art et le combat « d'homme à homme » conservera toujours son estime au fil du temps, il n'en sera pas de même de l'affrontement de l'homme et de l'animal dans une lutte perdue d'avance comme celle de la corrida. Adversaire déterminé de la tauromachie – on le comprend – il rédigera dans un de ses livres une charge des plus sévère sur ce spectacle de boucherie et de cruauté dont on se demande toujours aujourd'hui comment il peut encore perdurer dans nos sociétés dites « civilisées ».

(37) Devenue au fil du temps et des restructurations l'ExxonMobil Corporation, placée aujourd'hui au troisième rang des plus grandes entreprises mondiales par leur chiffre d'affaires !

(38) De son vrai nom, Frédéric Causse (1892-1951), Jean d'Agraives a alors publié de nombreux livres pour la jeunesse, principalement dans la collection de la *Bibliothèque Verte*. Il écrira au total une cinquantaine de romans populaires dont un grand nombre paraîtront plus tard dans ses propres maisons d'éditions *Colbert* puis des *Deux Sirènes*.

(39) Tous seront signés Marcel E. Grancher, forme américanisée de son patronyme, une habitude prise sept années auparavant au contact de la colonie anglo-saxonne de Shanghaï. Ce « E pointé » sera la source de biens des erreurs à venir quant au véritable prénom qu'il abrège. Ainsi, verra-t-on apparaître des « Emile » ou encore des « Eric » qui traverseront le temps, et ce jusqu'à nos jours !

(40) Voir chapitre XI Journalisme et gastronomie.

Assidu aux nombreuses manifestations parisiennes, il rencontre l'écrivain et futur académicien Claude Farrère, lyonnais comme lui. Toujours partant pour découvrir de nouvelles adresses « à la mode », ses séjours au *Weber*, au *Napolitain* ou chez *Raoul*, célèbre café littéraire de la place de l'Opéra-Comique, lui permettent de fréquenter les autres Lyonnais « montés » à Paris, au nombre desquels les journalistes Pierre Scize ou Henri Belin[(41)], l'auteur de théâtre Marcel Achard, l'écrivain Joseph Jolinon qui ont l'habitude de se retrouver chez le « maître » Henri Béraud, dans son *atelier* capharnaüm de la rue Rochechouart. Tous deviendront de ses amis.

Chez Benoît - un restaurant des Halles qui monte et que commence à fréquenter « le tout-Paris »[(42)] - il fait la connaissance de l'écrivain Pierre Mac Orlan, du couturier Paul Poiret et de ses amis les peintres André Dunoyer de Ségonzac et André Derain, du journaliste Jean Galtier-Boissière et de toute son équipe du *Crapouillot*, du chroniqueur judiciaire Géo London et de bien d'autres encore…

Marcel Grancher écrit…

Avec Jean d'Agraives, il publie, toujours chez Hachette, un second titre : *La princesse aux yeux verts*. L'expérience s'arrêtera là après que la mésentente se soit installée entre les deux auteurs[(43)]. Ces « cucuteries » seront la « honte de ma carrière », écrira t-il bien plus tard !

Guère plus heureuse sera sa collaboration avec son ami René Ginet, alors très engagé dans le monde du cinéma[(44)] et avec qui il signe un petit livre dénonçant les abus des prétendues « écoles de cinéma » alors très en vogue. Préfacé par Jacques de Baroncelli[(45)], ce bouquin vengeur, pour reprendre ses termes, publié aux *Editions Publietout* et intitulé *Pour faire du cinéma…* ne se vend pas ! *« Nous y perdîmes jusqu'à nos bretelles et ce fut l'un de mes premiers déboires dans la carrière cinématographique »,* écrira-t-il encore.

Toutefois, nullement dépité par ces aléas de début de carrière, Marcel Grancher s'est maintenant attelé, seul cette fois, à la rédaction d'un roman largement inspiré par ses débuts parisiens, dans cette entreprise de draperies où il n'avait finalement « tenu » que trois semaines. Il y met en scène un certain Maurice Ruet qui lui ressemble comme un frère jumeau et qui fera carrière sous sa plume dans bien d'autres publications à venir. A l'automne 1927, le manuscrit est bouclé. Reste à démarcher éditeurs et autres officines de «comptes d'auteurs ». Après bien des déboires, c'est par l'intermédiaire de son ami le chansonnier René Devilliers[(46)] qu'il signe avec les *Editions du Loup*, une maison qui compte alors parmi ses auteurs Maurice Dekobra[(47)].

Marcel Grancher travaille…

Cela fait bientôt trois ans qu'il émarge à la *Vacuum Oil Compagny*. Il est monté en grade et occupe maintenant un poste de directeur-adjoint de la publicité. Il reçoit pour cela 4000 francs mensuels, un salaire conséquent pour cette époque où un livre se vend une douzaine de francs et que le kilo de pain en coûte deux !

Mais tout ne va pas pour le mieux. L'organisation « à l'américaine » de la société lui pèse de plus en plus : un service pléthorique où 45 personnes font un travail pour lequel 10 suffiraient, des chefs de services particulièrement imbus de leurs prérogatives en-veux-tu-en-voilà, des réunions et des conférences aussi nombreuses que stériles et interminables – il faut bien occuper tout ce monde -, un directeur incapable... C'en est trop pour Grancher que le hasard, une fois de plus, va bien servir.

Ne vient-il pas de croiser le chemin d'un ancien condisciple de l'*Ecole de la Salle* qu'il avait depuis longtemps perdu de vue, un certain Pierre Pellotier. Certes, il avait su que ce dernier s'était illustré pendant la guerre dans l'aviation navale et qu'il s'en était sorti avec le grade d'enseigne de vaisseau et la Légion d'honneur. Mais l'homme qu'il rencontre ce jour-là est en civil et lui explique qu'il s'est mis en disponibilité de l'armée pour cinq ans. Il dirige maintenant le Département Marine de la *Société A. André fils* qui produit alors la fameuse huile moteur la *Spidoléine*, concurrente directe de la *Mobiloil* ! Justement, à entendre son interlocuteur, ses cousins, les frères André, sont à la recherche d'un adjoint au directeur de la publicité qui devra à terme le remplacer lorsqu'il cessera ses fonctions(48). L'occasion est trop belle et rendez-vous est aussitôt pris. Quelques jours plus tard, Marcel Grancher rencontrait les trois frères dans leurs somptueux bureaux du 8, rue de la Tour-des-Dames. Le reste ne fut que formalités. Le temps de se fâcher avec les Américains, de voir mis fin à son contrat et notre postulant entrait dans la place : il devait y rester huit ans.

C'est à la même époque que son premier roman *Cerf sœurs drapiers*, écrit sous son seul nom, sort enfin en librairie. On peut y lire en page de garde « Au lieutenant de vaisseau Pierre Pellotier, avec toute ma sincère et affectueuse amitié ». Marcel Grancher est tout sauf un ingrat(49). Le livre rencontre, en ce début d'année 1929, un joli succès de librairie, comme on dit de nos jours. Il est vrai

(41) Pseudonyme de Michel Piot pour l'un, patronyme de celui qui deviendra Henry Clos-Jouve pour l'autre ! (Voir chapitre VIII)

(42) Appartenant aujourd'hui au groupe Alain Ducasse, Benoît maintien depuis cette époque le caractère « terroir » de la restauration de tradition française, au point d'être le seul « bistrot » étoilé du Guide Rouge Michelin.

(43) Rancunier, Marcel Grancher attendra vingt ans pour solder son contentieux avec Jean d'Agraives et la *Vacuum Oil Compagny*, par la même occasion. Ainsi mettra-t-il en scène dans son roman *La tortue tranquille*, paru en 1946, un certain Guy de Sairmeuzes, à travers lequel chacun aura pu reconnaître le portrait particulièrement peu flatteur, voire au vitriol, de son ancien collègue.

(44) René Ginet (1896-1971) fera une modeste carrière de reporter-cinéaste, d'acteur, puis de metteur en scène, avec quelques documentaires et un long-métrage à son actif. Il fera également de la mise en onde pour la radio, dont une adaptation pour une pièce de Simenon.

(45) Jacques de Baroncelli (1881-1951) est alors un des plus importants réalisateurs, scénariste et producteur du cinéma français.

(46) Avant tout chansonnier et humoriste, René Devilliers (1885-1954) fut un des principaux animateurs « montmartrois » du Paris de l'entre-deux guerres. Il aura un temps dirigé *Les noctanbules*, célèbre cabaret artistique du quartier latin où se produisirent entre autres Pierre Dac, Roméo Carlès, Raymond Souplex, Noël-Noël ou Gabriello.

(47) Grand reporter, journaliste, auteur à succès, Maurice Dekobra (1885-1973) s'est déjà fait connaître pour son roman *La Madone des sleepings*, un best-seller paru en 1925. Parmi toutes ses œuvres, il récidivera avec à nouveau avec *Fusillé à l'aube* (1931) ou *Macao, enfer du jeu* (1938).

(48) Celui qui occupe alors ce poste n'est autre que Gaston de Pawlowski, longtemps rédacteur avant-guerre du journal littéraire *Comœdia* et auteur du célèbre ouvrage de science-fiction *Voyage au pays de la quatrième dimension*. Aussi gigantesque par sa taille que par son esprit et son intelligence, dira de lui le critique d'art André Warnod, ce poète de l'incongru qui aura laissé une œuvre aussi originale que singulière, supervisera les débuts de Marcel Grancher avant de lui céder sa place. Il devait décéder en février 1933.

(49) Pierre Pellotier ne profitera pourtant guère de cette fugace notoriété, un accident aérien survenu à Bordeaux avant la fin de cette même année devant lui coûter la vie. Il avait 31 ans.

que la charge contre le milieu d'affairistes dans lequel il s'est débattu lors de son arrivée à Paris est aussi amère que lourde, mais l'humour y pointe à chaque page, ce qui ravit le lecteur. Ainsi Roland Dorgelès qui écrit à son jeune condisciple : *« J'ai passé un jour de vacances en lisant Cerf sœurs. »*

Amour, travail, succès, tout réussit donc au nouveau publicitaire de la société *André* qui racontera plus tard :

> *[...] Les frères André étaient des seigneurs... C'est assez dire qu'ils honoraient magnifiquement leur personnel, du plus petit au plus important, et, pour ce qui me concernait, on m'avait fait des conditions positivement princières.*
>
> *En toute sincérité, je crois leur en avoir donné pour leur argent. J'avais à répartir un budget de publicité de l'ordre de quatre millions et demi de francs d'alors. Ceci pour la France seule, car je supervisais également les publicités pour les filiales étrangères : Belgique, Italie, Espagne, Angleterre – sans préjudices de certaines sociétés sœurs : Kervoline, la Mailleraye, Stern, etc. Au total, de quoi occuper largement un homme – et même plusieurs. [...] Heureux d'avoir enfin trouvé des patrons qui étaient un peu des amis, je faisais feu des quatre fers, trouvait les moyens d'être partout, de tout faire – et de le faire à peu près bien... En l'espace de trois ans, le chiffre des ventes doubla...*(50)

C'est une époque qui *« fut incontestablement la plus belle de ma vie »,* écrira t-il encore.

Marcel Grancher voyage...

Il avale les kilomètres, en voiture, en train en avion, en bateau... ceux de la compagnie maritime de la *S.A. A. André fils*, de gros bateaux-citernes à bord desquels ont été installées des cabines de luxe destinées aux V.I.P. !

On le rencontre sur les circuits automobiles de Montlhéry, du Mans, de Pau, de San Sebastián, mais aussi à l'arrivée du rallye de Monte-Carlo ou aux foires d'Anvers et de Gênes, partout où se traitent les marchés.

Sa jeune épouse doit se contenter de le voir aller et venir sans pour autant le retenir. Et c'est bien souvent seule qu'elle élève leur fils Jacques, né quelques mois plus tôt. Leur couple n'en est pourtant que plus uni et, à chaque fois que cela se peut, elle l'accompagne dans les galas, salons et autres manifestations parisiennes.

Le salon de l'auto qui se tient au Grand-Palais est de celles-là, qui attire des centaines d'exposants venus du monde entier. Ils sont ainsi près de 1400 en 1929. Le banquet « Spido » offert par la *Société André* - deux cents couverts, pour un budget de 50 000 francs de l'époque - est à la hauteur de l'évènement et séduit particulièrement les invités, Marcel Grancher ayant pris le relais pour faire revenir une fois de plus de Lyon la mère Brazier et une bonne partie de son équipe pour le préparer et le servir !(51)

Il est vrai que son intérêt pour la gastronomie n'a pas cessé et s'est même bien développé depuis qu'il gagne très confortablement sa vie. Pas un restaurant de Paris qui ne lui échappe, pas plus d'ailleurs que ceux des villes où il passe, en France et même à l'étranger. C'est aussi pour lui l'occasion de retrouver ses amis qui partagent son goût pour la bonne cuisine. Et ils sont nombreux, n'en doutons pas, car de nouveaux venus se sont inscrits dans son carnet d'adresse : Géo Ham, un dessinateur talentueux rencontré aux pentes de Montmartre, qui sait faire « des voitures qui avancent », Noré Brunel, un journaliste établi à Lyon, où il dirige les *Editions du Fleuve*, lorsqu'il n'écrit pas lui-même des romans ! Et encore Georges Champeaux, autre Lyonnais exilé, journaliste à *Gringoire* et aux *Annales*, Jean-Albert Carlotti, jeune illustrateur qui commence à dessiner pour *Paris-soir*[52], Michel Herbert, journaliste, dessinateur, chansonnier... Tous devaient plus tard recroiser sa route !

Marcel Grancher investit...

A coté de la rédaction du magazine de la société, le *Spido-Journal*, un périodique d'une vingtaine pages sur papier couché, pour lequel il mobilise régulièrement les talents de Géo Ham ou de Charles Faroux, le « pape » des journalistes du monde de l'automobile de l'époque, il continue à écrire des articles pour de nombreux confrères parisiens et même lyonnais. Ici, ce sont des billets d'humeur ou des critiques littéraires pour *L'Intransigeant* ou *Comœdia*, là des reportages pour *l'Auto* ou *l'action automobile*, là encore des contes pour *La Revue de l'automobile club du Mans*, voire des récits pour l'hebdomadaire d'actualités *Vu*.

Dans la capitale rhodanienne, il a maintenant ses entrées et en particulier au *Cri de Lyon* de son ami René Meunier à qui il donne de temps à autre quelques papiers. Ce dernier, il y a peu, lui a présenté un certain Maurice Chevenet, personnage étrange et original, coureur automobile à ses heures et assureur à d'autres, qui, disposant de quelque fonds, souhaite faire paraître à Lyon un nouveau quotidien du soir. L'idée a déjà effleuré Grancher mais l'investissement financier nécessaire est hors de sa portée. Aussi écoute t-il avec intérêt son interlocuteur ! Mais la désillusion est au rendez-vous : le bonhomme n'est pas si riche qu'il a bien voulu le laisser croire et se contente pour le moment d'une modeste feuille bimensuelle consacrée à l'automobile, intitulée *Circulez* ! « N'y a-t-il rien à y voir » ? Si, pense Grancher qui conseille un titre plus accrocheur :

(50) In *De Courteline à Curnonsky...*, chez l'auteur, Le Cannet, 1969

(51) L'idée de ce banquet était revenue quelques années plus tôt à Serge André et Gaston de Pawlowski, à l'occasion du Grand Prix d'Europe de 1924, couru cette année-là à Lyon, tous deux ayant été conquis par la qualité de la cuisine d'Eugénie Brazier chez qui ils avaient été dîner. Tout comme Grancher, celle-ci était une passionnée de voitures et de courses automobiles. Une des premières femmes à posséder un permis de conduire, elle sera encore la première restauratrice à recevoir deux étoiles au Michelin en 1932, puis trois l'année suivante pour ses établissements de la rue Royale à Lyon et du col de la Luère dans les Monts du Lyonnais, là même où un certain Paul Bocuse fera ses premières armes au lendemain de la guerre.

(52) Jean-Albert Carlotti (Lyon 1909-2002) fera une brillante carrière d'illustrateur puis de peintre, ses premières œuvres ayant été inscrites au Salon d'automne puis au Salon du sud-est dès la fin des années 1920. Ami des peintres René Besset et Louis Touchages, autres compères lyonnais, il illustrera de nombreux livres de grands auteurs dont un curieux *Curé de Tours* d'Honoré de Balzac, paru à Lyon aux Editions de Savoie en 1946, une maison dirigée par un certain Frédéric Dard qui cherchait alors encore sa voie. Leurs chemins se croiseront à nouveau dans les années 1950-60 lorsque Carlotti sera amené à réaliser de nombreux décors de théâtre pour les tandems Robert Hossein/Frédéric Dard ou encore Jean-Louis Barrault/Madeleine Renaud. Revenu à Lyon dans les années 1970 il y achèvera d'y parfaire son œuvre jusqu'au terme de sa longue carrière.

pourquoi pas *la semaine automobile*. L'idée plaît à Chevenet qui lui propose même d'en devenir le co-directeur et le rédacteur en chef !

Cet hebdomadaire, dont le premier numéro sort en septembre 1931, devait se faire plusieurs années durant une place honorable France entière et attirer, à l'instigation de Grancher, de belles plumes de l'époque - Joseph Jolinon, Gabriel Chevallier ou Hervé Lauwick pour ne citer qu'eux - ne dédaignant pas d'y apporter leurs contributions.(53)

Comme les bénéfices du nouveau journal rentrent assez rapidement, pourquoi ne pas en utiliser une partie pour financer de l'édition ? Grancher a ce qu'il faut sous la main s'il regroupe les contes et nouvelles qu'il a publiés ici ou là depuis plusieurs années. En juin 1930, c'est chose faite et *Le conteur de vitesse* sort des presses de l'imprimerie *Joanny Lorge*, pour le compte des *Editions de la semaine automobile*. La préface en est bien naturellement écrite par Charles Faroux, l'illustration de la couverture ayant été confiée à Géo Ham.

Mais tout cela ne suffit toujours pas à Marcel Grancher qui continue de faire feu de tout bois.

Quelques semaines avant la parution de ce dernier livre, alors qu'il cherche à se faire une place entre Rhône et Saône, il a encore créé une nouvelle revue, un mensuel cette fois, qu'il a intitulé *la gazette du lyonnais*. Le premier numéro de ce magazine, qui se veut « chic » et bon genre a été mis en kiosque à la mi-avril 1930. Une trentaine de pages… sur papier couché !

Son adresse : **54, rue Centrale**.

Marcel y a trouvé six mois plus tôt, au troisième étage d'un immeuble bourgeois donnant à la fois sur cette artère commerçante et sur la place des Jacobins, un grand appartement dans lequel, outre des bureaux, il a réservé deux pièces pour y installer Madame Grancher mère.

La formule du périodique innove : une grande photographie en couverture, de nombreux encarts publicitaires, qui financent en partie le coût de fabrication, des articles de fond, des reportages « en immersion », comme on les qualifierait de nos jours, des chroniques, des interviews, des rubriques – Les lettres, la musique, le cinéma, les disques, les arts, le coin des poètes, la T.S.F. -, sans oublier bien sûr « Le bien-manger ». L'ensemble a de quoi séduire, mais va bien vite demander beaucoup de travail à son concepteur. D'autant que celui-ci ne relâche en rien son activité littéraire.

A la même époque parait son nouveau livre, une fois encore en partie autobiographique, dont il a bouclé le manuscrit à la fin de l'année précédente. Son titre : *Shanghaï*. L'éditeur : *Les Etincelles*, une maison nouvellement venue sur la place de Paris, dont le programme est particulièrement ambitieux(54). Ce roman colonial, comme il est indiqué sur sa superbe couverture jaune illustrée, va rencontrer son public et fera l'objet de nombreuses rééditions.

Bientôt, Marcel Grancher ne quitte plus les couchettes du « Paris-Lyon » quand il ne continue pas à parcourir la France au rythme des manifestations automobiles qui s'y déroulent.

Reportage aux Halles, pour *La Gazette du Lyonnais*.

En septembre de la même année, il est obligé de lâcher du lest. *La gazette du lyonnais* en fait les frais qui fusionne, après son cinquième numéro, avec *Notre carnet*, un bimensuel littéraire et mondain dont le rédacteur en chef, Tancrède de Visan, est un auteur et un journaliste respecté sur la place de Lyon(55). Grancher et lui se connaissent et s'apprécient depuis plusieurs années, aussi c'est avec confiance qu'ils partageront désormais la rédaction de la nouvelle revue qui associe à partir de son premier numéro d'octobre 1930 les deux titres. L'éditorial intitulé *« Deux valent mieux qu'un »* en donne l'esprit et précise qu'au « nom fort estimé et à l'organisation solide » de l'un, viendront dorénavant s'ajouter *« l'ardeur juvénile, le modernisme et le bon ton de la présentation »* de l'autre. De fait la plupart des rubriques de *la gazette* seront maintenues et même déve-

(53) Joseph Jolinon (1885-1971) et Gabriel Chevallier (1895-1969) comptent alors au nombre des auteurs ou des journalistes lyonnais en devenir, le premier pouvant se prévaloir d'une dizaine de romans publiés chez l'éditeur parisien Rieder, le second venant de se faire connaître du grand public avec un titre largement autobiographique *La peur*. Point commun de leur production littéraire : la *Grande Guerre* qui les aura marquées à jamais. Plusieurs prix littéraires viendront récompenser le premier, dont le Grand prix du roman de l'Académie française en 1950, son roman *Clochemerle* qui paraîtra en 1934 devant assurer célébrité et fortune au second. Quant à Hervé Lauwick (1891-1975), un passionné d'automobile comme Grancher, il sera tour à tour journaliste, producteur ou critique. Ami de Sacha Guitry, de Maurice Donnay ou de Tristan Bernard, il laissera à la postérité plus de 40 titres écrits entre 1923 et 1975.

(54) Maurice Genevoix, Jean Galtier-Boissière ou Maurice Constantin-Weyer, entre autres, feront partie de son catalogue.

(55) De son vrai nom Vincent Biétrix (1878-1945), Tancrède de Visan, fera partie de ces personnages tout autant discrets qu'incontournables de la vie lyonnaise des années 1930-1940. D'une famille de commerçants lyonnais, il complétera ses études à Paris et obtiendra une licence en Lettres à la Sorbonne. Elève d'Henri Bergson au Collège de France, il renoncera toutefois à poursuivre jusqu'à l'agrégation. Il embrasse alors une carrière de journaliste et d'essayiste et collabore entre autres à *Vers et prose* ou au *Mercvre de France*. Revenu à Lyon au lendemain de la Première Guerre mondiale, il y poursuivra son activité de journaliste en créant *Notre Carnet* en même temps qu'il poursuivra son activité littéraire en publiant de temps à autre essai, nouvelle et roman.

loppées : deux pages pour « Les lettres », une page pour le cinéma - au bas de laquelle on retrouve la signature de René Ginet -, deux pages encore pour signaler les bons restaurants du moment…

Aussi, l'activité débordante de Marcel Grancher entre Saône et Rhône, dans une ville qui n'est pas la sienne – c'est du moins ainsi que le considèrent certains journalistes particulièrement accrochés à leur « pré-carré » - commence-t-elle à en agacer plus d'un qui voient là une menace de concurrence propre à déranger leurs (petites) habitudes. Lui qui jusqu'alors n'avait que des amis, commence à se faire des ennemis !

Ainsi, Claude Le Marguet, journaliste et écrivain du moment, que Grancher a singulièrement malmené dans les colonnes de *la Gazette*, peu avant la disparition du magazine. Comme beaucoup, il a suivi les péripéties survenues à la suite de la désignation du lauréat du nouveau *Grand Prix Littéraire des Amis de Lyon*, décerné au mois de mai précédent. Le Marguet, doublé en dernière minute par Jean Dufourt, alors qu'il était donné favori par la plupart des critiques, n'a cessé depuis de tempêter contre les membres du jury et contre l'incontournable maire de Lyon, Edouard Herriot, qu'il accuse de l'avoir trahi. Prenant partie pour ce dernier, Grancher s'est permis de donner quelque avis sur cette polémique, ses propos ayant été jugés « offensants » par l'auteur de *Myrelingues*. L'affaire faillit se terminer par un duel, un arrangement dans l'honneur ayant été en fin de compte trouvé par les témoins des deux partis ! Tout se termina au restaurant et les deux hommes ayant appris à se connaître devinrent les meilleurs amis du monde ![(56)]

Plus conflictuelles vont être les relations avec le directeur du magazine *La Vie Lyonnaise*, Gabriel Berthillier, qui redoute alors particulièrement la perspective de voir un nouvel hebdomadaire « lyonnais » s'installer au côté du sien. L'homme est aussi mesquin que retord. Aussi va-t-il jusqu'à écrire, fin janvier 1931, à Gaston de Pawlowski et à la direction de la *Société André*, pour dénoncer les méthodes de Grancher qui abuse selon lui de sa situation de chef de publicité pour imposer aux journaux la promotion de sa production littéraire ! La lettre finit par arriver dans les mains de notre trublion dont le « sang ne fait qu'un tour » ! La réplique est cinglante qui parait dans les colonnes de *la semaine automobile* dont il est toujours le rédacteur en chef. A en lire l'article, Berthillier y est accusé d'avoir rédigé sa lettre avec la prudence d'un « fleure-fesses » et une savante hypocrisie qui mérite de lui tremper le nez publiquement dans « sa petite ordure » ! L'affaire trouvera son terme à la fin du mois de mai suivant devant la chambre correctionnelle du tribunal du Rhône qui condamne conjointement Marcel Grancher et Marthe Chevenet, la gérante du journal, à 25 francs d'amende chacun[(57)] pour injures et diffamation. Le ton est cependant donné de ce qui sera à l'avenir l'attitude de notre journaliste face à l'adversité « lyonnaise », et ce pour les deux décennies à venir.[(58)]

(56) Claude Le Marguet (1868-1933) était alors un journaliste reconnu de la presse régionale qui avait commencé sa carrière à Saint-Etienne avant de la continuer à Paris. Un temps rédacteur en chef du *Chasseur français* il avait publié un premier recueil de nouvelles Les Contes du Pays Noir sous pseudonyme vingt ans avant de présenter son *Myrelingues la Brumeuse* au prix lyonnais. Voir chapitre X Le Prix Lugdunum et autres prix littéraires.

L'éditeur

Quoi qu'il en soit, Grancher poursuit sa route et continue à maintenir plusieurs fers au feu. En juin 1931 sort aux *Editions Joanny Lorge*, à Lyon, un nouveau livre qui regroupe toute une série de reportages qu'il a fait dans les mois précédents pour le compte de *La Gazette* puis de *Notre Carnet*. Son titre : *Nuits de Lyon*. Pierre Mac Orlan a bien voulu en rédiger la préface ! L'illustrateur et caricaturiste Ergé, en a dessiné la couverture(59).

Les choses auraient ainsi pu durer longtemps si, à quelque temps de là, la *Standard Oil* n'avait fait irruption dans le capital de la *Société A. André fils* ! A nouveau, Marcel Grancher va être confronté aux méthodes de gestion « à l'américaine » et ce n'est pas pour lui plaire, d'autant que ce n'est plus un, mais deux services de publicité qu'il va devoir dorénavant animer !

En réalité, après des années d'exil volontaire à Paris, Grancher songe de plus en plus sérieusement à revenir vers Lyon et réduire ses activités parisiennes, en dépit des revenus particulièrement confortables qu'elles lui rapportent.

Justement ! Il a su se constituer en à peine cinq ans un capital financier non négligeable et il songe maintenant à le réinvestir dans une idée qui lui tient à cœur depuis assez longtemps : installer une maison d'édition ainsi qu'un nouveau périodique dans la capitale des Gaules. Pour cela, et pour ne pas répéter la brève expérience de *la gazette du lyonnais*, il doit choisir entre une situation des plus confortables à Paris et les aléas d'une nouvelle vie à Lyon ! Henri Béraud, qu'il rencontre fréquemment, va l'y aider, lui qui s'est décidé pour une double résidence et passe une moitié de son temps au bord de la Seine et l'autre dans sa nouvelle propriété des Monts d'Or.

A la fin de l'été 1932, Marcel Grancher « saute finalement le pas » et abandonne la plus grande partie de ses fonctions « pétrolières » - il devait toutefois conserver quelque temps encore la rédaction en chef du *Spido-Journal* - pour revenir se loger au 165 du boulevard Pommerol(60). Dans ses bagages, le manuscrit d'un nouveau livre qui doit l'installer définitivement en tant qu'auteur sur la place lyonnaise.

(57) Environ 20 euros !

(58) Particulièrement détestables seront pour les quinze années suivantes les relations « par journaux interposés » entre Gabriel Berthillier et Marcel Grancher. Le premier n'aura de cesse que de « démolir » son concurrent à chaque fois que l'occasion s'en présentera, notamment lors de la présentation de ses livres aux différents concours littéraires organisés à Lyon. Grancher y répliquera systématiquement par l'humour et la dérision. Cette inimitié trouvera son terme à l'automne 1944, lorsque *La Vie Lyonnaise*, largement compromis avec le régime de Vichy, aura été inscrit sur la liste des périodiques « collaborateurs » et à ce titre interdit de parution !

(59) Raymond Giroud (1893-1968), dit Ergé (R.G.) – à ne pas confondre avec un jeune dessinateur belge qui fait alors ses débuts du côté de Bruxelles - est présenté comme chef de publicité-conseil dans l'annuaire du *Tout-Lyon 1927*. Un temps président de l'Association de la presse périodique lyonnaise, il « croquera » des années durant la vie lyonnaise et ses acteurs, sans oublier de se mettre en scène lui-même. Il assumera encore dans les années 1930 la fonction de directeur du bimensuel culturel et mondain *Notre Carnet*, au côté de Tancrède de Visan, le rédacteur en chef. Membre actif de l'*Automobile Club du Rhône*, il dirigera après-guerre la revue mensuelle *Le carnet de l'automobile*.

(60) Devenu depuis le boulevard de la Bataille de Stalingrad !

Ainsi sort au mois de septembre des presses de l'imprimerie Tallins, *Lyon de mon cœur* : le tout premier titre des toutes nouvelles *Editions Lugdunum*. Illustré en couverture par une photo d'ambiance signée Blanc et Demilly, célèbres photographes au pays des gones, le livre prend aussitôt place dans les librairies. C'est un touchant recueil de souvenirs – le premier d'une liste conséquente qui ne s'éteindra qu'avec leur auteur -, ce « tome » courant de l'enfance lyonnaise du jeune Marcel jusqu'à son départ pour Paris en 1925. Les anecdotes abondent, le style est enlevé et déjà des noms de copains, d'amis, de relations professionnelles, de personnages hauts en couleurs, constellent les paragraphes et les chapitres : un « truc » imparable qui ne peut qu'inviter les heureux cités à acheter un livre qui les inscrira à jamais dans l'histoire !

Ceci étant, ni le titre, ni le thème, pas plus que la date de sortie, ne sont en réalité dus au hasard. A cette même époque se termine la sélection des livres appelés à concourir pour la deuxième édition du *Grand prix littéraire des amis de Lyon* dont l'attribution est prévue pour le mois de juin suivant. Vingt cinq mille francs[(61)] sont cette fois promis au futur lauréat et Marcel Grancher entend bien tenter sa chance.

Parallèlement à cette nouvelle activité d'éditeur, Grancher s'est attelé au « montage » de la revue – un hebdomadaire cette fois - qu'il compte proposer dans les kiosques dès 1933, ce d'autant que ce futur journal viendra en appui publicitaire de son catalogue d'éditions. Son idée tient en une nouvelle formule qui se voudrait le pendant lyonnais des hebdomadaires parisiens comme *Le Charivari*, *Le Cri de Paris* ou *Cyrano*. Rodé par ses expériences de *la gazette* et de *Notre Carnet*, dont il compte reprendre en partie forme et rubriques, Grancher imagine un journal qui se ferait avant tout l'écho de la « chose publique », qu'elle touche à la vie politique, à l'administration municipale, aux faits divers, aux tribunaux, au sport ou à la vie mondaine, le tout sur le ton de la satire et de l'humour et en une petite quarantaine de pages hebdomadaires. Durant tout l'automne il va donc multiplier les contacts avec ses amis lyonnais pour abonder les futures pages du journal et prospecter également les annonceurs potentiels. Il compte bien ainsi financer une bonne partie du coût du journal en « agrémentant » plus que jamais les colonnes avec des encarts publicitaires plus ou moins importants, visant pour certains la pleine page. Tout ce travail aboutit bientôt et, le 6 janvier 1933, *La Semaine à Lyon*, le nouvel hebdomadaire appelé à paraître chaque vendredi, prenait sa place dans les kiosques.

Adresse des bureaux et de la rédaction : **54 rue Centrale**, là même où il avait déjà domicilié trois années plus tôt son précédent mensuel.

Fort de sa maison d'édition et son journal, Marcel Grancher n'aura plus de cesse dès lors que de faire connaître et aimer sa ville : Lyon ![(62)]

(61) Soit 16 000 euros en 2019.

(62) Voir plus particulièrement les chapitres VII et XI.

III Les *Editions Lugdunum* et *Le Mois à Lyon*

« Un bon journaliste est d'abord un homme qui réussit à se faire lire. »
François Mauriac[63]

Un bon auteur également ! Sans aucun doute Marcel Grancher fut de ceux-là : d'innombrables billets, articles, enquêtes, reportages ou éditoriaux de presse et plus d'une centaine de livres signés de son nom - au nombre desquels deux best-sellers - en témoignent.

Les éditeurs, imprimeurs et libraires lyonnais de l'entre-deux guerres

Marcel Grancher, auteur et éditeur, par Blanc et Demilly.

Lorsque notre parisien décide d'investir sur la place lyonnaise, celle-ci est paradoxalement peu active en matière d'édition, seules quelques maisons, se revendiquant en tout ou partie comme « imprimeur-éditeur-libraire », produisant occasionnellement des publications à vocation scientifique, religieuse, médicale ou technique. Ainsi la maison *Bosc frères* du quai Docteur-Gailleton avec *Les Editions du Fleuve*, *Joanny Lorge* sur le quai Fulchiron, *Pierre Masson* place des Jacobins, *Marius Audin* rue Davout, et encore la librairie catholique *Emmanuel Vitte* de la place Bellecour ou la *Librairie de l'Archevêché Marc Camus* de l'avenue de la Bibliothèque[64]. Plus rares encore sont celles qui se risquent de temps à autre à quelques productions plus littéraires ou romanesques. Situation d'autant plus étonnante qu'avec des traditions vieilles de plus de 400 ans - le premier éditeur-imprimeur-libraire Barthélemy Buyer s'est installé sur les bords de la Saône en 1472 - Lyon et ses communes périphériques, avec une population de plus de 700 000 habitants, offrent des débouchés pratiquement sans limites à cette industrie !

(63) Cité par Jean Daniel, *Les miens*, Grasset 2009.

(64) De nos jours, avenue Adolphe Max.

Aussi, si l'on excepte quelques autres imprimeurs-éditeurs régionaux comme les éditions *Au Pigeonnier* à Saint-Félicien-en-Vivarais, *Arthaud* à Grenoble ou les éditions *Protat frères* à Macon, ce sont très majoritairement des éditeurs parisiens qui abondent les libraires lyonnaises.

Des débuts prometteurs

Lorsque – s'éditant lui-même - Marcel Grancher fit paraître à l'automne 1932 *Lyon de mon cœur*, le premier titre des *Editions Lugdunum*, trois mois avant la sortie en kiosque du premier numéro de sa revue *La Semaine à Lyon*, celui-ci sortait des presses de l'imprimerie Talleins et Cie, installée au 3 de la rue Juliette-Récamier. L'adresse officielle des nouvelles *Editions Lugdunum* était quant à elle au **54 rue Centrale**. Les lecteurs seront au rendez-vous et le livre sera réédité deux fois.

En attendant, il s'agit d'étoffer au plus vite le catalogue, l'idée de Grancher étant de promouvoir avant tout des auteurs « lyonnais ».

Ainsi, annoncé en quatrième de couverture de ce premier livre et « pour paraître prochainement », *Contes apaches* par le Docteur Edmond Locard, le déjà très célèbre créateur et directeur du *Laboratoire de Police Technique de la Ville de Lyon*. Grancher et lui se connaissent depuis peu, leur première rencontre datant de l'automne 1930, alors que Grancher faisait une série de reportages sur le Lyon insolite pour le compte de *Notre Carnet - la gazette du Lyonnais*. Menant son enquête, il était allé passer *Une matinée à l'anthropométrie* et les deux hommes avaient rapidement sympathisé : leur amitié devait perdurer à travers les décennies suivantes et se traduire par une longue collaboration qui s'exprimera plus particulièrement dans les colonnes de la *Semaine* puis du *Mois à Lyon* dont la saga est sur le point de commencer…

Mais les aléas de l'édition étant ce qu'ils sont, c'est pourtant un autre titre qui contredit l'annonce du livre de Locard lorsque paraissent *Les étreintes maudites* de Noré Brunel, un auteur à succès qui a déjà publié une quinzaine de romans, commis quelques essais et écrit plusieurs pièces de théâtre. A ses heures éditeur et journaliste, c'est en livrant quelques piges pour des périodiques de l'époque que Grancher et lui se sont rencontrés et appréciés[(65)]. Curieusement, ce deuxième livre des *Editions Lugdunum* est domicilié à l'adresse de l'*Imprimerie Tallins*, comme le seront encore la douzaine d'autres titres qui suivront !

La parution de *La semaine à Lyon*, dont le premier numéro est sorti dans les kiosques en janvier 1933, et dont les bureaux sont installés au **54 rue Centrale**, explique probablement ce choix de Grancher qui ne veut pas (encore) mélanger les genres.

Ceci étant, une nouvelle fois, la « quatrième de couv. » de cette deuxième livraison informe les lecteurs sur les « Pour paraître prochainement ». *Les contes apaches* sont de nouveau mentionnés - qui sortiront peu après - de même qu'un *CO^2* de Claude Le Marguet et un *Perrache-Brotteaux* par Tancrède de Visan.

Le premier ne paraîtra pas aux *Editions Lugdunum*, son auteur étant décédé entre-temps, la sortie du second devant encore attendre plus d'une année, sans doute mise à profit par son auteur pour mettre une dernière main à son manuscrit ! L'édition est décidément une affaire compliquée !

Entre-temps, ce ne sont pas moins d'une demi douzaine de titres qui auront complété la collection, au nombre desquels deux rééditions des premiers succès littéraires de Grancher, à savoir *Cerf sœurs, drapiers* et *Shanghaï*.

En tous les cas, les livres se vendent... et se vendent même bien, d'autant que, dès la parution du « roman d'après-guerre » intitulé *Le Voile du temple* - proposé par un certain Gilbert H. Roche(66), *Les Editions Lugdunum* affirment n'éditer « que des auteurs lyonnais ». « Lyonnais, achetez des œuvres lyonnaises », insiste encore le pavé de bas de page du second plat du livre, qui annonce également la parution prochaine d'un *Andrée*, par Paul Bénédict, et à nouveau le *Perrache-Brotteaux* promis par Tancrède de Visan qui décidément se fait attendre !

Avec la parution de ces deux titres, l'adresse des éditions, un temps délocalisée chez l'imprimeur, reprend place au **54 rue Centrale**. Douze auteurs sont maintenant au catalogue, dont Grancher qui fait la promotion de son dernier roman intitulé *Célibataires*. Qui plus est, la quatrième de couverture du livre annonce déjà le prochain ! *Au mal assis*, tel est le titre de ce « roman lyonnais », que son auteur a prévu d'aligner pour le Prix Littéraire du « Comité du Cercle Lyonnais des Relations Intellectuelles ». Le livre va défrayer la chronique d'entre Rhône et Saône et donner aux adversaires invétérés de Grancher l'occasion de monter contre lui une véritable cabale. Les colonnes de son nouveau journal, *La semaine à Lyon* lui permettront toutefois de répondre vertement à ses détracteurs !(67)

La Semaine à Lyon

Lorsque Marcel Grancher a décidé de quitter Paris, son projet – comme nous l'avons vu – est double : créer une nouvelle affaire d'édition et lancer un nouveau périodique à Lyon.

A l'automne 1932, le premier titre des *Editions Lugdunum* est en place. La mise en kiosque du journal interviendra dès le début de l'hiver suivant.

Ainsi paraît, en date du 6 janvier 1933, le premier numéro de *La semaine à Lyon*. Comme son titre le donne à penser, il s'agit d'un hebdomadaire que ses nouveaux lecteurs retrouveront à l'avenir tous les vendredis. Pour ce faire, un rédacteur en chef, Marcel-E. Grancher, un secrétaire général, Louis Dureuil !

(65) Honoré dit Noré Brunel (Caromb 1886 – Vaison-la-Romaine 1954). Venu à Lyon comme inspecteur des travaux publics, il y demeurera treize ans avant de partir pour Paris en 1937. Créateur avec Marius Riollet en 1924 de la revue *Le Fleuve*, il lancera par la suite *Les Editions du Fleuve* qui publieront de très nombreux titres dans les années suivantes. Grand prix du roman d'amour du « Paris-soir » de l'avant-guerre, il signera beaucoup de livres en collaboration avec José de Bérys, Pierre Chaine, le boxeur Marcel Thil, le coureur cycliste Charles Pélissier, Ninon de Lenclos, l'alpiniste Armand Charlet, le clown François Fratellini... Il aura également travaillé en tant que critique littéraire ou nouvelliste avec *Le cri de Lyon*, *Le Matin*, *Minerva*, *Le Rire*, *Le Frou-Frou*.

(66) De Gilbert H. Roche, on n'en saura pas plus. Venu rencontrer Marcel Grancher dans ses bureaux du **54 rue Centrale**, pour lui proposer son manuscrit, cet ingénieur en électricité n'ira semble-t-il pas plus loin dans la production littéraire.

(67) Voir chapitre X Le Prix Lugdunum et autres prix littéraires.

Premier numéro de *La Semaine à Lyon,* illustré par Ergé.

Pour ceux qui ont eu à lire l'ancienne *Gazette du lyonnais*, lancée par Grancher trois ans plus tôt et vite fusionnée avec *Notre carnet*, la formule n'est pas nouvelle : sur 36 pages, des articles de fond, des chroniques, des reportages, quelques pages de littérature, des potins, des annonces, des rubriques et surtout des encarts publicitaires, nombreux et de tous formats. Il est vrai que ceux-ci financent en très grande partie le journal dont le prix de vente est fixé à 1 franc. En effet, les grandes marques du monde de l'automobile, dont Grancher connaît depuis longtemps tous les rouages, vont répondre présentes : *Peugeot*, *Chenard Walcker*, *Bugatti* ou *Citroën. Les* équipementiers sont là également, tels *Lavalette-Bosch*, *Accu-Watt*, tout comme les pétroliers, *Spidoléine* en tête, ou *Castrol*. Les commerçants lyonnais ne sont pas en reste : restaurants, garagistes, fabricants et distributeurs se sont laissés séduire par la formule, d'autant que les possibilités de toucher une nouvelle clientèle étaient jusqu'alors limitées aux seules pages des périodiques déjà en place, comme *La Vie Lyonnaise* et, dans une moindre mesure, *Notre Carnet*. Même les « copains » veulent en être : ainsi le voisin d'immeuble Jean Verots, dentiste de son état et ami « inoxydable » de Grancher, ou encore Jean Rome, autre ami, propriétaire du garage des bords du Rhône où il remise sa voiture.

Côté collaborateurs du nouveau magazine, l'ami Ergé vient de s'engager pour la couverture, en proposant chaque semaine un dessin humoristique inspiré par la vie politique locale ou nationale du moment. Il n'est pas le seul à répondre aux sollicitations de Grancher !

Dès le premier numéro, on retrouve ainsi les signatures de Léon Granier, l'incontournable « speaker » du Studio de Lyon La Doua, de Georges Trombert, sportif bien connu des Lyonnais, en son temps triple médaillé olympique des J.O. d'Anvers, qui signe bien naturellement la rubrique *Sports*. Marcel Grancher « s'y colle » également qui aborde d'emblée un problème de fond en initiant une nouvelle *Enquête sur le marasme de la soierie* qui va faire bientôt grand bruit.

Divers pseudonymes plutôt amusants et qui seront appelés à perdurer, complètent la distribution. Ainsi Le liseur du Gros-caillou pour la rubrique *Un livre par semaine*, Marcel de la Cimaise pour *Les Arts*, Fricandeau pour *Le bien-manger et bien boire*, le baron du Carter pour la rubrique *Automobile*, l'Aiguille creuse pour la discographie. Plusieurs d'entre eux ne masquent qu'à peine le nom du « rédac-chef » mais ils ouvrent la porte à d'autres signatures qui viendront se substituer à lui sous le couvert du même pseudonyme.

Bref, si la formule n'est pas des plus originales, le ton, lui, est donné : l'humour avant tout. Il sera la marque de fabrique de la maison pour les vingt années à venir.

En tous cas, *La semaine à Lyon* plaît et trouve son public à côté de celui de *La vie Lyonnaise* qui, par trop policée et consensuelle, commence à s'essouffler. Les numéros du nouveau périodique lyonnais vont ainsi se succéder chaque vendredi, s'enrichissant au fil des parutions de nouvelles signatures : l'éditeur-journaliste-écrivain Noré Brunel, la poétesse-critique littéraire Jean Bach-Sisley, l'essayiste-journaliste Tancrède de Visan, le scientifique-humaniste Edmond Locard, le publiciste Louis Jasseron… Plusieurs d'entre eux, il est vrai, sont en passe de se voir parallèlement publiés par les *Editions Lugdunum*. Grancher va donc faire « coup double » en utilisant au mieux les colonnes de son journal pour annoncer la parution des nouveaux ouvrages de sa maison d'édition. Et cela marche !

Loin de vouloir s'installer dans la routine, il a également imaginé de publier, à intervalles réguliers, des numéros dits spéciaux avec plus de pages, pour être davantage en phase avec l'actualité. Ainsi la *Foire de Lyon*, puis les fêtes de Pâques, sont l'occasion de numéros mis « exceptionnellement » en vente au prix de 1 franc 50, une partie de ce surcoût venant de l'utilisation nouvelle d'un papier de qualité supérieure, alors importé à grand frais des pays scandinaves.

Grancher avait bien annoncé dans son premier éditorial, quelques mois auparavant, que les capacités financières de *La Semaine* ne le permettaient pas :

> *On nous reprochera peut-être de ne pas tirer sur papier couché. A cela, nous répondrons qu'à Lyon, où les ressources d'un périodique n'ont rien de comparable avec ce qu'elles peuvent être à Paris, il faut choisir entre les deux : texte ou présentation. On ne peut avoir à la fois des collaborations qui coûtent cher et un grand nombre de pages sur papier de luxe qui coûtent également cher. Pour nous, nous avons choisi. Nous préférons payer de nombreux rédacteurs… connaissant leur métier… et donner quelque chose à lire, que présenter une prose plate dans un cadre de luxe.*

Faisait-il là allusion à son concurrent *La vie Lyonnaise* ?

En tous cas, moins de trois mois plus tard, l'argent rentre qui va de pair avec les possibilités offertes par ce type de papier sur lequel on peut reproduire des clichés photographiques, voire imprimer des aplats de couleur. Les annonceurs y voient un avantage pour des publicités de meilleure qualité – les chocolats fins *L. Voisin* se « fendront » ainsi d'une pleine page couleur dès le numéro spécial « Pâques » du 7 avril 1933 – et Grancher, lui, le moyen de donner toujours plus de lustre à sa revue, une photo en couverture venant remplacer les dessins d'Ergé, puis ceux de Raoul Guérin[(68)] à chaque numéro spécial.

La tendance ne s'arrêtera plus, seules les restrictions de guerre devant y mettre un terme cinq années plus tard.

Au début du printemps, ce sont deux nouveaux chroniqueurs qui rejoignent la petite équipe de *La Semaine* : ils marqueront durablement le magazine et la vie journalistique lyonnaise. Ils ont pour noms Léon Charlaix et Max-André Dazergues.

Et Marcel Grancher de présenter le premier aux lecteurs dans les colonnes du numéro du 5 mai celui *« dont la signature et l'ironie cinglante sont déjà fort connues à Lyon »*. Le nouvel arrivant signera dorénavant une rubrique d'humeur intitulée « à la loupe ». Quant au second personnage, c'est un écrivain bien atypique qui se consacre depuis plus de dix années déjà à la littérature dite « populaire » et compte alors à son actif plus d'une centaine de titres, le plus souvent publiés sous forme de fascicules. Il signe pour la première fois la rubrique « Les disques » ainsi qu'une critique littéraire particulièrement élogieuse du nouveau livre de Simenon *Le coup de lune*, présenté aux lecteurs de *la Semaine* dans le numéro du 19 mai 1933.

A l'entrée de l'été, le nouvel hebdomadaire lyonnais a déjà pris son rythme de croisière, de nouveaux contributeurs ayant rejoint l'équipe initiale. Il y a là Paul César, le bien connu détective privé lyonnais qui se pique d'écrire – fort bien d'ailleurs – et propose de revenir sur des affaires judiciaires qui ont marqué leur temps. Des « Faites entrer l'accusé » de l'époque, en quelque sorte ![69]

César par Charles Marga.

Tancrède de Visan, le fin poète et journaliste, a également répondu aux appels de Grancher et autorise la publication d'extraits de son dernier livre en attendant de produire des articles originaux. Nouveau venu également dans les colonnes du journal, le célèbre Curnonsky, Prince des Gastronomes, qui vient adouber, dans le numéro spécial des vacances du 30 juin 1933, la cuisine lyonnaise, en déclarant Lyon, capitale de la gastronomie mondiale !

Le titre sera repris quelques temps plus tard pour un livre « phare » des *Editions Lugdunum*. Plus un numéro de *La Semaine* ne

De gauche à droite, on reconnait : Jean Albert Carlotti, l'auteur du dessin, Henri Clos-Jouve, Antoine Loyet, Pierre Arnaud, Charles Pléau, André Thiriet, Edmond Locard, Marcel E. Grancher, Tancrède de Visan, Marius Riollet, Louis Jasseron, Louis Dureuil, Jean-Charles Dubost, Marius Dejean, Léon Charlaix, Marcel Veyre.

sortira à l'avenir sans quelques colonnes consacrées à la cuisine et aux restaurateurs, sans compter les innombrables encarts publicitaires pour les restaurants, traiteurs, cafés-comptoir et autres commerces « de bouche »... Grancher oblige ![70]

Tout début septembre, dans le premier numéro du mois, apparaît un personnage qui ne va tarder à marquer à jamais le journal. Un article lui est consacré qui le présente comme un artisan lyonnais, maquettiste de bateaux en bois, voire inventeur en radiophonie et électricité. Son nom : Marcel Veyre. Dans quelques semaines, il aura rejoint définitivement l'équipe du journal de Grancher, comme courtier d'abord, puis comme rédacteur dans les pages consacrées aux sciences psychiques et à l'occultisme ![71]

Avec l'automne, vient l'heure d'un premier bilan. A en lire « l'édito » du rédacteur en chef, il est particulièrement positif :

> *Un peu plus de huit mois d'existence et ce journal a sa place marquée - et bien marquée – à Lyon. Un tirage sans cesse croissant [...] Un chiffre de publicité considérable – et, croyez que nos commerçants ne sont pas assez bêtes pour jeter leur argent à la rue : quand ils passent un ordre*

(68) Avant tout dessinateur humoristique, Raoul Guérin (1890-1984) se sera fait connaitre dès le lendemain de la Première Guerre en travaillant pour *le Canard enchaîné*. Contemporain de Poulbot, Saint-Ogan ou Sennep, il aura été de ceux qui auront participé à la création de la Commune libre de Montmartre. A l'époque où il met son talent au service de *La semaine à Lyon*, il crée pour le journal *Gringoire,* puis pour l'hebdomadaire *Ric et Rac,* son personnage fétiche de *Toto Guérin*, son alter-ego enfantin qui commente sous des airs faussement naïfs les actualités politiques du moment. Ses dessins continueront à accompagner les publications de Marcel Grancher jusque dans les années 1960, une de ses dernières apparitions en public ayant eu lieu à l'occasion du festival de la bande dessinée d'Angoulême en 1980.

(69) « P. César détective, 23 rue Childebert. Renseignements confidentiels - Recherches et enquêtes ». Telle est la publicité que celui qui se présente comme le doyen des détectives lyonnais, fait régulièrement paraître dans les colonnes des périodiques de l'époque. Il a alors vingt et un ans de profession derrière lui ! Il est le fils d'un commissaire de police. Auteur reconnu, il a déjà publié en 1926, aux Editions du Fleuve, *Souvenirs d'un détective* et a régulièrement signé depuis des chroniques policières dans Le *Cri de Lyon*, un journal où on retrouvait également des articles de Noré Brunel, son éditeur, voire d'un certain *M.E.G.* initiales de Marcel Etienne Grancher ! Pour les vingt années à suivre, Paul César fera partie des plus fidèles collaborateurs de *La Semaine*, puis du *Mois à Lyon*.

(70) Voir chapitre XI Journalisme et gastronomie.

(71) Voir chapitre VI Marcel Veyre.

d'insertion, c'est parce qu'ils savent que cette insertion rapportera. - Une influence sans cesse croissante, grâce à son nombre de lecteurs - soyez cité dans un écho, et vous vous en rendez compte : le lendemain toute la ville en parle. – Bref, un succès.

Dirais-je que j'en suis surpris ? Non. Quand je m'occupe d'une affaire, je le dis tout net et comme je le pense, j'ai l'habitude qu'elle marche.

Mais, j'en suis fier. Et, aussi, bien content : rien qu'à penser à la tête que font certains imbéciles qui accordaient six mois de vie à mon initiative, me met de la joie plein le cœur.

Quant à mes ennemis, ils en ont tout simplement la jaunisse.

Tout simplement !

Et maintenant « avant, avant » comme dit la devise de notre ville.

Pour remercier ceux qui m'ont fait confiance, je vais tâcher de faire mieux encore.

Et Grancher d'annoncer dans la foulée, le remplacement des *« Enquêtes* [...] *trop longues, trop sérieuses pour un journal satirique »* par de *« rapides reportages ».* Ainsi, *« Le nudisme à Lyon, La cocaïne à Lyon, Chez les invertis lyonnais »,* autant de thèmes qui ne pourront qu'animer les conversations à venir dans la bien-pensante capitale rhodanienne.

Annoncée également, une part beaucoup plus importante du journal faite au cinéma : *« huit à douze pages, abondamment illustrées, sur papier couché »*, sous forme d'un supplément encarté.

Automobile, Gastronomie, T.S.F., ne seront pas en reste avec une place revue et augmentée. Enfin, et suite à une entente avec les représentants de l'ancienne revue lyonnaise *En Auto et Moto*, celle-ci retrouvera une parution hebdomadaire en intégrant les colonnes de *La Semaine à Lyon*. Grancher, qui avait travaillé pour ce magazine dans les années 1920, sait être reconnaissant ! C'est donc une revue de plus en plus avenante qui est proposée à ses lecteurs et qui s'installe de mieux en mieux au milieu de ses concurrents exposés dans les kiosques lyonnais. Assurément, le numéro de Noël 1933 emporte aisément la mise en s'affichant avec une couverture reproduisant une superbe composition en couleur d'un certain Moisan, celui-là même qui fera les beaux jours du *Canard enchaîné*, un peu plus de vingt années plus tard[(72)].

Et *La Semaine* devint *Le Mois* !

Il est cependant un aspect de la situation que Grancher n'a pas encore pris en compte et qui va peser lourd dans l'avenir de son hebdomadaire : la semaine n'a que sept jours !

Le journal à peine « bouclé » pour être mis en kiosque le vendredi, tous, rédacteur en chef, chroniqueurs, auteurs, pigistes, doivent se remettre sans délai à l'ouvrage et trouver de quoi remplir les colonnes du numéro suivant ! A ce jeu-là, bien des collaborateurs du journal ont de plus en plus de mal à suivre le rythme et ce d'autant que la vie et l'actualité lyonnaises ne sont pas forcément riches d'évènements dont ils pourraient « faire leurs choux gras ». Et plus les semaines passent, plus la question se pose. A l'entrée de l'été 1934, Marcel Grancher va trancher. Exit le quatrième numéro de juillet. Trois numéros seulement sortiront des presses ce mois-là. Un encadré en première page du numéro du 3 août précise la situation :

« ... pour permettre à nos collaborateurs de prendre quelques jours de vacances, nous avons espacé notre parution estivale ». Le numéro suivant est annoncé pour le 31 août.

C'est ainsi que les abonnés et les acheteurs en kiosque apprennent en première page du numéro de la rentrée que celui-ci est le dernier de la formule hebdomadaire, sa suite devant être prise par un mensuel des plus prometteurs.

Et Grancher d'annoncer un futur journal illustré avec de

> *la photographie moderne, prise sous des angles et avec des éclairages qui traduisent en valeur maximum les scènes représentées, et non pas la plate illustration, montrant pour la 63e fois, après tous les quotidiens et en même temps que tous les périodiques, le salut de M. le président Herriot à telle inauguration ou à tel banquet !*

Ça, c'est pour la concurrence ! Et Grancher de poursuivre :

> *Chaque numéro offrira en outre cette particularité d'être un numéro spécial, sur un sujet donné.*

Et de lister le Lyon de la nuit, le salon de l'auto, la gastronomie, la médecine, l'occultisme... Avec les rubriques habituelles Cinéma, Sports, Lettres, Arts plus nombreuses et davantage développées, une équipe de rédaction étoffée, ce seront dorénavant *« 60 à 80 pages de lecture et d'illustrations »* qui seront proposées mensuellement dans les kiosques, *« pour la somme modique de trois francs »*, quatre pour les numéros « hors-série ».

Le 15 septembre 1934 paraissait le premier numéro du nouveau « magazine illustré » *Le Mois à Lyon.*

Pratiquement tous les amis du journaliste ont répondu présents. Ainsi, Tancrède de Visan, Paul Bénédict, Noré Brunel, Max-André Dazergues, Henry Clos-Jouve, Marius Riollet, Jean Fichter, Léon Charlaix. Ravi, le lecteur y découvre un Lyon nocturne qu'il ne connaissait probablement pas : des personnages atypiques, des « boites » et des cabarets à la mode, des lieux plus inquiétants, des bistrots sympathiques, le tout sur un beau papier couché supportant de nombreuses illustrations proposées par le reporter-photographe Albert Krahenbühl.

(72) Roland Moisan vient alors de terminer son service militaire après avoir fait l'Ecole nationale supérieure des Arts décoratifs. Outre *La Semaine* de Grancher, il aura également travaillé pour *Le Merle Blanc* d'Eugène Merle, puis au *Parisien Libéré* de l'après-guerre. C'est en 1956 qu'il entrera enfin au *Canard Enchaîné* auquel il collaborera jusqu'à sa disparition en 1987.

Qui plus est, plus de 130 encarts publicitaires et autant de marques, de magasins, de bars, de restaurants donnent autant d'indications précieuses sur les bonnes adresses qu'offre la grande métropole lyonnaise. Ce sont eux qui paient la plus grande partie des frais d'édition et d'impression du magazine !

Suivront en octobre un numéro plus particulièrement consacré à l'automobile, la gastronomie étant le fil conducteur de celui de novembre. Deux semaines avant sa mise en kiosque, elle aura été aussi le point cardinal du premier dîner de la rédaction du magazine, Grancher, royal en la circonstance, ayant invité ses amis et collaborateurs pour la soirée du 30 octobre au très chic restaurant *Les Ambassadeurs* de la place des Célestins. Sans les citer tous, il aura réuni ce soir-là aussi bien le professeur Edmond Locard, que ses confrères Louis Jasseron et Tancrède de Visan, le peintre Louis Dejean et le dessinateur Jean-Albert Carlotti, les écrivains Paul Bénédict et Marius Riollet, sans oublier les Charlaix, Veyre, Dubost et compagnie.

Ces premiers numéros du *Mois à Lyon* devaient inaugurer une série qui fera dix ans durant les beaux jours de la presse lyonnaise. Seules les contingences liées aux aléas de la guerre obligeront alors Grancher à revoir la formule de son périodique.

Pendant ce temps-là, aux Editions Lugdunum…

A la même époque, le catalogue des *Editions Lugdunum* s'est largement enrichi : il compte maintenant une vingtaine de titres dont deux romans proposés par Léon Riotor, un Lyonnais « monté » à Paris où il a joué les premiers rôles dans la politique locale tout en s'adonnant à sa passion pour l'écriture(73). D'autres auteurs, jusque-là inconnus, sont également venus se joindre aux plumes déjà établies : tous peuvent se revendiquer d'être peu ou prou lyonnais, puisque telle est la politique de la maison. Pêle-mêle peut-on y trouver les noms de Paul Bénédict(74) qui a produit à un an d'intervalle deux romans, Francisque Ferrey avec un essai sur la génération de l'après-guerre, Georges Félix Frantz, auteur d'une remarquable étude sur Djibouti et d'un curieux ouvrage sur l'univers et la cosmologie. Faisant flèche de tout bois, Grancher se risque également à la poésie avec Louis Dupire, plusieurs fois lauréat de concours dans le nord de la France et frère d'un de ses amis journaliste sportif. Il est vrai que notre éditeur n'économise pas son temps et rencontre beaucoup de gens. Et puis il commence à se faire une vraie réputation. Pas qu'en littérature d'ailleurs. Marcel Grancher sait travailler et organiser ses journées : du temps pour le magazine, du temps pour les éditions, du temps pour écrire – les fins de semaine et durant les vacances pour cette dernière activité.

Qu'on en juge :

> *Chaque matin, Grancher arrivait le premier au bureau, quelque soit l'heure à laquelle il s'était couché – […] féru de vie nocturne il se couchait généralement tard ! - Il dépouillait son volumineux courrier et pré-*

parait une foultitude de notes, sur de petits morceaux de papier, à l'usage du personnel.
Dès que celui-ci survenait Marcel était saisi par une sorte de fièvre : dictant une lettre, engueulant Veyre, téléphonant, écrivant en même temps, au bref réussissant de la sorte l'un des meilleurs numéros de music-hall qu'il me fut donné de contempler. J'ai toujours admiré la rapidité, la décision et la netteté avec lesquelles Grancher savait déblayer le travail accumulé, s'occupant tour à tour ou simultanément de l'imprimerie, de la banque, des courtiers, des affaires intérieures, du bureau et de la rédaction.(75)

Du temps encore pour les amis et la convivialité. Henry Clos-Jouve est alors son complice le plus proche, son bureau communiquant avec celui de son patron. C'est le moment d'échanger quelques potins, de rire de la dernière blague, de faire le point sur les parutions à venir… Bientôt, il est déjà dix heures. Sans autre rendez-vous programmé, le travail étant équitablement réparti, les problèmes en cours de résolution, il est alors temps pour Grancher de rejoindre son quartier général et quelques amis. *Au bon gratton*, au 26 de la rue Lanterne(76) tout au bout de la rue Mercière, à cinq minutes à pied… Comme chaque jour, ils sont au rendez-vous. Bientôt, aux pots de vin blanc succèdent quelques « lyonnaiseries ». Le patron, Ernest Muller, un Alsacien cordial, cuisine lui-même et n'a pas son pareil pour préparer le pâté maison, l'andouillette, les amourettes et autres accessoires du mouton, sans parler de ses tripes à la Mode de Caen : on est à Lyon, carrefour de toutes les gastronomies ! Grancher retrouve là des marchands de la halle des Cordeliers, des maraîchers du quai Saint-Antoine, des commerçants du quartier. On discute, on échange, sur les bonnes adresses en particulier. Il faut préciser qu'à cette époque le coup de fourchette de Grancher et son aptitude à lever le coude, sans autre conséquence qu'une certaine rougeur aux pommettes et une élocution moins fluide, font de lui un spécialiste reconnu du bien manger lyonnais. On ne parle pas encore de critique gastronomique, cela viendra plus tard !

Comme les richesses culinaires de la grande ville semblent sans limites, pourquoi ne pas les faire mieux connaître ?

Curnonsky, son ami Curnonsky, le prince des gastronomes est venu à Lyon. Une semaine durant ! Grancher et lui ont arpenté les rues des Brotteaux, de la Presqu'île, les pentes et le plateau de la Croix-Rousse et jusqu'à la Guillotière,

(73) Né à Lyon en 1865 et décédé à Paris en 1946, Léon Riotor aura joué un rôle de première importance dans la capitale en tant que vice-président du Conseil municipal de Paris et comme Conseiller général de la Seine. Parallèlement, il se sera fait connaître comme auteur de recueils de poésie, de récits de guerre, de romans et comme critique d'art en collaborant à de nombreux journaux. Près de soixante-dix titres signés de son nom auront précédés *Léon de Lyon* et *La brasserie du Parc*, les deux romans parus au milieu des années 1930 aux Editions Lugdunum.

(74) Pseudonyme de Paul Bénédict Brugère, décédé en 1941. Oncle de Pierre Brugère, un ami de jeunesse de Frédéric Dard avec lequel il créera le mensuel littéraire *l'An 40*. (voir chapitre IX Frédéric Dard).

(75) A en lire Frédéric Dard in *Le cirque Grancher*, Editions de Savoie, Lyon, 1947.

(76) De nos jours le *Jazz Hot-Club de Lyon*. Les temps changent !

pour une fois de plus vérifier le bien fondé de ce qui se dit de telle ou telle maison. Sans doute y a-t-il là matière à faire découvrir toutes ces bonnes adresses au plus grand nombre. Pourquoi ne pas les réunir dans une sorte de guide ? Ce sera un livre qui va définitivement marquer cette époque après que les deux amis se soient associés pour faire la promotion « définitive » d'un des principaux atouts de la grande ville d'entre Saône et Rhône : le bien-manger et le bien-boire. *Lyon, capitale mondiale de la gastronomie* sort des presses en décembre 1935 et dresse un panégyrique complet de ce qui est alors la cuisine lyonnaise. Ce sera malgré son prix de vente un vrai succès de librairie, vite épuisé et jamais réédité tant la situation en la matière évolue rapidement aussi bien en terme d'acteurs que d'adresses.(77)

En quête de nouveaux auteurs

Lyon n'est cependant pas Paris et l'opportunité de publier de nouveaux auteurs se fait bientôt plus aléatoire. Qu'à cela ne tienne : faute de découvertes intéressantes, Grancher saura saisir les de plus en plus rares opportunités qui se présentent. En prenant par exemple la plume pour le compte d'un pilote automobile pour le moins original. Les souvenirs de François Lecot, mis en forme par notre éditeur, donneront *Mes 400.000 kms.*, livre insolite racontant comment ce Lyonnais, fou de courses d'endurance, aura conduit nuits et jours entre Paris et Monte-Carlo et pendant une année complète une traction avant Citroën ! Un exploit jamais renouvelé.

François Lecot (1878-1959) - L'homme des 400 000 kilomètres

Parmi les personnages étranges, fantasques ou baroques que Marcel Grancher aimait à fréquenter, **François Lecot** fut assurément un des plus originaux, tant la passion de cet homme pour le monde automobile – que Grancher partageait – prit de place dans sa vie. Leur rencontre, au début des années 1930, se solda en tous cas, quelques années plus tard, par la parution d'un des titres les plus inattendus des *Editions Lugdunum*.

Lorsque les deux hommes font connaissance, François Lecot a déjà dépassé la cinquantaine. Né le 5 avril 1878 à Nantua, c'est un jeune orphelin de trois ans qui a suivi sa famille à travers toute la France avant que celle-ci ne vienne finalement s'établir à Lyon. Il a alors dix ans et manifeste déjà un réel enthousiasme pour le sport. Certificat d'étude en poche, il veut devenir mécanicien mais sa taille - un mètre soixante - va cependant contrarier ce projet. Le voilà, comme tout jeune lyonnais de l'époque, employé de soieries. Son apprentissage terminé, il abandonne la mécanique pour un emploi de lad dans une écurie de courses à Macon : les chevaux seront, avec le sport, son autre passion ! Petit, musclé, il pratique sans limite la course à pied, la boxe, la gymnastique, le cyclisme…

François Lecot, l'homme des 400 000 kilomètres.

Il a dix-huit ans quand il se prend à rêver d'une vie d'aventures, lui qui n'a pas le sou. L'armée va y pallier : si la cavalerie le tente, c'est toutefois vers l'infanterie de marine qu'il se tourne. Il y contracte un engagement de cinq ans qui va le mener vers Cherbourg puis à Marseille où il embarque finalement pour l'Extrême-Orient. Notre marsouin passera ainsi les quatre années suivantes dans cette Indochine française que l'on nommait encore le Tonkin, puis en Chine. Adepte d'un mode de vie irréprochable – dans des pays où l'alcoolisme et les excès en tous genres faisaient des ravages parmi les militaires européens – il rentrera au pays sans avoir eu « le moindre bobo, le moindre accès de fièvre » dira-t-il plus tard. Preuve s'il en était de sa forme physique, d'une santé à toute épreuve et d'une résistance hors norme.

Revenu à la vie civile, François Lecot retrouve Lyon et une place de mécanicien. En 1919, le voila directeur d'un magasin d'automobiles Bugatti avant qu'il ne crée une société de transports routiers. Parallèlement, il s'investit dans la compétition automobile : courses de côtes, kilomètre lancé, l'amènent au premier rang des pilotes engagés. Mais ce sont paradoxalement les courses d'endu-

(77) Voir chapitre XI Journalisme et gastronomie.

rance qui le passionnent le plus. En 1924, il décroche son premier titre en parcourant six fois le trajet Lyon – Macon – Dijon et retour en vingt-quatre heures, soit plus de 1600 kilomètres. L'année suivante on le trouve successivement engagé sur une voiture *Diatto* au premier *Grand Prix de Rome*, au *Grand Prix de Provence* puis à la troisième édition des *24 heures du Mans*. La deuxième moitié des années 1920 le voient se consacrer plus particulièrement à l'hôtel-restaurant qu'il a acquis à Rochetaillée, à quelques kilomètres au nord de Lyon, au bord de la Saône. L'*Hôtel de Paris*, rebaptisé *Chez Lecot* deviendra bientôt la base arrière de ses exploits à venir, son épouse, cuisinière avertie, assurant alors la bonne marche de l'établissement (auquel le *Guide Michelin* 1934 attribuera *1 étoile* !).

Ce n'est qu'en 1929 qu'il reprend ses activités de coureur automobile au « long cours ».

Cette année-là, il s'engage à boucler quinze jours durant et sans interruption, à bord d'une *Rosengart LR2*, un circuit alpestre de 453 kilomètres de Lyon à Lyon en passant par Chambéry, Saint-Michel-de-Maurienne, Valloire, le col du Galibier – alors le plus haut col routier des Alpes -, le Lautaret, Bourg d'Oisans et Grenoble, soit un total de 6800 kilomètres ! Fort de cette expérience, Lecot enchaîne l'année suivante par son premier raid de 100 000 kilomètres : il s'agit pour lui de démontrer que, contrairement à ce que l'on pense alors dans les milieux de la médecine sportive, les possibilités de la résistance humaine vont bien au-delà de ce que l'on peut imaginer. En cent onze jours il effectue sans interruption, et avec de nouveau une *5 cv Rosengart*, des allers-retours sur le parcours Lyon – Bourg-en-Bresse – Dijon, à raison de 900 kilomètres quotidien !

Fort des appuis financiers qu'il aura entre-temps sollicités auprès des fournisseurs et équipementiers automobiles, il renouvellera cet exploit par deux fois encore en 1932, puis en 1933, sur le parcours Lyon - Paris - Lyon.

C'est à l'occasion de ses étapes dans la capitale, place de la Concorde, qu'il fait la connaissance d'André Citroën, le célèbre constructeur automobile qui vient alors chaque dimanche en famille voir ce compétiteur hors norme. Le courant passe entre les deux hommes et l'industriel de confier, à l'occasion d'une conversation, qu'il verrait bien Lecot capable d'avaler mille kilomètres par jour pendant un an. L'idée d'un raid de 400 000 kilomètres était lancée.

Rentré à Rochetaillée à l'issue de son troisième raid de 100 000 kilomètres, François Lecot prend à peine le temps de quelques repos avant de réfléchir à un nouveau projet. La bonne marche de l'*Hôtel de Paris* étant plus que jamais confiée aux mains expertes de son épouse, il veut cette fois s'engager dans le rallye de Monte-Carlo… au volant d'un car !

Partant de Varsovie, il compte faire la démonstration que ce type de véhicule peut en tous points respecter le règlement de l'épreuve tel que défini pour les voitures et ce avec des passagers à bord. L'idée est rapportée à André Citroën qui s'enthousiasme aussitôt et décide sur le champ de lui confier un engin prototype, en l'occurrence un car de type 45. L'aventure se soldera une fois de plus par un succès, Lecot ayant mené son équipage des plaines polonaises jusqu'au bord de la Méditerranée, soit 2456 kilomètres, en 59 heures 30, et ce sans avoir enregistré la moindre pénalisation de parcours. Preuve est à nouveau faite que Lecot est un homme de confiance et de parole, aussi André Citroën décide-t-il de mettre à sa disposition un modèle de sa toute nouvelle 11 chevaux « traction avant » pour se lancer dans le défi inouï des 400 000 kilomètres évoqué un an plus tôt. L'affaire va toutefois mal s'engager. A cette même époque, les très importants problèmes financiers que connaît l'entreprise du quai de Javel, sa reprise par Michelin, suivie de peu par le décès de son fondateur, sont de nature à remettre en cause le projet de Lecot. Celui-ci ne désarme cependant pas et obtient, à force de persuasion, que la société Citroën lui accorde le droit d'utiliser le nom de la marque pour son raid qui sera cependant « fait exclusivement à ses risques et périls et sous son entière responsabilité, la voiture étant sa propriété ». Ce sera de fait le groupement des concessionnaires de la marque aux chevrons qui prendra en charge une bonne part du financement de l'épreuve à venir, soit 800 000 francs. Avec cette somme Lecot peut acheter la voiture et engager deux mécaniciens pour la durée de l'épreuve.

Le 22 juillet 1935, quelques jours seulement après le décès d'André Citroën, c'est finalement dans une indifférence quasi générale que François Lecot s'élança de Lyon, à destination de Paris, pour son nouveau défi.

Une année durant et jour après jour, le pilote va avaler les kilomètres séparant Paris de Monte Carlo, l'étape étant marquée chaque soir à Rochetaillée pour quelques heures de repos et de sommeil. L'automne passe puis l'hiver : Lecot tourne toujours. En janvier 1936, il se voit autorisé par l'Automobile Club de France, qui contrôle le bon déroulement de l'épreuve, à inclure dans son kilométrage la nouvelle édition du rallye de Monte Carlo, avec un départ depuis le Portugal. En juin, dans les mêmes conditions et alors qu'il approche du but, il emmène sa *11cv,* qui arbore fièrement les cocardes tricolores, faire une tournée des principales capitales européennes : Berlin, Amsterdam, Rome, Madrid, Vienne, Copenhague sont autant de destinations qui ajoutent à l'exploit qui prend fin le 26 juillet 1936 à Monte-Carlo. Le succès est total. En un an, ce pilote de cinquante-huit ans, a parcouru avec sa *Traction avant* un peu plus de 400 000 kilomètres, soit l'équivalent de dix tours du monde ou d'un aller simple vers la Lune !

A Paris, à Monte Carlo, à Lyon on célèbre comme il se doit ce succès et déjà on parle d'un livre contant cette aventure hors norme : son fils René, journaliste sportif au *Nouvelliste,* y réfléchit bientôt. C'est sans compter avec la destinée. Pilote de réserve, le jeune homme meurt dans un accident aérien en service commandé le 25 septembre 1936 après que son Nieuport d'entraînement se soit abîmé à Saint-Bonnet-le-Froid. Il laisse à vingt-neuf ans une veuve, deux jeunes enfants et une famille effondrée.

Pour son père, la peine est immense, qui met un point final à ses exploits de pilote automobile.

Afin que ceux-ci ne tombent dans l'oubli, Marcel Grancher est cependant là pour reprendre le travail laissé par son jeune confrère disparu. Un an plus tard, en novembre 1937, paraîtra finalement aux *Editions Lugdunum* « Mes 400.000 kms – Souvenirs de François Lecot » présentés par Marcel E. Grancher qui a assuré la mise en forme des récits du pilote.

Notre baroudeur devait vivre encore plus de vingt années dans la discrétion. Durant le sinistre hiver 1940-1941, son hôtel-restaurant de Rochetaillé sut néanmoins accueillir pour un temps et avec chaleur nombre de Parisiens repliés au parmi lesquels les journalistes Pierre Scize ou Raymond Millet, la poétesse Jane Catulle-Mendès ou la romancière Andrée Sikorska. Colette, l'inoubliable auteur de *Claudine*, vint honorer sa table.

En 1943, François Lecot, maintenant âgé de soixante-cinq ans, se décida à vendre son petit hôtel. Le capital qu'il en tira fut bientôt rongé par l'inflation qui suivit la guerre et le laissa rapidement au bord de la ruine, au point qu'il dut reprendre une activité, son épouse et lui assurant alors la gérance d'une cantine d'usine. Victime d'une apoplexie, comme on disait alors, il finit sa vie comme pensionnaire d'une institution charitable à Albigny, petit village des bords de Saône où il mourut le 15 août 1959, oublié de tous. Il repose depuis au côté de son fils dans le cimetière de Collonges-au-Mont-d'Or. Faisant face à l'imposante et allégorique tombe familiale, celle beaucoup plus modeste de celui qui, de son vivant, fut élevé au titre de « cuisinier du siècle avant de se voire consacrer « pape de la gastronomie », un certain Paul Bocuse !

Toujours à la recherche de nouveaux auteurs, c'est vers Raymond Baudoin, un de ses amis, alors directeur de la *Revue du Vin de France*, que notre éditeur se tourne[78]. En perspective, un guide des « meilleurs restaurants de France ». Le projet restera sans suite.

5 de Campagne, presenté par Michel Herbert.

Dès lors, c'est Grancher lui-même qui fournira la copie pour les années à venir et ce jusqu'à la veille de la Seconde Guerre mondiale. Ainsi se succéderont *Lyon la cendrée*, *Dombes*, mais surtout le « monumental » *5 de campagne* qui deviendra son premier véritable best-seller et le fera connaître au niveau national après que ce roman, largement autobiographique, ait été récompensé par le *Prix Georges- Courteline* en juin 1938[79]. Commencée deux années auparavant dans la nouvelle maison qu'il s'est fait construire à Saint-Idesbald-sur-Mer, une petite station balnéaire des Flandres belges, la rédaction du livre lui aura pris quatorze mois ! Roman très inspiré de sa propre expérience durant la guerre mondiale, l'auteur a pris le parti de traiter avec le plus d'humour possible ces années terribles, a contrario des *Croix de bois* de son ami Roland Dorgelès ou de *La peur* de Gabriel Chevallier. Un choix qui aura été le bon, les rééditions successives et près d'un million de lecteurs devant finalement assurer à son auteur une rente quasi inépuisable.

(78) Si le nom de Raymond Baudoin (1888-1954), fils d'un viticulteur bourguignon, est aujourd'hui oublié de tous, le magazine œnologique qu'il a créé en 1927 occupe toujours une place de choix chez nos marchands de journaux du XXIe siècle. Rare exemple de pérennité en matière de presse.

(79) Décerné par le comité de la Société des Gens de Lettres, le prix *Courteline*, doté de 1800 francs, était un prix biennal promis à un écrivain de moins de quarante ans « ayant donné des preuves de valeur littéraire dans l'observation comique et la philosophie des mœurs ». Attribué pour la première fois en 1930, quatre auteurs avaient précédé Marcel Grancher dont son grand rival littéraire de l'époque Gabriel Chevallier, qui avait reçu ce prix en 1934 pour son célèbre roman *Clochemerle*. Pour cette édition 1938, le livre de Grancher aura été crédité de dix voix contre quatre à François Dallet pour un roman intitulé *Les pieds du diable*, publié chez Denoël quelques mois plus tôt. François Dallet, par ailleurs journaliste à *Ouest-Eclair*, devait trouver la mort au combat le 7 juin 1940, vers Soissons. Ce prix *Courteline*, élargi aux acteurs et comédiens, est toujours occasionnellement attribué de nos jours, la liste des lauréats s'étant enrichie au fil des années des noms de Jean Dutourd, Bourvil, Annie Girardot, Louis de Funès, Michel Audiard ou encore Laurent Ruquier, pour ne citer qu'eux.

Vers la guerre…

A cette même époque et au rythme où se dégradent les relations internationales en Europe, le spectre de la guerre continue à avancer sa face hideuse. Fin septembre, les accords de Munich ont semble-t-il mis fin aux revendications territoriales de l'Allemagne. Le répit sera de courte durée ! Six mois plus tard, les armées du IIIe Reich, violant délibérément les engagements pris à l'automne précédent, envahissaient ce qui restait de la Tchécoslovaquie libre. Tous les regards se tournaient maintenant vers la Pologne.

Alors que l'été 1939 s'écoule lourd de menaces, Grancher a décidé de passer ses vacances en famille dans sa maison des Flandres. Le numéro d'août de son magazine est en place depuis deux semaines et il peut profiter sans autres soucis de ce repos avant de songer à rentrer à Lyon pour travailler à la sortie du numéro de rentrée… qui ne paraîtra jamais !

Le 1er septembre, l'orage éclate finalement avec le franchissement des frontières polonaises par la Wehrmacht. La prophétie de Winston Churchill, le grand homme d'état britannique, énoncée au lendemain de « Munich » se réalise : *« Ils devaient choisir entre le déshonneur et la guerre. Ils ont choisi le déshonneur, et ils auront la guerre ».*

Liées par leurs engagements, la Grande-Bretagne et la France ouvraient les hostilités contre le IIIe Reich de Hitler le surlendemain, 3 septembre.

La mobilisation générale qui s'en est suivie a en effet tout remis en cause du côté de la rue Centrale après que les uns et les autres aient été, qui mobilisé, qui requis... Invalide de guerre depuis l'autre, la précédente, Grancher n'est pas de ceux-là, ce qui ne va toutefois pas l'empêcher de se mettre au service de son pays en acceptant de rendre compte de ses observations de terrain au 2e bureau attaché à la 1re Armée du général Blanchard. A cette époque, la Belgique et la France restent deux pays alliés : une frontière les sépare sur laquelle veillent tant flamands que wallons. Les différences culturelles et linguistiques favorisent cependant l'infiltration d'indicateurs travaillant pour l'Allemagne, d'autant qu'une station de maintenance du câble transatlantique est installée à La Panne. Dans la mesure de ses moyens, Grancher s'essaye à les repérer et à les signaler à son « honorable correspondant » de l'armée française tout en rédigeant pour lui quelques notes sur l'état d'esprit et le moral de ses voisins belges. Agent de renseignement ? En quelque sorte !

Cette atmosphère si particulière lui inspire même la trame d'un nouveau roman dans lequel son héros Maurice Ruet, déjà mis en scène comme vendeur en soieries dans *Cerf sœurs drapiers* puis comme artilleur dans *5 de campagne*, voit avec inquiétude revenir la guerre en Europe. Une fois de plus, à travers ce personnage, un rentier désabusé cette fois, c'est un peu de lui-même qu'il met en scène dès les premières lignes de ce qui paraîtra bientôt sous le titre de *Fascicule bleu.*

Mais bientôt le passage entre la France et la Belgique devient plus aléatoire, d'autant que les laissez-passer ne sont plus délivrés. Du côté belge, la frontière a été rapidement renforcée de barbelés, de mitrailleuses, de sentinelles et de chiens et Grancher se retrouve sans moyen de communication avec son « agent traitant » qui lui laisse entendre que son rôle s'arrête là : tout est calme à l'ouest... Aussi le rappellera-t-on si la situation le nécessite. Grancher, son épouse et son fils reprirent alors la route de Lyon. Ils devaient refaire le même chemin six mois plus tard, mais dans des circonstances bien différentes...

Au **54 rue Centrale**, siège du journal, cela ne va pas fort ! Veyre, le courtier, et Clos-Jouve, le secrétaire général, sont mobilisés. Trop jeune, Dard, le secrétaire de rédaction, est requis, tout comme Dazergues, le chroniqueur et nouvelliste, qui a passé l'âge, de même que Simonet, l'administrateur ! Reste Charlaix. Grancher et lui « réformés définitifs » après la Grande Guerre, échappent à la mobilisation générale.

Ce qui n'empêche pas notre rédacteur en chef d'offrir ses services à la préfecture où on lui octroie une affectation dans un fumeux service de la communication... où il ne se passe rien !

Qu'à cela ne tienne, Grancher n'est pas homme à baisser les bras, et puis il faut bien travailler et participer, chacun pour sa part, à l'activité économique du pays comme l'y incitent le Président Paul Reynaud et son ministre du Commerce. Il en va du moral de la nation ! A la fin novembre, mobilisant ici ou là les quelques énergies encore disponibles sur Lyon, il décide de relancer la parution du *Mois à Lyon*... avec les moyens du bord.

Le numéro de Noël, qui sort le 15 décembre, est des plus pauvres mais il marque sa volonté de le faire reparaître envers et contre tout : « Série spéciale de la guerre » peut-on lire en première page. La position de son rédacteur en chef est on ne peut plus claire qui annonce d'emblée dans son éditorial :

> *Bonne année à tous ceux qui nous aident à abattre le sanglant guignol d'outre-Rhin. Bonne année à tous ceux qui rêvent d'une humanité délivrée. Que 1940 voit la victoire finale de nos armes.*

La question du rythme de parution reste alors posée : mensuel, bimensuel, trimestriel ? La réponse viendra dès le mois suivant avec la sortie du premier numéro de janvier 1940, huitième année du magazine. Tiré sur du papier de guerre de très mauvaise qualité, le journal a piètre allure mais il existe.

On y explique que le papier couché, jusqu'alors importé des pays scandinaves est maintenant introuvable. Et pour cause !

Nombre de pages présentent de larges plages blanches. Anastasie veille !

Mais aussi bien Dazergues que Jolinon, Simonet que Jasseron, Dard que Charlaix, de Visan ou de Chazournes, voire le fidèle César, tous ont répondu présents pour abonder les numéros à venir de leurs textes.

A défaut de la victoire de nos armes - qu'il faudra encore attendre soixante mois - la reprise du *Mois à Lyon* semble être finalement assurée. Les années à venir le confirmeront.

IV Max-André Dazergues

« Rien n'est plus beau que d'accorder
La modestie et le mérite »
Le renard, et le loup

Antoine-Louis Le Brun[80]

On prête à Max-André Dazergues d'avoir écrit en une trentaine d'années, entre 1930 et 1960, plus de 300 « petits livres » populaires, au moins 50 romans, de même qu'un nombre considérable de nouvelles, de contes, d'articles de presse, de billets, et même quelques pièces radiophoniques ! Le bruit courut longtemps, dans quelque milieu littéraire mal informé que ce nom n'était qu'un des nombreux pseudonymes utilisés par Georges Simenon ! Et pour cause : Max-André Dazergues n'a jamais existé !

La discrétion faite homme

Rares sont ceux aujourd'hui, y compris à Lyon sa ville natale, qui peuvent évoquer André Compère et son œuvre. Une modeste plaque apposée sur la façade du petit immeuble des pentes de la Croix-Rousse qu'il habita la plus grande partie de sa vie au 12 de la rue Philippe-Gonnard, rappelle son souvenir. Lui qui aura écrit tant et tant de romans d'aventures qu'il aura situé aux quatre coins du monde, tant de récits de science-fiction ayant pour cadre l'espace sidéral, celui des catacombes terrestres ou encore les profondeurs océaniques, n'aura pratiquement jamais quitté cette adresse. Toutes ses inspirations lui seront venues d'une fréquentation assidue des bibliothèques, voire des récits colorés de ceux de ses amis qu'il aimait à questionner à leurs retours de voyages sur les cinq continents.

Bien avant de devenir Max-André Dazergues, André Compère fut tout d'abord un authentique « gone de Lyon ». Il est né le 12 juin 1903 à l'hôpital de la Charité, sur les bords du Rhône. Sa mère, une savoyarde, est couturière et son père, originaire de Bordeaux, employé chez un agent de change. Ils ne sont pas encore mariés. C'est chose faite le 5 septembre suivant et le jeune couple s'établit avec leur fils au 46 de la rue de Sèze. Une petite sœur suit trois ans plus tard et la famille monte peu après s'installer Grande rue de la Croix-Rousse, tout à côté de l'hôpital. Les jardins qui l'entourent alors mais aussi cette artère principale de « la colline qui travaille »[81], alors parcourue par les seuls tramways et autres charrois hippomobiles, seront les terrains de jeux favoris de son enfance.

(80) *Fables*, chez Guillaume Saugrain, à Paris, 1722. Antoine-Louis Le Brun (1680-1743) se fit connaître comme poète et fabuliste au début du XVIIIe siècle.

(81) Que l'on opposait alors « à la colline qui prie » dominant la rive droite de la Saône. Un antagonisme venu tout droit des écrits de l'historien Jules Michelet qui qualifia ainsi dans son livre *Le Banquet*, paru en 1878, ces deux quartiers de Lyon.

Premier numéro de l'*Idée neuve*.

Sa scolarité terminée, se pose la question de son avenir professionnel. La banque, où travaille son père ? L'essai n'est guère concluant. La soierie ? Comme pour beaucoup de jeunes lyonnais de cette époque, c'est la principale porte d'entrée dans la vie active.

Aussi, en novembre 1923, c'est donc un « employé de soierie » confirmé qui se présente au Conseil de révision du 4e arrondissement. Il est plutôt grand ; il a le cheveu châtain, brillant, soigneusement peigné en arrière, le regard sombre, le nez droit et le front haut. Il souffre pourtant de quelques « faiblesses pulmonaires » qui lui valent en fin de compte d'être dispensé de servir sous les drapeaux.

Qu'à cela ne tienne, voilà une décision qui vient à point nommé pour ce jeune homme qui veut s'installer dans la vie active, d'autant qu'il a rencontré une jeune fille de son âge qui prend de plus en plus de place dans son existence. Elle s'appelle Antoinette, son père est graveur-lithographe, sa mère fleuriste. Elle habite avec ses deux autres sœurs et ses parents place Tabareau, à la Croix-Rousse. Comme lui, elle est employée de soieries. Peut-être se sont ils rencontrés sur leur lieu de travail comme c'est si souvent le cas ! Bref, le 14 avril 1925, ils se mariaient : il a vingt et un an, elle vingt. Ils formeront un couple qui traversera le temps.

Est-ce cette nouvelle condition qui pousse André Compère à envisager de quitter son milieu socioprofessionnel ?

Lui qui a été un bon élève, lui dont le goût pour la lecture et l'écriture s'est affirmé très tôt, va alors tenter sa chance du côté du journalisme et entre par la petite porte au *Progrès*, un des quatre grands quotidiens lyonnais. De cette époque-là, on ne sait grand-chose, sinon que l'expérience ne dépassa pas un mois. Il racontera plus tard qu'il n'était pas fait pour le journalisme d'information ! Par contre, ce n'est un secret pour aucun de ceux qui l'entourent, famille et amis, qu'André Compère a deux passions qui occupent beaucoup de son temps : la littérature et la musique. Il a même déjà donné quelques papiers au journal *Le Coq Gaulois*, un mensuel lyonnais plutôt confidentiel qui se veut littéraire et artistique. Ses goûts sont particulièrement éclectiques qui vont du roman à la poésie, du jazz au classique. Il les partage avec quelques jeunes amis épris comme lui de « belles lettres » et bientôt lui vient l'idée de créer un périodique qui ferait la promotion de ce qui s'écrit ici ou là à Lyon. Trouver quelques fonds, un imprimeur, des collaborateurs, des auteurs : début octobre 1925, c'est chose faite. Daté du 3 novembre suivant paraissait *L'idée neuve*, un « magazine d'art littéraire fondé et dirigé par Max-André Dazergues ». On ne sait d'où lui vint l'idée de ce pseudonyme inspiré par les monts du Beaujolais : en tous cas André Compère venait de s'effacer devant le romancier qui allait dans les trois décennies suivantes devenir un des auteurs les plus prolifiques – sinon le plus prolifique - de sa génération.

Le journal, comme son directeur, sont alors installés au 11 de la rue Pizay, au cœur de la presqu'ile et au pied de la Croix-Rousse. L'aventure va durer cinq années, cinq années durant lesquelles Dazergues s'emploiera à faire la promotion de la production littéraire et poétique de jeunes talents locaux, allant jusqu'à publier en supplément du magazine des pièces de théâtre d'auteurs plus ou moins confirmés, telle celle proposée par un certain Gaston Montbray intitulée *Les maîtres menteurs* censée avoir été écrite alors qu'il n'avait que treize ans !

Lui-même en retrait, il se réserve les rubriques de présentation des nouvelles parutions littéraires et discographiques, sa véritable passion. Discrètement, il commet cependant – ce sera le premier - un conte inédit, *La peur,* qui paraît dans le troisième numéro de la revue. Les mois se succèdent ainsi pour notre directeur-rédacteur en chef, bientôt efficacement secondé par « Mme Dolly Dazergues », surnom de sa propre épouse qui s'est appropriée jusqu'à son pseudonyme. Tout cela demande beaucoup de travail, du temps, de l'investissement personnel et des moyens financiers. Les vingt pages du magazine coûtent cher et sa parution mensuelle en pâtit. Malgré cela, le numéro de Noël 1928 marque l'apogée de la revue qui offre 96 pages à ses lecteurs en même temps que se creuse le déficit financier de son directeur. Il se doit de réagir s'il ne veut pas que la faillite mette fin à l'aventure.

Le polygraphe

C'est donc à cette même époque qu'il s'essaie à son tour à l'écriture, en professionnel cette fois. Il faut bien gagner sa vie ! La mode est alors au « petit roman populaire ». Avec leurs couvertures aussi colorées que racoleuses, ces fascicules, vendus entre cinquante centimes et deux francs(82), donnent à lire en un nombre de pages limité, aussi bien des histoires d'amour, que des intrigues policières ou les exploits d'aventuriers et d'explorateurs courant le vaste monde. Il y en a pour tous les goûts et les maisons d'édition comme *Tallandier* ou *Ferenczi* s'y taillent alors la part du lion.

C'est justement vers *Ferenczi* que Max-André Dazergues, puisque tel est à présent son nom « de plume », s'est tourné en 1928. Le contact a été positif et a débouché sur un premier contrat. *La Folle idylle* parait en juillet dans la collection *Le petit roman*. Six mois plus tard, alors que l'éditeur parisien lance une nouvelle collection intitulée *Le livre de l'aventure*(83), c'est à notre Lyonnais qu'il confie le premier titre.

(82) Soit entre 0,30 et 1,20 euro de nos jours.

(83) Cette collection de romans d'aventure et de science-fiction devait s'arrêter en 1931 après quarante-six autres titres. Georges Simenon ou Jean de la Hire, entre autres, y collaborèrent, Dazergues ayant entre-temps livré six autres romans.

Max-André et Dolly Dazergues.

En 200 pages, *Les mystères de l'Atlantique*, nous conte l'histoire d'une jeune femme qui se cache sur une île isolée, privée et ignorée du commun des mortels, une jeune femme qui pourrait bien être Anastasia, la survivante miraculée du massacre de la famille du Tzar de Russie !

La carrière de « polygraphe » d'André Compère venait de débuter. Une dizaine d'autres « romans de gare » comme on devait bientôt qualifier ce genre de livre, devait suivre en 1929. Et quinze encore en 1930 !

A ce rythme, il n'est plus question de s'occuper davantage de la confection d'une revue dont la parution mensuelle n'est plus tenable, pour laquelle les « correspondants » manquent et dont le déficit se creuse : exit *L'idée neuve*. La livraison cesse avec le numéro 26 daté d'avril 1930. Le passif financier s'élève à 7000 francs qui restent à la charge exclusive de son directeur.

La somme sera pourtant vite « épongée ».

En 1931, Max-André Dazergues produira plus de vingt romans, puis encore une dizaine d'autres l'année suivante. Entre-temps l'auteur a singulièrement élargi ses possibilités d'édition et tout en conservant le plus gros de sa production pour *Ferenczi*, il collabore maintenant avec *Tallandier* bien sûr mais encore *Rouff*, avec l'*Agence Parisienne de Distribution*, *Les Editions Techniques et Littéraires*, *Les Editions de Montsouris*... Il utilise également de nouveaux pseudonymes : André Star pour *Ferenczi*, André Mad pour *Tallandier* et plus rarement Ernest Andolly pour les *Editions de Montsouris*.

En moins de trois années, il est devenu un des auteurs populaires les plus lus. Dactylos, collégiens, employés de bureau, midinettes, chauffeurs de taxi, ménagères ou simples quidams, qui se rendent chaque jour de leur domicile à leur lieu de travail, tous obligés de passer de longs moments dans un tramway, un autobus ou un train, peuvent, livre en main, s'échapper d'un quotidien monotone et partir aux confins du monde, là où les emmène l'imagination sans limite de l'auteur. Celle-ci commence d'ailleurs dès les titres : Dazergues n'a pas son pareil pour trouver en quelques mots ce qui va accrocher le lecteur ! Qu'on en juge : *Du sang sur les nuages*, *La fille des vagues*, *L'île de Satan*, *La Madone du glacier*, *L'île aérienne*, *Le secret de l'éléphant bleu*, *Le mystère des sept pivoines*, *Mirella la Vénitienne*, *L'Orpheline de la cathédrale*...

A l'exception de quelques voyages vers Paris, Max-André Dazergues n'a pourtant pratiquement jamais quitté Lyon. Les savanes africaines, le grand nord, les espaces intersidéraux, les secrets de l'Orient ou les abysses de l'océan, il les a pratiqués dans les bibliothèques ou auprès de bourlingueurs de sa connaissance qui ont parcouru pour lui le monde et auxquels il a su soutirer l'essence de leurs souvenirs de voyage. Au-delà des histoires d'amour, quelques fois contrarié, mais le plus souvent heureuses, des intrigues policières régulièrement résolues, des explorations de par le monde dont on revient toujours sauf, la formule plaît et fait recette.

Ils sont pourtant bien peu nombreux ceux à savoir qui en est l'auteur. Admirablement secondé par Dolly, son épouse, il écrit tandis qu'elle dactylographie les textes et assure l'administration de sa production : contrats d'édition, suivi des publications, courrier, encaissements... Le couple a déménagé. Ils occupent maintenant un petit appartement de la Croix-Rousse, dominant la vallée de la Saône, au 12 de la rue Philippe-Gonnard : ils ne le quitteront plus.

C'est au printemps de l'année 1933 que de nouveaux horizons vont s'ouvrir pour notre romancier qui ne vit plus maintenant que de sa plume. Ils vont prendre la forme d'un magazine périodique qui vient d'apparaître sur la place de Lyon. Lancé au mois de janvier par un certain Marcel Grancher, *La Semaine à Lyon* a tout de suite trouvé son public : le journal plaît et se vend bien. Aussi son rédacteur en chef cherche-t-il à renforcer son équipe de pigistes et c'est bien naturellement qu'il va jusqu'à solliciter Max-André Dazergues. La rencontre entre les deux hommes se passe pour le mieux et Grancher lui offre alors de prendre en charge deux nouvelles rubriques que l'ex « directeur-rédacteur en chef » de *L'idée neuve* connaît bien puisqu'il s'agit de la critique littéraire et de l'actualité discographique ! Renouant avec ses anciennes habitudes, il donne ainsi ses premiers papiers à la mi-mai. Outre un nouvel enregistrement lyrique, c'est la dernière livraison d'un certain Georges Simenon qu'il a choisi de présenter dans la rubrique « Les livres ». On n'aurait pu mieux choisir et Dazergues ne fait aucun mystère de l'admiration qu'il porte à l'auteur du *Coup de Lune* qui a commencé comme lui dans la « littérature populaire ». En tous les cas, cette nouvelle collaboration avec Marcel Grancher ne faillira pas et se poursuivra tout au long des vingt années suivantes. En plus de ses rubriques régulières dans les colonnes de *La Semaine* puis du *Mois à Lyon*, Dazergues va de plus en plus souvent signer des nouvelles originales, sans que cette production n'interfère avec son activité principale, l'écriture de romans. A l'été 1933, il peut se prévaloir de plus de cent titres à son actif. Une quinzaine d'autres suivront en 1934, puis encore vingt-cinq l'année suivante. Dazergues ira même jusqu'à voir ses petits romans publiés en Italie dans les magazines *Polizia e mistéro* ou *Giallo Taurinia*.

A cela s'ajoute bientôt une nouvelle production à destination de la jeunesse. Les magazines illustrés sont à leur âge d'or. *La semaine de Suzette*, *L'épatant*, bientôt *Le Journal de Mickey*[84], captivent chaque semaine des milliers d'adoles-

(84) Le premier numéro de ce magazine, directement inspiré des « Comics books » américains, aura été mis en vente le 21 octobre 1934.

cents. Dazergues a choisi lui de donner un peu de sa production à *Jeudi*, une publication *G. Ventillard*, auquel il collabore à partir de la fin de l'année 1934. Bien d'autres magazines auront recours à ses nouvelles dans les années suivantes comme *Le journal de Toto*, *Pierrot* ou *Jean-Pierre*, un nouveau titre qui aura succédé à *Jeudi*, qui se veut être une sorte de « Mickey hexagonal ».

Si bien que, deux ans plus tard, à l'occasion de la parution de *La déesse de jade*, son dernier roman en date, la présentation qui en est faite dans *Le Mois à Lyon* de janvier 1938, l'annonce comme étant le 210e roman de Max-André Dazergues ! Qui peut alors dire mieux ?

Montée des anges

Dix années à peine ont ainsi suffi à Dazergues pour s'installer parmi les auteurs les plus productifs de son temps. Régulièrement ses virées au bas des pentes de la Croix-Rousse l'amènent jusqu'au **54 rue Centrale** où il retrouve Marcel Grancher, le patron du *Mois à Lyon*. Il a alors en poche quelque papier qu'il vient de rédiger : une nouvelle, la présentation d'un roman récemment paru, sa dernière découverte discographique…

Leur amitié est réelle et faite d'estime réciproque. Aussi Grancher cherche-t-il depuis quelques temps à le convaincre d'écrire enfin un vrai roman qui l'inscrirait dans la lignée des grands auteurs de son époque. Lui qui s'y entend si bien pour faire vibrer ses lecteurs aux péripéties des aventuriers qu'il met en scène, lui qui sait arracher mille soupirs à la gent féminine qui s'alanguie à la lecture de ses petites histoires d'amour « à vingt sous »[(85)], ne pourrait-il pas s'attacher enfin à l'écriture d'un vrai roman d'atmosphère ?

A vrai dire, Dazergues y pense depuis longtemps car il voudrait s'émanciper quelque peu de sa production « alimentaire ». Ce qui lui manque c'est une vraie motivation, de même qu'un éditeur qui pourrait assurer à ce roman en puissance une « carrière littéraire ». Tel est son objectif. Mais ils ne sont pas nombreux sur la place qui se risquent à investir pour ce type de publication. Et quand ils s'y aventurent, c'est avec la garantie d'un nom qui fait vendre. Pierre Benoit, François Mauriac, Pierre Mac Orlan ou Georges Simenon sont de ceux-là ! A l'inverse de ce dernier qui a su s'en affranchir à temps, le nom de Dazergues est resté lui attaché à ces romans de gare dont les lecteurs ne se soucient guère de retenir le patronyme de l'auteur quand bien même il aurait plus de 200 titres son actif !

Deux évènements littéraires de la saison 1937-1938 vont peut-être l'aider « à sauter le pas ». En octobre, le Grand Prix Littéraire de Lyon a été attribué à Félix de Chazournes, un auteur régional discret, inspiré comme lui par les horizons lointains. Huit mois plus tard, en juin 1938, c'est son ami Grancher qui a été à son tour récompensé par le Prix Courteline, décerné à Paris par la Société des Gens de Lettres. Pourquoi ne pas s'aligner ? En juillet, il se décide enfin. Il a choisi son sujet : une histoire d'amour impossible qui prendrait place dans une famille bourgeoise établie. Où ? Mais à Lyon naturellement... Dazergues a-t-il une idée en tête ?

Un homme mûr partage sa vie entre les bureaux de son entreprise et la maison familiale située sur les pentes de Fourvière. Une épouse respectée, des enfants choyés. Une vie ordonnée faite d'harmonie. Il aurait voulu être peintre ! La vie en a décidé autrement. Un jour, une jeune et élégante parente déshéritée vient s'établir sous le toit familial… Une passion naissante, violente, mais non partagée va assombrir l'horizon du mari intègre qui avait su jusque-là refouler ses rêves. L'histoire se finit au soir du 8 décembre alors que s'éteignent les dernières bougies de la « Fête des lumières ».

A la fin de l'été le manuscrit est arrivé à son terme. Son titre : *Montée des anges*(86). En écrivain ordonné, méthodique, appliqué, Max-André Dazergues y a mis le meilleur de lui-même. Son ami Marcel Grancher, à qui il a donné son roman à lire, en est persuadé : ce livre est de la meilleure veine. A l'écouter, il se doit de figurer au nombre des prochains concurrents pour le Grand Prix Littéraire de Lyon ouvert aussi bien aux livres déjà publiés qu'aux manuscrits. Il en est encore temps. Cinq mille francs sont à la clé(87). Douze exemplaires dactylographiés, selon les termes du règlement, furent donc déposés en temps et en heure chez le secrétaire général du comité du prix, Gaston Simonet(88).

C'est ainsi que, le lundi 17 octobre 1938, les membres du jury se retrouvèrent pour la troisième fois au restaurant *Jutard* à la Croix Rousse. Réunis autour de Pierre Mac Orlan qui avait fait le voyage de Paris, il y avait là Jean Dufourt, Marcel Grancher, l'abbé Chagny et quelques autres. Le choix ne fut pas facile parmi les vingt auteurs en lice. Plusieurs tours furent nécessaires et, en fin de compte, il fut décidé d'attribuer le prix à deux lauréats. Un certain Henri Duquaire, auteur d'un essai intitulé *Découvrir l'âme du Maroc*, paru deux ans plus tôt au *Sagittaire* était de ceux-là, de même que Max-André Dazergues et son *Montée des anges*.

La consécration venait enfin le récompenser après dix années « dans la carrière ».

La renommée ne devait toutefois pas être au rendez-vous. Alors qu'une édition parisienne du manuscrit est prévue, la situation internationale particulièrement menaçante – les accords de Munich ont été signés quinze jours plus tôt – va radicalement interférer sur la vie économique du pays tant les risques de guerre demeurent réels. D'édition, il n'est bientôt plus question et le manuscrit va rester pour d'obscures raisons en l'état !

Bah ! Il faut bien vivre… Notre auteur, n'étant jamais en manque d'imagination, va reprendre sa production de petits romans de gare. Aux dix-huit titres parus en 1938 s'en ajouteront une dizaine d'autres en 1939. Et c'est encore sans compter avec les articles et les rubriques qu'il fournit au *Mois à Lyon*. Bref, il n'arrête

(85) Expression populaire valant pour un franc de l'époque, soit cinquante centimes de nos euros.

(86) Discrète mais célèbre volée d'escaliers qui relie les bords de Saône au plateau de Fourvière. Ainsi nommée au tout début des années 1930, en référence à Nicolas de Lange, un savant et lettré lyonnais du XVIe siècle qui y avait une maison appelée *l'Angélique*, où il recevait l'élite de la société lyonnaise. Elle fut officiellement rebaptisée au nom de ce dernier vers 1935.

(87) Soit environ 2 500 euros 2017.

(88) Voir chapitre X Le prix Lugdunum et autres prix littéraires.

Mobilisé au train des équipages.

pas. C'est au *Mois* justement qu'il a récemment fait la connaissance d'un jeune garçon timide, embauché depuis peu comme secrétaire de rédaction, et qu'il croise à l'occasion dans les couloirs du journal. Il a dix-huit ans. Frédéric Dard, c'est son nom. Il veut être journaliste. Dazergues se reconnaît-il dans ce jeune homme qui ne rêve que d'écrire, tout comme lui quinze années plus tôt ? Toujours est-il qu'une amitié sincère ne tarde pas à s'installer entre l'écrivain confirmé et le jeune pigiste. L'habitude a été rapidement prise, à l'issue des visites de Max-André au journal, de descendre au bistrot du coin pour en « boire un petit ». Devant un verre de Pernod, le jeune auteur en herbe lui a donné à lire une petite nouvelle policière qui lui a semblé de bon augure. Depuis quelques mois, Dazergues place une partie de sa production dans un périodique parisien qui se veut une sorte de *Journal de Mickey* à la française. Et il se fait fort d'y faire publier son jeune ami. Un mois plus tard, dans le numéro d'août du *Journal de Jean-Pierre* paraissait sur deux pages, et à la suite d'une de ses nouvelles, la première énigme policière de Frédéric Dard, intitulée *Le monocle révélateur* ! Max-André Dazergues venait de mettre le pied à l'étrier d'un des plus grands auteurs des temps à venir.

En cette fin d'été 1939, l'heure n'est pourtant pas à l'optimisme et, à Lyon comme ailleurs, la guerre n'est plus qu'une question de semaines. L'entrée des troupes allemandes en Pologne sonnera le glas de la paix le 1er septembre !

La guerre, l'occupation

La mobilisation qui s'en suit rattrape en quelques jours tout un chacun. André Compère est bien évidemment concerné mais, à trente-six ans, il ne fait pas partie des premières vagues d'incorporation, d'autant que la commission de réforme l'a classé depuis longtemps en queue de liste en raison de problèmes pulmonaires. Ce n'est qu'au début de l'année 1940 qu'on le jugera bon pour un service auxiliaire et qu'il sera affecté à la mi-avril au « 14e Train », une unité constituante de ce que l'on appelle encore le « train des équipages », en réalité des unités de transport militaire basées régionalement. Son séjour sous les drapeaux sera de courte durée !

Dès juillet, la défaite consommée, il est rendu à la vie civile. *Le Mois à Lyon* ayant repris ses parutions un moment interrompues, M.A.D. y retrouve naturellement ses rubriques. A la même époque, il réussit également à placer quelques histoires chez de nouveaux arrivants : ainsi pour *Jumbo*, un illustré pour adolescents récemment « émigré » en zone libre, ou encore pour *Compagnons*, une nouvelle revue hebdomadaire destinée à la jeunesse[89].

L'époque n'est pas simple et il faut bien gagner sa vie. Ceci est d'autant plus d'actualité pour lui que sa production de romans populaires trouve beaucoup moins de débouchés ! Plus de la moitié de la France est maintenant sous le joug allemand et Paris est occupé. Les éditions *Ferenczi*, avec lesquelles il travaillait depuis plus de dix ans, n'ont plus droit de cité, mises sous tutelle par l'administration du Reich. De nombreux mois vont lui être nécessaires pour trouver de nouveaux éditeurs travaillant principalement en zone non-occupée.

Une bonne nouvelle vient cependant adoucir cette époque particulièrement troublée : son manuscrit de la *Montée des anges* va enfin trouver le chemin de l'imprimerie. Marcel Grancher a finalement décidé de reprendre le projet à son compte : il est vrai que lui, de son côté, manque d'auteurs ! Annoncé à la fin de l'automne dans les colonnes du *Mois*, le livre sort des presses en toute fin d'année avant d'être mis en place en librairie en janvier 1941. Une couverture sobre, ceinte d'un bandeau bleu orné d'une photo de l'auteur et du rappel du prix littéraire obtenu dix-huit mois auparavant, le roman est promis à un bel avenir d'autant que Grancher a prévu de nombreux déplacements vers les grandes villes de la région pour faire, en compagnie de « ses » auteurs, la promotion des nouveautés des *Editions Lugdunum*. Curieusement, et sans qu'on en connaisse les raisons, ce sera là le seul titre de livre ou de fascicule proposé cette année-là par Dazergues à ses lecteurs, en dehors des nouvelles placées comme à l'habitude dans les magazines de l'époque !

Ce n'est qu'au début 1942 que notre auteur renoue avec sa production littéraire. De nouveaux éditeurs comme la S.A.E.T.L (Société Anonyme d'Editions Techniques et Littéraires) établie sous divers labels entre Vichy, Toulouse et Nice ou les éditions Guy Le Prat demeurées elles à Paris, sont apparus pour lesquels il produira une quinzaine de titres, signés pour la plupart André Star !

Vient l'année 1943. En réponse au débarquement américain en Afrique du nord, l'armée allemande a franchi la ligne de démarcation pour occuper le sud de la France jusqu'à la côte méditerranéenne. C'est pourtant dans ces mois troublés qu'une nouvelle maison d'édition va s'installer à Lyon et marquer durablement la production littéraire régionale. Avec l'idée bien arrêtée d'utiliser à son profit la place laissée vacante par « les parisiens », Clément Jacquier, un homme actif, entreprenant, innovant, va très rapidement imposer ses petits romans de poche puis ses périodiques. Il a besoin d'auteurs et c'est bien naturellement qu'il sollicite notre croix-roussien qui va retrouver là l'opportunité d'écouler son abondante production populaire en proposant, comme il le faisait pour *Ferenczi* avant guerre, autant d'histoires d'amour, que de romans policiers ou de récits d'aventure, trois

(89) Organe des *Compagnons de France*, un mouvement de jeunesse crée au lendemain de la défaite. Voulu par le chef de l'Etat français, le maréchal Pétain, ce journal se voulait néanmoins apolitique et sut réunir tout au long de quatre années d'existence, aussi bien et entre autres, les signatures de l'écrivain maurrassien Kléber Haedens, du romancier Henry de Montherlant, du journaliste Louis Gabriel-Robinet, futur directeur du *Figaro* après-guerre ou du poète et résistant Claude Roy…

collections que les *Editions du Puits-Pelu* lancent dans les mois suivants. Celles-ci vont absorber tous les petits romans de l'auteur, au total une vingtaine de titres, principalement signés Max-André Dazergues ou André Star, mais aussi de ses autres pseudonymes comme André Mad, André Madandre ou encore Maxandray !

Plus ambitieuse est la publication d'un petit livre de science-fiction auquel vont être associés deux illustrateurs lyonnais, Roger Roux, déjà très connu à Lyon qui travaillait jusqu'alors dans le dessin publicitaire(90) et Pierre Probst(91). *Aéros Empereur des nuages*, dédié à son neveu et filleul « pour quand il sera grand », va durablement marquer la production à venir de Dazergues dans un genre qu'il n'avait jusqu'alors que très peu abordé, ce premier titre devant bientôt faire référence en la matière.

Si hormis ce petit livre la soixantaine de fascicules qu'il aura fourni au total reste très basique – 32 pages et une couverture simplement illustrée d'un dessin en noir puis d'un à plat couleur, les séries suivantes vont gagner en qualité et en importance. Une fois encore Max-André Dazergues va assurer le lancement de deux nouvelles collections, l'une de romans policiers intitulée *Le Glaive*, l'autre de romans d'amour, à vocation plus littéraire (sic !), la *Collection Crinoline*. Chacune, forte d'une centaine de pages, se présente maintenant sous une couverture en couleur réalisée par Roger Roux. Au tout début du printemps 1944, paraissent ainsi *L'ange de moins vingt* et *Le serment des glycines*, les deux premiers volumes de chacune des nouvelles séries. Au rythme d'une production tous les deux mois, Max-André Dazergues assurera les neuf premiers titres des « policiers » avant que la relève ne soit prise au début 1947 par d'autres auteurs. Il en sera de même pour la *Collection Crinoline*, notre infatigable auteur donnant six des dix premiers romans avant l'été 1945. Il aura encore, à côté de ces livraisons, écrit durant l'année 1944 trois autres romans policiers, l'un *Le mort à la flûte* pour les *Editions Aubanel* d'Avignon, l'autre *L'assassinat du chat siamois* pour les *Editions Gutenberg* à Lyon, le troisième *Feu l'assassin*, bouclé au mois de juillet, allant à son jeune ami et nouvel éditeur Frédéric Dard qui œuvre depuis plusieurs mois aux destinées des *Editions de Savoie*. Le livre paraîtra à l'automne, une fois la Libération venue.

La liberté retrouvée

Septembre 1944. L'occupation allemande a enfin trouvé son terme. Lyon a été libéré, et si la ville a été quelques jours durant, avec ses « juridictions d'exception » et autres « comités d'épuration » le théâtre de sanglants règlements de compte, les principes du droit et de la justice ont été rapidement rétablis.

Max-André Dazergues a suivi de loin tous ces évènements depuis les pentes de la Croix-Rousse. Il travaille ! Et plus particulièrement pour Clément Jacquier qui s'est attaché de nouvelles signatures aussi bien pour l'écriture que pour les illustrations. La mode est plus que jamais à la bande dessinée et il faut fournir. Aux côtés des anciens comme Roger Roux ou Emmanuel Cocard, quarante-huit ans tous les deux, sont arrivés Pierre Probst, trente-deux ans, mais aussi de jeunes dessinateurs comme Roger Sam ou Yves Mondet qui approchent la trentaine(92). Tout un petit monde turbulent où on retrouve encore Frédéric Dard, le dessinateur Paul Philibert-Charrin, voire un nouveau venu dans la bande, François Robelin, peintre à ses heures.(93)

Justement, celui-ci se marie. A Roanne ! Qu'à cela ne tienne, une grande partie de la « bande à Jacquier » est du voyage. Max-André Dazergues est là lui aussi. Deux journées de fête... et d'excès. Aux batailles d'extincteurs dans les couloirs de l'hôtel ont succédé des tours en Jeep, un invité de la noce étant venu avec un de ces fabuleux engins tous-terrains arrivés dans les bagages américains. Malheur en a pris à Max-André Dazergues qui s'est installé à bord de la voiture. Une violente sortie de route et notre Lyonnais en est quitte pour une fracture du bassin, heureusement sans trop de gravité. L'immobilisation forcée qui suivra s'accompagnera d'une activité littéraire accrue. Huit gros romans, dont des manuscrits non publiés ressortis des tiroirs, comme *La croix de fumée*, écrit à la veille de la guerre, cinq ans plus tôt, le double de romans de poche et encore une nouvelle série de récits « exotiques » pour enfants seront ainsi édités en 1945 ! Avec le titre évocateur de *Batouk Le roi de la forêt vierge*, les aventures de ce prince africain, illustrées par les dessins d'Eugène Gire, s'étaleront sur dix-huit numéros jusqu'en 1946(94). Cette même année 1946, *Batouk* sera rejoint par *Birikiki*, un petit noir intrépide qui sera mis en image à quatre reprises par le duo Roger Roux/Pierre Probst avant d'être publié par les *Editions du Puits-Pelu* plus conquérantes que jamais. Gageons que Max-André Dazergues aura plus particulièrement pensé, en écrivant ces récits colorés, à son petit-neveu alors âgé de cinq ans, lui qui n'aura pas d'enfant.

(90) Roger Roux (Carpentras 1897 - Lyon 1969). Après des études aux Beaux Arts de Lyon, il aura débuté dans le dessin publicitaire et le dessin de mode en travaillant notamment pour la revue *En la ville de la soie*. Par la suite, il écrira et dessinera pour plusieurs revues et périodiques pour enfants comme *Cendrillon*, *Pic et Nic*, *Cœurs vaillants* ... On lui doit également nombre de bandes dessinées, souvent produites en collaboration avec Dazergues et Probst, comme *Z.A et Dupont*, *Birikiki*, *Otomox le maitre des robots* ou encore seul comme *L'iguanodon du professeur Jurasic* ou *Les voyages fantastiques de Sostène Vazimou*. Il aura encore été un des plus importants illustrateurs des publications des *Editions du Puits-Pelu*.

(91) Pierre Probst (Mulhouse 1913 - Suresnes 2007). Sorti de l'école des Beaux Arts de Mulhouse, il aura entamé sa vie professionnelle comme dessinateur de cartons de soierie. Réinstallé à Lyon, il y ouvre un atelier de dessins publicitaires assurant les rôles de dessinateur-photograveur-retoucheur. Fait prisonnier en 1940, il s'évade et rejoint la zone libre. Il se reconvertira alors dans le livre pour enfant pour le compte des *Editions du Puits-Pelu*, son nom étant régulièrement associé à celui de Roger Roux. Parti pour Paris en 1946, il travaillera principalement par la suite pour les éditions *Hachette* et créera en 1953 le personnage de *Caroline* une petite fille un peu délurée et risque-tout, inspiré de sa propre fille, dont les aventures s'étaleront sur 44 albums jusqu'en 2007.

(92) Ces deux jeunes dessinateurs-caricaturistes feront tous deux carrière, Yves Mondet se spécialisant plus particulièrement dans la bande dessinée pour les quarante années à suivre. Quant à son camarade, de son vrai nom Roger Samard, plus spécialisé dans l'édition, l'humour et le dessin grivois, il deviendra le beau-frère de Frédéric Dard après que celui-ci lui ait présenté pour le meilleur sa sœur Jeannine.

(93) Elève de l'École des beaux-arts de Lyon, François Robelin délaissera une carrière d'artiste pour s'adonner à la collection. Avec son épouse Ninon, galeriste parisienne de renom, il fera la promotion de nombreux artistes d'avant-garde avant de léguer une importante partie de ses collections au Musée d'art moderne de Saint-Étienne.

Quant à Paul Philibert-Charrin, il se fera également connaître après-guerre non seulement comme dessinateur et peintre mais surtout comme « collagiste ». Utilisant les matériaux les plus divers (papier, tissus, partitions, tickets de métro, toile émeri...), il présentera ses «peinture-collages» et ses « sculptures » singulièrement inspirés du Cubisme pendant plus de cinquante ans lors d'innombrables expositions qui en font encore de nos jours un des maîtres de ce genre si particulier auquel s'essayèrent avant lui Braque ou Picasso !

(94) Eugène Gire (1906-1979) qui a commencé sa carrière de dessinateur avant-guerre au journal *L'Epatant* puis à l'*Almanach Vermot*, est alors un des principaux dessinateurs des nouvelles *Editions Vaillant* et de son hebdomadaire éponyme, plus tard rebaptisé en *Pif Gadget*.

Les temps changent

Les mois qui ont suivi la fin de la guerre ont naturellement apporté leur lot de bouleversements qui vont, au cours des deux ou trois années suivantes, fortement impacter la vie civile lyonnaise. Malgré les restrictions en tous genres, la vie économique est relancée dans de nombreux domaines : tout est à reconstruire. L'édition n'échappe pas au mouvement et même si la pénurie de papier reste réelle, elle n'empêche pas l'émergence continue de nouvelles maisons, de nouvelles rédactions de quotidiens, de magazines. Presque tous les journaux d'avant guerre, compromis avec le régime de Vichy, ont été interdits et ont laissé la place à de nombreuses publications issues de la Résistance. La plupart disparaîtront rapidement. Exit également *La Vie Lyonnaise*, principal concurrent du *Mois à Lyon*. Celui-ci aussi a souffert des mesures prises pour la relance de l'économie nationale avec les priorités du moment. La publicité qui assurait le principal financement de la revue a été interdite. Le contingentement du papier d'édition, sans cesse en baisse, a contraint l'équipe de direction du journal à réduire le mensuel de la soixantaine de pages que comptait le numéro d'octobre 1944 à quatre pour la nouvelle formule qui a pris le relais à partir de janvier 1945. Même s'il s'agit d'un grand format, façon quotidien, la place manque pour les auteurs comme Max-André Dazergues !

Aussi, se retourne-t-il vers ses éditeurs « historiques » qui ont soit déménagé vers la capitale à la Libération, comme la *S.A.E.T.L.*, ou qui ont plus simplement retrouvé leur place après avoir été contraints à l'inactivité par la puissance occupante comme *Ferenczi*. Et puis Dazergues peut également compter sur son ami, Clément Jacquier et les *Editions du Puits-Pelu*, qui « tournent » à plein régime et occupent le haut du pavé lyonnais.

Max-André Dazergues travaille.

Installé devant sa machine à écrire, il aligne les récits d'aventure, d'amour, de science-fiction, les romans policiers, sous le regard intrigué de son chat, un angora noir, qui l'observe. Le petit animal n'a pas de nom ! C'est son épouse Dolly qui assure la relecture puis le placement de toute cette production auprès des éditeurs.

Lorsqu'il n'écrit pas, notre écrivain a pour habitude de rejoindre à pied le bas des pentes de la Croix-Rousse. La marche l'inspire. Sa silhouette est devenue au fil du temps assez familière aux passants qui le croisent, descendant vers la Presqu'île depuis les hauteurs du val de Saône. Engoncé l'hiver dans un lourd pardessus, habillé d'une simple veste l'été, il ne quitte pratiquement jamais pourtant l'écharpe de couleur qui lui ceint le col. Une sempiternelle cigarette aux lèvres, il va à pas mesurés, presque nonchalant, retrouver ses amis dans l'un ou l'autre des innombrables bistrots qui jalonnent à cette époque les rues de Lyon. Après les bouleversements liés à la guerre, la ville a retrouvé son caractère paisible d'autrefois. Les Parisiens sont repartis. Certains Lyonnais les ont suivis : l'avenir s'écrit à nouveau sur les bords de Seine. La joyeuse équipe longtemps cornaquée par Marcel Grancher s'est dispersée. Qu'importe, Max-André Dazergues a toujours été un homme discret et plutôt solitaire.

Si dans l'immédiat après-guerre, on a pu croire qu'il pourrait réorienter en partie sa production vers des romans de facture plus classique, la parution fin 1947 du *Chemin des deux-amants*, semble marquer la fin de cette époque. Même si ce roman d'amour, où l'on retrouve sept années après les personnages de *Montée des Anges*, rencontre un certain succès commercial, il lui a demandé six mois de travail continu, ce qui n'est pas dans ses habitudes. Dazergues préfère varier les plaisirs en passant d'un genre à un autre, d'autant que la formule des petits romans de gare, plus rapides à écrire, est beaucoup plus lucrative.

Ainsi va-t-il en aller tout au long de la décennie suivante marquée par l'apparition à la toute fin des années 1940 de publications d'un nouveau genre, mêlant humour, gaudrioles et photos de charme. Des lendemains de guerre qui chantent : il en était temps.

A Lyon, à Paris, les titres se multiplient et les occasions d'y placer un dessin ou un récit sont nombreuses. Roger Sam, Emmanuel Cocard, Frédéric Dard et bien d'autres s'y essaient avec succès. Max-André Dazergues leur emboite le pas pour livrer des petites nouvelles plutôt grivoises, un genre qu'il ne dédaigne pas. Son nom souvent associé à celui de son ami Cocard, se retrouve ainsi au bas des pages de *Oh !*, *Midi Paname*, *Minuit Pigalle*, *Omnia blagues*, *l'Omnibus*.[95]

À côté de ces productions « alimentaires », Dazergues qui a gardé le contact avec les *Editions Ferenczi* va s'essayer à un genre nouveau : créer un personnage récurant qui retrouvera régulièrement ses lecteurs au fur et à mesure des parutions. Trouvant sa place dans la collection populaire *Le verrou*, c'est un énigmatique « Bossu », une sorte de *Fantomas* qui par huit fois et deux années durant, va donner bien du fil à retordre aux policiers qui cherchent à le confondre. Mais le héros est par trop ambigu et son auteur y renonce bientôt !

Son imagination guidant toujours sa production littéraire, il va, dans les années suivantes, glisser insensiblement du genre policier à celui de la science-fiction, voire de l'épouvante ! Le temps des histoires d'amour qui ont fait sa renommée pendant tant d'années est révolu !

Mis à part la soixantaine de petits formats, dont pas mal de rééditions, qu'il continuera à proposer chez *Ferenczi*, il s'attellera dès lors à la rédaction de quelques livres plus audacieux. Ainsi les deux tomes de *Bianca Capello*, un roman historico-policier, publié chez André Martel en 1953. L'année suivante *Le carnaval des épouvantes*, une intrigue fantastique et cauchemardesque parait aux *Editions de l'Arabesque*. Digne d'un scénario pour film d'horreur, ce roman est qualifié de chef-d'œuvre par les spécialistes du genre.

(95) Emmanuel Cocard (1897-1979), qui a commencé sa vie professionnelle dans le dessin de soierie – on est à Lyon ! - est devenu à cette époque un peintre, décorateur, dessinateur, illustrateur des plus connus sur la place. Ami de Dazergues depuis les années 1930, il laissera derrière lui une production des plus hétéroclites allant de la peinture ésotérique, à l'écriture de livres pour enfants en passant par la bande dessinée ou l'illustration de revues dites légères.

L'écrivain au travail.

C'est enfin un roman d'espionnage au titre surprenant, *Vous serez nue mercredi soir*, qui est diffusé par le même éditeur en 1956. La couverture elle aussi est en rupture avec celles qui accompagnaient jusqu'alors les publications de Dazergues : particulièrement accrocheuse, elle met en scène une jeune femme apeurée que des mains avides semblent vouloir déshabiller. Elle est signée d'un certain Aslan dont les pin-up aussi belles que dénudées feront bientôt les beaux jours des pages intérieures de *Lui*, « la revue de l'homme moderne » !

Même si ces parutions trouvent un réel écho chez ses lecteurs, elles masquent cependant une forme de lassitude et de démotivation chez leur auteur. Certes, il trouve auprès de jeunes confrères qui se lancent à leur tour dans une carrière littéraire, un peu de réconfort et des arguments pour continuer. Ils sont en effet nombreux ceux qui se revendiqueront de lui pour le goût qu'il leur aura donné d'écrire, à l'exemple de Frédéric Dard, dont la carrière parisienne s'emballe. D'autres commencent à suivre cet aîné talentueux. Ainsi Maurice Limat qui entretient avec Dazergues une correspondance régulière. Mais aussi Paul Berato, et encore Jean Lombard – alias Max-André Rayjean - qui ira jusqu'à inclure le prénom de son maître à écrire dans son propre pseudonyme ! Tous inscriront leur nom pour la postérité au *Fleuve Noir*, à côté de ceux de Jean Bruce, de Michel Audiard, de San-Antonio et de tant d'autres !

M.A.D. fournit à cette même époque quelques récits à *Banko*, à *Junior aventures*, à *Junior espionnage*, des recyclages à bon compte de précédents petits écrits. Les illustrations d'un certain Jack de Brown(96) donnent quelques couleurs aux nouvelles qu'il signe curieusement pour certaines « Andolly », un pseudonyme ancien qu'il avait utilisé dans les années 1930 ! Est-ce une élégance pour associer son épouse à ces productions tardives ?

C'est finalement à la veille des années 1960 qu'il se décide à créer, sur une commande semble-t-il de son ami Jacquier, un dernier personnage venu de son imagination. C'est une jeune femme pour qui la vie n'a pas été toujours facile, ce qui a d'autant trempé son caractère ! Il la baptise du drôle de sobriquet de *Chérie-Chipie*. Il la veut espiègle, délurée mais généreuse, aguichante mais aussi réservée, et il va la mêler à de louches et dangereuses aventures. Un premier épisode intitulé tout simplement *Chérie-Chipie* trouve rapidement le chemin de l'imprimerie et parait dans une *Collection Choc, série Cœur et mystère*, au premier trimestre 1960 : format magazine, 126 pages, couverture illustrée en couleur de

Rémy, prix en « nouveaux francs ». Il sera suivi dans les mois suivants par *Chérie-Chipie fait la bombe « A »*. Annoncé en dos de couverture de ce deuxième opus, le troisième volume, *Chérie-Chipie et le chat rouge* : il ne rejoindra jamais les rayonnages des librairies !

Max-André Dazergues est fatigué. « Accro » depuis longtemps à la cigarette, il fume, fume beaucoup… fume trop. Il souffre de bronchites chroniques et sa santé s'en ressent. Difficile d'écrire quand la maladie s'inscrit dans le quotidien. Il trouve bien de temps à autre le ressort nécessaire pour rédiger quelques billets qu'il destine à la *Dernière Heure lyonnaise*, mais le cœur n'y est plus vraiment.

Ce seront là ses derniers écrits. L'ami des brumes et des rêves, comme il aimait à se qualifier lui-même, décédera subitement au matin du 4 novembre 1963, après avoir été transféré en urgence à l'hôpital Herriot. Il avait 60 ans.

Post-scriptum

Bien des hommages seront rendus à l'écrivain-poète au lendemain de sa disparition.

Nombreux seront ses amis qui l'accompagneront une dernière fois au vieux cimetière de la Croix-Rousse où il repose désormais.

En février 1965 était créée la *Société des amis de Max-André Dazergues* : Roger Roux, Frédéric Dard, Marcel E. Grancher, Roger Sam, Félix Benoît, le docteur Edmond Locard en sont parmi les premiers membres. Six mois plus tard, sous un « ciel de suie » une plaque était apposée sur la façade de la maison qu'il habita près de trente années durant. Etaient là le premier adjoint au maire de Lyon, le député de l'arrondissement, Frédéric Dard qui avait fait le voyage depuis Paris, l'écrivain Joseph Jolinon, venu en voisin...

On évoque à cette occasion des projets en cours : le montage d'une opérette tirée du roman *La danseuse au guépard*, l'édition d'un roman posthume…

Du premier on ne vit rien venir ! Le second se matérialisa par la parution aux *Editions Galic* en 1964 d'un roman d'espionnage intitulé *Le chemin des idoles*. La même année, cet éditeur parisien devait déposer son bilan.

Aucun droit d'auteur ne revint à Dolly Dazergues qui en avait assuré la mise au net !

(96) Jack de Brown, pseudonyme de Jacques Brantonne, était le fils du célèbre dessinateur et illustrateur de science-fiction René Brantonne. En plus de participer au travail de son père, il aura également contribué à des magazines de bandes dessinées populaires comme *Sonic*, *OKay*, *Sans Peur*…

V Léon Charlaix

« L'une des plus grandes rencontres de ma vie a été celle d'un type qui m'a appris à pleurer. Il s'appelait Léon Charlaix. »

Frédéric Dard(97)

S'il est un personnage qui défraya la chronique près de trente ans durant à Lyon, entre 1924 et 1954, Léon Charlaix est celui-là ! Tour à tour soldat, consul, cafetier-limonadier, voyageur de commerce, publiciste, détective, journaliste, courtier, restaurateur, il se voulait encore communiste et croyait en Jésus Christ ! Il était avant tout un homme libre et par-dessus tout un anticonformiste.

Une vie d'aventures : Félix Charlaix

Son père, Félix Charlaix, ingénieur civil, était âgé de cinquante-deux ans lorsque Léon vint au monde, sa mère, sans profession, étant plus jeune de quatorze années que son mari. La vie de ce dernier avait été jusqu'alors bien remplie, aussi bien d'aventures que de bonnes fortunes.

Né en 1841 à Laffrey - célèbre petit village de la Matheysine, en Isère, qui avait vu Napoléon vingt-six années plutôt s'ouvrir définitivement la route de Paris, lors de son retour de l'île d'Elbe - le jeune Félix, cadet de la fratrie, avait grandi auprès d'un père qui exerçait le métier de postillon. Ce dernier meurt en 1846, alors que le garçon n'a que cinq ans. Sa mère pourvoira dès lors à l'éducation de son fils qui manifeste dès son plus jeune âge une intelligence peu commune. Est-ce la proximité et la renommée des importantes mines de houille exploitées sur ce rude plateau montagnard qui le décida, toujours est-il que le jeune homme fut, semble-t-il, irrésistiblement attiré, dès la fin de ses études primaires, vers la géologie et l'extraction minière. Ainsi, en 1857, intégra t-il à seize ans l'*École Technique des Mines* d'Alais(98) alors principal berceau des exploitations de charbon des Cévennes. Le régime y est quasiment militaire : les élèves font leur lit, cirent leurs chaussures, se débarbouillent été comme hiver à la pompe. La discipline est sévère et les cours nombreux : chimie, géologie, physique, mécanique sont au programme et les élèves alternent les trimestres entre les bancs des salles de cours et les stages sur le terrain, dans les mines de la région. Ils y apprennent à manier le pic, aussi bien qu'à observer les techniques et les méthodes d'exploitation, le tout étant systématiquement consigné dans des rapports de stage.

(97) In *Je le jure*, Editions Stock-Paris, 1975.

(98) Ré orthographié Alès en 1926.

Félix Charlaix obtient ainsi, après deux ans d'études et l'examen final, son diplôme d'ingénieur. Il a dix-huit ans et toute une vie d'homme d'action l'attend qui l'emmènera par-delà les mers et les océans. En attendant, c'est en compagnie d'un de ses camarades de l'école qu'il part visiter le sud de la France : Nîmes et ses monuments romains tout d'abord, puis Marseille. La ville, son port, la mer, les îles, sont autant d'émerveillements pour les deux jeunes gens, Félix s'imaginant peut-être déjà franchissant les océans pour une vie d'aventures. En attendant, ce sont les montagnes et les vallées des Alpes qui le voient prendre sa place au sein de l'industrie minière. De 1861 à 1866, il exerce successivement les fonctions de contrôleur des mines à Briançon et Claix puis d'ingénieur sur le bassin de Macôt-Peisey en Tarentaise. Remarqué par le *Crédit Mobilier de Paris*, une société bancaire qui investit alors ses capitaux dans le monde entier, il lui est proposé en 1866 de franchir l'Atlantique pour aller exercer la fonction de Directeur des mines en Amérique centrale. La république du Salvador, au bord du Pacifique sera sa destination finale. Il y restera vingt années au cours desquelles il se distinguera particulièrement par son grand professionnalisme, son courage et sa probité. Faisant particulièrement honneur à la France et à son drapeau, il y fondera une famille et y fera fortune en créant sa propre entreprise puis en co-rédigeant le code minier du pays qui produit alors en petites quantités de l'or, de l'argent, du charbon, du cuivre et du plomb. En 1870, la guerre qui éclate entre la France et la Prusse va bouleverser cette vie. Laissant derrière lui femme et enfants, il rejoint la métropole et s'engage dans l'armée. Nommé sous-lieutenant de la Garde nationale, il gagnera en peu de temps les galons de capitaine d'artillerie. Quelques mois plus tard, la défaite le laisse libre de reprendre ses activités d'ingénieur. Il repart alors pour de nouvelles aventures qui l'amèneront à faire plusieurs années durant de nombreux aller-retour entre l'Europe et l'Amérique centrale. On le verra ainsi en Colombie, au Costa-Rica, au Nicaragua, mais aussi en Espagne, en Italie, en Suisse, et encore au Honduras ou au Venezuela !

En 1888, il effectue sur le *Giuseppe Garibaldi* sa trentième traversée de l'Atlantique ! Il vient en effet d'être commandité en tant qu'expert par un syndicat anglo-français, la *Darién Gold Mining Compagnie,* pour prospecter des terrains aurifères repérés dans la province la plus orientale du Panama, à la frontière de la Colombie(99). Avec lui, un jeune chien qu'il a échangé à bord du bateau contre une pipe : il a baptisé l'animal « Napoléon » : nostalgie du pays natal et de la célèbre prairie de la rencontre ? L'expédition qu'il organise dès son arrivée dans cette région peu explorée et particulièrement inhospitalière, aussi bien en raison du climat qui y règne que des difficultés liées au terrain très montagneux, débouche cependant sur un succès supplémentaire et la découverte de nouveaux filons d'or ! Ce sera là, semble-t-il, sa dernière mission en Amérique. Fatigue, privations ont eu raison de l'aventurier qui, malade, doit rentrer en France pour s'établir définitivement à Lyon. Loin de la famille qu'il a laissée au Salvador et qui n'a pas voulu le suivre, il « convole en justes noces »(100) en 1892, en épousant une demoiselle Marie Clotilde Morcel, de quatorze ans sa cadette, originaire de la région de Belley, dans l'Ain.(101)

Le 21 août 1893, Léon Félix Charlaix nait de cette union au 8 du cours Lafayette, domicile de ses parents. Le jeune garçon va grandir dans un milieu cosmopolite où les hommes d'affaires côtoient les ingénieurs, les financiers ou les diplomates, Félix Charlaix s'étant vu confier la charge de vice-consul puis de consul du Salvador. A ce « beau monde » s'ajoutent bientôt encore des publicistes et des éditeurs, l'ingénieur exerçant dans les années suivantes des fonctions d'administrateur pour la *SPA*, une société de publicité artistique, puis pour *l'Imprimerie Waltener*. Son activité ne connaissant pas de limite, c'est également dans la viticulture que Félix Charlaix a investi en achetant et développant un domaine en Algérie, plus précisément à Duzerville[(102)], un village proche de Bône. La production est importée en France depuis 1895, par une société associant le nom de Charlaix à celui d'un certain Labarthe, société établie au 266 de la rue de Créqui. En 1908, le voilà à nouveau autorisé à l'exploration, la recherche et l'exploitation des mines en... Côte d'Ivoire, cette fois. Notre ingénieur est partout !

Un jeune homme de bonne famille

Pour Léon qui grandit, toute cette activité familiale et l'absence répétée du père n'est pas sans conséquence et le jeune garçon, souvent laissé à lui-même, fait montre très tôt d'une certaine hyperactivité, voire turbulence, qui interroge ses parents. Il tire cependant le plus grand bénéfice des études qu'il poursuit dans diverses institutions religieuses puis au *Lycée Ampère* et se distingue dans de nombreuses matières comme les langues étrangères ou le français.

Lorsqu'il s'engage à dix-huit ans dans l'armée, il pratique assez aisément outre sa langue maternelle, l'espagnol, l'anglais ou l'allemand !

Le 25 septembre 1911, il intègre donc la cavalerie pour un engagement de trois ans : la fin de son temps de service est prévue pour 1914, mais l'histoire en décidera autrement...

Il sert dorénavant au 16ᵉ régiment de chasseurs à cheval, alors stationné à Beaune. Nommé brigadier deux années plus tard, il est cependant cassé de son grade pour des raisons inconnues le 1ᵉʳ septembre 1914 et remis cavalier de deuxième classe, alors que l'état de guerre est déclaré depuis un mois entre la France et l'Allemagne. La crise européenne, issue de l'assassinat en Bosnie de l'archiduc François-Ferdinand, héritier du trône d'Autriche-Hongrie, vient d'atteindre son paroxysme.

(99) Félix Charlaix est accompagné à cette époque par un secrétaire particulier qu'il a rencontré à Paris et qui se nomme Victor Forbin. Ce dernier se fera quelques années plus tard un nom en tant que journaliste, écrivain et vulgarisateur scientifique, ses très nombreux récits de voyages publiés dans les années 1910-1920 ayant été, selon toute vraisemblance, lus avec beaucoup d'intérêt par un jeune lyonnais avide d'aventures exotiques, un certain André Compère, qui se fera bientôt connaître sous le nom de Max-André Dazergues ! (cf. chapitre IV)

(100) Du latin *« convolare «* et *« justæ nuptiæ »*, soit littéralement « se remarier au cours d'un mariage légitime».

(101) Marie Clotilde Morcel était déjà à cette époque mère d'une jeune fille de onze ans, née en 1881 à Lyon, prénommée Marguerite Frédérica. Celle-ci devait se faire connaître plus tard comme artiste peintre et illustratrice sous le nom de Frédérique Charlaix, ce changement de nom donnant à penser qu'elle était la fille naturelle de Félix Charlaix et que celui-ci fréquentait Clotilde Morcel depuis bien longtemps déjà.

(102) Aujourd'hui El Hadjar, proche d'Annaba.

Léon Charlaix est aussitôt mobilisé. Comme des millions de ses camarades d'infortune, il est engagé dans les terribles batailles du nord et du nord-est de la France, son régiment participant, au début de l'automne, à la consolidation du front sur la Meuse. Le 21 octobre, alors que son 2e escadron opère entre Commercy et Saint-Mihiel, un obus qui éclate à proximité manque de l'enterrer vivant ! Sauvé in extremis par ses camarades de combat, c'est un soldat très fortement commotionné, qui doit être évacué vers l'arrière où il va passer les six mois suivants en convalescence. Conscient d'être passé tout près de la mort, Léon Charlaix gardera à jamais le souvenir de ces instants dramatiques. En avril 1915, la commission médicale ayant jugé qu'il a suffisamment récupéré pour reprendre une place en unité, le réaffecte au dépôt du 13e régiment d'artillerie. Sept mois plus tard, il passe au 83e régiment d'artillerie lourde. Son état mental ne s'est pourtant pas amélioré tant il présente de troubles psychologiques, aggravés en janvier 1916 par le décès brutal de son père. Une nouvelle affectation au 86e régiment d'artillerie lourde cette fois n'améliore pas sa situation et la commission de réforme du Rhône d'août 1917 le déclare finalement inapte aux formations de l'avant pour « névropathie ». Il souffre alors de graves crises d'angoisse. Sans amélioration notable, cette même commission du Rhône le déclare finalement inapte à servir aux armées pour « déséquilibre mental aggravé par commotion cérébrale légère imputable au service ». Le 18 janvier 1918, dix mois avant la fin de la guerre mondiale, la commission d'Orléans cette fois, prononçait sa réforme définitive.

Le reste de sa vie, Léon Charlaix souffrira des séquelles de l'horreur vécue en octobre 1914 : aussi les grands espaces et les endroits renfermés lui seront à jamais insupportables, tout comme l'obscurité et le noir.

Libéré de ses « obligations militaires », c'est dans une France peuplée de milliers de mutilés de guerre qu'il reprend tant bien que mal sa place dans la société civile, l'amertume aux lèvres et la révolte au cœur. Elles ne le quitteront plus même s'il saura les apprivoiser pour trouver une paix intérieure toute relative.

Il est maintenant livré à lui-même, d'autant que la succession ayant suivi le décès de son père s'est assez mal passée, le jeune Léon n'ayant pas été là pour défendre et préserver les intérêts de sa famille. Celle-ci est maintenant réduite à sa mère Clotilde et à sa sœur, tous trois ayant déménagé vers une nouvelle adresse au 10 de la rue du Plat, dans le chic quartier d'Ainay. Des acquis familiaux il ne reste pourtant pas grand-chose et Léon doit s'assumer financièrement.

Le 31 décembre 1918, c'est donc un jeune « publiciste » de vingt-cinq ans qui épouse Marguerite Pinet, une veuve de guerre de deux ans sa cadette. Sa profession : « limonadière ». La rencontre des deux jeunes gens a certainement eut lieu dans le café-comptoir que tient sa nouvelle « belle-famille » au 10 de la place des Célestins, une adresse jouxtant le célèbre théâtre éponyme lyonnais(103). Le milieu plait à Léon qui ne le quittera pratiquement plus, d'autant que perdure l'exploitation du domaine viticole d'Algérie dont une partie de la production trouve ainsi un débouché tout naturel ! Quatorze mois plus tard, le jeune couple

- qui tient maintenant un nouvel établissement au 4 de la place Carnot - donne le jour à une petite fille que l'on prénomme Frédérique, un des deux prénoms de la propre sœur de Léon. L'acte de naissance précise encore que le papa porte alors le titre de consul du Salvador, une charge dont il a hérité de son père en mai 1916(104). Mais le malheur guette : la jeune maman se remet très mal de l'accouchement, tombe malade et meurt dix jours après la naissance de l'enfant !(105)

Ce drame va en réalité marquer le début de bien des déboires qui vont s'accumuler sur la tête de Léon Charlaix. En premier lieu, il lui est signifié que son activité professionnelle au café du « Monument » de la place Carnot est incompatible avec sa charge de consul et il doit abandonner celle-ci. Dans le même temps, sa belle-famille décide de prendre en charge sa fille dont l'éducation ne saurait être confiée à son père seul ! La grand-mère et l'oncle y pourvoiront dorénavant, les liens entre la petite Frédérique et son père devant beaucoup y perdre.

Léon semble alors bien accaparé par son établissement de la place Carnot : placée en face de la célèbre gare de Lyon-Perrache, qui draine tout le trafic entre Paris, Marseille et la Côte d'Azur, l'affaire tourne bien et emploie pas moins de six salariés, dont une jolie caissière qui ne laisse pas indifférent le jeune veuf. Or celle-ci est une cousine de sa première épouse : chez les Pinet on travaille en famille ! Le bruit de cette nouvelle liaison parvient semble t-il rapidement aux oreilles des « beaux-parents » qui ne semblent pas disposés à accepter cette situation. Léon aura vite fait son choix en passant outre et en perdant par la même occasion la gérance du café.

Aussi, le 11 juillet 1922, c'est un tout nouveau « voyageur de commerce » qui se remarie à Fontaines-Saint-Martin avec une Etiennette Foillard, âgée de vingt-quatre ans, ex-caissière maintenant sans emploi !

Le jeune marié se réinstalle dès lors avec sa nouvelle épouse au 10 de la rue du Plat, adresse qui est également celle de sa mère et de sa sœur.

A l'aube de la trentaine, Léon est un homme élégant : assez grand, le cheveux aussi sombre que les yeux, petite moustache soigneusement taillée, il a le menton volontaire et l'esprit acéré. Il s'habille avec soin et au meilleur prix en portant des costumes faits sur mesure par son ami Claude Reynard, tailleur de son état, Léon n'oubliant jamais de montrer la marque de son faiseur cousue au revers de la veste, chaque fois que l'occasion se présente : échange de bons procédés !

Tout au long des années qui vont suivre, le jeune homme va multiplier les cartes professionnelles : on le retrouve ainsi tour à tour détective pour le compte de son ami César, ordonnateur des pompes funèbres, contrôleur de cars...(106)

(103) De nos jours à cette adresse, la *Brasserie des Célestins*.

(104) Publication au Journal officiel en date du 31 mai 1916.

(105) La courte vie de Marguerite Pinet, décédée le 7 mars 1920, aura été marquée par deux tragédies familiales, son propre père, alors soldat, étant décédé à vingt-deux ans, à peine neuf mois après sa naissance, son premier mari, soldat lui aussi, étant mort pour la France sur le front de la Somme en 1916, trois ans après leur mariage !

(106) dixit Frédéric Dard in *Le cirque Grancher*, Editions de Savoie, Lyon 1947.

En 1924, *l'indicateur Henri* – annuaire du « Tout Lyon » - ne lui attribue pourtant que le titre d'ancien cafetier. Sa mère habite toujours avec lui, mais de son épouse Etiennette, il n'est plus fait mention !

Quant à sa sœur Frédérique, elle a décidé semble-t-il de s'installer seule aux pentes de Fourvière, au 10 de la montée du Chemin-Neuf, pour y poursuivre sa carrière d'artiste-peintre : elle a définitivement abandonné son nom de Marguerite Frédérica Morcel pour celui de Frédérique Charlaix et expose alors régulièrement ses œuvres, peintures, eaux-fortes, bois gravés, dans les galeries lyonnaises ainsi qu'aux Salons d'automne qui se succèdent.

Février 1927. Madame Charlaix mère décède. Léon reste seul : sa fille Frédérique grandit dans sa belle famille, alors que de sa deuxième épouse, on entend plus parler : le couple « bat de l'aile » apparemment !

En réalité, Léon a commencé une nouvelle relation avec une jeune femme de vingt-deux ans ; elle s'appelle Maria Cornon et travaille accessoirement comme serveuse. Elle est jolie, élégante, ne manque pas d'esprit… De cette liaison naîtra quelques mois plus tard, le 2 avril 1929, Marc André Léon Cornon. On reparlera de lui.(107)

Le journaliste-publiciste-courtier

Léon Charlaix.

Ce n'est qu'à partir du début des années 1930 que Léon Charlaix semble reprendre un rôle public sur la place de Lyon. On commence en effet à trouver çà et là dans la presse lyonnaise, au bas d'articles d'humeur, sa signature. *Le Passe-partout*, un journal dit satirique, a ainsi été un des premiers à lui ouvrir ses colonnes. Charlaix y dispose bientôt d'une rubrique personnelle intitulée *De ma lucarne*. Reconnaissable entre tous, le pavé est illustré d'un dessin d'Ergé montrant le chroniqueur scrutant la ville depuis la lucarne d'un toit, un petit logo appelé à perdurer au cours du temps ! Les textes sont courts, percutants et l'auteur y exprime un fort ressenti personnel par rapport à l'actualité du moment. Mieux encore, Léon Charlaix est maintenant titulaire d'une carte de presse qui atteste de sa qualité de « rédacteur » pour les chroniques politique et littéraire. En quelques mois, lui qui était passé en retrait de la vie lyonnaise depuis plusieurs années à la suite de ses déboires sentimentaux et professionnels, retrouve une place de premier plan entre Rhône et Saône : journalistes, gens du spectacle, écrivains, politiciens locaux font maintenant partie de son quotidien, sans qu'il n'abandonne pour autant et sa personnalité et son originalité, voire son excentricité : l'individu ne laisse en aucun cas indifférent tous ceux qui sont amenés à le croiser. Ainsi Marcel Grancher !

En ce même début des années 1930, ce dernier, « exilé » depuis plus de cinq ans à Paris, où il s'est fait une belle situation, prend prétexte de tout et de rien pour remettre le pied dans la cité de son enfance. Journaliste à Paris, il l'est aussi à l'occasion à Lyon où sa signature se fait de plus en plus présente au bas d'articles qu'il place ici ou là dans la presse locale. Mais cela ne peut lui suffire : avant la fin de l'année 1932, il a décidé de revenir s'installer à Lyon pour y créer une affaire d'édition et lancer un nouvel hebdomadaire. Grancher aime les personnages singuliers : Léon Charlaix est sûrement de ceux-là. Léon Charlaix a besoin de travailler : les deux hommes sont faits pour s'entendre. Aussi, celui « dont la signature et l'ironie cinglante sont déjà fort connues à Lyon » intègre-t-il l'équipe de rédaction de *La Semaine* dès le numéro du 5 mai 1933, numéro dans lequel il inaugure une nouvelle chronique où dorénavant il « examinera le monde chaque semaine… *à la loupe* ». Un extrait de ce premier « papier » en donne le ton :

> *La plupart des peuples cherchent depuis quelques temps avec une admirable ténacité, à se donner un maître énergique et puissant [...] ; en un mot, qu'il soit Duce ou Führer, ils s'en moquent, ils veulent être gouvernés. [...] Tant mieux pour eux et je n'y vois pour ma part aucun inconvénient, attendu que devant la bêtise des hommes, j'ai abandonné depuis longtemps tout espoir et me résigne froidement au pire.*

On est en 1933 et Adolf Hitler vient d'être nommé trois mois plus tôt chancelier du Reich allemand !

Semaine après semaine, Léon Charlaix va ainsi délivrer ses billets d'humeur qui paraissent maintenant dans deux périodiques lyonnais, sa collaboration avec *Le Passe-partout*, où perdure sa chronique *De ma lucarne*, n'ayant pas été remise en cause. Il est même prévu que ce titre de rubrique devienne celui d'un recueil qui pourrait prochainement sortir en librairie. Une souscription est donc lancée par *La semaine à Lyon* pour un tirage limité destiné aux bibliophiles. Le projet n'ira cependant pas à son terme et les amateurs devront attendre le tout début des années cinquante pour voir le petit livre enfin paraître. On y reviendra !

A l'automne 1934 on n'en est pas là et la situation a évolué, qui contraint notre rédacteur à élargir son champ d'intervention. D'hebdomadaire qu'elle était, *La Semaine* se mue en un mensuel et devient *Le Mois à Lyon*. Voilà trois fois moins d'opportunité d'articles pour notre rédacteur, et autant de revenus qui disparaissent. Contraint de réduire son train de vie, mais aussi désireux de s'investir davantage dans une vie de famille avec Maria et leur fils, Léon Charlaix délaisse le grand appartement qu'il occupait depuis plus de quinze ans rue du Plat pour se réinstaller dans un modeste « pigeonnier » au 3 de l'impasse Gentil, minuscule cul-de-sac donnant sur la rue du même nom. Commence alors une période de

(107) Même si le petit garçon ne porte pas encore son nom, c'est tout de même sous celui-ci que Léon le présentera avec succès au concours organisé chaque année par la *Blédine Jaquemaire* ! On imagine la fierté du père à relever le nom de Marc Charlaix, parmi bien d'autres, dans la liste des lauréats 1929, publiée dans nombre de journaux hexagonaux de l'époque !

vaches maigres qui va durer quelques années. Pour compenser les émoluments qui lui font trop souvent défaut, il va démarcher d'autres périodiques comme *Le Cri de Lyon* ou *Nos documents*, un nouveau bi-mensuel à vocation économique et sociale, pour y placer de temps à autre quelques articles d'humeur.

Mais cela ne peut suffire et c'est dans une autre activité qu'il va mettre à profit sa connaissance de la vie lyonnaise pour intervenir comme courtier en publicité. Il va courir dès lors les commerces, les entreprises, les restaurants ou les cafés de Lyon pour y vanter les mérites de son journal et obtenir des encarts publicitaires. Il est au *Mois* un autre que lui à avoir la même activité. Un personnage singulier, arrivé entre-temps dans l'équipe. Il s'appelle Marcel Veyre. Peut-être Charlaix a-t-il entendu parler de lui lors de l'*affaire des spirites*, affaire qui a fait « les choux gras » des chroniques journalistiques et judicaires lyonnaises à peine deux années auparavant(108). En tous cas, l'homme lui plaît. N'est-il pas comme lui en marge d'un système qu'il réprouve de plus en plus, avec ses conventions, ses non-dits, son injustice. Léon professe maintenant des idées communistes et son portefeuille réunit bientôt la carte du parti et une image du Christ ! Il n'est pas à un paradoxe prêt. Marginal de la société, c'est naturellement qu'il voit en Marcel Veyre un comparse en butte lui aussi à l'adversité. Bientôt, ils ne se quittent plus et une amitié profonde va s'installer entre ces deux êtres en apparence si dissemblables : ils partagent en tous cas le sens de la dérision, du non-conformisme, de la provocation en même temps qu'un talent certain pour vider les pots de beaujolais !

Juillet 1936 : voila plus de huit années que Léon a rencontré Maria. Pour le meilleur ! Aussi, le 22 de ce mois, ont-ils décidé de se marier, Léon reconnaissant par devant la loi la paternité du petit Marc. L'occasion est trop belle pour l'équipe du *Mois* pour ne pas célébrer l'évènement comme il se doit, d'autant que Marcel Grancher est le témoin du marié. Marcel Veyre et Henry Clos-Jouve sont bien sûr de la fête et tous se retrouvent après la cérémonie pour le repas de noce, « un déjeuner magistralement servi par l'ami Saunier, du restaurant de *l'Alhambra* » un petit établissement situé au 5 de la rue Gentil, à quelques pas de l'appartement occupé par le jeune couple. Le chef a bien fait les choses : au melon frappé succède une langouste à l'armoricaine suivie à son tour par un cuisseau de veau farci. Vin d'Alsace, Beaujolais, Hermitage et Champagne accompagnent le tout et la fête se termine, on le devine, bien tard.(109)

Automne 1938 : le temps s'est rapidement écoulé au rythme de la parution des numéros du *Mois à Lyon*. Léon assure sans faillir son rôle de courtier en publicité en même temps qu'il « se fend » de temps à autre d'un article pour le journal. Un beau matin d'octobre, il a la surprise de voir un tout jeune homme installé dans le bureau de la secrétaire, particulièrement affairé à la lecture d'un magazine ouvert devant lui, d'autres périodiques rangés en pile sur le côté semblant attendre leur tour. Les présentations sont bientôt faites à la grande confusion du timide garçon, apparemment très impressionné par le nouvel arrivant. Et pour cause ! Le stagiaire a pour nom Frédéric Dard, il a dix-sept ans et vient d'être engagé par Marcel Grancher comme « apprenti » journaliste. Ni l'un ni l'autre ne peuvent encore deviner la durable et profonde amitié qui allait bientôt lier, malgré leur différence d'âge et pour le meilleur, ces deux là !

Dans les mois qui suivent, Charlaix a décidé de parfaire l'éducation du jeune homme. Sa fantaisie, sa liberté de ton, son extravagance, sa culture, son expérience, sa misogynie, sa philosophie de la vie trouvent en lui un auditeur attentif que sa jeunesse autorise à tout entendre. A quelque temps de là, c'est Léon qui met entre les mains de Frédéric un exemplaire du *Voyage au bout de la nuit*, qui valut quelques années plus tôt à Louis-Ferdinand Céline, à défaut du Goncourt, le Prix Renaudot. Le choc est immense pour le jeune lecteur, tant ce roman inspirera profondément sa carrière d'écrivain alors naissante. Céline – écrira-t-il plus tard -, *« je l'ai lu peureusement. Recommandé par Charlaix, il sentait le soufre. Mais à partir du moment où j'ai plongé, j'y suis revenu et revenu toujours. Mort à crédit est pour moi le bouquin le plus important* [du] *siècle. »*[110]

Il faut dire qu'avec le temps qui passe, Léon est de plus en plus en rébellion ouverte contre la société qui l'entoure. Lui qui, il y a quelques années encore, pouvait se prévaloir du titre de consul, fréquenter les milieux aisés de la bourgeoisie lyonnaise dont il était issu et jouir d'une aisance financière relative, a vu l'adversité – et ses choix de vie personnels - lui ôter peu à peu ses privilèges et l'installer dans une certaine précarité.

En mai 1939, sa sœur aînée Frédérique Charlaix, peintre et graveur reconnue à Lyon, disparaît à l'âge de 58 ans. Léon, de douze ans son cadet perd là la seule famille qui lui restait.

A cette époque, seule l'amitié particulièrement durable qu'il a établi avec Marcel Grancher, amitié faite de respect mutuel, de confiance et de complicité, lui permet encore de tenir une place modeste dans la Cité. Mais Léon n'est pas homme à se plaindre et la petite famille qu'il a su construire avec Maria et son fils Marc compense largement ces désenchantements.

Vers cette même époque, il a également pu quitter le très modeste appartement qu'il occupait impasse Gentil, pour se réinstaller « au vert » à Sainte-Foy-Lès-Lyon. Loin du tumulte de la grande ville, lui, son épouse et son fils vivent maintenant dans un petit chalet planté dans un jardin de la rue François Forest. Il ne le sait pas encore mais ce déménagement va déterminer le reste de sa vie.

C'est la guerre !

A l'été 1939, aux chaleurs et aux orages des mois de juillet et d'août se sont ajoutées les sourdes incertitudes qui pèsent maintenant sur l'Europe. Les jeux d'alliance et les renoncements successifs de la France et de la Grande-Bretagne, face aux exigences de l'Allemagne nazie, ont définitivement bloqué toutes les

(108) Voir chapitre VI Marcel Veyre.

(109) « L'ami Saunier » ne le restera pas toujours aux yeux de ses convives de ce jour de fête. Nous le retrouverons huit ans plus tard dans un contexte beaucoup plus dramatique. Cf. chapitre XII L'avenir est ailleurs.

(110) In *Je le jure*, Stock, 1975.

possibilités de sortie de crise. Le 1er septembre 1939 à l'aube, lorsque la Wehrmacht franchit la frontière polonaise, le pire ne peut plus être évité. Deux jours plus tard, après que les ultimatums britanniques et français pour un cessez-le-feu et un retrait des troupes du IIIe Reich aient été rejetés par l'Allemagne, l'état de guerre s'installe en Europe qui conduira tous les belligérants au désastre !

En quelques jours, la société civile française est bouleversée et l'économie nationale toute entière reconvertie vers les efforts de guerre. *Le Mois à Lyon* n'échappe pas à la tourmente, ses acteurs étant les uns après les autres appelés à se mettre au service du pays. La publication a cessé après le numéro d'août. Veyre, Dazergues et Clos-Jouve sont bientôt mobilisés, Simonet et le jeune Dard requis, Grancher missionné à sa demande. Léon Charlaix, l'ancien combattant de la Grande Guerre, se retrouve bien seul à l'automne venu. Les semaines passent en même temps que la guerre « s'installe » pour ses quartiers d'hiver aux frontières du Rhin et des Ardennes. Pourtant, après trois mois de silence, *Le Mois à Lyon* reprend contre toute attente sa place dans les kiosques pour accompagner le premier Noël de guerre. Malgré l'éloignement des uns et des autres, ils sont plusieurs à avoir pu fournir un papier pour alimenter les colonnes du journal et faire part de leur optimisme quant à la suite des évènements. Grancher n'écrit-il pas dans son éditorial : *« Que 1940 voit la victoire finale des nos armes. »*

Quatre mois plus tard, les dés sont jetés. Le Sitzkrieg allemand devient le Blitzkrieg(111) et la Wehrmacht envahit sans coup férir le Luxembourg, les Pays-Bas, la Belgique et pénètre en France. Le 20 mai les Panzers ont atteint la Manche et coupé l'armée franco-britannique en deux. Le 5 juin, après avoir réduit la poche de Dunkerque d'où se sont cependant échappés 350 000 hommes, les divisions de la Wehrmacht franchissent la Somme et foncent vers la Normandie, Paris, et la Champagne. Plus rien ne les arrêtera !

Une sordide panique a gagné les populations civiles qui cherchent leur salut vers le sud ! Un exode massif jette des milliers de gens sur les routes, gênant considérablement les mouvements des divisions françaises ou de ce qu'il en reste. A la mi-juin, l'affaire est entendue. Léon Charlaix a suivi avec une tristesse infinie le déroulement des évènements. Les premiers réfugiés arrivent qui témoignent de leur calvaire. Dans ce chaos indescriptible, la vie continue cependant. Alors qu'il est allé chercher le « 30 », le trolley qui descend vers Saint-Jean et Lyon, il a remarqué un avis placardé sur la porte d'un bar-restaurant de la rue Commandant Charcot : l'établissement est à vendre… aux enchères ! Et s'il y avait là l'opportunité de renouer avec un métier qu'il a abandonné il y a bientôt vingt années ? Pourquoi ne pas tenter le coup, se dit-il. Dans ces temps de tourmente, il ne devrait pas y avoir foule pour s'intéresser à une telle affaire, tant la désorganisation du moment prime sur tout le reste. Mais voilà, il n'a pas le sou !

La chance va cependant le servir : elle a pour nom Marcel Grancher. Léon a parlé de l'affaire à son patron. Voilà bien un genre d'opportunité pour lui plaire. L'argent, il en a ! Et puis Léon, au fil du temps, est devenu un ami en qui il a toute confiance. Ne vient-il pas de le nommer depuis peu « secrétaire administratif » du *Mois à Lyon*, son nom figurant dorénavant avec ceux de Simonet et de Clos-Jouve sur la manchette du périodique. Aussi, pourquoi ne pas l'aider et être au rendez-vous de la vente. Le jour venu, c'est chose faite. Peu nombreux sont ceux qui se sont déplacés, faute d'avoir été informés en temps et en heure. Les enchères se succèdent rapidement et il ne faut-il guère attendre avant que le marteau du commissaire-priseur ne tombe sur la dernière offre de Grancher, personne n'ayant surenchéri. Adjugé, vendu !

Le temps d'un passage chez le notaire, quelques signatures sur les différentes pages de l'acte de vente, et Léon était dorénavant le nouveau propriétaire du bar-restaurant. Une nouvelle vie pouvait commencer.

La Ferme

Dans le jardin de *La Ferme*.

On est dans l'été 1940. La France vaincue doit maintenant vivre avec les conséquences de sa défaite. Le pays est coupé en deux, voire en quatre. Au nord, la zone occupée. L'Alsace et la Lorraine sont redevenues des provinces allemandes. L'ensemble de la côte atlantique n'est plus qu'une longue « zone interdite ». La Grande Bretagne reste seule en Europe à faire face à l'Allemagne qui semble décidée à l'envahir en mettant à profit l'ensemble des ports et des terrains d'aviation situés dans cette immense bande côtière.

Au sud, il en va autrement. L'armistice conclu à Rethondes a entériné l'existence d'une représentation nationale qui a pris Vichy comme « capitale ». Occupée un temps par les forces de la Wehrmacht, Lyon a vu les troupes allemandes refluer vers le nord, au-delà de ce qui est entre-temps devenue la ligne de démarcation. Lyon est libre et n'a guère tardé à recevoir entre ses murs tous ceux, artistes, journalistes, écrivains, humoristes, peintres, qui ne peuvent accepter de vivre sous le joug de l'envahisseur. Il va s'agir pour eux, et ils sont nombreux, de retrouver un équilibre et une vie sociale dans la capitale des Gaules. Tout au bout du 5e arrondissement, à la limite de Sainte-Foy-lès-Lyon, Léon Charlaix est de ceux, pas si nombreux, qui leur a ouvert grande la porte de son établissement. Il l'a baptisé *La Ferme*.

Au rez-de-chaussée de cette grande maison une salle de restaurant, une cuisine et un bar, à l'étage l'appartement où Léon s'est installé avec les siens. Le pavillon qu'il occupait jusqu'alors à deux pas de là est maintenant la demeure des parents et de la sœur de son jeune ami Frédéric Dard.

(111) *Sitzkrieg* : guerre assise. Pendant allemand de notre « Drôle de guerre ». *Blitzkrieg* : littéralement guerre éclair

Comme un grand jardin agrémenté d'une pièce d'eau jouxte la maison, le 160 de la rue Commandant Charcot ne tarde guère à être le rendez-vous favori de la bande à Grancher.

Le 15 février 1941, ce dernier a même décidé d'y organiser la réunion annuelle de ses collaborateurs. Maria, l'épouse de Léon, qui s'est rapidement révélée être une cuisinière de premier rang, a préparé le repas. Au menu salade de groins-d'ânes aux s'harengs suivi d'un gigot bretonne[(112)]. L'époque permet encore de trouver ce qu'il faut pour remplir les assiettes ! Le pli est pris, qui se renouvellera souvent au cours des années à venir selon un scénario bien établi : les uns et les autres se retrouvent devant le bar où l'on sert le *Vermouth de Chambéry*; un temps plus tard, on passe à table sur laquelle s'alignent bientôt les pots de Beaujolais ; plus tard encore le jeu de boules vient à point nommé pour parfaire un après-midi paisible animé par le bruit de la fontaine du jardin ou la guitare de Léon.

Au-delà d'une clientèle qui s'est rapidement familiarisée avec l'endroit, d'autres « drôles de paroissiens » ont également appris à venir, de temps à autre, pousser la porte du café. Ils arrivent de l'*Hôtel des invalides du travail* voisin, et ce sont pour certains d'entre eux de pittoresques personnages qui terminent là leur vie. *La Ferme* leur offre une chaleur et une convivialité propres à égayer un tant soit peu une retraite bien monotone, d'autant que Léon leur propose régulièrement de l'aider dans son quotidien en échange d'un repas ou d'un pot de rouge : il y a toujours un coup de râteau à passer sur le jeu de boules, des mises en bouteille à préparer, un coup de main à donner pour retaper une table ou un placard... En tous cas, ces clients pas comme les autres sont autant d'aubaines pour les journalistes du *Mois*, qui comme Frédéric Dard ou François Monnet, un nouveau venu dans la bande, ne se priveront pas de faire à l'occasion quelques portraits bien originaux de ces pensionnaires venus d'un autre temps.

Autre atout, et non des moindres, de l'endroit : sa cave ! Léon l'a baptisé *Le Paradis*. Il y entrepose des bouteilles qui n'ont guère le temps de vieillir même si elles présentent le plus souvent une fine poussière de bon aloi. Il faut dire que leur propriétaire a inventé une sorte de sulfateuse dont il use sans scrupule pour donner la patine du temps à celles qui viennent à peine de rentrer. L'habit fait le moine dit-on et les clients ne sont pas regardants : qu'importe le flacon... !

Tout aurait pu continuer ainsi, dans le calme et la félicité de cette banlieue paisible, si la guerre n'avait pas fait subitement son retour à la fin de l'automne 1942.

Le 8 novembre, les alliés ont débarqué en Afrique du nord. Le 11, la Wehrmacht franchit la ligne de démarcation : la zone *no-no*[(113)] n'existe plus. Le 12, les troupes allemandes sont de retour à Lyon : elles n'en repartiront que le 3 septembre 1944.

Paradoxalement cette nouvelle occupation n'a pas, dans un premier temps, bouleversé le quotidien des Lyonnais : trains et tramways roulent normalement, le service du ravitaillement fonctionne, la poste, le téléphone et le télégraphe assurent leurs services. Il faut dire que, dès son arrivée, la Wehrmacht a mis en place son propre réseau de transmissions. Un relais émetteur-brouilleur a ainsi fait son apparition dans le parc du séminaire *Saint-Irenée* de Francheville, à deux pas de chez Léon. Il a fallu peu de temps aux quelques sous-officiers allemands qui y sont affectés pour trouver le chemin de *La Ferme*. Le pacifiste invétéré qu'est son propriétaire a décidé de faire cohabiter tout son petit monde sous le patronage d'un drapeau tricolore hissé au-dessus de son établissement. Qu'on se comprenne bien ! Dès lors se croiseront sans animosité membres de la Wehrmacht, gaullistes discrets, juifs en transit, résistants de circonstances, sans oublier les clients « ordinaires » !

Un des Allemands est même rapidement devenu un véritable habitué. Albert, c'est son nom. Il ne porte pas Hitler dans son cœur et il ne s'en cache pas. Ils ont vite sympathisé, Léon et lui. De temps à autre, l'Allemand va même jusqu'à initier Marc, le fils de Léon, qui a maintenant dix-sept ans, au maniement des armes automatiques. Le jeune homme est en effet particulièrement intéressé par l'épopée du Far West américain et ne rêve que de chasse au bison ou de dressage de chevaux sauvages, le maniement du lasso n'ayant semble-t-il plus de secret pour lui. Léon laisse faire. Et puis les mois passent. Si du côté de Sainte-Foy les échos de la guerre ne se font guère sentir, il n'en va pas de même « en bas », à Lyon, où les affrontements sanglants entre miliciens, allemands et résistants, se multiplient. L'Allemagne est en train de perdre la guerre. En juin, les divisions anglo-américaines ont débarqué en Normandie. Albert quant à lui a nettement fait savoir à ses amis français que le jour venu il ne serait pas le dernier à tirer les conséquences de la défaite de la Wehrmacht :

> *Lorsque je foutrai le camp, avait-il prophétisé, je vous ferais cadeau de tout mon matériel.*

Il devait tenir parole. Dans les tous derniers jours d'août 1944,

> *Albert arriva chez Charlaix. Il était en civil et coltinait un volumineux ballot.*
>
> *- Tiens dit-il au jeune Marc, voilà ce que je t'ai promis, amuse-toi bien. Moi je ne joue plus.*
>
> *Et il disparut. Le colis contenait son uniforme, son revolver, une mitraillette et des grenades.*(114)

Personne ne devait jamais le revoir.

(112) Entendez par là une salade de *Crepis Vésicaria L,* (vague cousin éloigné du pissenlit), agrémentée de filets de harengs à l'huile - particulièrement appréciée à Lyon - et un gigot d'agneau aux haricots blancs.

(113) Euphémisme pour la zone **non o**ccupée.

(114) In *Le cirque Grancher*. Frédéric Dard. Editions de Savoie 1947.

L'élégance avant tout.

La paix revenue

Avec l'automne 1944, la paix est revenue dans la plus grande partie de la France. Certes on se bat encore aux portes de l'Alsace et devant les « poches » de Saint-Nazaire, Dunkerque, La Rochelle ou Lorient, encore tenues par la Kriegsmarine.

Lyon, quant à elle panse ses plaies. On reconstruit des ponts de fortune sur la Saône et sur le Rhône. On compte les victimes, on « épure ». La totalité des quotidiens venus de la guerre ont été interdits. Une nouvelle presse s'installe et se cherche ; *Le Mois à Lyon* quant à lui, a su garder sa place. Dans les semaines qui suivent, l'interdiction faite à la presse écrite d'insérer dans ses colonnes des publicités commerciales – source de financement essentielle pour *Le Mois* – amène celui-ci à se transformer en hebdomadaire, le journal retrouvant son titre du début des années 1930 ! Ce seront dorénavant quatre pages grand format, reprenant la plupart des rubriques du mensuel qui seront offertes aux lecteurs, Léon Charlaix conservant bien sûr son poste au sein de la rédaction, d'autant que *La Ferme* reste le point de ralliement de la plupart des membres de l'équipe qui ont pris pour habitude de s'y retrouver chaque jeudi.

Six mois plus tard, les restrictions de papier alloué aux journaux satiriques ont eu raison de l'hebdomadaire : *La Semaine* disparaît à laquelle se substitue bientôt *Les cahiers Rabelais*, un trimestriel. Léon a cette fois pris un peu de recul. Peut-être a-t-il envie de profiter davantage de sa vie à « la campagne » et de ses nombreux clients qu'il reçoit avec toujours plus d'élégance. Au nombre de ceux-ci, Marcel Veyre !

Après cinq années d'absence forcée, passées dans les camps de prisonniers en Allemagne, on devine la joie qu'ont éprouvé les deux amis à se retrouver. Sans emploi, Marcel s'est réinstallé un temps chez sa mère qui habite toujours Tassin, avant de déménager vers Francheville, à deux pas du bar de son ami. Son penchant pour le vin n'a pas changé, qu'il partage sans vergogne avec Léon : la tournée du patron revient plus souvent qu'à son heure.

Avec le temps qui passe et la situation économique du pays qui s'améliore petit à petit, *la Semaine* puis *Le Mois à Lyon* reparaissent à la fin de l'année 1946. Léon y retrouve ses habitudes et abonde à nouveau le journal de quelques articles et nouvelles. Il va même jusqu'à reprendre une rubrique qu'il avait abandonnée quinze ans plus tôt alors qu'il travaillait pour feu *Le Passe-partout*. Renaît ainsi de ses cendres *De ma lucarne*, un billet d'humour mensuel que son auteur complète de ses inénarrables « fables », à l'image de leur auteur. Laissons Frédéric

Dard faire un portrait surréaliste de son ami à cette époque :

> *Avec sa chemise écossaise, dont les couleurs semblent choisies par un Italien daltonien, son pantalon 1900, sa démarche d'empereur, sa tête altière encadrée de rouflaquettes en pointes, avec son chapeau à poils nanti d'une plume de faisan et son exubérance, Léon Charlaix est en quelque sorte une synthèse du cirque.* [...] *Certains le déclarent fou.*
>
> *D'autres de phénomène.*
>
> *Quelles erreurs de jugement !*
>
> *Charlaix est une sorte d'enfant prodigue qui ne reviendra jamais.*
>
> *Il ne s'agit que d'un homme au grand cœur, intelligent et pessimiste, qui cherche dans le rire, l'extravagance et le vin, l'oubli des mornes réalités humaines.*(115)

Car les mornes réalités humaines du moment sont bien là ! Les temps ont changé, et plus qu'il n'y paraît. La guerre terminée, chacun a petit à petit retrouvé ses marques. Les Parisiens « repliés » tout d'abord qui ont au fur et à mesure de leurs possibilités rejoint la capitale.

A Lyon, la politique « politicienne » a repris le dessus. Venus tout droit des rangs de la Résistance – c'est ce qu'affirment en tous cas la plupart d'entre eux – de nombreux acteurs se sont rapidement installés derrière les bureaux laissés libres par « les gens de Vichy ». Ils ont des idées sur tout, ils interfèrent partout, ils réglementent en tout. Edouard Herriot, qui a retrouvé son fauteuil de maire, laisse faire en continuant toutefois, comme il en a l'habitude, de manipuler les uns et les autres ! Mais cela ne se passe pas sans mal et décourage bien des bonnes volontés. La « vie lyonnaise » reprend ses droits !

Ils sont dès lors un certain nombre à penser qu'ils n'ont plus d'intérêt à investir entre Saône et Rhône. Parmi eux le journaliste Pierre Scize, l'éditeur Henry Clos-Jouve, l'auteur Marcel Grancher, le peintre René Besset, autant d'habitués de *La Ferme*, qui reprennent la route de Paris en y transférant leurs activités. Ils ne reviendront plus.

Au printemps 1948 apparaissent les premiers signes d'essoufflement du *Mois à Lyon* : de moins en moins de pages à lire contre de plus en plus d'encarts publicitaires, une preuve néanmoins que le journal touche encore de très nombreux lecteurs. Léon Charlaix ne s'y trompe pas et se paie l'insertion d'une annonce pour faire la promotion de son établissement toujours fréquenté par de nombreux habitués et ceux des Lyonnais qui cherchent aux confins de la ville une bonne adresse pour déjeuner ou dîner. Ils sont quelques-uns restés à Lyon qui demeurent fidèles : Frédéric Dard a fait connaître *La Ferme* à ses amis les dessinateurs Paul-Philibert Charrin et Roger Sam qui ne manqueront pas de « croquer » l'endroit. Marcel Veyre bien évidement est là qui apprécie la serveuse du moment et confond de temps à autre la caisse de son ami avec la sienne en glissant derrière le bar ! Et puis le temps passe. Dard, le dernier, a pris la route de Paris : *Le Mois*

(115) In *la Semaine à Lyon* n°1 du 15 octobre 1946.

Charlaix croqué par Roger Sam.

de Lyon paraît encore pendant quelques mois puis s'arrête… définitivement. Charlaix aura donné des papiers jusqu'aux derniers numéros.

Ce n'est pas pour cela qu'il va renoncer à la « chose journalistique ». Un de ses amis, Louis Camus, dispose de quelques capitaux qu'il souhaiterait investir dans la presse. L'idée : lancer un magazine mensuel illustré qui traiterait du tourisme et de la gastronomie entre Suisse et Auvergne, entre Provence et Bourgogne. Les locaux du *Mois* étant désormais libres, la nouvelle revue *Tourisme et gastronomie* s'y installe à l'automne 1950. Aux côtés du directeur Louis Camus, Léon Charlaix en devient le nouveau rédacteur en chef, Marcel Veyre étant appelé à prendre en charge la publicité et à assurer quelques reportages, tout comme Frédéric Dard probablement désireux de garder un lien avec Lyon.

A la même époque, Marcel Grancher, réinstallé à Paris, va lancer de son côté *La table et la route*, un trimestriel consacré au tourisme, à la gastronomie et à l'automobile mais avec une diffusion se voulant nationale ! Les deux magazines devaient rapidement trouver chacun leur place, et pour de longues années, sur les rayonnages des marchands de journaux. Léon va rester aux commandes du magazine jusqu'à l'automne 1951, époque à laquelle il se risque à publier une sorte de recueil de ses meilleures saillies humoristiques formulées en fables et parues çà et là depuis plus de deux décennies ! *De ma lucarne*, longtemps titre de rubrique, est devenu un petit livre d'une centaine de pages, illustrées par ses amis Roger Roux, Emmanuel Cocard, Charles Rogino, Roger Sam… et même Frédéric Dard qui se fend pour l'occasion d'un dessin inspiré de Sennep. Ce sera là semble-t-il la dernière fois que la signature de Léon Charlaix ponctuera un papier de sa composition.

Quatre ans vont passer. Les belles journées de l'été sont là. Marcel Veyre, le comparse des bons et mauvais jours, se passionne depuis quelques temps pour un nouveau mystère : celui des Templiers et surtout de leur fabuleux trésor disparu ! Ses pérégrinations l'ont amené du côté de Villefranche, vers le château d'Arginy. Cherche t-il à y associer son ami ? Toujours est-il que, le 6 août 1954, il l'a convaincu de l'accompagner vers le Beaujolais. Comme ils en ont souvent l'habitude, les deux hommes ont pris place sur la moto de Marcel pour une virée à la campagne. Ils sont partis et roulent en direction de Neuville, sur les bords de Saône, lorsqu'un camion leur coupe subitement la route. Assis derrière le conducteur, Léon a été surpris et dans un mauvais réflexe a sauté en marche : il tombe et heurte très violemment la bordure de la chaussée. On se presse vers le blessé, Marcel le premier. On appelle les secours qui tardent, tergiversent… le temps passe. Inconscient Léon est finalement emmené vers l'hôpital de Grange Blanche, à Lyon, distant de plus de vingt kilomètres. Il y décédera quelques heures plus tard d'une probable fracture du crâne.

L'amitié qui liait si profondément ces deux hommes venait de trouver aussi dramatiquement que brutalement son terme.

VI Marcel Veyre

« Quand on ne croit plus au Paradis, on commence à croire au spiritisme »

Mircea Eliade[116]

Antoine Marcel Veyre n'a-t-il jamais cru au Paradis ? Il est bien probable que si, mais à sa manière !

Où tout commence par un accident de la circulation

La nuit s'est déjà installée dans cette soirée du lundi 9 février 1931. Il est 18h30, lorsqu'une voiture, conduite par un certain Joseph Caraës, circulant route de Grenoble, à Bron, non loin du terrain d'aviation, rentre en collision avec un camion dont les feux arrières sont éteints : le choc est très brutal et les premiers secours arrivés sur place dégagent de la voiture accidentée le chauffeur inconscient, gravement atteint à la tête, ainsi qu'un passager qui est lui sérieusement blessé au bras. Une ambulance militaire du 35e régiment d'aviation est bientôt là avec un médecin-major qui donne les premiers soins aux victimes. Un peu plus tard, le chauffeur, toujours plongé dans le coma, est transporté vers l'Hôtel-Dieu de Lyon. L'autre homme, un soldat de la 14e compagnie du train, affecté comme secrétaire à l'état-major de la place de Lyon, dont un bras a été fracturé dans l'accident, est emmené vers l'hôpital militaire Desgenettes, à Bron.

L'affaire dite des *« spirites de Lyon »* venait de commencer : elle allait occuper le devant de la scène judiciaire lyonnaise, six mois durant !

Ce mardi matin 10 février, comme à son habitude, Henri Bouchard quitta sa maison de l'avenue Loisy, une impasse paisible de Caluire-et-Cuire dominant la Saône, pour rejoindre les bureaux de sa société situés au 2 du quai de la Pêcherie. A soixante-huit ans, il dirige encore seul une entreprise florissante de produits chimiques. De taille moyenne, petite barbiche blanche, cheveux blancs courts plantés drus, c'est un homme soucieux de sa « mise », toujours vêtu avec une correction méticuleuse. Alerte malgré son âge, il passe pour être un industriel avisé, respecté aussi bien par ses collaborateurs que son entourage.

L'homme porte cependant en lui plusieurs blessures ! Un premier mariage en 1894 l'a laissé veuf à 43 ans avec ses deux jeunes garçons, Jean et François. En 1907, un an après la disparition de sa première épouse, Henri Bouchard s'est toutefois remarié avec une demoiselle Madeleine Rochette, de vingt et un ans sa cadette. Huit ans plus tard, en pleine guerre mondiale, c'est un nouveau drame qui est venu frapper sa famille après que son fils aîné, Jean-Henri, ait été tué lors des

(116) Historien des religions, mythologue, philosophe et romancier roumain (1907-1986).

terribles batailles de décembre 1915 à l'Hartmannswillerkopf, en Alsace[117]. Il avait à peine vingt ans et sa disparition a laissé une trace profonde et douloureuse dans l'esprit du père qui n'a pas accepté cette mort brutale d'un aîné naturellement destiné à prendre sa succession. Ceci d'autant plus que son autre fils, d'un an plus jeune que son frère, présentait depuis plusieurs années des signes de déficience mentale ! Le temps passa pourtant et l'âge vint.

Arrivé à son bureau des quais de Saône, Henri Bouchard commença par prendre connaissance des informations du jour en feuilletant *Le Nouvelliste* puis le *Lyon Républicain*. Parcourant la page des faits divers de ce dernier quotidien, son regard s'arrêta sur la rubrique des accidents de la circulation. En tête venait un article relatant une collision survenue vers Bron, collision dans laquelle un certain José Caraës, avait été gravement blessé. José Caraës ? Son propre chauffeur ! Et qui conduisait ce soir-là sa propre voiture !

Il n'était cependant pas au bout de sa surprise. Le journal mentionnait encore qu'un passager de la berline, un militaire attaché au bureau de la place de Lyon, avait été également blessé. Pris d'une soudaine intuition, il ne lui fallut guère de temps pour obtenir quelques informations complémentaires qui lui confirmèrent que le dit passager n'était autre que son neveu Marcel Veyre.

Sa stupéfaction fut totale : que faisaient ces deux hommes ensemble dans sa voiture alors qu'il avait été entendu des mois auparavant, à la suite d'une altercation familiale, que ceux-ci devaient cesser de se voir ?

Où l'on se doit de faire un retour en arrière !

Lyon, ville secrète, tel est le titre d'un livre qui parut en juillet 1931[118] et dans lequel l'auteur faisait la synthèse d'une étrange histoire de spiritisme survenue dans la capitale rhodanienne, histoire qui s'était finalement muée en une affaire d'escroquerie pour le moins rocambolesque. Suivie au quotidien par les journaux lyonnais, voire nationaux de l'époque, l'extraordinaire aventure des spirites-escrocs avait occupé les pages des faits divers des semaines durant.

Le début du feuilleton remonte à l'année 1925. Joseph Caraës termine alors son service militaire effectué dans la marine nationale. Rien que de très banal pour ce breton né à Plouider dans le Finistère qui a été pourtant bien bousculé par la vie.

Il a dix ans lorsque son père part à la guerre en 1914 et meurt peu après dans un accident en service commandé. Le jeune garçon est alors placé dans une institution charitable. Il y est à peine depuis quelques semaines que sa mère s'engage comme infirmière et part au front : elle y trouve la mort à son tour ! Le voilà orphelin de guerre. A treize ans, il quitte le collège et intègre l'école des mousses de Brest. Malgré son jeune âge, il est mystique, comme bon nombre de Bretons : il croit aux fées, aux revenants errants dans les forêts, aux sortilèges, aux légendes et respecte la mémoire des trépassés. Il ne manque jamais d'honorer le souvenir de son père en allant cueillir chaque année sur la lande une couronne de fleurs sauvages qu'il va jeter par la suite dans les flots à marée descendante. En 1919, le jeune marin a rejoint l'équipage du croiseur *Gaydon*, rentré à Brest après une campagne dans la mer Blanche. Quelques mois plus tard, il est réaffecté à l'arsenal de Toulon, au 5e dépôt des équipages. Au contact de ses nouveaux compagnons, des marins qui se veulent les héritiers directs de leurs rudes prédécesseurs qui combattirent aussi bien les Anglais que les barbaresques, il finit de se construire. En peu de temps, le jeune Joseph devient José, un marin gaillard, costaud, volontiers bagarreur. Au fil de ses affectations, il poursuit son apprentissage sur le transport de l'état *Loiret* avant de prendre place à bord du croiseur *Metz* où il va achever son temps de service.

1926 : Caraës a vingt-trois ans. L'adolescent, qui avait rejoint Brest six années plus tôt est maintenant un homme aguerri. Petit, trapu, musclé, la peau mate, le regard vif, c'est avant tout un manuel, aux gestes précis. C'est un marin pétri d'esprit de corps, au caractère bien trempé et qui sait lever son verre quant il le faut ! Un peu trop peut-être ! Timide, mais aussi entreprenant, il sait se faire apprécier des filles et trouve auprès d'elles écoute et bienveillance. Lui manque cependant appui et conseil qui pourraient lui permettre d'envisager son avenir, un avenir qu'il doit construire seul. Une cartomancienne de sa connaissance, qu'il fréquente à l'occasion, va bien involontairement lui apporter cette aide qui sera déterminante dans la suite des évènements.

A quelque temps de là, cette tireuse de cartes a délaissé les bords de la Méditerranée, pour « monter » à Lyon et s'y installer. Elle n'a cependant pas oublié son jeune marin lorsqu'elle reçoit un beau jour une Lyonnaise des plus avenantes, issue semble-t-il de la meilleure société. Pieuse mais superstitieuse, la belle dame brune est tourmentée par le temps qui passe et a choisi de s'en remettre à la voyante !

Madeleine Bouchard, puisqu'il s'agit d'elle, porte alors avantageusement sa quarantaine. Epouse modèle d'un riche industriel et mère d'une fillette de sept ans, elle ne trouve cependant pas dans sa vie de famille l'équilibre auquel elle rêve. Coquette, elle souffre du manque de largesses de son mari qui la sacrifie le plus souvent à ses occupations professionnelles. Aussi reste-t-elle seule avec sa fille Elisabeth et François, le fils cadet d'Henri Bouchard, un garçon mentalement déficient à qui elle voue cependant une affection certaine. Et puis il y a Jean..., l'absent ! Jean, le fils aîné dramatiquement disparu dans les combats de la Grande Guerre, Jean qui accapare toujours l'esprit de son mari et vient régulièrement troubler la quiétude du couple. Sur lui et lui seul reposait la pérennité de l'entreprise familiale. Qui prendra le relais pour l'avenir ?

La réponse est peut-être dans la lecture des tarots que Madeleine Bouchard est revenue consulter. A l'entendre, la pythonisse ne prédit-elle pas ce jour-là que bientôt un jeune homme, un marin, va intervenir dans sa vie pour y jouer un grand rôle ! Même si les cartes restent peu disertes quant aux circonstances de cette venue, la voyante peut néanmoins assurer à sa cliente que l'homme trouvera na-

(117) Ces combats, qui se déroulèrent tout au long de l'année 1915, en quatre batailles successives, s'achevèrent à la veille du Noël 1915 après avoir fait près de vingt-cinq mille morts, dont une majorité de Français.

(118) Maurice Privat, *Lyon, ville secrète*. Collection Les documents secrets VII, Paris-Neuilly, 1931

turellement sa place dans la maison et deviendra l'ami de son mari. Mais celle-ci veut en savoir plus. Et puis..., elle ne connaît pas de marin !

Qu'à cela ne tienne. La cartomancienne en connaît un, et un méritant. N'est-il pas sur le point de terminer son service, là-bas, à Toulon. C'est un très gentil garçon qui a perdu ses parents pendant la guerre et que plus rien ne rattache désormais à sa Bretagne natale. Peut-être sa cliente pourrait-elle le prendre pour filleul et par là même favoriser la venue de celui qui pourrait transformer sa vie ?

Madeleine Bouchard est une femme généreuse qui a déjà accompagné des soldats pendant la Grande Guerre. Aussi décide-t-elle d'entrer en contact épistolaire avec le jeune marin qu'on vient de lui recommander et dans lequel on aura reconnu José Caraës ! Celui-ci répond bien favorablement à cette initiative, précisant dans sa lettre qu'il va être vite libre de tout engagement et qu'il peut d'ores et déjà bénéficier d'une permission. Elle l'invita donc à Lyon.

La rencontre se déroula pour le mieux : le jeune marin fut l'objet de mille attentions et il enchanta la famille par sa bonne tenue, sa politesse et sa gentillesse. Il revint une autre fois, puis une autre encore. On le vit bientôt conduire l'automobile de Monsieur Bouchard, Madame Bouchard étant particulièrement fière de se montrer en compagnie de ce jeune homme en uniforme dont elle semblait s'occuper avec une affection toute maternelle, allant jusqu'à le conseiller sur sa tenue et même lui offrir des cravates ! Puisqu'il conduisait si bien la voiture de l'industriel, pourquoi ne pas s'attacher davantage ce jeune homme et lui donner une place dans la maison. Convaincre son mari lui fut chose aisée et, courant 1926, il fut engagé comme chauffeur attitré de la famille.

Encore quelques semaines et don José, comme elle prit rapidement l'habitude de le nommer, devint bientôt le confident de la généreuse lyonnaise qui avait trouvé en lui l'écoute qui lui manquait si souvent. Ses sentiments à l'égard du jeune homme étaient-ils dénués de toute autre considération, l'histoire ne le dit pas !

Ceci étant, Madeleine Bouchard continuait à se poser bien des questions. Tout en augurant que son filleul adoptif ne pouvait être le sauveur annoncé par la voyante, n'était-il pas celui qui allait lui ouvrir les portes d'un monde nouveau, voire une avant-garde de quelque camarade encore anonyme qui se ferait connaître plus tard ? La réponse restait à venir.

Où entre en scène l'esprit de Mandrin

Madeleine Bouchard avait un neveu. Les deux familles, celle de sa sœur et la sienne, ne se fréquentaient guère. L'une était pauvre, l'autre riche. Ajouté à quelques dissentiments plus ou moins obscurs accumulés au fil du temps, Henri Bouchard n'aimait pas les Veyre et ne parlait jamais d'eux. Si Madeleine leur rendait bien visite de temps en temps, c'était en cachette. Le jeune Marcel – il avait alors à peine dix-sept ans – servait de lien entre elle et sa sœur. Laissons Maurice Privat en faire le portrait[119] :

Il est [...] *malingre, doux et timide, ébaubi. Il paraît toujours être ailleurs. Surtout il est extraordinairement menteur. Il ment* [...] *à plaisir, sans logique, avec une sorte de génie. Il déforme les évènements comme par système. Avec lui la ligne est courbe, la couleur verte devient pourpre. Il vit dans un monde de phantasmes*(120).

C'est par là qu'il est attirant. Pris la main dans le sac, pour une erreur visible, il fabrique un roman avec une ingéniosité déconcertante. Il ne veut pas perdre la face. On le sent capable de se faire tuer pour établir qu'il eut raison, contre l'évidence. Alors il affirme avoir reçu l'ordre de donner ce témoignage. Rien ne l'en fait démordre. Sous son air candide, naïf même jusqu'à la sottise, on ne pouvait distinguer s'il déformait la réalité par jeu ou s'il était le jouet d'hallucinations.

A vrai dire, Marcel Veyre était spirite !

Il est peu dire qu'à Lyon, à cette époque, les sciences de l'esprit occupent une place de choix. Cette vieille métropole des Gaules qui a vu s'épanouir le catholicisme avant d'être quelques siècles plus tard le berceau de la secte Vaudoise(121), n'a-t-elle pas vu également naître le père du spiritisme, Allan Kardec(122), et se révéler le thaumaturge Maître Philippe(123) ? Lyon, capitale de toutes les hérésies mystiques ?

Marcel Veyre lui est médium. Ses parents, quelques amis de la famille, en sont tout du moins convaincus. Enfant fragile, il a très tôt manifesté une sensibilité et une émotivité particulière qui se traduisaient par des crises de somnambulisme. Plus tard, les choses s'étaient arrangées après que l'esprit de son grand-père Gustave, décédé en 1893, lui eut servi de guide. Dorénavant, il se levait encore la nuit, mais c'était pour écrire et matérialiser ses réflexions philosophiques sur le monde des esprits. Il étonnait ainsi encore davantage son entourage, lui qui au quotidien se révélait incapable de concevoir, d'énoncer ou de formaliser de telles pensées.

Tel était le jeune homme qui se présenta un jour chez sa tante, comme il en avait l'habitude. José Caraës était là et Madeleine Bouchard le lui présenta. Un moment plus tard, assis dans le salon où elle avait fait préparer quelque thé ou orangeade, la conversation s'orienta sur les dons de son neveu :

(119) Texte repris et inspiré du livre de Maurice Privat, cité dans une note de bas de page précédente.

(120) Ainsi orthographié, « phantasme », pour certains psychanalystes, se réfère au domaine de l'inconscient, à la différence de « fantasme » qui caractérise celui du conscient.

(121) Secte issue de la prédication, dans les années 1170, d'un certain Vaudès (également connu sous le nom de Pierre Valdo), riche marchand lyonnais qui céda tous ses biens pour vivre un idéal de pauvreté apostolique. Chassés de Lyon, lui est ses disciples vécurent comme ouvriers agricoles, faisant l'aumône et errant de village en village. Le « mouvement » vaudois fit rapidement des émules, notamment en Provence, et plus particulièrement dans le Luberon, mais aussi en Italie du Nord puis, plus tard durant le Moyen Âge, en Bohême.

(122) Pseudonyme de Léon Rivail, né le 3 octobre 1804 à Lyon et mort le 31 mars 1869 à Paris. Longtemps reconnu comme pédagogue, il s'initie en 1855 à la pratique des tables tournantes, une mode venue des Etats-Unis quelques années plus tôt. Devenu Allan Kardec, nom du druide qu'il aurait autrefois été, il codifiera en cinq livres, publiés entre 1859 et 1868 et continuellement réédités depuis, la « philosophie spirite » ou « spiritisme » et fondera la *Revue spirite*, un magazine qui est encore publié de nos jours. Sa tombe reste aujourd'hui une des plus fleuries du cimetière du Père-Lachaise à Paris.

(123) Anthelme Philippe, né le 25 avril 1849 à Loisieux, en Savoie et mort le 2 août 1905 à L'Arbresle, dans le Rhône. Connu comme guérisseur et voyant, il s'engagea dans des études de médecine qui le conduisirent à la cour du tsar Nicolas II, avant qu'il ne soit évincé semble-t-il par un certain Raspoutine !

Louis Mandrin.

- Tu fais toujours du spiritisme lui demanda-t-elle ?

- Toujours !

- Ah ! Et quelles en ont été les manifestations les plus récentes ?

- Et bien, le capitaine Mandrin nous a annoncé la montée du franc alors que tout laissait penser le contraire. Malheureusement, papa n'a pas d'argent, sinon nous aurions fait fortune.

En bonne bourgeoise lyonnaise, Madame Bouchard ne pouvait être qu'intéressée par de tels propos ! Et pourquoi pas encore son mari que de tels conseils financiers ne pourraient qu'aider dans son entreprise.

- Et si nous tentions une nouvelle expérience, s'entendit-elle alors proposer.(124)

Le jeune José Caraës ne perd pas un mot de la conversation. Imprégné de sa culture bretonne et des mythes du marin qu'il a été, il ne peut qu'être intrigué par l'expérience. Un instant plus tard, les voilà tous les trois installés autour d'un guéridon pour joindre leurs petits doigts et fermer le cercle. Bientôt la table vibre et Marcel semble s'endormir. Il a le teint pâle, les lèvres serrées. Mais cela ne dure guère : bientôt les couleurs lui reviennent et sa voix se fait plus grave pour interpeller ses auditeurs. Caraës est l'objet de ses propos. Ah, il l'a bien connu autrefois lorsque ce dernier, dans une autre vie, était un des lieutenants de Surcouf, le célèbre corsaire. Lui, c'est Mandrin, Louis Mandrin, le non moins célèbre contrebandier qui ridiculisa en son temps les fermiers-généraux du roi. A l'entendre, ils se sont alors un temps fréquentés pour quelques turpitudes et autres manigances(125). Mandrin, en gentilhomme qu'il veut être, n'oublie pas leur hôtesse qu'il salue d'un geste large tout en la dévisageant d'un air entendu. Leur ferait-elle servir quelque « pot » de vin pour fêter leurs retrouvailles ?

A défaut de valoir les piquettes d'autrefois, le Beaujolais qui arrive est frais et empourpre bientôt le visage du capitaine dont le regard ne quitte plus la belle Madame Bouchard.

> *- Et que faites vous en ce moment s'enquiert-elle, ravie de se voir autant considérée par son invité surprise.*
>
> *- Je surveille ce qui me reste de mes trésors passés. On ne les a pas tous découverts et le moment venu j'en ferai part au « petit ». José pourra nous y aider car il est médium lui aussi ! Qu'il pose sa main gauche sur le bras droit de Marcel et je le ferai écrire mes instructions.*
>
> *- Mais alors, c'est vous qui avez fait en sorte que José vienne chez nous ?*
>
> *- C'est évident et il m'intéressait de le revoir en souvenir du bon temps qui nous a autrefois réunis. Il n'aura pas à le regretter car la place est bonne, jetant par là même un nouveau regard appuyé à son hôtesse.*(126)

Celle-ci a rougi en même temps qu'elle baissait les yeux. Ce capitaine aurait-il perçu quelque secret qu'elle n'ose s'avouer ? Mais il est déjà tard et Monsieur Bouchard ne va pas tarder à rentrer. Il ne faut pas qu'il croise son neveu, aussi se prend-elle avec un charmant sourire à prier son « invité » de se retirer. Le médium réagit déjà. Son regard s'éteint, les couleurs de son visage s'estompent, ses mains deviennent froides et un long soupir s'échappe bientôt de ses lèvres. Marcel Veyre vient de se réveiller ! Il a retrouvé sa voix douce et interroge ses deux interlocuteurs sur ce qui vient de se passer. Il ne se souvient de rien et paraît très surpris. Mais il n'est plus temps de s'attarder et il file bientôt vers le tramway qui doit le ramener chez ses parents.

Madeleine Bouchard se retrouve seule avec son filleul, visiblement émue et pensive. Don José est donc médium et sa venue à Lyon n'est pas le fruit du hasard : il y a été guidé. Serait-il finalement celui qui doit transformer sa vie, comme le lui a prédit la voyante ? Saurait-il, avec l'aide de son neveu, faire la fortune de sa famille ? L'or de Mandrin y contribuerait en tous cas certainement. Quel homme ce capitaine ! Et quel effronté ! Si elle pouvait convaincre son mari de faire tourner les tables à son tour, peut-être même pourrait-il retrouver spirituellement son fils Jean, trop tôt disparu ?

Madeleine Bouchard, tout à son trouble, ne sait plus quoi penser.

Le ver était dans le fruit et le spiritisme allait prendre toute sa place dans cette famille désorientée.

Où les esprits se manifestent

Hugues Roche est un ami d'Henri Bouchard. A cette époque – on est en 1928 - l'homme est d'un naturel réservé, pour ne pas dire timide. Célibataire, cinquante et un ans, il demeure dans une villa louée par ses soins au 1 rue du Vingtain à Sainte-Foy-lès-Lyon. Prétendument ingénieur et disposant de quelque fortune, il y a installé un laboratoire. Car l'homme a une passion dans la vie : la radiotellurie, une technique alors à la mode, qui se cherche des assises scientifiques au même titre que la radiesthésie qu'il pratique également. Le plus souvent, il passe ses dimanches à la campagne où il déploie des appareils de sa conception pour rechercher des filons de minerais, des sources, voire des trésors. Oui, des trésors, car Hugues Roche croit aux contes et aux légendes, aux souterrains dérobés et aux grottes cachées ! La découverte d'un tel pactole serait certainement pour lui d'un secours inestimable, tant ses recherches lui coûtent cher en investissements divers. N'a-t-il pas mis une grande part de ses économies, soit près de 100 000 francs[127], dans la création de son centre pour les « recherches archéologiques et souterraines » ainsi que dans des actions d'une société dont il est un des administrateurs, société visant à installer une unité de production d'électricité aux sources de la

(124) id.

(125) Cette « rencontre » entre le lieutenant de Surcouf et le hors-la-loi du Dauphiné ne pouvait être que le fruit de l'imagination du médium, Mandrin étant mort en 1755, soit dix-huit ans avant la naissance de Surcouf en 1773 !

(126) id.

(127) Près de 60 000 euros en 2019.

Gillarde, une importante exsurgence coulant à l'entrée des gorges menant au massif du Dévoluy, à mi-chemin entre Grenoble et Gap.

Seul cependant, ses chances de parvenir à ses fins par l'unique voie du hasard restent bien limitées. Il lui faudrait être conseillé, guidé, accompagné. Il s'en est ouvert à son ami qui, depuis quelque temps, n'est plus le même homme. De discret qu'il était, il est devenu plus attentif aux autres, plus disert, et il bavarde volontiers à l'occasion sur ses projets... Henri Bouchard a trouvé en effet une nouvelle raison de vivre depuis qu'il consacre une partie de son temps au spiritisme ! Oh, il n'a pas été bien difficile pour son épouse de le convaincre de l'intérêt de cette science, discrètement pratiquée dans nombre de sociétés lyonnaises, parisiennes, voire étrangères. Ne cite-t-on pas, à cette époque, les noms de l'astronome Camille Flammarion ou de l'immense poète et écrivain Victor Hugo. Et puis encore ceux d'Alexandre Dumas, de Théophile Gautier, de Georges Sand et même celui du célèbre romancier Arthur Conan Doyle, le père de Sherlock Holmes, qui vient d'ouvrir à Londres une librairie spirite !

Quand Madame Bouchard a fait part à son mari, sans trop entrer dans les détails, de la manifestation à laquelle elle avait assisté, elle n'a pas manqué d'insister sur les avantages que pourraient présenter des conseils financiers venus d'un autre monde. Peut-être même a-t-elle évoqué la possibilité d'entrer en contact avec Jean, le fils aîné de l'industriel, dont la mort brutale, douze années auparavant, l'a si profondément affecté !

D'autres avant lui se sont adonnés à ces pratiques avec succès. Victor Hugo lui-même n'affirmait-il pas qu'il avait pu, par ce truchement, communiquer avec sa fille décédée. Et puis il y avait don José, probablement médium lui aussi et réincarnation d'un lieutenant du célèbre corsaire Surcouf. Le temps de consulter un dictionnaire et Monsieur Bouchard avait été rassuré quant au personnage. Commandité par le roi puis par l'empereur, ce dernier ne s'était pas en son temps contenté d'arraisonner les navires ennemis mais il avait su organiser une affaire commerciale des plus lucratives en revendant une partie de ses prises. Il avait été de la première promotion de la Légion d'Honneur et était mort pieusement vingt ans plus tard après avoir amassé une fortune. Le lieutenant d'un tel homme ne pouvait être que recommandable ! Fort de ces informations, Henri Bouchard se prit à considérer dorénavant son chauffeur avec davantage de prévenance.

Pour Madeleine Bouchard, l'affaire était entendue et il ne lui fut pas difficile d'amener son mari à assister à une première séance de spiritisme. Restait à lui faire admettre la présence de son neveu ! L'animosité entre l'industriel et la famille de son épouse était alors bien réelle, sinon fondée, et il lui fallut encore bien de la persuasion pour faire accepter une expérience avec ce jeune homme en apparence sans importance mais néanmoins indispensable. Une femme aimable sait toujours arriver à ses fins...

La première rencontre des quatre personnages fut la bonne. Installés dans une pénombre propice et sous le regard inquisiteur d'Henri Bouchard, le jeune Marcel Veyre, de timide, roublard et mythomane qu'il était – tel le percevait alors son « oncle » - se métamorphosa ce jour-là en un médium de premier ordre. Un coup fut frappé sur la table et son grand-père se manifesta tout d'abord, qui ne tarda pas à évoquer Jean, le fils disparu. Bientôt papier et crayon entrèrent en scène, Caraës posant sa main sur le bras de Veyre pour conjuguer les fluides et faciliter l'écriture spontanée du médium. Après un instant d'ajustement où la mine traça quelques gribouillis, la transcription se stabilisa et pêle-mêle les réponses aux questions se succédèrent. Indifférent à la situation, Marcel Veyre semblait ailleurs et ne regardait même pas « sa » production.

Oui la prospérité viendrait à Monsieur Bouchard s'il savait suivre les conseils qui lui seraient prodigués.

Oui son fils pourrait être présent lors d'une prochaine séance pour relater les circonstances de sa mort !

A la demande de Madame Bouchard qui voulait confirmation de ce que don José avait été autrefois le lieutenant de Surcouf, la réponse fut encore oui. Embarqué sur *Le Renard*, un cotre armé par le corsaire, il s'était même particulièrement distingué contre les Anglais. Vérification faite, aussi bien les époux Bouchard que José Caraës durent convenir un peu plus tard que ce détail venu d'ailleurs était parfaitement authentique ! Entre-temps et en réponse aux nouvelles questions qui lui avaient été posées, le médium avait encore précisé que la situation politique du moment allait perdurer, ce qui rassura l'industriel. Caraës eut lui la consolation de savoir que sa mère était heureuse dans l'au-delà. Madame Bouchard enfin se vit conseiller de ne pas envoyer sa fille pour une cure en bord de mer mais plutôt à la montagne et plus particulièrement à Gubin, là où les Bouchard avaient une propriété. Pour clore la séance, le jeune Marcel, toujours en transe, se déplaça vers le piano et se mit à interpréter une musique de Wagner, lui qui ne savait même pas jouer de cet instrument dans son état normal. Revenu à lui, le jeune homme et ses partenaires conclurent la soirée par une prière car tous restaient très croyants. Henri Bouchard quant à lui, subjugué par ce qu'il avait entendu, prit rendez-vous pour une nouvelle séance.

On se retrouva dès lors deux fois par semaine soit dans son appartement croix-roussien, soit encore dans sa maison de campagne de Gubin, petit hameau de la commune de Domessin en Savoie, situé au cœur même du pays où Louis Mandrin avait construit sa légende.

Le propre père de Marcel Veyre, Gustave, jusqu'alors ignoré par son beau-frère, les y rejoint régulièrement : les liens familiaux se resserrent, les uns et les autres apprenant à mieux se connaître. Des amitiés se nouent et en particulier entre les deux médiums.

D'autres personnages sont alors venus prendre place auprès du capitaine contrebandier ou de Jean Bouchard pour s'exprimer à travers la voix ou la main du jeune Veyre. Ainsi Côme Ruggieri l'astrologue et conseiller de Catherine de Médicis ou encore le colonel Albert de Rochas, un militaire de carrière polytechnicien, passionné par les phénomènes paranormaux et accessoirement par la réincarnation.

Devant le succès de ces réunions animées par un tel aréopage, notre industriel s'est dès lors enhardi à en parler autour de lui.

Son ami Roche, sensible aux manifestations de l'au-delà, est au nombre de ceux qui se passionnent pour ces expériences et participe maintenant activement au groupe, de même qu'un certain Etienne de Raulin, un curieux journaliste que l'ingénieur a rencontré à l'occasion d'un reportage que celui-ci effectuait sur les chutes de la Gillarde pour le compte du laboratoire de recherches scientifiques lyonnais *Robivir*, spécialisé en radiotellurie.

C'est au cours d'une nouvelle séance que les évènements se précipitent. Hugues Roche, inquiet quant à la rentabilité de ses investissements, interroge à son tour Mandrin qui fait l'honneur de sa présence à l'assemblée réunie ce soir-là. Qu'à cela ne tienne, en même temps qu'il annonce au chercheur vouloir lui faire don des dépôts qu'il a abandonné ici et là entre le Dauphiné et la Savoie, il suggère à l'industriel d'investir dans le laboratoire de Sainte-Foy avec la perspective de retombées financières substantielles. Convaincu, Henri Bouchard, flairant une bonne affaire, remit bientôt 25 000 francs à son ami. L'avenir et le succès des investigations prévues étaient maintenant assurés. Pour plus de sûreté, notre homme d'affaires délégua encore son chauffeur à la surveillance de ces fonds. José Caraës devint donc l'assistant de Roche, qui embaucha encore Gustave Veyre, le père de Marcel, comme ingénieur électricien. Marcel Veyre quant à lui, alors engagé dans des études de droit, se vit confier le secrétariat. En hommage à leurs inspirateurs astraux, on renomma le centre de recherche qui devint le laboratoire *R.C.M.E.R.*, initiales réunies de Ruggieri, Curie, Mandrin, Encausse et Rochas(128).

Dégagée de tous soucis financiers, la nouvelle équipe allait pouvoir s'investir sans contraintes dans de nouvelles recherches.

A voir ?

Où la crédulité et l'abus de confiance font bientôt place à l'escroquerie

Marcel Veyre vient de fêter ses vingt ans le 20 mai 1929. L'adolescent fragile et souffreteux qu'il était, est devenu un grand jeune homme blond et mince, au teint pâle et aux yeux bleus. Il a mûri et fréquente depuis quelque temps une jeune fille, Charlotte Genoulaz, qu'il compte bientôt épouser. Il s'est même engagé politiquement depuis que son nouvel ami Etienne de Raulin, directeur de *L'Union française*, un journal d'inspiration maurassienne, lui a proposé un emploi d'agent de publicité. Il milite maintenant au sein des *Jeunesses patriotes*(129), une ligue d'extrême droite qui veut se démarquer d'*Action Française*.

Son imagination et ses délires mystiques ne se sont pas pour autant dissipés et le spiritisme occupe toujours une place des plus importantes dans son activité d'ingénieur, titre avec lequel il se présente dorénavant ! C'est vers le 15 août de cette même année que Mandrin se manifeste à nouveau au cours d'une séance à laquelle il participe cette fois en la seule compagnie d'Hugues Roche. Est-ce le chantier « des chutes de la Gillarde » qui l'inspire ce soir-là, toujours est-il que le contrebandier, assisté de l'astrologue Ruggieri, dévoile un nouveau secret aux deux hommes : quelque part dans le massif de la Chartreuse, à proximité du Grand Som qui culmine à plus de 2 000 mètres, un ensemble hydrologique devrait pouvoir être étudié en vue de produire de l'électricité. Un premier repérage s'impose et pour ce faire, Roche et son assistant Veyre doivent partir sans délai vers la Savoie en emportant une somme de 7000 francs en billets de banque(130), argent qui sera investi par Mandrin lui-même dans ses recherches exploratoires. Le voyage devra être accompli à pied, la marche favorisant la production du fluide nécessaire pour les séances à venir !

Le duo se mit donc en route dès le lendemain et parvint, au bout de trois jours, à Saint-Laurent-du-Pont, au pied du massif. Harassés, les deux hommes prirent la seule chambre qui restait dans l'hôtel du bourg, investi par les touristes en vacances. Le dîner achevé, ils montèrent se coucher. Roche déposa consciencieusement son portefeuille et les sept coupures de mille francs qu'il contenait dans l'armoire et s'endormit rapidement.

Le lendemain matin, lorsqu'il reprit son bien, l'argent n'y était plus. A la place, un papier signé conjointement par Louis Mandrin et Louis (sic !) Ruggieri, « guides astraux du laboratoire R.C.M.E.R. » attestait qu'ils avaient reçu et pris les 7000 francs avec son autorisation. Il s'avéra plus tard que le billet avait été écrit de la main même de Marcel Veyre !

Un mois plus tard, le 23 septembre, celui-ci épousait Charlotte Genoulaz. Hugues Roche était le témoin du marié. Ce genre de cérémonie, on le sait, nécessite souvent des dépenses conséquentes…

Des chutes de la Chartreuse, il ne fut bientôt plus question. Durant l'hiver suivant, les chercheurs du laboratoire de Sainte-Foy s'investirent sur d'autres terrains et en particulier sur la quête de trésors enfouis. Ce fut d'abord dans les ruines du château d'Eypesse, une propriété d'un ami du père de Marcel, située sur la commune de Montagny, au sud de Lyon. L'hostilité des paysans propriétaires des terres alentours les dissuadent bientôt de continuer leurs fouilles. Qu'à cela ne tienne. Une nouvelle communication spirite voit cette fois Guillaume de Honstein, autrefois prince-évêque de Strasbourg les guider vers l'antique chapelle de Montagny, érigée au XIe siècle dans ce village fortifié dominant la vallée du Rhône. L'homme d'église y aurait déposé, sous quelque dalle tumulaire, en des temps troublés par les controverses religieuses, des vases sacrés en métal précieux. La nuit suivante, Veyre, Roche et Caraës poussent la porte de la petite église aban-

(128) Nouveaux venus dans l'équipe des esprits, Gérard Encausse, autrement connu sous le nom de Papus (1865 – 1916), docteur en médecine, avait été un fervent adepte de l'occultisme en même temps que le cofondateur de *l'Ordre Martiniste*, Pierre Curie (1859-1906) quant à lui, s'était particulièrement illustré dans les domaines du magnétisme et de la radioactivité, ses travaux lui ayant rapporté le prix Nobel de physique en 1903. Une autre source donne le sigle R.E.R.M. pour cette société, dont le nom n'aurait alors pas fait de place à Pierre Curie !

(129) Ce groupement politique se situe à cette époque dans la continuité de la Ligue des patriotes créée en 1882 par Paul Déroulède. Il a été fondé quelques années plus tôt par Pierre Taittinger (1887-1965), actionnaire majoritaire de la maison de vins de Champagne éponyme et plus tard un des acteurs principaux de la libération de Paris en août 1944. Le président du groupe de Lyon, en 1929, est alors Marcel Didier, également chef du département du Rhône. Marcel Veyre y est probablement venu par l'intermédiaire d'Etienne de Raulin et apporte sa contribution en recherchant des annonceurs pour le journal *L'alerte*, le nouvel organe lyonnais des *Jeunesses Patriotes* dont le siège se trouve au 21 de la rue Longue.

(130) Environ 4 000 euros en 2019.

donnée. Le nez au sol, les trois compères inspectent dalle après dalle jusqu'à ce que le pendule d'Hugues Roche s'agite plus particulièrement au-dessus d'une pierre tombale aux inscriptions usées par le temps et le passage des fidèles. Deux heures vont être nécessaires aux pilleurs pour soulever et faire pivoter celle-ci. Le sacrilège accompli, trois têtes se penchent sur la cavité ouverte qui révèle… un amoncellement de crânes, tibias et autres humérus qui font reculer d'effroi les profanateurs. Abandonnant quelques rares outils de fortune sur place, ils ne demandent pas leur reste pour rejoindre la civilisation ! L'échec est complet.

Quelques semaines après, on retrouve Hugues Roche et Marcel Veyre dans le Jura, à Sellières. Ce sont plus précisément les vestiges d'un ancien manoir féodal qui ont attiré nos deux chercheurs dans ce village autrefois fortifié, distant d'une vingtaine de kilomètres de Lons-le-Saunier. On y colporte volontiers qu'une marmite d'or ainsi que d'autres objets précieux ont été enfouis dans quelque oubliette qui pourrait se situer sous les ruines d'une vielle tour, voire sous le donjon détruit à l'époque de Charles le Téméraire. Veyre et Roche, ayant reçu quelque temps auparavant l'autorisation de fouilles par le propriétaire des lieux, les deux ingénieurs embauchent deux ouvriers et tout le monde se met au travail dans les tous derniers jours de janvier 1930. Le chantier, qui va durer six mois, permet de dégager une partie des fondations du donjon, sans pour autant que le chaudron convoité ne soit découvert. A la veille du 14 juillet, à bout de ressources et faute d'argent supplémentaire, les travaux s'arrêtèrent malgré une ultime tentative auprès de leur hôte pour trouver quelque financement de dernière heure : la référence à l'esprit de Mandrin, guide astral de ce chantier de fouilles ne lui avait pas semblé présenter des garanties suffisantes !

Ce nouvel échec, ajouté à des problèmes survenus par ailleurs, devait sonner le glas du laboratoire de Sainte-Foy. Dans les mois précédents, une violente altercation avait opposé Gustave Veyre, le père de Marcel, et José Caraës, à qui le premier reprochait son train de vie dispendieux et des dépenses injustifiées. Certes, le Breton aimait le bon vin et la bonne chère, mais de là à devoir rendre des comptes au vieil homme ! Le contentieux avait fini par un pugilat bien déplacé. Hugues Roche dut intervenir et décida d'évincer Caraës des activités de son laboratoire. Henri Bouchard, en financier principal qu'il était dans cette affaire, prit parti pour son chauffeur et, une fois de plus, se fâcha avec les Veyre, allant jusqu'à interdire à don José de fréquenter dorénavant son neveu Marcel.

A la même époque, les difficultés rencontrées par la société visant à l'exploitation des sources du Dévoluy, avaient privé le directeur du laboratoire des émoluments qu'il en attendait : la banqueroute de l'entreprise était sur le point d'être consommée et Roche allait perdre dans l'affaire le montant de tous ses investissements. En honnête homme qu'il était, il remboursa tant bien que mal son ami Bouchard de l'avance qu'il avait fait en lui rétrocédant quarante actions de la *Société des chutes de la Gillarde* qu'il possédait encore. Le laboratoire R.C.M.E.R. avait vécu ! Roche quitta sa maison de Sainte-Foy et s'en fut habiter un petit appartement situé au 34 de la rue de Marseille, une adresse qui ne devait pas tarder à prendre toute son importance dans la suite des évènements.

Où tout se complique

Veyre père est rentré chez lui : à soixante et un ans sonnés il peut profiter de ses petites rentes. Caraës, de son côté, a repris « à plein temps » sa place de chauffeur chez les Bouchard. Hugues Roche, pratiquement ruiné, est maintenant employé de commerce. Marcel Veyre seul reste sans emploi et doit compter avec sa prochaine incorporation sous les drapeaux.

Henri Bouchard quant à lui est plus que jamais accaparé par son entreprise : oubliés ses investissements dans le laboratoire de Sainte-Foy, oubliées les affaires de famille. La crise est là qui mobilise toute son énergie. En homme d'affaires qu'il est, et suivant en cela les conseils avisés qu'il a reçus de Mandrin dans un courrier récent, il a chargé son chauffeur et homme de confiance de négocier à la vente vingt des actions rétrocédées par son ami Hugues Roche puis il est passé à autre chose.

Fin août 1930, l'industriel a néanmoins pris quelques jours de vacances qu'il passe en compagnie de sa famille à *La Sicotière*, nom de la villa qu'il possède à Domessin. Le 28 de ce mois, une lettre « personnelle et confidentielle », déposée dans sa boite, vient brutalement le rappeler à la réalité. Le mot est signé de Mandrin qui réclame son aide pour l'achat de 50 fusils derniers modèles destinés à armer une troupe censée défendre la Savoie contre une attaque italienne ! Les 11 800 francs nécessaires doivent être mis dans une enveloppe et portés au nom du capitaine Mandrin, chez une certaine Madame Béraud, logeuse, au 34 de la rue de Marseille, à Lyon. Tout à son trouble, Henri Bouchard, qui n'a pas fait le lien avec la nouvelle adresse de son ami Roche, trouve la somme par trop conséquente et décide de ne pas y donner suite.

L'affaire n'allait pourtant pas en rester là. De retour à Lyon dans les premiers jours de septembre, c'est un appel téléphonique qui rappelle l'industriel à l'ordre. D'une voie ferme et brutale, Mandrin en personne – complètement au fait des moyens de télécommunication modernes - intime à son interlocuteur de bien vouloir obtempérer à sa demande dans les meilleurs délais : n'est-il pas patriote, ne doit-il pas ainsi participer à la défense nationale ? Arguant de difficultés financières, de la crise qui s'abat sur l'Europe, Bouchard parvient toutefois à faire rabattre les prétentions de son interlocuteur et ils se mettent d'accord sur une somme de 6000 francs pour l'achat de 25 fusils. L'enveloppe contenant l'argent est finalement déposée par ses soins dans la boite de Madame Béraud. Dans les jours suivants, Henri Bouchard trouva dans son courrier un reçu en bonne et due forme de la somme engagée signé Louis Mandrin, reçu qui l'assurait d'un remboursement dans le courant de l'année suivante.

La crise internationale n'en cesse pas pour autant et les menaces de guerre continuent à obscurcir le ciel de l'Europe.

Un mois plus tard, le contrebandier dauphinois se manifeste à nouveau. Cette fois, il s'agit d'aider à la fabrication d'un gaz de combat, destiné à être éventuellement employé contre les Allemands. La formule est en cours de mise au point dans les laboratoires du colonel Rochas ! La lettre précise que la contribution demandée doit rester absolument secrète et que ni son épouse, ni José Caraës ne doivent en être informés. Une fois encore c'est une somme de 6 000 francs qui est nécessaire. Une fois encore, l'industriel rechigne. Une fois encore, il se voit reprocher son manque de patriotisme. Une nouvelle missive de Mandrin allant jusqu'à mettre en balance le sacrifice de son fils Jean, mort pour la France, met fin à ses tergiversations. Accablé, Henri Bouchard sollicite l'avis de son épouse qui l'encourage à répondre à la demande qui lui est faite. Fort de ses habitudes, notre homme négocia la somme à la baisse et reprit le chemin de la rue de Marseille où il déposa une enveloppe contenant 4 000 francs. Madame Béraud prit la lettre adressée au capitaine Louis Mandrin pour la remettre comme la fois précédente et comme convenu à son locataire, Monsieur Roche, qui lui-même la remit peu après à Marcel Veyre, son ami en qui il avait toute confiance.

L'enveloppe en poche, celui-ci prit alors le chemin de l'Hôtel de l'Europe, siège du syndicat agricole, situé place Antonin Gourjus. Il descendit dans les caves où se trouvait un vieux puits désaffecté et, dans la pénombre, déposa la lettre dans un interstice de la margelle : sa « dématérialisation » fut pratiquement immédiate et Louis Mandrin pris enfin possession de l'argent qui lui était destiné !

Le 22 octobre 1930, Marcel Veyre était incorporé, affecté à la 14e compagnie régionale du train et bientôt détaché au bureau de la place de Lyon.

Mandrin allait-il pour autant cesser de se manifester et d'apporter son lot de révélations et de conseils venus de l'au-delà ? Depuis des mois en fait, il n'avait manqué d'honorer de sa présence astrale les réunions spirites qui continuaient à être organisées autour de Veyre et de Caraës, les deux jeunes gens n'ayant en réalité jamais cessé de se voir malgré l'injonction d'Henri Bouchard.

Madeleine Bouchard elle-même, entraînée par don José, ne manquait aucune occasion de rejoindre le groupe. Si les relations entre la marraine et son filleul restaient ambigües, celles de plus en plus affirmées entre la belle Lyonnaise et le malandrin dauphinois ne laissaient plus place au doute quant à leur probité. Elle avait bien compris que les deux médiums étaient en quelque sorte mandatés par leur guide spirituel pour collecter en son nom des sommes conséquentes. Aussi, avait-elle pris la liberté d'écrire personnellement à Mandrin pour l'assurer de son soutien inconditionnel tout en lui laissant entendre finalement qu'elle accepterait bien volontiers de recevoir en contrepartie quelques billets, « mon mari, comme vous le savez, me mettant à la portion congrue ».

Elle avait en effet depuis longtemps des difficultés ménagères et comptait sur le capitaine pour les surmonter : ne matérialisait et dématérialisait-il pas avec une extrême facilité les billets de mille francs ? Sa proximité avec son pingre de mari l'autorisait à user de son influence auprès de lui pour le décider à suivre les conseils qu'il continuait à recevoir et pour lesquels il avait pris l'habitude de la consulter.

Veyre avait été le premier à jouer sur la corde sensible ; Caraës, impliqué dans la cessation des actions de la *Société des Chutes de la Gillarde*, l'avait bientôt compris et rejoint. Madame Bouchard entrait à son tour dans le jeu !

Dans la dernière semaine de novembre, Mandrin se manifesta à nouveau auprès d'Henri Bouchard via une nouvelle lettre. Il avait une offre à lui faire. Un récent voyage aux Etats-Unis - n'usait-il pas des moyens de transport les plus rapides – l'avait fait rencontrer un certain Armand Wels, agent d'affaire, qui se proposait d'acheter au prix fort pour le compte d'investisseurs américains, l'usine de produits chimiques de Villeurbanne. Un minimum de trois millions de francs était en jeu[131]. Pour ce faire, l'industriel lyonnais devait lui donner procuration pour traiter en son nom, fournir des copies de ses titres de propriété et avancer la somme de 2500 francs pour couvrir les frais de l'acte de promesse de vente. Trois millions de francs ! Une aubaine à la veille d'une retraite bien méritée.

Le temps d'une courte réflexion, celui de réunir les pièces demandées et le 30 novembre suivant il remit une grosse enveloppe à son chauffeur avec instruction pour lui de la porter à l'adresse du capitaine Louis Mandrin. José Caraës s'acquitta consciencieusement de la course.

A la même époque, Noël approchant, notre industriel décida d'offrir à son épouse et à sa fille, un séjour d'un mois sur la Côte d'Azur. Sa générosité ne connaissant plus de limites, il lui remit 800 francs pour couvrir ses frais du quotidien.

Huit cents francs pour un mois et pour deux personnes ! Même si Madame Bouchard avait depuis longtemps appris à faire avec « les largesses » de son mari, elle ne pouvait imaginer se satisfaire d'une telle somme. Certes, son flair et ses relations lui permettait souvent de profiter des meilleures occasions. Certes, elle savait mieux que quiconque négocier une fourrure ou des bijoux. Certes, elle avait appris à rogner sur les frais de table, si élevés à Lyon ! Mais les quelques économies ainsi réalisées, ajoutées aux 800 francs, ne pouvaient suffire. Un nouvel appel à la générosité de Mandrin devenait nécessaire.

Celui-ci se manifesta dès le lendemain du Jour de l'An sous forme d'une énième lettre de conseils adressée à Henri Bouchard. Les conséquences du crack boursier de New York allaient bientôt balayer l'Europe et une grave crise financière était à craindre. Une seule solution, mettre de l'argent de côté ! La maison de Gubin était un havre sûr et Mandrin avisait son inféodé qu'il convenait de distraire vingt mille francs de sa banque pour aller les cacher là-bas. Un plan pour ce faire était même joint à la lettre. José Caraës pouvait se charger de cette mission.

Vingt mille francs. Vingt mille francs ! Oui mais la crise commerciale qui menaçait ? L'industriel se décida pour douze mille. Douze billets furent glissés dans une grosse enveloppe solide et cinq cachets de cire apposés, interdisant toute ouverture fortuite. Satisfait, il confia la pochette à son chauffeur en lui demandant de la porter jusqu'à Gubin, enjoignant encore à son fils François de l'accompagner. Deux précautions valaient mieux qu'une !

(131) Soit 1 700 000 euros.

Où l'on découvre le pot aux roses

Le trajet s'avéra beaucoup plus court que prévu et la voiture conduite par Caraës s'arrêta bientôt devant les bureaux où son ami Veyre accomplissait son service militaire et tapait à l'occasion les lettres du… capitaine Mandrin !

Marcel est en uniforme et descend bientôt à l'appel de son complice pour se rendre avec lui et leur surveillant sans malice dans un café du cours de Verdun. Un moment plus tard, attablé avec ses compagnons devant quelque pot de Beaujolais, don José se saisit de l'enveloppe qui lui avait été confiée, la décacheta et sortit les douze billets qu'elle contenait. Le temps de convertir une des coupures de mille francs en deux de cinq cents et la redistribution fut bientôt faite. Deux mille cinq cents francs se retrouvèrent dans son portefeuille, cinq cents autres dans celui de Marcel Veyre, tout ceci avec le consentement de la tante Bouchard expliqua-t-on à François. Les neuf billets restants reprirent tout naturellement leur place dans l'enveloppe au cinq cachets. L'affaire n'était toutefois pas finie. Remontés en voiture, les trois compères prirent la route de Saint-Martin-en-Haut, dans les Monts du Lyonnais, pour rejoindre les ruines du château de Rochefort où Mandrin avait paraît-il ses habitudes(132). A la nuit tombée, les trois visiteurs se faufilèrent entre les pans de mur avant de parvenir à une excavation où l'enveloppe fut finalement déposée. Quelques passes magnétiques suffirent pour que celle-ci soit instantanément dématérialisée.

De retour chez Henri Bouchard, José Caraës lui remit une clé censée être celle d'un coffret dans lequel l'enveloppe avait été enfermée ainsi qu'une attestation signée de François Bouchard certifiant que la mission avait été menée à son terme.

La suite est tout aussi extravagante. Le lendemain Caraës et Veyre retrouvèrent Madeleine Bouchard pour invoquer une nouvelle fois les esprits et celui de Mandrin en particulier. Ce dernier, cédant aux demandes réitérées de la belle dame, l'informa qu'il avait finalement décidé de lui apporter l'aide financière qu'elle réclamait et qu'une enveloppe l'attendait dans un parc voisin où les deux médiums étaient censés aller la prendre. Mission accomplie, Caraës remit à sa « maîtresse » 1 500 francs tirés sur l'enveloppe de Gubin, gardant au passage les mille faisant la différence. Probablement pour la peine prise ! Avec les 800 francs déjà donnés par son mari, Madame Bouchard disposait maintenant de 2 300 francs pour son prochain séjour à Nice. De belles vacances en perspective.

Quant aux 9 000 restants, nul doute que Mandrin saurait généreusement en faire profiter les deux médiums.

Dans les jours suivants, les deux complices réalisèrent qu'il valait peut-être mieux parfaire leur forfait et ils décidèrent d'aller cacher dans la cave de *La Sicotière* le coffret censé contenir l'argent de l'industriel. Malheur leur en prit.

C'est précisément au retour de ce voyage, et après que les deux jeunes gens eurent trop largement fêté leur succès à coup d'anisettes, que José Caraës, roulant à une vitesse excessive, percuta, non loin de l'aéroport de Bron, un camion dont les feux arrière étaient défaillants !

A la lecture de l'article du journal relatant l'accident survenu la veille au soir, article qui mettait nommément en cause son chauffeur et selon toute vraisemblance son neveu – ces deux-là étant censés ne plus se voir depuis des mois – Henri Bouchard ne sut tout d'abord qu'en penser. Seul à Lyon, ni son épouse en villégiature sur la Côte d'Azur, ni don José hospitalisé inconscient à l'Hôtel-Dieu, ne pouvaient lui fournir quelques explications propres à le rassurer. Beaucoup de choses s'étaient passées ces derniers mois, beaucoup d'argent avait circulé et notre homme d'affaire était naturellement inquiet, d'autant qu'il avait mobilisé pour ces transactions discrètes son chauffeur-homme de confiance qui gisait maintenant sur un lit d'infirmerie.

Afin d'en avoir le cœur net, il prit à son tour la route de la Savoie pour vérifier si la cassette était bien en place dans la cave de sa villa. Elle y était. Il ne put cependant s'empêcher de l'ouvrir avec la clé que lui avait remise son chauffeur. Stupeur ! La boite était vide. Les douze mille francs avaient disparu !

La première émotion dissipée, il fallait maintenant faire face à ce mystère. Le doute s'empara de lui et bientôt la suspicion. Le neveu, le capitaine, le chauffeur ? Certes Louis Mandrin s'était toujours manifesté à travers Marcel Veyre. Mais le contrebandier lui avait également écrit directement. Il l'avait même eu personnellement au téléphone ! Ceci étant, il s'était toujours agi de demandes ou de conseils auxquels il avait volontairement souscrit dans la perspective de retours lucratifs. Certes, il ne pouvait pas dire que ces investissements avaient été particulièrement rentables. Tout juste s'il avait reçu quelques remboursements de la somme avancée pour l'achat des fusils destinés à combattre les italiens. Mais pour le reste ! De la vente des actions de la *Société des chutes de la Gillarde* - d'une valeur estimée à cinq mille francs - confiées à José Caraës, il n'avait encore eu aucun retour. Et puis surtout ces douze mille francs remis à ce même José Caraës qui avaient maintenant disparu. Plus de doute possible son chauffeur était le coupable, du moins pour ces deux dernières affaires. Et peut-être même son neveu Marcel Veyre était-il son complice ?

Décidé, Henri Bouchard se transporta le 14 février 1931 à la Sureté lyonnaise, abritée derrière les hauts murs du Palais de Justice, rue Saint-Jean. Reçu par le sous-chef du service, le commissaire Louis Couplet, il raconta son histoire en détails. L'entretien se conclut par un dépôt de plainte pour vol à l'encontre de son chauffeur.

Une enquête qui allait durer plusieurs semaines commença. Deux mois plus tard, le dossier fut transmis au parquet et, le 17 avril, le juge d'instruction Raugé décidait de l'arrestation et de l'inculpation de José Caraës, entre-temps remis de ses blessures. L'enquête se poursuivit à travers de nombreuses investigations ordonnées par le juge Vinas, de retour de congés, qui avait pris la suite de son confrère. Malgré le revirement subit d'Henri Bouchard, le plaignant, revenu entretemps sur ses premières déclarations et sa plainte, faites selon lui « avec des hésitations et un certain nombre de réserves », les confrontations succèdent aux

(132) On ne sait si le hors-la-loi du Dauphiné y établit autrefois ses quartiers ? C'est en tous cas dans le château de Rochefort, mais en Novalaise cette fois, dans l'Avant-Pays savoyard, que fut mit fin à sa carrière après qu'il eut été surpris et enlevé par les « Argoulets » du colonel Alexis Magallon de la Morlière.

auditions. Bientôt l'affaire, et le scandale qui va maintenant avec, s'élargit à quelques journalistes et hommes politiques lyonnais. On voit même apparaître sur cette scène rocambolesque le petit-fils – ou du moins celui qui se prétendait l'être - d'Allan Kardec. A contrario du père du spiritisme, ce dernier, adversaire farouche et déclaré des amateurs de surnaturel, a trouvé là l'occasion de multiplier les conférences et de faire l'amalgame entre l'affaire dite maintenant des « spirites-escrocs » et l'assassinat resté inexpliqué, deux années auparavant, d'une certaine Madame Hodoyer, une femme discrète, adepte à ses heures perdues d'occulte et de sciences métapsychismes[133].

Entre les déclarations publiques d'Henri Bouchard qui disculpait à présent totalement son chauffeur et qui demandait sa libération, les annonces illuminées de Marcel Dulier-Kardec, vrai-faux descendant du codificateur du spiritisme et les dénégations, par journaux interposés, d'un certain nombre de notables mis en cause dans cette affaire, dont le sulfureux Etienne de Raulin, la confusion était maintenant totale[134]. Elle faisait cependant « les choux gras » des presses régionales, voire de la presse nationale, qui noircissaient des colonnes entières sur ce qui se passait à Lyon.

Dans ce tumulte, la justice suivit néanmoins son cours. De nouvelles perquisitions furent ordonnées aux adresses de José Caraës, avenue Loisy à Caluire, et au 8 de la rue Chavanne, à Lyon, chez les parents de Marcel Veyre. On découvrit ainsi, aussi bien chez l'un que chez l'autre, des actions de la *Société des chutes de la Gillarde*. L'enquête s'orienta à nouveau vers Hugues Roche, leur premier propriétaire. Entendu par le juge Vinas, celui-ci raconta son histoire et revint en particulier sur les circonstances dans lesquelles il avait été « soulagé » un an et demi plus tôt par Mandrin, dans un hôtel de Saint-Laurent-du-Pont, des 7 000 francs qu'il avait alors emporté avec lui sur la demande du contrebandier ! Quelques questions supplémentaires du juge ne tardèrent pas à l'éclairer sur le rôle joué alors par Marcel Veyre qui accompagnait seul ce jour-là l'ingénieur, d'autant que Roche avait apporté le reçu de la somme signé alors par Mandrin et Ruggieri. Une rapide comparaison avec les nombreuses autres missives communiquées par Henri Bouchard suffirent alors au juge Vinas pour conclure que toutes ces pièces avaient été écrites de la même main, celle du médium Veyre. Qui plus est, les dernières lettres dactylographiées reçues par ce même Henri Bouchard l'avaient été sur du papier de l'administration militaire de la place de Lyon où Veyre effectuait précisément son service. Autant d'éléments qui amenèrent le juge Vinas à convoquer une nouvelle fois le jeune soldat. Aux questions qui lui furent à nouveau posées, ses explications ne reposèrent que sur une seule ligne de défense : tout ce qu'il avait dit et écrit l'avait été sous l'influence et la dictée du capitaine Mandrin, dont il était le médium. Il n'en avait aucun souvenir et ne pouvait donc être tenu pour responsable de ce qu'il avait pu faire dans un état d'hypnose.

Tout était dit ! L'audition terminée, et faute de pouvoir poursuivre le capitaine Mandrin, le juge signifia à son médium une inculpation pour escroquerie, vol et recel et, le 28 mai au soir, Marcel Veyre était à son tour arrêté et écroué.

Un mois plus tard, le célèbre docteur Edmond Locard, directeur du laboratoire de la police scientifique, et accessoirement expert en écriture patenté, commandité entre-temps par le juge pour examiner les écrits de « Mandrin » rendait son rapport. Il s'agissait de savoir si l'ensemble des lettres figurant au dossier étaient bien de la main de Veyre et si celles-ci pouvaient avoir été écrites dans un état d'hypnose. La réponse était sans ambigüité : toutes les pièces étaient d'une écriture à peine contrefaite de l'inculpé et ne pouvaient avoir été transcrites dans un état second, dit « à main guidée ». L'affaire était entendue.

Où se tient l'extravagant procès de Mandrin

Le 27 juillet 1931, José Caraës et Marcel Veyre comparaissaient devant la quatrième chambre du tribunal correctionnel de Lyon. Le premier, défendu par maître Claude Valensio, était inculpé de trois escroqueries, le second, défendu par Maître André de la Bonne, de six escroqueries.

A 13 heures, dans une salle d'audience envahie par le public et la presse, le procès s'ouvre sous la présidence du juge René Gessen. Jean Duboin, le journaliste dépêché par le *Lyon Républicain* présente ainsi les deux inculpés :

> *Marcel Veyre et José Caraës sont sagement assis à un banc avec d'autres prévenus. Le médium est en uniforme. Il paraît malade. Il est pâle et maigre, avec un regard trouble. Un visage mal rasé accroît encore l'impression de maigreur. L'absence de molletières accroît l'impression de maladie.*

(133) Epouse d'un clerc de notaire lyonnais, cette jolie femme sans histoire était partie subitement de son domicile en fin d'après-midi du 9 novembre 1928, pour suivre une inconnue venue l'avertir d'un prétendu accident survenu à son mari. Personne ne devait la revoir avant qu'un peu plus de deux mois plus tard son cadavre ne soit repêché dans le Rhône vers Saint-Péray le 15 janvier 1929. L'autopsie devait établir que la malheureuse était morte étranglée au moyen d'une cordelette de soie… du même type que celles utilisées lors de crimes rituels *thugs*, une secte d'étrangleurs adorateurs de Kâli, active en Inde aux siècles précédents ! L'affaire ne sera jamais expressément élucidée.

(134) Il est à noter que « tout ce petit monde » se connaît déjà. Marcel Dulier-Kardec, comme il se fait appeler, est en effet venu à Lyon à la fin de l'année 1929 pour y donner des conférences à la salle Rameau sur ce qu'il présentait alors comme « Les faussaires de l'Au-delà » ! A l'issue d'une d'entre elles, il a ainsi reçu dans sa loge, puis à son hôtel, une petite délégation venue lui demander des billets de faveurs et discuter avec lui de leur centre d'intérêt commun. Outre Marcel Veyre, José Caraës, Hugues Roche et une jeune femme qui devait probablement être Charlotte Genoulaz, il y avait là cet Etienne de Raulin, un bien curieux personnage qui devait défrayer la chronique politique française près de trente ans durant.

Le nom d'Etienne de Raulin de Gueutteville de Réal-Camp, noble terrien breton né à Laval en 1902, apparaît pour la première fois dans la presse en 1925 alors qu'il est à Rennes le directeur de la *Gazette de l'ouest*, organe régional d'*Action française*. Membre des *Camelots du roi*, il est condamné pour outrage à magistrat et port d'arme prohibée dans une affaire de faux attentat contre sa personne et quitte la Bretagne. Réinstallé à Lyon, on le retrouve en 1928 secrétaire des *Jeunesses Patriotes* et directeur d'un nouveau journal, *L'Union française*, qui combat alors avec virulence le maire de Lyon Edouard Herriot, auquel il s'oppose sans réussite dans plusieurs élections. Il est de nouveau compromis en avril 1929 dans une affaire d'abus de confiance et de vol, arrêté puis innocenté. C'est à cette même époque qu'il emploie Marcel Veyre en tant qu'agent de publicité ! Les deux hommes s'apprécient d'autant que le « médium » Veyre a déjà à cette époque attiré sur son « patron », lors de réunions spirites, les bienfaits de *l'Esprit protecteur* de… Mandrin ! Etienne de Raulin fera par la suite une longue carrière politique, toujours marquée à droite. Engagé dans la Résistance pendant la Seconde Guerre mondiale, il œuvre sous le pseudonyme de *Laboureur* au sein du Mouvement de Libération Nationale avec le grade de lieutenant-colonel FFI. Le conflit terminé, il reprendra son métier d'origine, à savoir cultivateur. Après la Libération, agissant dans la mouvance gaulliste, il deviendra membre de la première assemblée nationale constituante, puis député de la Seine en 1946. Au début de l'année 1949, il est à nouveau impliqué dans un mystérieux attentat, au cours duquel il n'est que légèrement blessé, attentat qui coûte cependant la vie à sa secrétaire. Lorsqu'éclatera à l'automne suivant le scandale dit des « bons d'Arras », l'enquête établira un lien direct entre les deux affaires, sans pour autant le compromettre. Affectée par les scandales successifs auxquels son nom aura été régulièrement associé, sa carrière politique s'arrête en 1951. Retiré sur ses terres, il décédera à Erquy en 1956. Il était alors colonel du cadre de réserve, chevalier de la Légion d'honneur et titulaire de la médaille de la Résistance avec rosette.

Le Breton, lui, est robuste. Il a des couleurs aux joues et un regard obstiné. Il porte une chemise blanche, ouverte, et un complet convenable. Son attitude contraste singulièrement avec celle de son complice.

Après lecture de l'acte d'accusation, commence le défilé des témoins. A Hugues Roche succède Henri Bouchard. De l'audition du premier, qui outre, les 100 000 francs perdus dans l'affaire du laboratoire de Sainte-Foy, s'est fait escroquer de 7000 francs lors du voyage de Saint-Laurent-du-Pont, on retient :

Je ne sais pas. Je ne m'explique pas... Il y a des choses que je n'arrive pas encore à comprendre mais qui existent...

Ce petit monsieur roux, vêtu de toile raide, semble particulièrement embarrassé et s'exprime d'une voix tremblante et apeurée.

Autre est le témoignage de l'industriel Henri Bouchard. Certes approuve-t-il à l'énoncé des escroqueries dont il a été victime. Certes ne remet-il pas en cause l'ensemble de ses dépositions faites à l'instruction. Mais il semble toujours prêt à faire des réserves.

Quand j'ai porté plainte contre Caraës, dit-il, je ne pensais pas que ça irait si loin. D'ailleurs maintenant je m'aperçois que ce n'est pas lui le coupable mais Marcel Veyre.

Mais maintenant j'oublie tout et je pardonne tout.

L'avocat de Marcel Veyre intervient alors et lui demande s'il retire sa plainte contre son client.

Je la retire. J'oublie tout. Je pardonne tout.

Particulièrement attendue est l'audition de Madeleine Bouchard, épouse de l'industriel escroqué. Vêtue de noir, un renard blanc autour des épaules, cette belle femme attire à elle tous les regards de la salle d'audience. Le Président l'interroge : n'a-t-elle pas reçu des mains de José Caraës, son chauffeur, et de la part de Mandrin, diverses sommes dont le total se monte à 3000 francs ?

Je m'intéressais aux séances de spiritisme de mon neveu et de mon filleul. Or comme mon mari n'était pas très généreux à mon égard, j'en vins à prier le capitaine Mandrin de lui ordonner de me verser certaines sommes... Cet argent était le bienvenu, explique-t-elle sans se dérober.

A-t-elle gardé toute sa confiance en Caraës ? demande encore l'avocat de Veyre. La réponse est formulée d'une voix forte et pleine d'assurance :

Oui. Il a peut-être un caractère un peu têtu, un caractère de Breton, mais c'est un brave garçon.

La confusion dans la salle est à son comble avec d'un côté ceux qui sont venus soutenir les spirites, de l'autre les incrédules qui manifestent bruyamment. Dans son compte rendu d'audience, le journaliste du *Lyon Républicain* écrira encore :

D'ordinaire, dans un procès, les plaignants accusent. Ici, non seulement ils n'accusent pas, mais ils pardonnent, ils excusent, ils disent la confiance qu'ils mettent dans les inculpés... Monsieur et Madame Bouchard prennent partie pour leur ancien chauffeur. Marcel Veyre est défendu par sa mère et son épouse.

Celle-ci arrive à son tour à la barre. Elle répond d'une voix timide et basse aux questions qui lui sont posées. Oui elle a vécu d'incroyables aventures sur les conseils de Mandrin et avec le consentement de son mari.

A la question du président qui lui demande si elle croit encore à ces manifestations astrales, elle ne répond pas !

Vient alors Emilie Béraud, la logeuse d'Hugues Roche, qui recevait et transmettait les lettres d'Henri Bouchard adressées à Mandrin.

Mandrin, cela ne lui dit rien. Le spiritisme, elle ne sait pas de quoi il s'agit.

On se demande dans le public ce que ces deux femmes sont venues faire à la barre !

L'audition des accusés qui suit n'apportera rien de nouveau, les deux prévenus persévérant dans le même système de défense. Ils ne sont responsables de rien. Seul le capitaine Mandrin a guidé leurs démarches et s'est finalement approprié les sommes qu'on leur reproche d'avoir détourné à leurs seuls profits. Les deux divergent cependant sur un point. Si Veyre reconnaît son rôle dans tous les détournements qu'on leur reproche, c'est parce qu'il était sous l'influence de Caraës qui l'amenait à transcrire à son corps défendant toutes les injonctions et tous les ordres de Mandrin.

Caraës, lui, rejette l'entière responsabilité des détournements sur Veyre qui en a toujours été, selon lui, l'initiateur.

Jean Duboin, du *Lyon Républicain* écrira encore :

> *Le procès ne divise pas les accusés et les plaignants, il divise les accusés entre eux. Et c'est le curieux de l'affaire... le procès se déroule entre eux et ils ont l'air de satisfaire une terrible rancune.*

Cela doit être particulièrement vrai pour Caraës qui a vu, au cours de l'instruction, son camarade Veyre le charger de la responsabilité de l'affaire, avant de porter plainte à la fois contre lui et contre le propriétaire du camion heurté lors de l'accident du mois de février précédent, l'accusant en particulier d'avoir conduit ce soir-là en état d'ivresse.

Le procès se conclut finalement le mardi 28 juillet après le réquisitoire de l'avocat général, le substitut Mouton, et les plaidoiries des deux avocats qui arrachent quelques larmes aux accusés.

Le jeudi 30 juillet le verdict tombe et condamne José Caraës et Marcel Veyre, le premier à un an, le second à dix-huit mois d'emprisonnement. Caraës est en outre reconnu responsable de l'accident et se voit infliger un mois de prison supplémentaire, une peine appelée à se confondre avec la précédente.

L'épilogue vint le 26 octobre suivant après que les deux comparses eurent interjeté appel. Un réexamen méticuleux du dossier présenté par le conseiller rapporteur Jean Yon amena la cour à reconsidérer le rôle de Veyre dans toute l'affaire pour finalement mettre les deux accusés sur un même plan de culpabilité. La peine de Veyre fut ainsi ramenée à douze mois tandis que celle de Caraës était confirmée.

De celui-ci on entendrait plus parler, de l'autre l'histoire était bien loin d'être finie ! (135)

La deuxième vie de Marcel Veyre

En novembre 1931, c'est un jeune homme plus que jamais « ratatiné » qui a réintégré la prison qui sera sa résidence pour de longs mois encore. Alors que son camarade Caraës bénéficie des largesses des époux Bouchard et reçoit « le panier » qui lui permet de mépriser les haricots de l'administration, Marcel Veyre lui souffre du régime pénitentiaire : ses parents ne sont pas riches. Ils auraient pu l'être !

Voilà trois générations que les Veyre sont arrivés dans le Bas-Dauphiné, à Saint-Bueil, au pied du massif de la Chartreuse. Des six enfants d'une fratrie nés en Ardèche au début du XIXe siècle, l'aîné, Frédéric, est venu s'y installer le premier pour y créer un modeste moulinage de soie tandis que deux de ses frères faisaient eux le choix du négoce, l'un Ambroise étant parti rejoindre le père à Bordeaux, l'autre Florent ayant été s'établir à Lorient. En 1851, Frédéric, engagé sur un autre projet, a revendu ses biens à son frère Ambroise, revenu entre-temps en Isère et qui va rapidement développer l'entreprise pour en faire une des plus importantes usines de tissage de la région, aidé en cela par son neveu, Gustave-Florent, venu le rejoindre depuis sa Bretagne natale. Du mariage en 1867 de Gustave-Florent avec une dame Anne Marie Léonéa de Bagot, elle-même fille de négociants de Blaye, en Gironde, sont nés quatre enfants, deux garçons, deux filles, dont Gustave Ambroise - le père de Marcel - est l'aîné.

La destinée ne va pourtant pas lui laisser le bénéfice d'une entreprise que ses parents vont développer jusqu'au début du XXe siècle, époque à laquelle plus de 250 personnes y travaillent. Son père étant mort en 1893, c'est sa mère Léonéa qui a pris la direction de ce qui est encore une florissante manufacture de soieries. Mais la crise guette. La Première Guerre mondiale provoque un ralentissement brutal de l'industrie de la soierie lyonnaise et impacte en peu de temps toutes les usines sous-traitantes établies entre Ardèche et Savoie. Léonéa Veyre meurt en 1922 à quatre-vingt-deux ans : son fils aîné, alors âgé de cinquante-sept ans, ayant choisi depuis longtemps de s'installer à Lyon où il exerce la profession d'ingénieur électricien, c'est à son frère Adolphe, de six ans son cadet, qu'est revenue la charge de diriger l'entreprise familiale qui périclite. La crise des années 1930 lui sera fatale.

Antoine Marcel Georges Veyre est né lui le 20 mai 1909 au 8 de la rue Saint-Côme(136), à Lyon, domicile de ses parents. Son acte de naissance mentionne que ce jour-là son père était « absent pour ses affaires » ! C'est le deuxième enfant du couple qui compte déjà un garçon âgé de douze ans, prénommé Marius. Sa mère ne travaille pas et s'occupe beaucoup du nouveau-né qui grandit dans ce quartier de la « Presqu'île » alors principalement peuplé par une petite bourgeoisie composée d'artisans, de commerçants, de comptables et autres agents d'assurance. La famille Veyre n'est pas des plus riches, surtout si on la compare à celle de la tante Madeleine qui a épousé quelques années auparavant un important industriel.

Saint-Bueil, l'usine Veyre.

Marcel l'aime bien cette tante, d'autant qu'il bénéficie régulièrement de ses gentilles attentions. D'une santé fragile, le jeune garçon est assez isolé, la différence d'âge avec son frère aîné ne permettant que des rapports épisodiques. Il se réfugie bientôt dans la lecture et le rêve. De plus en plus souvent ceux-ci prennent le pas sur la réalité et comme l'adolescent est sujet au somnambulisme, ses parents qui font preuve par ailleurs de mysticisme y voient là les prémices de dons paranormaux !

Marcel lit ; il lit beaucoup et l'histoire de France est au centre de ses sujets d'intérêts. La vie des grands personnages, des savants, des héros, des bandits, le passionne. Un de ces derniers en particulier l'intéresse plus que tous les autres, car il croit avoir beaucoup de points communs avec lui. Il s'agit de Louis Mandrin, le célèbre contrebandier qui défia un temps, avec gloire et panache, le pouvoir des fermiers généraux du royaume de France au XVIIIe siècle. N'est-il pas comme lui originaire du pays situé aux confins du Dauphiné et du duché de Savoie. Comme lui, ne vient-il pas d'une famille établie, autrefois riche mais alors sur le déclin. Chaque séjour dans le village de Saint-Bueil, berceau de la famille, l'a conforté dans son penchant pour le personnage. On évoque là-bas encore ses débuts de contrebandier au Pont-de-Beauvoisin, la grotte de Verel-de-Montbel où il entreposait armes, munitions et marchandises de contrebande, le château de Rochefort-en-Novalaise où il fut enlevé..., autant de lieux proches que le jeune Veyre visite à l'occasion de vacances au pays !

Le personnage hante bientôt ses rêves et se manifeste lors de crises nocturnes : pour les parents c'est un signe évident des talents de médium de leur fils ! Catholiques pratiquants, ils sont foncièrement croyants et se piquent alors – comme beaucoup de Lyonnais de cette époque – de spiritisme. Le jeune Marcel servira dorénavant de « pont » vers l'Au-delà.

(135) Tragiques seront les destins des acteurs de cette farce et en particulier ceux de la famille de l'industriel. Henri Bouchard, qui avait été veuf à quarante-trois ans, avant de perdre son fils aîné tué à la guerre onze ans plus tard, mourra à soixante-dix-sept ans en 1940. Trois ans après, son deuxième fils le suivra dans la tombe, rejoint six mois plus tard par sa fille qui mourra à l'âge de vingt-quatre ans à peine. Tous trois reposent aujourd'hui dans la sépulture familiale du cimetière de la Guillotière à Lyon, en compagnie des parents d'Henri Bouchard et de sa première épouse, née Guillermet. Une plaque sur la tombe rappelle le sacrifice de Jean, le fils mort pour la France en 1914. Du destin de Madeleine Bouchard, l'auteur n'a trouvé aucune trace, pas plus d'ailleurs que d'Hugues Roche ! Quant à José Caraës, il semble bien qu'il ait rejoint sa Bretagne natale où il est décédé en 1962.

(136) Rebaptisée rue Chavanne en 1911.

Les années ont passé et c'est ce jeune homme que nous connaissons déjà qui défrayera la chronique judiciaire à l'été 1931.

Au début du mois de mars 1932, Marcel Veyre a purgé sa peine. Il n'a pourtant pas fini son service militaire ! Aussi, le 7 du mois est-il réaffecté à la section spéciale du 57e régiment d'infanterie pour terminer son temps. Le 2 août 1932, il est finalement « renvoyé dans ses foyers », selon la formule consacrée : sa vie reste à construire. Marié, vingt-trois ans, il n'a pas de métier… mais quelques talents ! Probable réminiscence de son adolescence, époque où tout jeune garçon qui se respecte s'est essayé un jour au maquettisme, il a développé une certaine dextérité pour construire et proposer à la vente de jolies maquettes de bateaux. Qui plus est, toujours curieux des nouveautés, il s'intéresse maintenant à tout ce qui touche au monde de l'électricité et de la radiophonie. Ses recherches en la matière, plus ou moins concluantes, débouchent sur quelques applications ingénieuses. Ces talents réunis lui permettent bientôt de se présenter comme artisan-inventeur et de commercialiser sous son nom des appareils de radio de sa fabrication. Un de ses premiers clients n'est autre que le célèbre professeur Vabre-Hysta, mage de profession et grand voyageur, pour qui il a réalisé une maquette particulièrement soignée d'un navire. Est-ce la proximité des adresses respectives du mage et des bureaux de *La Semaine à Lyon*, dans laquelle il fait paraître depuis quelques semaines un gros encart publicitaire, toujours est-il que Marcel Grancher, le rédacteur en chef de l'hebdomadaire, en vint à s'intéresser au jeune homme après avoir vu la maquette et finit par aller le voir à l'été 1933.

Celui-ci ne lui est sans aucun doute pas inconnu car il a certainement suivi avec attention deux années auparavant, et pour le compte de la revue *Notre Carnet* dont il était alors le co-rédacteur en chef, les péripéties de l'affaire dite des « spirites lyonnais » et du procès qui s'ensuivit. Discussion aidant, les deux hommes vont sympathiser et se revoir : le personnage est pour le moins original et Grancher aime ça !

Cette rencontre se concrétise peu après avec la parution dans le premier numéro de septembre de *La semaine à Lyon* d'un article présentant sous le titre *Un artisan lyonnais*, le jeune homme et son activité commerciale.

L'histoire aurait pu en rester là mais il ne devait rien en être ! A cette même époque, Grancher doit faire face au succès toujours croissant de son hebdomadaire et ce aussi bien auprès des lecteurs que des annonceurs en direction desquels il compte dorénavant développer son activité, en vue de financer en grande partie son périodique par le biais d'encarts commerciaux.

En quête de nouveaux collaborateurs, c'est à Marcel Veyre qu'il va offrir de venir étoffer son équipe en lui proposant dès l'hiver une place d'agent en publicité, charge à lui de prospecter les entreprises, les commerces, les établissements en tous genres de Lyon et de sa région, pour trouver des annonceurs.

Une nouvelle vie allait commencer pour le spirite lyonnais. Très rapidement, le jeune courtier va manifester un goût certain pour ce travail qui lui plaît, d'autant qu'il l'a déjà exercé quatre ans plus tôt, alors qu'il militait pour le compte des

Jeunesses Patriotes ! Il écume dès lors les quartiers de Lyon, de Villeurbanne et de la proche banlieue des journées durant, la multitude de bars, de cafés-comptoirs ou de brasseries lui offrant autant de haltes agréables, propres à satisfaire son penchant pour les apéritifs et le vin du Beaujolais. Très vite, il fait la connaissance des autres membres de l'équipe de *la Semaine*. Outre « le patron », il y a là le plus souvent, le secrétaire général, Louis Dureuil, les pigistes Georges Trombert, Tancrède de Visan, Louis Jasseron, le docteur Edmond Locard, l'écrivain Max-André Dazergues ou encore le polémiste Léon Charlaix.

Veyre et Charlaix... Charlaix et Veyre... En voilà deux qui vont bientôt devenir inséparables et l'amitié profonde qui va les lier ne connaîtra plus de limites. Pour le meilleur... et pour le pire !

En tous les cas la situation matérielle du dernier venu dans la « bande à Grancher » s'est rapidement améliorée, même si sa vie conjugale semble elle assez chaotique. Quelques mois avant son arrivée à *La semaine*, il avait enfin quitté le domicile parental pour s'installer de l'autre côté de la Saône, au 20 de la rue Juiverie.

Partage t-il alors ce nouveau domicile avec son épouse ? On ne le sait pas !

Toujours est-il qu'au lendemain de Noël 1934 il déménage encore et retourne s'installer chez ses parents entre-temps partis occuper un pavillon à Tassin-la-Demi-Lune, au 3 du chemin du Professeur Depéret. Charlotte l'a-t-elle accompagné ? Rien n'est moins sûr car on n'entendra plus parler d'elle avant leur divorce en 1948. Mais on n'en est pas encore là.

Au début de l'année 1934, Marcel Veyre, bien installé dans ses fonctions de courtier-publiciste, se voit proposer par Marcel Grancher de travailler encore plus activement à l'hebdomadaire en participant à sa rédaction. Le journaliste a l'intention de tirer partie de l'originalité et des « compétences » de son collaborateur en lui confiant la responsabilité d'une page qui serait consacrée « aux sciences psychiques et à l'occultisme ». Tout un programme pour Veyre ! C'est ainsi que les lecteurs du premier numéro de janvier 1934 apprennent l'arrivée prochaine de cette nouvelle rubrique.

Deux mois plus tard, ce sera chose faite. Le premier numéro de mars présente ainsi sur une page, un gros encart publicitaire du Professeur Vabre-Hysta, visant à commercialiser « le bois sacré de l'Inde », un autre encart et un article consacré à une chiromancienne lyonnaise et une notice relatant les obsèques récents de l'occultiste Jean Bricaud. Quant à Veyre, il occupe à lui seul le tiers de la page avec une nouvelle rubrique intitulée *Lyon la secrète*. N'évoque-t-il pas dans cette colonne « les 30.000 spirites » lyonnais : bien des lecteurs potentiels en quelque sorte !

Un an plus tard, c'est un numéro spécial de *La Semaine*, entre-temps devenue *Le Mois à Lyon*, qui est consacré à l'occultisme et au spiritisme. Veyre y a bien naturellement sa place et propose aux lecteurs un article relatant une de ses chasses au trésor menée quelques années auparavant. N'a-t-il pas en tête à cette époque de publier ses mémoires aux *Editions Lugdunum*, un projet qui ne se concrétisera cependant jamais !

Il est vrai qu'il passe alors ses journées à parcourir les rues de Lyon, ne laissant guère de temps à l'auteur qu'il pourrait devenir : le principal n'est-il pas de rapporter des contrats ?

Frédéric Dard, arrivé à son tour au journal quelques petites années plus tard, a rapporté dans un livre de souvenirs, les allers et venues de Veyre :

> *Sa mine famélique faisait merveille et apitoyait le client. A ses fonctions de courtier, il joignait celles, beaucoup plus périlleuses, d'encaisseur. Tâche redoutable puisqu'il était chargé de draguer les multiples mensualités publicitaires. Or la fête passée, adieu le saint : l'annoncier se montrait parfois rétif. Mais Veyre [...] possédait à un degré élevé l'art d'attendrir les pierres et, en définitive, les choses se passaient très bien.*

Le seul hic en la matière était le penchant du personnage pour les boissons alcoolisées. Dard poursuit :

> *... cela allait moins bien au moment d'arrêter les bordereaux mensuels, car Veyre aime le vin rouge et, n'est-ce pas, on ne peut décemment pénétrer dans un café – fût-ce pour y percevoir trente francs – sans sanctionner cette visite par un petit canon. Or cet encaisseur peu commun visitait officiellement une douzaine de bistrots par jour et, pour le moins douze autres à titre privé. Comme il avait des charges (...) ses gains ne suffisaient pas. Force lui était de glisser une main, certes réticente – mais essayez donc de résister au destin – dans sa sacoche.*
>
> *Grancher appelait ces gestes inconsidérés des entourloupes, et les alléguait pour justifier le renvoi de Veyre.*

Ces sanctions n'allaient toutefois jamais loin : aux invectives du patron répondaient le mea culpa sanglotant du fautif, et cinq minutes plus tard nous raconte encore Dard :

> [Grancher] *s'attendrissait à son tour et pressait le courtier sur son cœur, en le traitant de polisson. Veyre jurait alors une foule de choses, sur une foule de têtes de bon aloi.*
>
> *Et tout recommençait.* (137)

Mais « Mandrin » avait d'autres tours dans son sac ! Le journal se vendait bien dans les kiosques mais aussi sur abonnement. Ce mode de diffusion était toutefois loin de couvrir les frais d'édition et sa gestion ne faisait pas l'objet de beaucoup d'attention. Aussi Veyre n'avait-il pas tardé à voir le profit qu'il pouvait tirer de cette situation. Il s'était ainsi constitué un petit contingent d'abonnés comme le rapporte Dard, qu'il servait en priorité avec des exemplaires du service de presse du journal ou de pseudos contingents supplémentaires de numéros commandés par quelques-uns de « ses » annonceurs. Son truc, se faire passer pour eux au téléphone avant de s'en voir naturellement confier la livraison. Quelques exemplaires récupérés dans tel ou tel autre café où le journal était en lecture, faisaient le complément ! Bien évidemment, le montant des redevances allait directement dans sa poche. Comme on le voit, Marcel Veyre n'avait, semble-t-il, en rien perdu ses vieux démons.

Et Frédéric Dard de conclure :

Petites choses que tout cela, mais qui montre le côté combinard de Veyre. Âme tourmentée où apparaît un étrange besoin de complications. Et, surtout, une prodigieuse aptitude à ne vivre que l'instant sans considérer les certitudes qu'il engendre.

Marcel Veyre vu par Frédéric Dard

Bien des anecdotes concernant Marcel Veyre, du moins lorsqu'il travaillait au *Mois à Lyon*, ont été rapportées par Frédéric Dard et ce dans plusieurs livres de souvenirs. L'un et l'autre ne se fréquentèrent pourtant que pendant onze mois avant guerre, puis épisodiquement après celle-ci, jusqu'au départ de Dard pour Paris au printemps 1949 ! Le portrait qu'il en fit au fil du temps se troubla et se déforma peu à peu !

L'après-midi même où Dard vint avec son père et son oncle au rendez-vous fixé par Marcel Grancher, Veyre fut le premier personnage qu'il rencontra devant la porte encore close des bureaux du journal [(138)]. Ainsi en fit-il ce portrait dans *Le cirque Grancher*, paru en 1947 :

Je l'identifiai aussitôt comme étant l'étrange personnage qui nous avait interpellés dans l'escalier lors de notre première visite. Mal rasé et le regard fiévreux, avec son chapeau mou à bords baissés, son imperméable empestant le caoutchouc mouillé, sa serviette efflanquée où dormaient des mystères, Marcel Veyre ressemblait à un personnage satanesque conçu par un metteur en scène sans imagination. Il n'avait pas trente ans… et déjà on découvrait sur ses traits cette espèce de crispation, ces moues ironiques et cette amertume sereine des gens ayant trop tôt possédé leur histoire.

Lors de la parution du livre, en 1947 rappelons-le, il ajoutait encore :

(Veyre) *est un homme intelligent, fantaisiste délicieux, un ami charmant.*

La vie devait définitivement séparer ces « amis » deux années plus tard !

En 1975 paraissait chez Stock, à Paris, un nouveau livre de souvenirs, signé San-Antonio cette fois, et intitulé *Je le jure*. Dard revient alors sur le personnage qu'il a perdu de vue vingt-cinq ans

(137) In *Le cirque Grancher*, éditions Lugdunum, 1947.

(138) Voir le chapitre IX Frédéric Dard.

auparavant : l'image se brouille. Evoquant Léon Charlaix, son mentor des années 1940, il écrit :

Il avait un ami, un gentil petit gredin pittoresque de Lyon. Pas mauvais diable d'ailleurs. Un grand maigre avec une tête de toucan et qui puait des pieds. Ce toucan, c'était... le faucon de Léon. Il le tenait sur son gantelet et le lâchait pour aller accomplir les menues besognes qu'il ne voulait pas faire. Faucher, par exemple, une bouteille dans une épicerie quand il n'avait pas le sou.

En 1990, nouvelle donne dans *Frédéric Dard dit San-Antonio*, un portrait interview fait par Jean Durieux, publié chez Renaudot, à Paris. Dard raconte alors avec beaucoup de fantaisie son arrivée au *Mois à Lyon* et l'évocation de Marcel Veyre se déforme définitivement, jusqu'à son nom :

On me le présente quand il revient à la rédac... vicomte Sosthène de Bagoût (139)*, il s'appelle ! Encore un furieux personnage ! C'est l'aristo pur fruit mais complètement décavé. Imagine un grand type maigre avec un nez de toucan et des petits yeux fiévreux. Malins et fiévreux. Ça lui donne une espèce de gueule d'oiseau de proie dont il se sert en artiste pour blouser les gogos. Le spiritisme... la voyance... l'au-delà... ses vraies spécialités. Avec sa table tournante, il emballe des paquets de mecs.*

Son truc, c'est d'évoquer le capitaine Mandrin... célèbre contrebandier savoyard (sic !)*... Bagoût prétend qu'il le réincarne. (...) Il observe aussi des rites étranges. Chaque mois, il prend un bain de pieds au vin rouge. Et il pue... il est cradingue, tu peux pas savoir. (...) Naturellement un frapadingue de ce calibre, il fait pas l'unanimité.*

Ainsi en est-il du temps qui passe !

Lorsqu'il réfléchissait à l'écriture de son prochain livre, *Je le jure*, Frédéric Dard - San-Antonio - interpella son fils Patrice pour qu'il l'aide à « rafraîchir sa mémoire ». Ce dernier, cité par son père, eut ce mot :

Des souvenirs ? Tu en veux des vrais ou des faux ?

Au *Mois*, Marcel Veyre s'était rapidement fait un ami, un vrai, en la personne de Léon Charlaix ! D'aucuns auraient pu penser qu'il s'agissait là du « mariage de la carpe et du lapin » tant ces deux-là différaient l'un de l'autre. Et pourtant ! À la fantaisie de l'un répondait la roublardise de l'autre, à l'exubérance la discrétion, à la culture la mythomanie... L'un était grand seigneur, l'autre valet. Les deux en tous cas aimaient en particulier à lever le coude !

Charlaix et Veyre, Veyre et Charlaix!

En mars 1937, ce dernier qui n'a pas son pareil pour manier l'humour et jouer avec les mots, rédige un papier pour *Le Mois* qu'il consacre à son ami et qu'il intitule *Quelques Veyre*. Le portrait est touchant, dont on produit ici un extrait :

> *Mince, efflanqué, racé quand même, toujours le nez au vent flairant quelque odeur de Beaujolais éventuel, Veyre déambule par les rues de la ville, en quête du contrat de publicité problématique. Jamais en tram ni véhicule, on rencontre toujours* ***Veyre à pied****.*
>
> *Affamé, mais toujours plus altéré, ce cher Mandrin trouve souvent sur son chemin l'âme charitable et abreuvante, car il a sous le nez un fameux* ***trou Veyre****, c'est pourquoi* ***Veyre de gris*** *passe rapidement au noir d'ébène. C'est dans ces moments heureux qu'il est du reste le plus gai et que* ***Veyre rit*** *de bon cœur. (...) Il ne faudrait cependant pas le contrarier, car immanquablement on verrait* ***Veyre fumer****.*
>
> *La nature dota cet excellent garçon d'un avantage peu commun en lui accordant la qualité de médium. Il voit tout, prévoit tout, c'est un véritable* ***Veyre devin****, et comment...*
>
> *Ses amis l'estiment tous et il en a, aussi quand ils le voient s'écrient-ils : Voilà* ***Veyre, veine*** *! Ils font tous des vœux pour sa santé afin que, pour quelques années encore, le bon* ***Veyre dure****...*

Frédéric Dard nous raconte encore :

> *Lorsque Veyre arrivait au journal, après les salutations d'usage, ses premiers mots étaient :*
>
> *- Vous n'avez pas vu Charlaix ? Ça fait au moins huit jours que je ne l'ai pas rencontré.*
>
> *Or Léon Charlaix, la plus curieuse, la plus grande figure du lot, à cet instant précis attendait Veyre, dans un proche estaminet.*
>
> *Les deux hommes ne se quittaient à peu près pas, ensemble ils chassaient le contrat, faisaient des farces et vidaient des pots. Grancher, qui connaissait leur commun penchant pour le beaujolais de l'année, craignait que l'abus du vin ne réduisit considérablement leurs activités respectives, leur interdisait de se voir. D'où cette mise en scène. Trois quarts d'heure après le départ de Veyre, Charlaix apparaissait :*
>
> *- Vous n'avez pas vu Veyre ? questionnait-il innocemment.* (140)

Cette amitié aussi forte que sincère devait durer jusqu'à ce que le destin en décide autrement, un jour d'août 1954. Mais c'est là une autre histoire (141).

Sans attendre cette date, le destin, encore lui, devait longuement séparer les deux amis.

(139) Voir le sous-chapitre suivant : *La troisième vie de Marcel Veyre...* A noter que certain « biographe » de Frédéric Dard, fort de cette description, ira jusqu'à dissocier totalement Marcel Veyre de « Sosthène de Bagout » pour en faire deux personnages distincts !

(140) op. cit.

A la fin de l'été 1939, les menaces de guerre qui plombent l'Europe deviennent réalité. Le 1er septembre l'Allemagne envahit la Pologne après avoir successivement annexé l'Autriche puis dépecé la Tchécoslovaquie (de concert avec la Pologne – NDE). La réaction de la Grande-Bretagne et de la France ne passe plus cette fois par la diplomatie et, le 3 septembre, l'état de guerre est déclaré par les deux puissances à l'Allemagne nationale socialiste. La vie civile en Europe est immédiatement bouleversée et la mobilisation est générale. Depuis la veille, Marcel Veyre a reçu comme tant d'autres son ordre de marche : il doit rejoindre le camp de Sathonay, au nord-est de Lyon, où il est affecté dès le 7 septembre à la 1re compagnie du 21e Bataillon d'Infanterie Légère. Il s'agit là d'une unité disciplinaire qui regroupe des soldats ayant été auparavant condamnés à des peines de prison légères. Le passé rattrape donc un peu le journaliste. Cela ne l'empêche pas d'avoir une conduite honorable qui lui vaut une promotion au grade de caporal le 4 mai 1940. Le bataillon auquel il avait tout d'abord été affecté, partant pour l'Afrique du nord, il est transféré au 28e B.I.L. et rejoint le Jura où son unité est intégrée à la 4e demi brigade d'infanterie légère.

Six jours plus tard, la Wehrmacht passait à l'offensive et la « drôle de guerre » prenait fin (142). Le 22 juin 1940, jour de la signature de l'armistice consacrant la défaite militaire de la France, Marcel Veyre est officiellement fait prisonnier dans le Doubs, probablement sans avoir jamais combattu. A l'instar des milliers de ses infortunés camarades, commence alors pour lui comme pour eux une longue marche vers l'Allemagne, marche durant laquelle on perd sa trace. Ce n'est que sept mois plus tard que ses proches et ses amis connaîtront enfin son sort lorsque son nom figurera sur *La liste officielle n° 69 de prisonniers de guerre français*, publiée à Paris le 29 janvier 1941. Le caporal Antoine Veyre (143) est alors « pensionnaire », sous le matricule 64 274, au Stalag IV C dont le camp principal se trouve à Wistritz, près de Teplitz, à 45 kilomètres au sud de Dresde. Il devait passer là-bas les cinq années suivantes, sans que rien ne soit connu de cette période, sinon qu'il y aura sans doute appris le décès de son père survenu en décembre 1941.

Le retour du soldat

8 mai 1945 : l'Allemagne a perdu la guerre et n'est plus qu'un immense champ de ruines occupé par les armées américaines, britanniques, françaises et soviétiques. Enfin libéré, le caporal Antoine Veyre est rapatrié le 23 mai 1945 vers la France, au camp de Sathonay, où il est démobilisé trois jours plus tard. Lyon n'est qu'à vingt kilomètres de là ! On imagine sa joie mais aussi son désarroi de se retrouver dans une ville qu'il ne reconnaît qu'à peine et où sa place est entièrement à refaire, d'autant que son épouse Charlotte n'est semble-t-il pas au rendez-vous ; le divorce sera officiellement acté au printemps 1948 !

Quant à son journal, *Le Mois à Lyon*, il ne paraît plus, faute de papier. Son patron, Marcel Grancher, s'est retiré dans sa maison des Flandres, Frédéric Dard vole pour son propre compte. Quant à son copain Charlaix, il est maintenant installé derrière le comptoir de son café-restaurant, jouxte Sainte-Foy-lès-Lyon ! C'est probablement pour lui qu'il réserve sa première visite et les retrouvailles des deux amis sont certainement scellées par quelque pot de beaujolais. *La Ferme*, l'établissement de Léon, est un endroit charmant et calme que Marcel Veyre aimera rapidement à fréquenter.

Marcel Veyre et Léon Charlaix accompagnent le frère Benoît, franciscain et haute figure de la Croix Rouge lyonnaise durant et après la guerre.

Les mois de l'été passés à reprendre contact avec les uns et les autres, l'horizon s'éclairci quelque peu à l'automne, lorsque les perspectives de reprise du *Mois à Lyon* se précisent. Il faudra cependant attendre encore jusqu'au 15 octobre 1946 pour voir le journal reparaître sous son ancien titre de *La Semaine à Lyon*, un encart de première page précisant qu'il est *« le seul hebdomadaire du monde paraissant une fois par mois »*.

Quoi qu'il en soit, Marcel Veyre « en est », de même que son ami Charlaix ou encore Frédéric Dard. La formule n'a guère changé et l'agent de publicité-encaisseur de l'avant-guerre reprend ses activités tout en apportant son concours à la rédaction du magazine par quelques (rares) articles. Ainsi la sortie en 1948 du film *Mandrin*, mis en scène par René Jayet, l'autorise plus particulièrement à en faire la critique ! C'est, quelques mois plus tard, ce même personnage de Mandrin, si cher à son cœur, qui amène Marcel Veyre à organiser pour le 1er mai une sortie autant culturelle que touristique vers les grottes de Verel-de-Monbel, autrefois cachette inexpugnable du contrebandier (144). La virée fut épique qui regroupa, outre Marcel Veyre et son frère Marius, une douzaine de participants dont Léon Charlaix, venu avec son épouse et son fils, Frédéric Dard et Roger Sam, son beau-frère, le pharmacien croix-roussien Edouard Charret ou encore l'industriel Georges Adouard. Chapeau de feutre à large bord sur la tête, pistolet à silex en main, Veyre - redevenu l'espace d'une journée Mandrin - ne fut pas le dernier à apprécier le contenu de bonbonnes de Brouilly montées là à grand peine par Dard et Sam pour accompagner le pique-nique.

La fête fut cependant de courte durée : le journal va mal et les colonnes sont difficiles à remplir. Ainsi les numéros qui précèdent l'été contiennent autant de pages d'articles que d'encarts publicitaires ! A la rentrée de septembre, le magazine a une fois de plus changé de titre pour devenir *Le mois de Lyon et du Sud-Est*. Les lecteurs, on les comprend, sont désorientés, d'autant que de nouvelles

(141) Voir le chapitre V Léon Charlaix.

(142) Expression attribuée au journaliste et écrivain Roland Dorgelès qui donna ce titre à un de ses livres publié en 1957. A moins que l'auteur en fut Maurice Noël, créateur du *Figaro Littéraire* en 1946 ? En tous cas, l'expression revient comme un leitmotiv dans un long éditorial de *l'Œuvre ;* paru dans les premiers jours de septembre 1939 !!!

(143) Antoine était, rappelons-le, son premier prénom, auquel il avait préféré Marcel.

(144) L'entrée de ces grottes se trouve aujourd'hui à l'aplomb du tunnel autoroutier de Dullin, en direction de Chambéry ! Elles restent toujours d'un accès relativement malaisé, le sentier y menant passant à flanc de falaise.

Marcel Veyre aux grottes de Verel-de-Montbel.

rubriques concernent davantage la Côte d'Azur que la vie lyonnaise. Qui plus est, le mensuel disparaît complètement des kiosques au début du printemps 1949 ! Il ne reparaîtra qu'au mois d'octobre suivant.

Notre publiciste-encaisseur est toujours là et il a même pris du grade. Pour la première fois depuis quinze ans, son nom apparaît maintenant sur la manchette du journal ainsi composée :

Rédacteur en Chef : Marcel E. Grancher - Administrateur : Georges Gayet
Publicité : Marcel Veyre de Bagot

Son heure de gloire ne durera que quelques mois, *Le Mois de Lyon et du Sud-Est* disparaissant définitivement des kiosques durant l'hiver 1950.

Sic transit gloria…

Une nouvelle vie attendait cependant notre médium, qui irait bien au-delà de l'imaginable et en ferait définitivement un personnage de roman.

La troisième vie de Marcel Veyre… de Bagot (145)

Et oui ! Désireux de se faire une place dans l'histoire, Marcel Veyre a décidé de s'octroyer des quartiers de noblesse. Oh, il n'a pas eu à beaucoup chercher. Rappelez-vous ! Sa grand-mère ! Léonéa de Bagot ! En réalité personne ne sait dans la famille s'il s'agit bien là d'un titre de noblesse : *de Bagot*, *De Bagot*. Son état-civil est ambigu sur ce point et les orthographes ne sont pas concordantes. Qu'importe pour Marcel, ainsi d'ailleurs pour son frère Marius qui adopte le même patronyme.

Le voilà donc, en cette fin du printemps de l'année 1950, réduit au chômage. Des temps difficiles s'annoncent qui vont durer plusieurs mois et ce d'autant qu'il doit assurer seul le quotidien.

Bien sûr, ses amis ne l'oublient pas. Ainsi Charlaix qui l'invite le plus souvent à *la Ferme* où les pots de Brouilly sont la plupart du temps généreusement offerts. Marcel y vient d'autant plus aisément qu'il habite maintenant Chemin des Tours à Francheville-le-Bas, à quelques centaines de mètres de chez son ami. Et puis, il y a là une serveuse qui ne lui est pas du tout indifférente et qui a quelques bontés pour lui…

Charlaix, quant à lui, a repris du service « littéraire » auprès de son ami Louis Camus, directeur du périodique *Tourisme et gastronomie*, un thème alors à la mode, tant le parc automobile français grandit ! Léon en est le rédacteur en chef et propose donc à Marcel de rédiger quelques piges. Les relations entre Camus et Veyre sont bientôt assez amicales pour que le premier avance quelque argent au second. Avance sur frais, commande, dépannage, on ne sait…

Marcel Grancher, qui partage maintenant son temps entre Paris et Cannes, n'a pas oublié Veyre non plus. Ne vient-il pas de créer son énième magazine, un trimestriel au format « Digest » qui a pour titre *la Table et la Route* et qui est tout entier consacré lui aussi au tourisme et à la gastronomie. Marius Veyre, le frère, en est d'ailleurs un des « délégués gastronomique régionaux » pour l'Alsace et la Lorraine. Aussi, tout naturellement Grancher contacte t-il, à la fin de l'année 1951, son ancien courtier pour lui commander un reportage sur le Beaujolais, reportage qui devra être axé sur trois thèmes : le vin, le tourisme et l'histoire. Il n'en faut pas plus à notre journaliste pour enfourcher, malgré l'hiver, sa moto et prendre la direction de Villefranche. Pour ce qui est du vin, pas de problème ; pour l'aspect tourisme, pas davantage : il connaît cette région par cœur. Reste l'histoire ! Certes Mandrin est bien passé un jour d'octobre 1754 dans le nord de la région, vers Juliénas. Mais que dire de plus ? Veyre en est là de ses réflexions quand le hasard le fait tomber sur un article du *Parisien libéré* en date du 9 janvier 1952. Celui-ci va définitivement réorienter sa vie ! En « une », le début illustré d'un article de la série *La légende des trésors perdus* : il est cette fois question d'un château proche de Belleville-sur-Saône où aurait été caché de fabuleuses richesses ! Huit pages plus loin, le journaliste raconte encore comment son propriétaire s'est vu proposer quelques mois plus tôt, par un Anglais aussi riche que mystérieux, la somme astronomique de cent millions [146] pour céder la concession d'une campagne de fouilles dans les dépendances du château censées recéler le fabuleux « trésor des Templiers ». Ces deux mots magiques venaient une fois de plus briller devant les yeux de Marcel Veyre.

Camus, Veyre et Charlaix en 1951.

Le château d'Arginy, à l'origine propriété des comtes de Beaujeu, est alors une vieille et vaste demeure moyenâgeuse flanquée de hautes tours plus ou moins ruinées, entourée de profonds fossés remplis d'eau verdâtre et défendue par deux ponts-levis. Depuis des siècles, une légende veut qu'une partie du trésor des Templiers y ait été cachée après que Guichard de Beaujeu en ait reçu l'instruction de son oncle, Jacques de Molay, vingt-deuxième et dernier grand maître du Temple, peu avant son exécution en 1314. Dès lors, nombreux seront ceux qui, au fil du temps, viendront là chercher fortune. A commencer par Anne de France, la propre

(145) Patronyme à rapprocher du « Sosthène de Bagoût » évoqué des années plus tard par Frédéric Dard (voir encadré précédent).

(146) Un peu plus de 2 millions d'euros en 2019.

Le château d'Arginy.

fille de Louis XI, vers la fin du XVe siècle !

Après avoir connu plusieurs familles de propriétaires, le château fut acquis, à la fin du XIXe siècle, par les Chambrun d'Uxeloup de Rosemont. En 1899, le vicomte Pierre de Rosemont entreprend à son tour des fouilles pour trouver le trésor. Celles-ci s'arrêtent au bout de quelques semaines, après qu'un des ouvriers descendu dans un puits ait été gravement blessé et que le châtelain ait reçu, dit-on, « l'ordre spirituel » de cesser ses explorations. A cette même époque, le bruit court encore que deux « chercheurs de trésors » sont morts après s'être à leur tour engagés dans des fouilles semi-clandestines : tous deux ont été retrouvés le crâne brisé ! Le même type d'accident était déjà survenu à un des terrassiers d'Anne de Beaujeu, trois siècles plus tôt, qui avait entraîné la désertion de tous les ouvriers du chantier tant les circonstances particulièrement dramatiques de la mort de leur camarade – « une diablerie » - les avaient épouvantés.

Pourtant, en 1950, Jacques de Rosemont, le fils de Pierre, a repris les recherches en employant cette fois les grands moyens : le bulldozer ! Ces « travaux » faisant grand bruit, au figuré comme au propre, un journaliste travaillant pour *Le Parisien*, Robert Corvol, n'a pas tardé à faire le déplacement avant de publier l'article qui devait finalement tomber sous les yeux de Marcel Veyre.

Dès lors, les évènements vont rapidement s'enchaîner. A quelque temps de là, Marcel Veyre s'est présenté au château pour y rencontrer le comte de Rosemont. L'homme est affable et lui fait visiter les lieux avant de lui présenter un curieux personnage qui s'est installé depuis peu dans une dépendance, pour mener, avec l'aval du propriétaire, de nouveaux travaux de recherche du trésor des Templiers !

Jacques Breyer venait d'entrer dans la vie de Marcel Veyre. En quelques mots, celui-ci lui explique qu'il avance à grands pas dans ses investigations grâce à la théurgie, une forme de magie qui permet à l'homme de communiquer avec les « bons esprits ». Que n'a-t-il pas évoqué là ! Précisément, il s'agit pour ce chercheur d'interpréter des graffitis peints à l'intérieur d'une des tours du château, tour dite « des Huit Béatitudes ». Un moment plus tard, les deux hommes se retrouvent devant son entrée, une étroite ouverture placée à plus de six mètres du sol ! Une échelle est dressée contre le mur du donjon qui leur sert pour pénétrer à l'intérieur d'une petite salle hexagonale. Breyer explique alors que, d'après lui, les marques faites sur les murs datent du début du XVe siècle et qu'elles sont l'œuvre de Jean Camus, seigneur de Bagnols, qui avait épousé en 1520 Antoinette de Vignols, Dame d'Arginy ! Ce dernier, initié à l'ésotérisme templier, aurait ainsi transmis à travers ces inscriptions un message destiné à la postérité. Breyer est par ailleurs persuadé que c'est à l'occasion de la découverte du sarcophage de Jean Camus et de son épouse, lors des fouilles d'avant guerre, que Pierre de Rosemont, inquiet des conséquences, aurait décidé l'arrêt des recherches et fait procéder à l'obstruction des puits menant vers les souterrains et la sépulture. Breyer ajoute encore que le donjon dans lequel ils se trouvent est une « porte ouverte » vers l'astral que les templiers utilisèrent pour leurs travaux occultes.

Aussi estime-t-il qu'il est temps de procéder à la résurgence de l'*Ordre du Temple* après plus de six siècles de silence. Pour ce faire, il a encore besoin de quelques semaines pour « aimanter » les lieux selon un rituel ésotérique emprunté à l'Egypte ancienne et préparer ainsi la communication avec l'au-delà !

Et c'est bien naturellement qu'il invita son visiteur à venir le rejoindre le 12 juin suivant en soirée, pour tenter l'évocation.

Marcel Veyre, tout autant médusé que déjà convaincu, venait de renouer avec ses anciens démons !

Ce 12 juin 1952 donc, Jacques Breyer, le théurgiste, Marcel Veyre de Bagot, le médium et Armand Barbault, un spagyriste (147) et astrologue reconnu, qui les a rejoints pour cette soirée, unissent enfin leurs forces mentales. L'expérience dépasse leurs espérances et les trois occultistes entrent en contact avec l'égrégore(148) de l'Ordre du Temple médiéval : celui-ci vient de se rouvrir 650 ans après sa dissolution par Philippe le Bel !

Cette révélation occupera le reste de la vie de Marcel Veyre que nous ne détaillerons pas davantage, si ce n'est quelques faits et dates.

Ainsi, une année après la « résurgence » du Temple, notre personnage se retrouve une nouvelle fois face à la justice lyonnaise. Incapable de rembourser Louis Camus, le patron du périodique *Tourisme et gastronomie* de la somme de 18 800 francs que celui-ci lui avait remis au début de l'année 1952, Veyre est traduit devant le tribunal correctionnel qui le condamne le 19 mai 1953 à deux mois de prison… avec sursis, pour abus de confiance. L'histoire se répète !

Un an plus tard, le 6 août 1954, c'est la fatalité qui est au rendez-vous. Ce jour-là, il est venu chercher son ami Léon Charlaix pour une virée à moto dans le Beaujolais, comme souvent. Léon a pris place sur la selle arrière de la moto. Ils roulent déjà en direction de Neuville, sur les bords de Saône, lorsqu'un camion leur coupe subitement la route. Assis sur le tansad, Léon a mal apprécié la situation et se jette en arrière : il tombe et heurte très violemment la bordure de la chaussée. Les secours tardent, hésitent et le temps passe qui sera fatal à Léon. L'amitié qui les liait si profondément depuis tant d'années venait de trouver aussi dramatiquement que brutalement son terme.

(147) Adepte de la spagyrie, art de séparer et de combiner les principaux constituants des corps, basé sur les quatre piliers fondamentaux que sont l'alchimie, la philosophie, l'astronomie et la vertu.

(148) Concept désignant un esprit de groupe, une entité psychique autonome ou une force produite et influencée par les désirs et émotions de plusieurs individus unis dans un but commun (source Wikipédia).

En 1959, Jacques Breyer qui est resté sept années durant l'hôte du comte de Rosemont au château d'Arginy, quitte la région et part pour Paris [149], laissant Marcel Veyre et Armand Barbault sur le sentier initiatique où il les a jusqu'à présent conduits. De nombreux autres adeptes les ont pourtant rejoints. Ainsi et entre autres, Maxime de Roquemaure, authentique descendant d'une haute lignée templière, les Maçons Vincent Planque et Pierre de Ribaucourt, de la *Loge Nationale Française*, Jean-Louis Marsan, homme d'affaire et ami du prince Rainier III de Monaco, Robert de Largerie, un écrivain polyglotte ou encore un certain Jo Di Mambro : de celui-là on reparlerait plus tard !

Quelques femmes sont là également, à commencer par Colette Barbault, l'épouse d'Armand, elle aussi médium. Et puis la discrète Huguette Dinet. *« La plus effacée, la moins initiée de tous, mais la plus douce et la plus élevée spirituellement »,* dira-t-on d'elle plus tard. Elle travaille alors chez un couple de pharmaciens de Mâcon. Marcel Veyre n'a pas été sans la remarquer d'autant qu'il n'est pas insensible à son charme ! Leur rencontre se terminera le 24 octobre 1964 par un mariage célébré à Davayé, un petit village viticole de Saône et Loire, situé entre Macon et La Roche de Solutré.

En 1966, des querelles d'écoles ont mis à mal le groupe qui compte alors plus d'une centaine de membres. Obligé de se restructurer pour perdurer, un conclave est organisé le 24 juin, qui n'aboutit à rien de moins que l'élection du 23e Maître de l'Ordre du Temple : Jean Soucasse succède ainsi à Jacques de Molay, 650 ans après la disparition tragique du dernier « grand maître » de l'ordre !

Ce même congrès consacre encore Marcel Veyre de Bagot qui se voit confier le titre de « Maître de Justice » [150].

Dernière décision, et non des moindres, le mouvement se donne une nouvelle raison liturgique et devient *l'**O**rdre **S**ouverain du **T**emple **S**olaire.*

Les dissidences se poursuivront toutefois, donnant naissance en 1970 à *l'Ordre Rénové du Temple*, qui se développe dans un premier temps dans le giron de *l'Ordre de la Rose-Croix*. Devenu autonome, ce mouvement perdure jusqu'à la mort de Julien Origas, son « grand maître », en 1983. Un certain Luc Jouret – un médecin homéopathe belge - lui succède qui ne fait pas l'unanimité auprès des cadres de l'Ordre : il est rapidement destitué.

Qu'à cela ne tienne ! Jouret réagit à son tour et décide de fonder, dès l'année suivante avec un de ses associés, le déjà nommé Jo Di Mambro, une nouvelle branche en créant *l'Ordre International Chevaleresque de Tradition Solaire* qui mutera en 1990 en ***O**rdre du **T**emple **S**olaire.*

Quatre années plus tard, Joseph Di Mambro et Luc Jouret devaient entraîner au bout de leur folie, soixante-dix des membres de la secte dans la mort !

Marcel Veyre n'aura pas eu à connaître la dérive et la fin dramatique d'une partie du mouvement dont il avait été un des tous premiers initiateurs au début des années 1950. Il est décédé en 1978 à Pont-de-Beauvoisin, là même où 224 ans plus tôt un certain Louis Mandrin avait commencé sa courte carrière de « Capitaine général des contrebandiers de France ».

Il repose aujourd'hui aux côtés de ses parents et de son frère dans l'imposante tombe familiale des Veyre, au cimetière de Saint-Bueil.

Gravé dans la pierre :

Marcel Veyre

décédé le 3 avril 1978

dans sa 69e année

ancien combattant

prisonnier de guerre 39-45

*

Maître de justice

de l'Ordre Souverain du Temple Solaire

(149) Jacques Breyer (1922-1996) devait se faire connaître dans les décennies suivantes comme un écrivain ésotériste de premier plan. Issu d'une famille de négociants-viticulteurs, il aura passé son enfance en Anjou avant que ses études secondaires soient interrompues par la guerre, Engagé dans la Résistance, il est arrêté par la police allemande en avril 1944 avant d'être déporté vers Buchenwald puis Flöha où il se lie d'amitié avec Robert Desnos. De retour des camps de concentration, il part se soigner dans les Pyrénées Orientales où il découvre, dans l'héritage de son grand-père maternel, connu comme « rebouteux, guérisseur et alchimiste » quelques objets et documents qui lui donnent ses premières clefs ésotériques. Disposant d'une pension militaire de grand invalide de guerre et de quelques rentes familiales, il s'engage alors dans une quête initiatique qui sera l'objet de toute sa vie. Il publiera, avant la fin de son séjour à Arginy, deux livres : *Dante alchimiste* en 1957 et *Arcanes solaires ou les secrets du temple solaire* en 1959. Suivront une demi-douzaine d'autres ouvrages qui achèveront d'asseoir sa réputation, le dernier étant publié en 1994 deux ans avant sa mort.

(150) Personnage qui apparaît dans certains des manuscrits de la mer Morte dont la découverte a été faite entre 1947 et 1956 et dont le déchiffrement fut achevé, pour l'essentiel, en 1960. Le Maître de justice aurait alors été le fondateur d'un groupe sectaire venu de la mouvance essénienne, fondée vers le IIe siècle av. J.-C. à Qumrân, sur les rives de la mer Morte.

VII La guerre, la défaite et les « Repliés »

«Quand les armes parlent, les lois se taisent »

Cicéron

Ainsi en fut-il pour les Lyonnais et tous ceux qui vinrent s'établir un temps entre Rhône et Saône, quatre années durant !

Le temps d'une « Drôle de guerre » !

Nous avions laissé Marcel Grancher au début de l'année 1940 alors qu'il essayait, tant bien que mal, de faire reparaître son magazine et maintenir sa maison d'édition. La guerre ne l'empêche cependant pas de continuer à voyager : une sorte de manie ! En janvier, il est en villégiature sur la côte d'Azur lorsqu'un télégramme de Dunkerque lui demande de rejoindre le Nord le plus rapidement possible : un avion de liaison de la Luftwaffe vient de se poser par erreur en Belgique avec deux officiers dont l'un portait avec lui le plan d'invasion allemand. L'alerte restera cette fois sans suite : « *drôle de guerre* » dit-on alors !

Retour à Lyon donc. Grancher y écrira ainsi les dernières lignes du livre commencé trois mois plus tôt, un roman qui se veut être *« un panorama pittoresque des premiers mois de la guerre,* [pour] *égayer ceux qui se battent, et même ceux de l'arrière ». Fascicule bleu*[151] sortira des presses à la mi-avril 1940 alors que la famille Grancher a déjà repris le chemin des Flandres… où il ne se passe (toujours) rien ! Un petit billet est encarté dans les exemplaires du tirage original qui précise que *« L'auteur, au service de la France en pays étranger, s'excuse de ne pouvoir dédicacer personnellement* [le] *livre* [et qu'] *il le fera avec plaisir* […] *dès que la paix victorieuse l'aura ramené à son foyer » !*

De fait, il a bel et bien repris une discrète activité auprès du bureau de renseignement des armées, ce qui n'est pas pour lui déplaire, d'autant que Madame Grancher, une bruxelloise rappelez-vous, parle parfaitement, et pour cause, le flamand !

Les vacances seront pourtant de courte durée. Trois semaines plus tard, l'armée allemande passait à l'offensive.

En quelques jours seulement, le sort des armes penche pour la Wehrmacht qui avance inexorablement à travers les Ardennes vers les Flandres. Déjà les premiers réfugiés hollandais passent devant leur maison, ce qui décide la famille Grancher à plier bagage. Le retour vers Lyon sera épique, leur Panhard lourde-

(151) Le fascicule bleu était alors le document attribué aux réservistes en attente d'affectation.

ment chargée jusque sur le toit se frayant un difficile chemin vers le sud au milieu de centaines de familles belges fuyant vers la France et a contrario des convois militaires montant vers le front. Dunkerque, Doullens, Auxy-le-Château, Noailles, Versailles, Joigny, Saulieu, sont autant d'étapes qui les éloignent heure après heure du danger. Après trois jours de voyage, c'est finalement à Beaujeu, à l'hôtel *de la Chevalière*, déjà pris d'assaut par les réfugiés, que la petite famille trouve à se loger pour quelques temps. Les jours suivants seront mis à profit pour rechercher un point de chute plus définitif et faute de pouvoir se loger dans le Beaujolais ou à Lyon - il a revendu son appartement de la rue Tronchet qu'il occupait depuis 1934 -, c'est à Poleymieux-au-Mont-d'Or que Marcel Grancher s'installe finalement dans les derniers jours de mai en louant une vieille maison baptisée « Les Chavannes ». Quelques jours plus tard, l'armée allemande enfonçait les dernières lignes de défenses barrant la vallée de la Saône à quelques kilomètres de là et investissait Lyon[(152)].

En zone libre

Brièvement occupée, Lyon voit repartir les troupes allemandes le 7 juillet 1940 : la ligne de démarcation sépare maintenant la zone occupée de la zone libre.

Après la « pagaille » née de la défaite, la France se réorganise rapidement et ce plus particulièrement en zone sud. Si Vichy en devient la capitale institutionnelle, Lyon est bientôt reconnue comme capitale administrative, économique et culturelle et nombreux sont les parisiens, journalistes, écrivains, artistes qui vont bientôt venir y chercher refuge.

Marcel Grancher suit tous ces mouvements avec intérêt depuis la terrasse ombragée de l'hôtel Peytel, à quelques pas de chez lui, où il a déjà pris quelques habitudes. La vue sur le val de Saône est superbe et la quiétude unique[(153)]. En juillet, il y termine le manuscrit de son nouveau livre, encore des souvenirs « heureux » qui viennent après ceux de *Lyon de mon cœur*, un filon qu'il saura exploiter jusqu'à la fin de sa vie. *Vingt ans chez Calixte* est déposé chez les libraires durant l'été 1940 et rencontre un véritable succès tant son auteur s'évertue à faire preuve de drôlerie et d'optimisme en ces temps difficiles que vivent maintenant les Français. *« Demain il fera encore jour »,* écrit-il pour dernière ligne.

Il y a tout juste un mois que le tonnerre des canons et le fracas des blindés se sont tus. Les amis que les évènements avaient séparés sont pratiquement tous revenus et l'organisation de concours de boules et de parties de pêche permettent d'aimables retrouvailles.

Après des mois chaotiques, *Le Mois à Lyon* repris une parution régulière. Quelques têtes ont changé : du trio Dubost-Veyre-Charlaix d'avant-guerre, le premier est décédé, le second prisonnier en Allemagne et le troisième reconverti dans « la limonade ». Dixit Frédéric Dard, un vieux publicitaire à tête d'infusoire et un barbu âgé et sentencieux ont remplacé Veyre[(154)]. Depuis mai, ce même Frédéric Dard, qui s'était imprudemment lancé quelques mois auparavant dans la publication d'un mensuel d'actualités littéraires et artistiques indépendant, intitulé *l'An 40*, a accepté de se fondre dans *Le Mois à Lyon* où sa publication occupe maintenant les pages centrales. En août, Grancher l'intégrera finalement et officiellement dans l'équipe du mensuel, son nom figurant dès lors à côté de ceux de Simonet, Grancher, Clos-Jouve et Charlaix comme Secrétaire de rédaction : histoire de faire passer la pilule après que le directeur-rédacteur en chef lui ait demandé de s'occuper dorénavant des encaissements.

Aussi, petit à petit, les choses rentrent-elles dans l'ordre avec des articles toujours plus conséquents, des rubriques nouvelles, un nombre de pages qui se stabilise, même si la qualité du papier reste incertaine. En octobre, il sera temps d'abandonner « la série de la guerre », initiée dix mois auparavant. La vie reprend son cours !

Les repliés

C'est dans les bouleversements nés de la défaite et de l'occupation allemande de la zone nord, Paris inclus, qu'ils sont un certain nombre à croire, à juste titre, que la perspective de vivre sous une administration étrangère ne peut être compatible avec la liberté de penser et d'agir auxquels ils aspirent encore et malgré tout. Les journalistes ont été les premiers à comprendre qu'il leur serait impossible d'exercer leur métier sous la férule des services de l'ambassade d'Allemagne, même si elle est dirigée par l'affable francophile Otto Abetz nommé à ce poste dès le début août 1940. Plusieurs rédactions ont par ailleurs quitté la capitale en juin pour pouvoir continuer à paraître. C'est le cas des quotidiens *Le Figaro*, *Paris-soir*, *Le Petit Journal*, *Le Temps*, *L'Action Française* ou *L'Auto*... Leurs errances à travers le sud de la France ont été variées, Clermont-Ferrand puis Lyon ayant marqué l'itinéraire de la majorité d'entre eux. Certains sont restés en Auvergne, d'autres viennent de s'établir au bord du Rhône, d'autres encore ne vont pas tarder à rentrer à Paris. Tous connaîtront des fortunes diverses.

Nombreux sont alors les journalistes qui sont arrivés à Lyon avec leur rédaction. Beaucoup ont appris à connaître Marcel Grancher qu'ils ont croisé ou fréquenté une dizaine d'années auparavant alors qu'il faisait partie des leurs à Paris. Quelques-uns sont même devenus des amis.

C'est tout d'abord le cas de Charles Faroux, le créateur des *24 heures du Mans* et alors rédacteur en chef de *L'Auto*. Celui-ci a élu domicile place Grenette. Grancher et lui se sont retrouvés un peu par hasard, à l'occasion des obsèques de Jo-

(152) C'est à proximité immédiate de Poleymieux, dans le village voisin de Chasselay, que Grancher assistera à la mise en place de la 3e compagnie du 25e régiment de tirailleurs sénégalais. Le 20 juin, celle-ci livrera un dernier combat contre les troupes allemandes. Plus d'une centaine de soldats africains y laisseront leur vie dans des circonstances particulièrement dramatiques. Ce n'est qu'en novembre 1942, trois jours avant l'invasion de la zone libre qu'un *tata* (terme africain qualifiant un lieu dédié aux guerriers morts au combat) regroupant les corps de 196 tirailleurs, sera inauguré par les autorités de Vichy pour perpétuer leur mémoire. Il faudra toutefois attendre 1966 pour que ce petit cimetière soit déclaré nécropole nationale.

(153) Cet hôtel sera racheté en 1950 par Louis Orsi, père de Pierre qui y fera ses premiers apprentissages, bien avant de devenir le grand restaurateur lyonnais qu'il est aujourd'hui.

(154) In *Le cirque Grancher*, Editions de Savoie, 1947.

seph Vignard, un des grands traiteurs que comptait Lyon, décédé à trente-neuf ans le 11 juillet précédent. La table les réunis un peu plus tard, Faroux proposant à son ami de lui faire connaître Colette que les routes de l'exode ont également conduit avec son mari vers Lyon. Grancher invitera de son côté le professeur Edmond Locard que Faroux souhaite rencontrer. Invitations faites, le dîner chez Morateur sera une vraie réussite(155).

Quelques jours plus tard, les deux amis, qu'une génération sépare, iront rendre une dernière visite à Henri Desgrange, l'ancien directeur de *L'Auto* et le fondateur du *Tour de France*, alors gravement malade(156).

La question se pose cependant à cette époque du maintien de la rédaction du quotidien sportif à Lyon. Jacques Goddet, qui préside maintenant tout autant aux destinées du journal qu'à celles du grand tour cycliste, doit faire face à la demande expresse des services d'occupation allemands de reparaître dans la capitale, faute de quoi une édition parisienne verra le jour. Pour maintenir les intérêts de la publication, l'équipe rentrera finalement à Paris. Exit Faroux(157).

Autres retrouvailles, celles de Grancher et de Pierre Scize(158). Ce dernier est arrivé à Lyon avec une bonne partie de l'équipe du *Paris-soir* après que son journal ait fait étape, à la suite du gouvernement en errance, à Bordeaux puis à Clermont-Ferrand ! Avec lui, quelques membres de l'équipe de rédaction du quotidien, l'ex-Lyonnais Henri Danjou, le Niçois Paul Gordeaux, le Parisien Julien Pavil.(159)

Et puis encore ceux du *Figaro* qui ont suivi Pierre Brisson, le patron, sur le même itinéraire. Il y a là les écrivains André Billy et Georges Ravon, le rédacteur Louis Gabriel-Robinet, le critique d'art André Warnod.

L'équipe du quotidien *Le Journal* est là aussi : le chroniqueur judiciaire Géo London, les journalistes sportifs Pierre Lorme et Charles-Anthoine Gonnet autres ex-lyonnais, et encore Guy Mazeline, lauréat du Goncourt quelques années plus tôt, au détriment d'un certain Céline !(160)

Quelques auteurs de renom ont suivi également le mouvement. A contrario de Colette qui a repris, dès la fin de l'été 1940, la route de Paris, le scénariste, dialoguiste et auteur de théâtre Simon Gantillon ou l'écrivain Alexandre Arnoux ont eux choisi « l'exil » à Lyon tout comme le peintre René Besset ou le chroniqueur littéraire Lucien Farnoux-Reynaud, ces deux de retour dans la ville où ils sont nés.(161)

La première des difficultés rencontrées par tous ces nouveaux venus aura été de se loger. Les demandes sont pléthore et les offres de location particulièrement rares et recherchées. Georges Ravon, arrivé avec l'équipe du *Figaro*, racontera dans son livre de souvenirs publié après-guerre :

> *On en avait trop vu pour se laisser démoraliser par les difficultés du logement, d'ailleurs inévitables dans cette cité surpeuplée. On acceptait avec le sourire les chambres « chez l'habitant » encombrées de portraits moustachus qui considéraient l'intrus d'un œil gênant, les « allées » puantes, les minuscules pots à eau, l'oppression des alcôves, l'indiscrète sollicitude des logeurs et leur âpreté à profiter de l'aubaine.*(162)

Son camarade André Warnod est de ceux qui, arrivé à Lyon le 9 septembre, a cherché immédiatement de quoi installer sa mère et sa belle-mère, restées pour le moment à Clermont-Ferrand avec sa fille. Son épouse évoquera les péripéties de sa recherche dans son journal :

> *Après une nuit* [passée] *dans un hôtel proche de la gare de Perrache* [...] *nous avions un léger espoir... Ma belle-mère avait un vague cousin à Lyon* [...]. *Elle m'avait donné son adresse, pensant qu'il pourrait nous être utile. Aussitôt descendue de l'auto, je courus rue de l'Hôtel-de-ville à la recherche de ce cousin inconnu.*
>
> *Je carillonnais au troisième d'une maison convenable mais sans concierge ni ascenseur comme toute maison lyonnaise qui se respecte. Personne ne répondit. Une voisine entrebâilla sa porte :*
>
> *- Qu'est ce que vous voulez ?*
>
> *Le Dr Delphin, balbutiai-je.*
>
> *- Mais ma pauvre dame, il est mort il y a déjà deux mois. Quant à sa femme, la pauvre, elle n'habite plus ici. Elle vient bien de temps en temps.* [...] *Laissez-moi votre adresse à tout hasard.*
>
> *Et voilà nos projets anéantis.*

Le lendemain, avec une amie, elle repartait visiter différentes habitations possibles que celle-ci connaissait à la Croix-Rousse,

> ... *mais tout était complet.*
>
> *Et quand je revins à mon hôtel j'avais la mine hagarde et découragée.*
>
> [Plus tard] *au journal, on nous prévint qu'une dame nous attendait rue de l'Hôtel-de-ville. Je m'y précipitai* [...]. *C'était Mme Delphin.*

(155) Voir chapitre VIII Les copains : Edmond Locard.

(156) Henri Desgrange devait décéder le 16 août 1940 à Beauvallon, un village de la Drôme proche de Valence.

(157) Rentré à Paris, Charles Faroux, marqué par le deuil en ces périodes sombres apprendra encore la mort au champ d'honneur, à 38 ans, de son fils René, lieutenant de réserve au 42e régiment d'artillerie coloniale tractée, tué le 17 juin 1940 à Saulieu.

(158) Voir chapitre VIII Les copains : Clos-Jouve, Pierre Scize, Gaston Simonet, Gaby Roch, Edmond Locard.

(159) Parmi eux encore un jeune grouillot à qui un vieux secrétaire de rédaction a entrepris d'apprendre les ficelles du métier. Le jeune homme se pique d'écrire : il a commencé et pratiquement terminé à Paris, dans les semaines qui auront précédé la débâcle, son premier roman. Il compte l'intituler *L'étranger*. Il s'appelle Albert Camus ! Sa fiancée le rejoindra bientôt à Lyon où ils se marieront en décembre. Un mois plus tard, *Paris-soir* opérant une restriction de personnel, Albert Camus fera partie de la charrette. Le jeune ménage repassera la Méditerranée pour s'installer un temps en Algérie où Camus est né.

(160) Guy Mazeline (1900-1996), aura obtenu le Prix Goncourt 1932 pour son « interminable » roman *Les loups*, au détriment d'un autre roman « interminable » d'un certain Louis Ferdinand Destouches ayant pour titre *Voyage au bout de la nuit*. Si les six cents pages du premier devaient être rapidement oubliées, les six cents du second devaient laisser une trace monumentale dans la littérature française du XXe siècle. Mazeline aura signé une vingtaine de romans, écrits en une quarantaine d'années, avant de cesser pratiquement toute activité littéraire durant les trente ans qui lui restaient à vivre !

(161) Lucien Farnoux-Reynaud (Lyon 1894 – Paris 1962) était alors un journaliste, auteur de théâtre, poète, animateur d'émissions de radio et auteur de pièces radiophoniques. Politiquement proche de Charles Maurras, il aura notamment collaboré au *Gaulois*, au *Figaro*, ou au *Crapouillot*. Connu pour son élégance et sa courtoisie, inséparable de son monocle, il animera pendant de longues années les ondes de Radio-Lyon. Amateur de jazz, gourmet et gastronome on lui doit encore, écrit en collaboration avec son ami Marcel Requien, *L'heure du Cocktail*, paru en 1927, premier livre jamais consacré aux subtilités de cet art majeur sous forme de 224 recettes qui sont encore autant de références de nos jours !

(162) In *Des yeux pour voir*, Flammarion, Paris 1953

Deux compères, deux complices. Henry Clos-Jouve et Pierre Scize aux Etangs à Saint-Didier-au-Mont-d'or.

- Eh bien, me dit-elle, j'ai de la chance d'être passée ici ce matin. Que voulez-vous exactement ?

Je lui exposais notre tragique situation.

- Nous pourrions peut-être, continua-t-elle, nous arranger ainsi. Le gaz et l'électricité ayant été coupés, vous paieriez les factures en retard. Installez-vous donc chez moi ; vous trouverez tout votre confort.

Je rougis, je pâlis, c'était trop de bonheur. [...]

Le lendemain nous nous installions et je faisais la connaissance de cette bonne ville de Lyon.[163]

Tous n'auront pas la chance des Warnod, ni forcément les mêmes besoins. Pierre Scize demeurera un temps à l'hôtel de Rochetaillée, chez Lecot, un autre à Saint-Didier-au-Mont-d'Or, dans la belle propriété qu'Henry Clos-Jouve partage avec sa mère, avant de se trouver un très modeste appartement au bas des pentes de la Croix-Rousse. Pour d'autres, ce sera dans un premier temps l'hôtel. Ainsi Géo London, qui loue une chambre au *Grand Nouvel Hôtel* sur les bords du Rhône où son ami Paul Gordeaux qui trouve à se loger au très chic *Royal-Hôtel* de la place Bellecour. André Billy trouve un logement place des Terreaux et voisine avec Alexandre Arnoux qui s'installe lui à l'hôtel *Saint-Nizier*, un établissement plus modeste de la rue de la Fromagerie...

Le futur académicien Goncourt a bien du mal à reconnaître la ville où il a pourtant passé une partie de son adolescence : il est vrai que c'était avant la guerre, la Grande. Trente années s'étaient entre-temps écoulées. Il écrira plus tard :

> *Lyon nous accueillait à sa façon, réservée, obscure, nous enveloppait sans nous réchauffer. Nous n'avons senti sa chaleur sourde qu'à la longue. Nous formions, au milieu des tribus rigoureusement cloisonnées et hiérarchisées de cette ville monotone d'apparence et divisée à l'infini en réalité, une tribu à part, les Parisiens, une bande à la fois renfrognée et un peu jacassante, sans feu ni lieu, campée à force d'intrigues dans des chambres de hasard d'une citée surpeuplée, où affluaient, sans se mêler à la mer indigène, les plus disparates courants de population.*[164]

Avec l'arrivée de l'hiver, ce sont d'autres problèmes que vous devoir résoudre les « repliés ». Le froid, particulièrement vif cette année-là, va rapidement s'accompagner d'une relative pénurie de charbon et d'autres matériaux de première nécessité. Un chauffage défaillant et un ravitaillement aléatoire compliquent bientôt la vie de tout un chacun : le rationnement devient le maître-mot[165].

Le travail aussi manque, et avec lui les rentrées d'un argent plus que jamais nécessaire à la vie quotidienne : tout se paie. Pour les journalistes, seule la reparution de ceux des quotidiens et des hebdomadaires qui ont choisi de s'installer à Lyon va pouvoir leur redonner un peu de souffle, même si les effectifs ont été revus à la baisse.

Nouvelle donne pour la presse « lyonnaise »

Après des semaines d'errance à travers le sud de la France, celles des rédactions de quotidiens parisiens qui, sur l'injonction du gouvernement de Paul Reynaud, n'ont eu d'autre choix que de quitter la capitale à la mi-juin 1940 pour continuer à paraître « librement », se sont retrouvées à l'automne, et pour la majorité d'entre elles, à Lyon.

Ainsi *Le Figaro*, *Paris-soir*, *Le Temps*, *L'Action Française*. Toutes vont trouver auprès de leurs confrères lyonnais un accueil et des moyens d'impression qui leur manquent. *Le Nouvelliste* offre ainsi quelques bureaux et un marbre au *Figaro*. *Le Temps* trouve l'hospitalité auprès du *Progrès*. Après bien des aléas, *Paris-soir*, fort des possibilités financières de son patron, choisit de s'installer dans de vastes locaux au 65 cours de la Liberté, plusieurs bureaux étant affectés à la rédaction du magazine féminin *Marie-CLaire* qui appartient au même groupe. *Le Journal* enfin, dernier arrivé en février 1941, finira par s'établir aux côtés du *Lyon Républicain*...

Georges Ravon, qui était alors un des journalistes du *Figaro* raconte :

> *Le journal* [...] *s'installait dans un appartement laissé vacant par* Le Nouvelliste, *au deuxième étage de l'immeuble que possédait cet important organe, rue de la Charité.* [...].
>
> *Cinq pièces et une cuisine dans laquelle on installa la dactylographe et le standard. On réunit des poêles à bois, des tables, des chaises, quelques armoires, quelques machines à écrire, on fit venir les fils du téléphone.* [...]
>
> *Dans la même pièce* [...] *on trouvait le service des informations, le service photographique et artistique, réduit à son seul Directeur qui ne dirigeait plus personne et courait de librairie en bibliothèque pour reconstituer un semblant d'archives ; le service littéraire, incrusté dans un rempart de bouquins et de brochures et le service d'entraide qui recevait, trois fois*

(163) In *Drôle d'époque*, Arthème Fayard, Paris, 1960.

(164) In *Le Figaro Littéraire* du 27 août 1949.

(165) Le 24 septembre 1940 est entré en vigueur le système de la carte d'alimentation. Suivront une carte pour les chaussures dès janvier 1941 puis une carte pour les textiles en juillet...

par semaine, la foule des hommes, des femmes et des jeunes gens en quête de gagne-pain.(166)

Ils sont en effet nombreux ceux qui vivent alors dans la précarité et la reparution de leurs titres respectifs peut leur permettre de reprendre un semblant de vie normale.

Le Figaro est le premier à retrouver des lecteurs dès le 7 septembre 1940. Puis viennent *Le Temps* suivi de *L'Action Française* maintenant installé au 66 de la rue de la République et dont le premier numéro lyonnais, tiré sur les presses du *Salut Public*, est mis en kiosque le 28 octobre. Autant de titres nationaux qui complètent une abondante presse régionale.

En ce même automne 1940, un nouveau titre, *L'effort*, vient même compléter l'offre de la zone libre. Lancé à Clermont-Ferrand au lendemain de la débâcle par deux députés socialistes, Charles Spinasse et Paul Rives, soutenus en cela par Pierre Laval, alors vice-président du Conseil, le quotidien prend sa place dans les kiosques après avoir installé sa rédaction au 6 de la rue Childebert. Sa ligne éditoriale devait rapidement glisser vers un soutien actif au gouvernement de Vichy et à sa politique de « reconstruction nationale », voire de collaboration avec l'Allemagne.

Au fil des mois, une nouvelle presse va également venir s'installer à côté des quotidiens. Plus que des pages spéciales, ce sont de nouveaux périodiques qui font leur apparition.

Ainsi *7 Jours*, un hebdomadaire d'actualités illustré lancé par Jean Prouvost, le « patron » de *Paris-soir*, qui s'installe dans les mêmes locaux et dont le numéro 1 est daté du 6 octobre 1940. Sous la direction de Paul Gordeaux, l'éditorial annonce la couleur : actualités nationales et internationales, information et reportages, contes et nouvelles « inspirés des meilleures traditions de l'esprit français ». Daniel-Rops, Henry Bordeaux ou Agatha Christie sont de ce premier rendez-vous et bientôt d'autres auteurs dont les Lyonnais Max-André Dazergues ou Frédéric Dard.

Beaucoup plus confidentielle, la revue littéraire mensuelle *Confluences* « Revue de la renaissance française », lancée par Jacques Aubenque, propose son premier numéro, en juillet 1941. Assez démarquée des autorités de Vichy sans pour autant se les aliéner, ses pages accueilleront, sous l'autorité de René Tavernier(167), de nombreuses signatures prestigieuses comme celles entre autres de Louis Aragon, Pierre Emmanuel, Henri Michaux, Paul Éluard, Robert Desnos, Max Jacob, Louis Martin-Chauffier ou Jean Prévost. Les parisiens « repliés » Alexandre Arnoux, Kléber Haedens, Lucien Farnoux-Reynaud ou Félix de Chazournes sauront également y trouver leur place.

Présent enfin, lancé par Jean Mistler, prend sa place dans les kiosques en toute fin d'année. Présenté comme « l'hebdomadaire de la France nouvelle », son premier numéro, qui paraît le 24 décembre 1941, regroupe d'emblée les signatures, entre autres du romancier André Billy, de l'académicien Louis Gillet, de l'écrivain lyonnais Joseph Jolinon… qui tous fréquenteront les bureaux du journal au 14 de la rue du Garet. A ces signatures s'ajouteront, dans les années suivantes, celles de Kléber Haedens, Françoise Giroud, Francis Carco, Georges Ravon, Claude Roy, Henri Mondor et bien d'autres, autant de talents que Mistler aura su mobiliser[168].

Géo London et Marcel Grancher, des amis de longue date, lors d'une sortie des amis des halles en octobre 1940.

Ce bouleversement du paysage journalistique lyonnais, bousculé par l'arrivée de la « presse parisienne », ne se fait toutefois pas dans la plus grande harmonie. Les cultures, les enjeux, le public, la politique, la guerre qui continue ailleurs, sont autant de clivages potentiels.

Une fois encore Georges Ravon fera la part des choses :

> *On s'aperçut bientôt que les goûts du lecteur provincial différaient profondément de ceux du lecteur parisien. Il n'était point besoin pour s'en persuader que de contempler la prospérité du journal qui nous hébergeait. Soucieux de ne point heurter la clientèle bien pensante,* Le Nouvelliste *se condamnait à une savante grisaille, fuyait les titres vivants, couchait les nouvelles à la queue leu leu dans ses colonnes, sans aucun souci de la présentation. Cette sagesse lui assurait la première place parmi les quotidiens lyonnais. Cette sagesse et aussi la perfection de sa « chronique de Loyasse ». Loyasse, c'est le cimetière élégant de Lyon, celui où vont dormir les dynasties de la Soie, dont les chapelles s'ornent de saints nouveaux à chaque héritage.* [...] *Car à Lyon on est très friand de nécrologie.*
>
> [...] *Au moment les plus pathétiques de cette longue guerre j'ai toujours vu les lecteurs de journaux, dans la rue, au café, dans le tramway, se*

(166) *op. cit.*

(167) Reconnu avant tout comme poète, écrivain et journaliste, ami d'Elsa Triolet et de Louis Aragon qu'il hébergera à Lyon durant la guerre, René Tavernier (1915-1989) joua un rôle particulièrement actif dans la Résistance intellectuelle dès 1942. Sa maison, au 4 de la rue Chambovet, dans le quartier de Montchat, devait ainsi accueillir un temps le Comité national des écrivains, ce que rappelle aujourd'hui une plaque commémorative apposée à cette adresse. René Tavernier est par ailleurs le père du cinéaste Bertrand Tavernier.

(168) Jean Mistler (1897-1988), normalien, agrégé de lettres, député radical hostile aux bellicistes d'avant-guerre, écrivain, un temps ministre, se sera déclaré comme un soutien inconditionnel du maréchal Pétain dès l'automne 1939. Adversaire farouche des républicains venus du Front populaire, il infléchit cependant sa position à partir de 1941 en s'éloignant de la vie politique pour se consacrer à son hebdomadaire qui de politique et culturel ouvrira de plus en plus ses colonnes à la littérature, au théâtre ou à l'histoire, s'attirant dès lors de nombreuses signatures d'intellectuels de premier plan. En 1944, il lancera les *Editions du Rocher* qui, en quelques mois, inscriront une centaine de titres à leur catalogue où figureront les noms de Georges Duhamel, Jean Giraudoux, Colette ou Aldous Huxley. Echappant à toutes poursuites à la Libération, il sera élu à l'Académie française en 1966 pour en devenir son Secrétaire perpétuel.

rendre directement à la rubrique des décès, en seconde page, avant de s'informer des batailles du jour.

Bien entendu, ces annonces « qui tenaient lieu de faire part » étaient payantes et payaient très bien. Le Nouvelliste *leur devait sa prospérité.*(169)

Très vite les journalistes parisiens vont comprendre qu'il ne s'agit pas pour eux de concurrencer leurs confrères lyonnais en matière de vie régionale mais qu'il faut proposer aux lecteurs une offre de « nourriture intellectuelle » absente des quotidiens lyonnais en livrant des pages spéciales : « Les lettres et les arts », le cinéma, la vie parisienne, des « causeries médicales », des rubriques jardinage, bien utiles en ces temps de disette !

L'œuvre de la Goutte de vin

Pour Marcel Grancher et son inséparable comparse Henry Clos-Jouve, l'heure a été aux retrouvailles avec tous ces journalistes, artistes et écrivains parisiens qu'ils ont appris à connaître dans les années 1930. Si l'indifférence des Lyonnais à l'égard des repliés est manifeste, il n'en va pas de même pour nos deux compères qui ont le souci de les aider à prendre leur mal en patience. Car ils le savent bien, cette situation ne durera pas éternellement et viendra le jour où tout le monde regagnera ses pénates parisiennes. Grancher écrira dans *Le Mois à Lyon* :

... tous portent peu ou prou en eux en surplus du souvenir du foyer perdu le lourd regret à la fois léger et méphitique qui ne se respire qu'aux alentours des Deux Magots.

On m'objectera : mais qu'y pouvons-nous ?

Rien, ou du moins pas grand-chose. Peut-être aurait-on pu tout de même développer en faveur de nos hôtes passagers ces Centres intellectuels d'accueil dont rêvait mon ami Locard. A leur intention, on aurait pu organiser des réunions, des concerts, des réceptions. Mais Lyon demeure Lyon et il faut bien des années à un étranger à y pénétrer sous le toit familial. Et il vaut mieux ne pas trop compter sur nos gens pour se souvenir que les minutes les plus découragées, les plus pénibles à tuer, sont, pour des exilés, les lentes soirées d'hiver...

Marcel Grancher, lui, va s'employer à rendre leurs séjours plus agréables. Fort de son expérience et du succès des *Amis des Halles*, il a entrepris de démarcher les établissements où il a ses habitudes pour négocier avec eux un dîner hebdomadaire à prix fixe, vin compris. L'idée est de proposer la formule à ses amis en exil… et à quelques autres. Une condition : « savoir boire et savoir manger ». *A la queue de poireau* de la rue Royale, lauréat du concours du meilleur pot 1935(170), a été le premier établissement à répondre favorablement et Grancher peut lancer les invitations. Ils devaient être nombreux à y répondre : *La Goutte de Vin* « œuvre de bienfaisance gastronomique et vinicole au secours des écrivains et artistes parisiens perdus à Lyon » était née et devait bientôt rythmer chaque lundi soir les temps à venir(171). André Warnod écrira encore :

Pour le prix unique de vingt francs, on vous servait un seul plat, mais un de ces plats copieux et savoureux confectionné par un des maîtres-queux de l'endroit. Un plat unique, disons nous, et un « pot » de beaujolais. [...] *La situation gastronomique de Grancher lui permettait d'imposer ce programme aux restaurateurs lyonnais. Ils y passèrent tous.* [...] *Chers petits bistrots lyonnais ! Comme les plus riches soyeux, nous y avons trouvé de quoi boire et manger d'une façon incomparable.*(172)

Outre Warnod se retrouveront ainsi régulièrement les journalistes Georges Ravon, Louis Gabriel-Robinet, Paul Gordeaux, Pierre Scize, Géo London, Pierre-Jean Launay, Henri Danjou, Jean Marèze ou Lucien Farnoux-Reynaud, mais aussi le dessinateur Julien Pavil, le peintre René Besset, les écrivains André Billy ou Joseph Jolinon, sans oublier l'ami Clos-Jouve.

Nombre d'entre eux devaient se retrouver après-guerre à l'*Académie Rabelais*, mais c'est là une autre histoire.

La Maison de la Presse parisienne

La convivialité semble devoir guider les esprits et les cœurs en ces temps douloureux pour les exilés parisiens. Aussi, après le succès remporté par la *Goutte de vin*, Louis Gabriel-Robinet est un des premiers à évoquer la possibilité de créer une sorte de club où pourraient se retrouver, indépendamment de leurs rédactions respectives, les confrères qui le souhaiteraient. Un foyer du journaliste en quelque sorte. L'idée, officiellement présentée au début février 1941, est vite partagée et un local bientôt trouvé : en plein cœur de Lyon, au premier étage d'un vieil immeuble, encore connu comme *Hôtel des Echevins*, qui abrita autrefois la mairie de la ville.

C'est un grand appartement situé au 3 de la rue de la Fromagerie, au pied même de l'église Saint-Nizier. Quelques travaux d'aménagement sont confiés au décorateur parisien Boris Lacroix(173) qui, avec des moyens réduits, installe par-delà une grande entrée, une vaste pièce équipée d'un bar, de petites tables et d'un grand canapé, puis une autre encore devant servir de salle de repas, après qu'on eut aménagé une cuisine, voire de salle de réunion. On a même prévu une table de ping-pong. *« Sobriété des tons et ingéniosité des éclairages dégagent une atmosphère d'élégance et de sympathie qui devrait permettre aux journalistes en*

(169) *op. cit.*

(170) Voir chapitre XI Journalisme et gastronomie.

(171) Cette nouvelle « institution » parodiait en réalité la beaucoup plus sérieuse *Œuvre de la goutte de lait*, initiée cinquante années plus tôt, en juin 1894, par le docteur Léon Dufour, qui visait à lutter contre l'importante mortalité infantile qui sévissait encore à la fin du XIXe siècle.

(172) *op. cit.*

(173) Fils naturel du Grand duc Boris Vladimirovich, cousin germain du Tsar Nicolas II, Boris Jean Lacroix (1902–1984) se fit un nom dans les années 1920 en travaillant pour le tapissier-décorateur Paul Dumas tout d'abord, puis comme dessinateur de mode pour la maison de couture de Madeleine Vionnet. Il s'orienta par la suite vers la conception de meubles puis de luminaires combinant métal et verre. Ses créations restent particulièrement recherchées et cotées de nos jours sur le marché de l'art. Ses talents de dessinateur lui valurent d'illustrer quelques couvertures de livres publiés par les *Editions Lugdunum* dans les années 1940.

Quelques hôtes de la *Maison de la Presse Parisienne*. On reconnaît, de gauche à droite : Henri Béraud, Louis Auphand, Kaspar, Camille Ducray, André Warnod, Kléber Haedens, Alexandre Arnoux, André Billy, Michel Duran, Lucien Farnoux-Reynaud, Thierry Maulnier, Georges Ravon, Paul Gordeaux, Louis Gabriel-Robinet.

rupture du boulevard et des Champs-Elysées, de se retrouver entre eux... et chez eux », pourra-t-on lire dans les colonnes du *Mois à Lyon* au lendemain de l'inauguration officielle.

Celle-ci a lieu le 18 avril 1941, en présence de Paul Marion, le secrétaire général adjoint à l'information. La toute nouvelle *Maison de la Presse parisienne* a attiré la foule. Outre le ministre de Vichy et Georges Cohendy nouveau premier édile de Lyon(174), le docteur Bernard Ménétrel, représentant personnel du maréchal Pétain, le cardinal Pierre Gerlier, primat des Gaules, le préfet du Rhône Alexandre Angeli, le général Aubert Frère, gouverneur de Lyon(175), ont tenu à honorer de leurs présences cette manifestation.

Lors du vin d'honneur, qui clôturera la cérémonie, chacun aura cependant entendu Paul Marion exprimer son intention d'exiger un conformisme total pour toutes les questions de politiques étrangères !

Un avertissement ?

En tout état de cause, cette *Maison de la Presse parisienne* connaît dans un premier temps un vrai succès. L'épouse d'André Warnod qui tient alors un petit journal y écrira :

> *Un vrai refuge. Les bridgeurs s'y réunissaient et là on retrouvait tous les confrères réfugiés à Lyon, et tous ceux qui y passaient ne fût-ce qu'une journée et espéraient retrouver là des amis.* [...] *Il y avait les tables du* Figaro*, les Billy et les Henriot toujours ensemble, puis les tables de* L'Action Française *et* du Journal. *Camille Ducray tenait table ouverte car il était le Président de la Maison de la Presse. Marié à une femme très*

blonde qui s'occupait de la mode à Excelsior. Celle-ci prétendait rester élégante malgré les circonstances et chacun considérait que c'était un honneur d'être invité à leur table.(176)

Alexandre Arnoux apportera pourtant quelques bémols à ce tableau dans un long article publié dans *Le Figaro Littéraire* en août 1949, intitulé « Exil à Lyon » :

Notre ramassis dissemblable et homogène, éparpillé et compact, avait pour centre de ralliement et de conflit la Maison de la Presse parisienne repliée. [...] *Billy, Emile Henriot, André Warnod, Thierry Maulnier, Roger Massip y fréquentaient assidûment, et toute la rédaction du Temps, du Figaro ; on pouvait aussi rencontrer des hommes de* L'Action Française, *des journaux patronnés par Laval. Salade panachée. Terrain qu'une convention tacite maintenait dans la plus orageuse, la plus précaire neutralité.*

Dans les mois suivants, les Lyonnais se retrouvent régulièrement en compagnie des Parisiens, la jeunesse surtout, comme attirée par la lumière de ces célébrités du moment : Jacques Robert, Frédéric Dard, René Tavernier... Leurs aînés eux, les Pierre Scize, Marcel Grancher, Joseph Jolinon, prennent rapidement leurs distances.

Car le courant va, au fil des saisons, passer avec de plus en plus de difficulté dans cette petite communauté tant les personnalités et les engagements des uns et des autres diffèrent et se heurtent.

Tout jeune observateur - il n'a que vingt ans – Jacques Robert devait se souvenir longtemps de l'atmosphère surréaliste qui régnait alors rue de la Fromagerie...

... On vit brusquement à cette époque, au bar lyonnais de la Presse Parisienne, des agglomérats prodigieux de ténors. Jamais ne fut enregistrée une telle densité de célébrités au mètre carré. A la cantine, des académiciens, des rédacteurs en chef, des grands-reporters, des prix Goncourt se disputaient les topinambours et échangeaient leurs tickets de pain.(177)

ainsi que de ses premières rencontres avec « les beaux esprits » qui fréquentaient l'endroit...

l'interminable Thierry Maulnier, avec, tout en haut, ce regard dodelinant qui n'était que pensée. Le lourd et rond André Billy, avec sa voix de prêtre

(174) Ancien premier adjoint et ami personnel du maire de Lyon Edouard Herriot, Georges Cohendy (1886-1985) avait été nommé, au mois de septembre précédent, à la tête de la délégation spéciale chargée de gérer la ville par le gouvernement de Vichy.

(175) Militaire de haut-rang le général Aubert Frère aura commandé la 7e armée en mai - juin 1940. Resté dans l'armée de Vichy après la défaite, il aura été amené à présider le tribunal militaire de Clermont-Ferrand qui condamnera à mort par contumace le général de Gaulle qui avait servi sous ses ordres jusqu'à deux mois auparavant. L'invasion de la zone sud en novembre 1942 le conduit cependant à créer puis commander l'**O**rganisation de **R**ésistance de l'**A**rmée. Il est arrêté six mois plus tard par la police allemande. Condamné, il sera déporté au camp de Struthof en Alsace où il y mourra d'épuisement suite aux sévices reçus. Son nom est aujourd'hui particulièrement honoré à Lyon ainsi qu'à Strasbourg.

(176) Homme de lettres et journaliste, auteur de biographies, Camille Ducray (1884-1956) était alors l'ancien rédacteur en chef d'*Excelsior*, un quotidien à fort tirage qui avait cessé de paraître après la débâcle de juin 1940. Il devait devenir par la suite un collaborateur du *Figaro*.

(177) In *Si ma mémoire est bonne*, Julliard, 1969.

savant. Le tendre et spirituel Louis-Gabriel Robinet (sic !), *dont les nœuds papillons étaient comme une promesse espiègle de temps meilleurs. Alexandre Arnoux et son rire pointu, son nez pointu, ses mots pointus. Armand Salacrou*[178], *dont les aphorismes partaient comme des coups de fouet.*

Beaucoup plus critique, Alexandre Arnoux écrira encore :

Il y avait des clans ennemis parmi nous, violemment heurtés, dont les antinomies foncières, les haines instinctives se cachaient d'ordinaire sous une épaisse cuirasse de retranchements, d'indifférence jouée, d'atonie perfectionnée par la pratique et le climat un peu lourd, qui éclataient cependant parfois en violences brèves, vite refoulées, en éclairs où se manifestaient soudain pour s'éteindre aussitôt, les mépris actuels, où se préfiguraient déjà les représailles possibles.[179]

Croire en effet que la coexistence entre tous ces personnages devait se passer dans la plus parfaite des neutralités est un euphémisme. Car il ne faut pas s'y tromper : au-delà des apparences, ce club des Parisiens repliés va petit à petit devenir le lieu de cristallisation de bien des rivalités, des jalousies, des rancœurs, des adversités.

Comment pourrait-il en être autrement lorsque se croisent là aussi bien Henri Béraud que Pascal Copeau, l'un pétainiste et anglophobe acharné, l'autre gaulliste et anglophone convaincu, mais encore Georges Ravon ou Robert Brasillach, Kléber Haedens, Lucien Farnoux-Reynaud, maître Henri Garçon, Yves Krier, Roger Vaillant et tant d'autres !

Du Roger Vaillant de cette époque, Jacques Robert en fera l'incisif portrait suivant :

Tout en lui me fascinait : son profil d'oiseau de proie, ses rides précoces de jouisseur, l'arc électrique de son regard et aussi l'éclat de son cynisme. Tout lui paraissait bon à être dévoré, les livres et les femmes en particulier dont il faisait simultanément grande consommation. Il m'arrivait de penser qu'il était le diable en personne : c'est dire s'il était séduisant.[180]

Jacques Robert commençait là une carrière de journaliste, d'écrivain, de scénariste et de dialoguiste qui allait laisser une trace importante dans les décennies d'après-guerre. Il aura publié son premier article en 1941 dans *Paris-soir*, un reportage - un scoop dirait-on aujourd'hui - sur le retour des moines au monastère de la Grande-Chartreuse près de quarante ans après leur expulsion. Moins d'un an plus tard, remarqué et recommandé par Francis Carco, il publie chez Albin Michel son premier roman *Invitation à la vie*. Journaliste, il parcourt l'Europe dès le lendemain de la guerre pour *France Illustration* et *Samedi soir*. A Berlin, il est un des rares occidentaux à descendre dans le bunker de Hitler. Il est en Italie, en Finlande, au Danemark où il obtient un entretien avec Céline alors exilé. C'est par la suite l'écriture et le cinéma qui l'accaparent. A son actif, une trentaine de romans dont nombre d'entre eux seront portés à l'écran. Ainsi *Marie-Octobre*, *Le gigolo*, *Le désordre et la nuit*, *Quelqu'un derrière la porte*... Scénariste-dialoguiste, il laissera son nom dans les génériques de près de cent quarante films, travaillant avec les grands noms du cinéma : Bernard Borderie, Jean Gabin, Michel Audiard, Gilles Grangier, Roger Hanin, Paul Meurisse, Anthony Perkins, Georges Lautner ou encore Lino Ventura… Enfin, la télévision lui devra de nombreuses séries qu'il aura signé pour Christian-Jaque ou Claude Barma. Il est décédé en 1997, trois ans avant son ami Frédéric Dard : les routes et les carrières de ces deux authentiques Lyonnais se seront croisées près de cinquante années durant, sans jamais vraiment se rencontrer !

Les mois, les années passant, toutes les passions, toutes les tensions allaient être exacerbées sans pour autant dépasser les limites du savoir vivre ensemble : le règlement intérieur de la Maison de la presse parisienne, manié avec détermination par son président Camille Ducray, devait permettre plus de trois années durant le statu quo.

Lyon, capitale de la presse française

Si à l'automne 1940 quelques rares journaux parisiens comme *Le Petit Journal*, *L'écho de Paris* ou le *Journal des débats* ont choisi de continuer à paraître depuis Clermont-Ferrand, la plupart de tous ceux qui y ont fait étape durant l'été ont eux continué leur chemin vers Lyon pour s'y établir. Pour bien des raisons !

Même si la « capitale » politique de la France non-occupée est maintenant à Vichy, la ville ne dispose pas des imprimeries de presse nécessaires. Qui plus est l'implantation du gouvernement a mobilisé toutes les ressources en hébergement. Certes Clermont est moins éloigné du lieu du nouveau pouvoir que ne l'est Lyon. Mais est-ce vraiment un avantage ? Cent cinquante kilomètres séparent la capitale rhodanienne de la ville thermale des bords de l'Allier : gage de distance et donc d'indépendance ? En tous les cas, les moyens offerts par la grande cité d'entre

(178) Auteur dramatique, Armand Salacrou (1899-1989), journaliste à *L'Humanité* dans les années 1920, fut au lendemain de la guerre et plus de trente années durant membre de l'Académie Goncourt. On lui doit près de vingt-cinq pièces de théâtre écrites entre 1925 et 1965.

(179) *op. cit.*

(180) *op. cit.* Roger Vaillant, journaliste, essayiste, grand reporter à *Paris-soir*, s'engagera à la fin de l'année 1942 dans la Résistance aux côtés des gaullistes puis des communistes. Retiré non loin de Lyon, c'est à Chavannes-sur-Reyssouze, un village proche de Bourg-en-Bresse, qu'il commencera le premier des grands romans qui feront sa postérité. *Drôle de jeu*, relatant le quotidien dangereux de la vie d'un résistant communiste, sera récompensé par le prix Interallié en 1945. Huit autres romans et autant d'essais jalonneront les deux décennies suivantes, écrits pour partie au hameau des Allymes vers Ambérieu-en-Bugey, puis à Meillonnas où il s'établira définitivement en 1954. Ainsi et entre autres *Les mauvais coups*, *Beau masque* ou encore *La loi*, qui recevra le prix Goncourt en 1957. Son dernier roman *La truite*, paraîtra en 1964, un an avant sa disparition.

Rhône et Saône, sa situation à mi-chemin entre Paris et la Méditerranée, sa proximité avec la Suisse, l'importance de sa population et de son tissu industriel sont autant d'atouts que ne présentent pas les autres grandes villes de la zone sud. La plupart des éditeurs de presse ne s'y sont pas trompés. Aussi, au début de l'année 1941, outre plusieurs magazines, on peut maintenant compter pas moins de douze quotidiens(181) qu'abondent les presses lyonnaises. La vie médiatique et culturelle de la métropole du Rhône s'en trouve complètement transformée. Bientôt, la naissance et l'essor d'une presse clandestine va témoigner de nouveaux liens et de nouveaux réseaux sociaux et politiques.

De Bellecour aux Terreaux et jusqu'aux Brotteaux, bruissent les allers et venues des journalistes, linotypistes, secrétaires de rédaction, photographes, typographes correcteurs, clicheurs et autres rotativistes que l'on rencontre dans les bars proches des rédactions et des imprimeries. Ainsi *Chez Folon*, au *Café du Midi*, rue Bellecordière ou au *Café de la Presse*, place de l'Hôpital, pour ne citer qu'eux… Des agents allemands, des espions de Vichy, des résistants sont là également, discrets, incognitos : il est si facile d'y glaner quelques informations, d'échanger à bon compte sur les ragots en tous genres, voire surprendre quelques combines de marché noir.

Point commun de tous ces journaux, qu'ils soient quotidiens, hebdomadaires ou mensuels, tous sont étroitement surveillés. Si les Allemands ne laissent rien passer pour les « feuilles » qui continuent à paraître en zone occupée, les instances de Vichy ne sont pas en reste et supervisent au jour le jour les parutions en zone libre. Les ciseaux de la censure veillent !

« Madame Anastasie »

Le processus n'est pourtant pas nouveau et a été engagé avant même le début de la guerre. Le 28 août 1939, un contrôle préventif des imprimés a été mis en place à l'initiative d'un « Commissariat général à l'information » créé un mois plus tôt ! A l'été 1940, en zone sud, c'est le Secrétariat à l'information, installé à l'hôtel de la Paix à Vichy, qui met à son tour et progressivement en place des services de censure au niveau régional, départemental et local, qui surveillent tout le territoire. En quelques mois, il va accabler les rédactions d'incitations et de directives visant à défendre la Révolution Nationale, la politique de collaboration et l'ordre nouveau !

Aucune publication ne peut y échapper et toutes doivent se conformer aux «consignes» écrites imposées à la presse. S'y ajoutent des «consignes verbales», des notes confidentielles, voire secrètes... Ces centaines d'injonctions, les unes permanentes, les autres temporaires, visent le choix des sujets, les intitulés, les mises en page, et jusqu'au choix et à la taille des caractères typographiques. Georges Ravon écrira encore :

> *Une grande part de notre temps se passait à lutter contre la Censure.* [...] *On recrutait les censeurs parmi les journalistes en chômage, mais aussi*

parmi les citoyens sans spécialité qu'une amitié agissante poussait et maintenait. Perpétuellement inquiets de perdre leur place, d'être chassés de leur refuge, les malheureux censeurs rivalisaient de zèle pour trancher dans la copie la plus anodine. [...] *Au moindre doute, le crayon bleu entrait en action. Si la victime protestait avec quelque vigueur, vite on se cachait derrière Vichy et l'on « différait » le texte suspect jusqu'à ce que la Censure centrale eût décidé de son sort.*

Le plus souvent, les articles envoyés à Vichy pour examen revenaient approuvés et sans coupures. Mais ils avaient laissé en route leur caractère d'actualité et leur insertion ne s'imposait plus.

Or, cette terreur des responsabilités sévissait surtout à Lyon et la « Censure de la 8e Région » avait rapidement acquis, au ministère de l'Information, la réputation d'être « la plus bête de France ». Elle était dirigée par un ancien courtier en publicité cinématographique, incapable d'aligner deux phrases.[182]

Concrètement, c'est au sortir des épreuves d'imprimeries que « Dame Anastasie » vérifie les textes et autorise la publication, avec ou sans coupure. Pour le lecteur, son existence est discrète et se manifeste ça et là par des blancs auxquels on ne prête pas forcément attention. Plus conséquent peut-être, le non respect du politiquement correct comme nous disons de nos jours. Il peut conduire à des mesures particulièrement néfastes à la bonne gestion des entreprises de presse, toutes tributaires des subventions versées par les autorités de Vichy et nécessaires à l'équilibre des comptes d'exploitation.

Ajouté au rationnement des « matières premières », papier, encres, plomb, les interventions de la censure sont d'autant plus sensibles qu'elles vont des restrictions de papier à des suspensions temporaires de paraître, voire d'interdiction.

Ainsi la revue « repliée » *Esprit* qui ne sera plus autorisée à partir d'août 1941. Le *Figaro* lui devra se passer de ses ventes par deux fois à la fin avril 1941 puis en janvier 1942.

Autre sanction encore, prise à l'encontre de la jeune revue *Confluences* : deux mois de suspension durant l'été de cette même année ! La raison : *Nymphée*, un poème de Louis Aragon, dans lequel les services de Marion ont cru reconnaître (à juste titre), outre une évocation de la guerre sur le front de l'Est, des appels à la résistance et à la subversion.

(181) Deux éditions du soir lyonnaises se sont ajoutées aux quotidiens d'avant-guerre : le *Lyon-Soir* en supplément du *Salut Public* et *Le Soir de Lyon* pour le *Lyon Républicain*.

(182) Op.cit.

Retour sous la botte allemande

A l'entrée de l'hiver 1942-1943 tout s'accélère. Le débarquement américain en Afrique du nord le 8 novembre 1942 a aussitôt entraîné l'occupation de la zone jusqu'alors « libre ». Les Allemands sont de retour à Lyon. Services de l'armée, de la police, du contre-espionnage ne mettent que quelques jours à s'installer. Plus rien ne se fera dorénavant sans leur contrôle et celui de leur plus que jamais inféodés censeurs de Vichy.

Depuis quelques mois, certains journaux s'étaient cependant préparés à cette éventualité. Le 10 novembre, dès le retour de l'occupant, ils ne s'y trompent pas et s'interrogent sur l'opportunité de continuer à paraître sous cette tutelle. D'autres vont s'en accommoder !

Au nombre des premiers *Le Figaro*, *Le Temps*, *Paris-soir* et... *Le Progrès*. Leur devenir va en découler. Il semble que ce soit le directeur du *Figaro*, Pierre Brisson, qui ait le premier réagi. D'un commun accord avec son petit comité de rédaction, décision a été prise de refuser de stipendier le débarquement américain en Afrique du nord comme le demandent les autorités de Vichy et de cesser en conséquence la parution du journal après le numéro du 11 novembre dans lequel doit être inséré une sorte de manifeste qui ne sera pas soumis à la censure.

Il y est écrit : *« Les consignes impératives qui viennent de nous parvenir ne nous permettent plus de poursuivre notre tâche sans offenser nos sentiments les plus intimes et sans trahir la confiance du public. Il s'agit de mentir ou de se démettre. Notre choix est fait. »*

Le texte a été donné à lire à Jean Prouvost, le patron de *Paris-soir* qui l'a approuvé, ainsi qu'à Emile Mireaux, un des deux co-directeurs du *Temps* avec Jacques Chastenet. Pour pallier toute fuite, il avait été prévu de ne remettre la copie que tard en soirée à l'atelier de composition du *Nouvelliste* où était imprimé, rappelons-le, *Le Figaro*. La précaution s'avéra inutile. Prévenu on ne sait comment, les services de Vichy adressèrent, dès 20 heures, un télégramme ordonnant la suspension *sine-die* du quotidien.

Du jour au lendemain, le titre se retrouvait réduit à son seul supplément littéraire bi-hebdomadaire, exempt a priori de toutes considérations politiques. Il devait donc être autorisé à reprendre sa place à compter du 21 novembre suivant. L'expérience ne dura guère. Après l'injonction de faire reparaître et *Le Figaro* et son supplément, et de se plier aux consignes de la censure, Pierre Brisson refusa de céder et le supplément disparut à son tour des kiosques, après deux numéros seulement.

Du côté du *Progrès*, les mêmes causes devaient avoir, à peu de différence près, les mêmes effets ! Les difficultés du quotidien lyonnais avec les interventions de tous ordres ne sont alors pas nouvelles en cette fin d'automne 1942 : déjà le 25 novembre 1940, puis le 4 juin 1942, le journal n'avait pu paraître, censuré par Vichy. D'aucuns avaient dès cette époque envisagé l'arrêt du journal, pris entre les pressions incessantes du gouvernement et une montée en puissance des acteurs de la Résistance en son propre sein, un exercice d'équilibre de plus en plus délicat à maintenir.

C'est une nouvelle injonction de l'Office français de l'information de Vichy, demandant l'insertion d'un communiqué de vingt lignes sur les prétendues visées annexionnistes des Américains en Afrique du nord – communiqué venu directement des services allemands – qui conduit la direction, en accord avec sa rédaction, à décider l'arrêt de la parution du quotidien après son numéro 30037 en date du 12 novembre. Sans y avoir publié bien sûr le texte qu'on voulait lui imposer. *Le Progrès* ne devait reprendre sa place dans les kiosques que le 8 septembre 1944 avec son numéro 30038 !

La famille Brémond, propriétaire du quotidien, aura entre-temps utilisé les réserves du journal pour rémunérer une partie du personnel mis en chômage technique, leur permettant ainsi d'échapper au Service du Travail Obligatoire.

Quant au *Temps*, qui a dès la réoccupation de la zone sud arrêté toute publication d'éditoriaux, il faudra attendre le sabordage de la flotte française à Toulon, le 27 novembre, pour que sa direction décide de cesser sa parution après que les services de la censure de Vichy aient refusé à son directeur, Jacques Chastenet, l'insertion d'un article rendant hommage aux marins français sur cet ultime sacrifice de notre Marine de guerre nationale. Son dernier numéro sera en date du 30 novembre 1942. Cette quinzaine de jours d'hésitation et d'atermoiements sera toutefois fatale au quotidien à qui on reprochera ce manque de réactivité et qui ne sera pas autorisé à reparaître sous son titre la Libération venue : il laissera sa place au journal *Le Monde* que nous connaissons aujourd'hui !

Paris-soir : les tribulations d'un grand quotidien national dans l'adversité

Dans la tourmente, qui avait suivi les premiers jours de l'offensive allemande à l'Ouest en mai 1940, l'évacuation vers Nantes de l'équipe de rédaction avait été envisagée et ce avant même la rupture du front. *Paris-soir* est alors la propriété d'un important industriel du nord de la France, Jean Prouvost, qui a investi dans la presse, en achetant le titre dix ans auparavant.

Le repli de la presse parisienne ayant été ordonné le 10 juin, *Paris-soir* quitte la capitale dès le lendemain, après sa dernière édition. La direction part directement vers Clermont-Ferrand, la publication du journal continuant pour partie à Nantes jusqu'au 18, veille de l'arrivée des Allemands, et à Clermont-Ferrand, du 10 au 17 juin, où les moyens du *Moniteur du Puy-de-Dôme* de Pierre Laval ont été mis à sa disposition. Ce même 17 juin, à l'annonce de la demande d'armistice, la direction de *Paris-soir* part pour Bordeaux où se trouve le gouvernement, dirigé depuis la veille par Philippe Pétain. L'armistice signé à Rethondes plaçant Bordeaux en zone occupée, *Paris-soir*, ou ce qu'il en reste, repartira vers la zone libre. La rédaction principale s'installe alors à Lyon tandis que deux éditions locales sont prévues à Marseille et Toulouse. Le 12 juillet, Jean Prouvost, dernier et éphémère ministre de l'information de la IIIe république, rejoint Lyon et reprend la direction de son entreprise qui diffuse alors outre le quotidien, un hebdomadaire féminin, *Marie-Claire*, puis bientôt un magazine d'actualités *7 Jours*, créé à Lyon dès octobre 1940.

Très vite cependant, la situation du groupe de presse, et, plus particulièrement celle de l'édition parisienne du quotidien, s'est dégradée, les Allemands, arrivés le 14 juin dans la capitale, ayant aussitôt réquisitionné le journal classé « d'intérêt public » : c'est le plus gros tirage de l'époque et ceci explique cela ! On y affecte un officier de la Wehrmacht parfaitement bilingue qui, avec un nouvel « imprimeur-gérant » d'opérette et des rédacteurs embauchés au pied levé, peut faire reparaître *Paris-soir* dès le 22 juin ! Vont dès lors coexister deux éditions du même titre, l'une en zone occupée largement alimentée en communiqués par la *Propagandastaffel*, l'autre en zone libre sous un étroit contrôle du service d'information de Vichy.

L'affrontement entre les deux « directions » ira jusque devant les tribunaux avec, d'un côté, Jean Prouvost et quelques administrateurs du journal défendant leur droit de propriété, de l'autre les administrateurs parisiens faisant valoir leur légitimité. Les services gouvernementaux éviteront quant à eux de prendre partie, du moins en apparence. Car en plus de cet affrontement, le *Paris-soir* lyonnais doit rapidement composer avec l'administration vichyssoise. A l'automne 1940, la liberté de la presse est encore à peu près respectée en zone « libre » : *Paris-soir* ou *7 Jours* peuvent toujours titrer sur l'accord entre Churchill et « l'ex-général » de Gaulle, Jean Prouvost marquant ainsi sa volonté de faire connaître une autre réalité politique pour contrer le *Paris-soir* allemand et mobiliser ses collaborateurs. Cela ne dure pas et l'arrivée de Paul Marion comme Secrétaire à l'information va aller de paire avec un contrôle renforcé de la censure. Les directives et autres instructions vont restreindre l'autonomie du journal, *Paris-soir* réagissant en menant une usante « guerre des titres » : plus grands sont les caractères utilisés pour évoquer les évènements culturels ou sportifs, plus restreinte est la place laissée aux informations « officielles ». Quand on n'oublie pas purement et simplement certains textes émanant du gouvernement ! Les tensions et conflits vont aller ainsi crescendo au fil des mois, jusqu'au 11 novembre 1942, date de l'entrée des troupes allemandes en zone libre, en réaction au débarquement des forces américaines en Afrique du Nord. Décision est alors prise de saborder le journal, le numéro de ce mercredi annonçant la suspension de la publication. Il est aussitôt saisi. L'intervention radicale du vice-président du Conseil va cependant contrarier le projet, Pierre Laval menaçant d'envoyer en Allemagne au titre du Service du Travail Obligatoire, tous les employés du journal s'il cesse sa parution. Un peu plus de deux semaines plus tard, le samedi 28 novembre, le *Paris-soir* de la zone sud reprendra sa place dans les kiosques et cherchera dès lors à se faire interdire le plus rapidement possible.

La guerre des titres déjà employée est relancée, doublée de tirages aléatoires, réduits en particulier lorsque les nouvelles ne sont pas favorables aux alliés. La guéguerre avec Vichy cessera finalement à la fin mai 1943 avec l'arrêt de l'édition lyonnaise du journal, venu après celle de Marseille un mois plus tôt. Seule une édition confidentielle, confectionnée à Toulouse, permettra de préserver le titre tandis que la rédaction s'emploiera à travailler discrètement avec les rares journaux lyonnais qui marquent encore un peu de distance vis-à-vis des autorités et plus encore avec les nouveaux titres issus de la Résistance, Jean Prouvost apportant aussi bien des financements que des moyens matériels. Quelques mois plus tard, plusieurs salariés du journal participeront activement à la mystification du « faux Nouvelliste » un acte de pure provocation qui fera rire la population lyonnaise au matin du 31 décembre 1943[183].

Avec l'année 1944 viendra l'heure du bilan, le groupe de presse de Jean Prouvost arrêtant définitivement l'édition toulousaine du quotidien puis la publication de son magazine *7 Jours* en avril. Déjà un certain nombre de ses journalistes ont repris discrètement la route de Paris, emmenant avec eux les archives. A l'annonce du débarquement allié en Normandie, une équipe est prête à se substituer aux suborneurs de 1940. Trois mois plus tard, la tourmente de la Libération mettra cependant un terme à la tentative de reprise de la direction. Le 20 août, l'immeuble de *Paris-soir* est investi par les Forces Françaises de l'Intérieur, *Combat*, *Front National*, *Libération*, trois nouveaux titres issus de la Résistance s'y établissant. Un scénario similaire empêchera à Lyon la parution d'un premier *Paris-soir* « libre », *Le Patriote* prenant sa place.

Ces ultimes spoliations marqueront la fin de ce grand quotidien, déchiré par les aléas venus de la guerre, du gouvernement de Vichy, de l'occupation allemande et finalement de la Libération !

(183) Cf. ci-après.

Lyon, capitale de la presse clandestine

Alors qu'en cette fin d'année 1942 la presse encore libre cède sa place à la presse inféodée au régime de Vichy, la tutelle allemande va discrètement s'organiser pour parfaire sa mainmise la plus totale sur l'information de guerre, favorisant corollairement et définitivement l'émergence d'une véritable presse clandestine. Le phénomène n'est pas nouveau mais la rapidité avec lequel il va se développer démontre si besoin en était qu'une partie de plus en plus importante de l'opinion publique n'accepte plus les écrits et les discours convenus qu'on veut lui imposer.

Les premières manifestations, du moins en France, de cette presse dite clandestine sont apparues très tôt dans l'histoire du deuxième conflit mondial. Dès l'automne 1940, alors qu'il n'y a plus que la Grande-Bretagne pour encore tenir tête à l'Allemagne, un certain nombre de journalistes, d'écrivains, d'hommes politiques et jusqu'à certains militaires auront cherché à formaliser leurs réflexions pour échanger sur l'avenir du pays et préparer les lendemains de la guerre, alors que celle-ci se limite encore à la seule Europe.

C'est en zone interdite, c'est-à-dire dans les départements du Nord, que les premières « feuilles » à faible tirage – quelques centaines d'exemplaires - ont été distribuées. A leur origine, des acteurs venus des mouvances nationaliste, conservatrice, humaniste, catholique, ouvrière... Rapidement, l'idée essaime aussi bien vers la zone occupée que la zone libre. *Les petites ailes* de l'origine deviennent *Les petites ailes de France*. A Lyon, ce sont Henri Fresnay et Berty Albrecht qui ont pris le relais[184]. Il se dit que cette dernière est partie prenante d'un groupe de réflexion qui se retrouve à l'occasion à la *Brasserie de la Couronne*, place des Célestins[185]. Parmi eux et entre autres le militant-activiste Jean-Charles Demachy, le député Jean Fernand-Laurent, les journalistes René Cerf Lévi, Pierre Scize… On est en avril 1941 : le premier numéro de l'hebdomadaire est alors imprimé à Villeurbanne, dans l'atelier des époux Martinet, les stocks de papier disponibles autorisant l'édition de quelques milliers de feuilles.

Par la suite, *Les petites ailes* devaient être renommées en *Vérités* avant de devenir en novembre 1941 *Combat*. Bien d'autres titres suivront dans les mois suivants, quelques-uns devant fonder la presse de l'après-guerre et perdurer jusqu'à nos jours.

Ainsi *Libération*, les *Cahiers du Témoignage Chrétien*, *Le Franc-Tireur*, *La Voix du Peuple…*

C'est avec bien évidemment le retour des Allemands à Lyon et l'occupation de la zone sud, à la fin de l'automne 1942, que la presse clandestine va prendre toute sa place, alors que les grands quotidiens font le choix soit de se saborder, soit de se compromettre définitivement avec le régime de Vichy, voire avec l'occupant, les autorités allemandes s'engageant de leur côté dans une politique de plus en plus répressive et menaçante. L'ordonnance du 10 janvier 1943 va en définir les contours et stipule qu'est dès lors *« défendue toute publication qui nuit au prestige du Reich allemand, qui est préjudiciable à l'ordre et au calme dans les territoires occupés ou qui met en danger les troupes d'occupation ».*

C'est dans ce contexte particulièrement difficile, où les attributions de papier sont laissées à l'arbitraire de Vichy voire de la *Propaganda-Abteilung* et où les ciseaux de la censure sont de plus en plus sévères, que les mouvements de la résistance vont développer leur activité en matière de presse. Nombreux sont alors les professionnels laissés-pour-compte, les uns parce que leur journal a cessé de paraître, les autres parce que leur quotidien s'oriente par trop sur une ligne politique qu'ils désapprouvent. De nombreux salariés œuvrant à l'impression de la presse autorisée vont alors discrètement mettre leur savoir-faire au service d'une information beaucoup plus libre et « tomber du plomb » pour ces feuilles venues de la Résistance, et ce malgré les périls encourus. Aussi, et paradoxalement, ce sont le plus souvent dans les imprimeries des quotidiens les plus proches du pouvoir du moment que les nouvelles publications clandestines vont être régulièrement éditées.

Tous, journalistes, linotypistes, photograveurs, diffuseurs... concourent peu ou prou à la rédaction, la composition, l'édition et la distribution d'une presse interdite.

Tous risquent maintenant leur vie.

Ainsi, en quelques heures, le billet de papier est livré, transformé en lignes de plomb, la galée étant le soir venu sortie de l'atelier, emballée et transportée vers l'imprimerie où sera fait le tirage.

Certaines ont pignon sur rue, d'autres sont plus discrètes, d'autres encore totalement clandestines. Trois exemples parmi beaucoup d'autres.

A l'*Imprimerie Générale Lyonnaise*, cours Gambetta, celle-là même qui assure les parutions des *Editions Lugdunum* et l'impression du *Mois à Lyon*, le travail est assez simple. Son directeur Joseph Chaverot, ami de longue date de Marcel Grancher, partage avec lui et en toute discrétion, des idées tout ce qu'il y a de plus « gaullistes ». Un de ses typographes attend ainsi la fin de la journée pour délaisser le travail qui lui a été confié avant de poursuivre, avec un camarade venu le rejoindre, et jusqu'à tard la nuit, la confection de feuilles qui ont vocation à être de plus en plus largement diffusées.

Rue Vieille-Monnaie(186), au pied des pentes de la Croix-Rousse, l'imprimerie *La Source* se doit d'être beaucoup plus discrète. Installée au 21 de la rue, Eugène Pons, son gérant, depuis longtemps gagné aux idées de la Résistance, y imprime

(184) Berty Albrecht, une Marseillaise de culture protestante, est alors une féministe engagée proche du parti communiste clandestin, tandis qu'Henri Frenay est un militaire lyonnais de la droite catholique. Ennemi déterminé de l'Allemagne nazie, il croit encore à cette époque à une sorte de double jeu du chef de l'Etat français, le maréchal Pétain, avant de se convaincre, vers le milieu de l'année 1942, de sa duplicité et de se rallier au général de Gaulle. Berty Albrecht et Henri Fresnay resteront dans l'histoire comme des acteurs majeurs de la Résistance.

(185) Voir chapitre VIII. Les copains : ...Gaby Roch...

(186) Devenue à la Libération la rue René Leynaud, en hommage au journaliste-poète-résistant qui y séjourna dans ces années de guerre et aux évènements historiques qui s'y déroulèrent. René Leynaud est, avec Antoine de Saint-Exupéry ou Marcel-Jean Torris, un des écrivains morts pour la France cités au Panthéon de Paris au titre de la guerre 1939-1945.

Le Nouvelliste

5 HEURES — 14, RUE DE LA CHARITÉ, LYON — 5 HEURES

VENDREDI 31 DÉCEMBRE 1943 — UN FRANC

Appel à la bourgeoisie

Raids massifs sur l'Allemagne

Oyonnax a fêté avec enthousiasme l'anniversaire de la victoire

COLOGNE

Le Maréchal de France, Chef de l'État rétablit la République

LES VRAIS TERRORISTES C'EST LA MILICE

HAMBOURG

Mobilisation totale en France

Labourage et Pâturage

Le Faux *Nouvelliste* du 31 décembre 1943.

depuis 1941 des tracts ainsi que des faux papiers bientôt suivis par les premiers numéros des *Cahiers du Témoignage chrétien*, de *Franc-Tireur*, de *Combat* et le bientôt fameux « faux *Nouvelliste* ».

A la porte est de Lyon encore, André Bollier, un brillant jeune ingénieur, a installé dans une ancienne usine de la rue Viala, un « Bureau de recherches géodésiques » tout ce qu'il y a de plus officiel, qui cache en réalité une imprimerie tout ce qu'il y a de plus clandestine celle-là. Repérée, attaquée, détruite par les forces de la Milice, le drame qui s'y déroulera en juin 1944, symbolisera pour toujours le courage et l'abnégation de tous ces acteurs aussi discrets que déterminés, souvent restés anonymes, qui auront fait exister, trop souvent au péril de leur vie, la presse clandestine des années de guerre.

L'affaire du « faux *Nouvelliste* »

Au soir du 11 novembre 1943, après le spectaculaire défilé de la Résistance dans les rues d'Oyonnax, auquel ils ont participé, ils sont trois à se retrouver, couvre-feu oblige, au domicile lyonnais d'Henri Jaboulay. Outre le chef des maquis de l'Ain, il y a là Charles Mohler, responsable du « corps franc » et son adjoint Lucien Bonnet. Encore sous le coup de l'exaltation des évènements de la journée, les trois hommes se sont rapprochés pour écouter la radio de Londres et apprennent ainsi qu'une fausse édition du quotidien bruxellois *Le Soir*[187] vient d'être diffusée au nez et à la barbe des Allemands par la Résistance belge deux jours auparavant. Et si on faisait la même chose à Lyon ? L'histoire ne dit pas qui des trois en eut l'idée.

Toujours est-il que, quarante-huit heures plus tard, Henri Jaboulay la soumettait à Auguste « Alban » Vistel, le chef du département des *Mouvements Unis de la Résistance* pour le Rhône. Le projet lui plaît immédiatement et, le lendemain, ce dernier réunit autour de lui outre Jaboulay et Mohler, Paul Girin, son adjoint chargé de l'impression de la propagande. La réflexion est rondement menée, le principe accepté et une « cible » rapidement trouvée : *Le Nouvelliste*. C'est à cette époque le dernier grand quotidien régional à paraître sur Lyon et il est ouvertement « collaborationniste ». L'impact sur les lecteurs en sera d'autant plus déterminant. Bientôt les rôles sont distribués : à Jaboulay de coordonner l'opération et de pourvoir à l'élaboration du futur faux journal, à Girin d'en faire assurer l'impression, à Mohler de réfléchir comment le faire distribuer !

Une semaine plus tard, Paul Girin a trouvé le papier pour la fabrication de 25 000 exemplaires, de même que l'imprimeur : il faudra cependant lui fournir l'ensemble des textes avec la mise en page déjà préparée. On peut passer à l'action.

Henri Jaboulay a ses entrées à *Paris-soir* où il a des amis sûrs. Contact est pris avec Philippe Boegner, le secrétaire général de l'édition lyonnaise qui lui propose aussitôt de travailler avec le journaliste Pierre Scize, dont la plume alimente depuis près de deux années déjà la presse clandestine. Ce dernier écrira plus tard :

> [Je reçus] *la visite du commandant Carré* (pseudonyme prêté à Henri Jaboulay – note de l'auteur), *un des organisateurs de l'expédition d'Oyonnax qui entra le premier dans la ville, à la tête de ses hommes. Il avait une idée, le commandant. Il voulait rééditer à Lyon une énorme blague qui venait de réussir admirablement à Bruxelles.*
>
> *- Je veux publier un faux numéro du Nouvelliste, et le mettre en vente un matin, à la place du vrai que j'aurai enlevé préalablement. Nous y stigmatiserons les traîtres et l'occupant. Voulez-vous le rédiger ?*
>
> *De telles propositions honorent, et ne se déclinent pas. On se mit à l'ouvrage. Ma vieille expérience du journalisme ne m'avait pas encore enseigné ce qu'il peut entrer de copie dans une feuille quand on doit la rédiger toute entière. Cependant on en vint à bout. Une maquette de mise en page fut réalisée au millimètre. Le tout fut remis au commandant, et nous n'entendîmes plus parler de rien.*(188)

Outre les projets de textes que Jaboulay a préparé, et qu'il s'agit de mettre dans une forme « journalistique », Pierre Scize est resté libre de fournir des articles plus personnels pour boucler les deux pages du faux journal. Aussi, c'est tout naturellement qu'il a proposé à quelques-uns de ses amis de participer à la mystification. Marcel Grancher sera de ceux-là qui donne un petit éditorial sous réserve qu'il figure en première page : ce sera le seul article dûment revendiqué par son auteur !

Ce gros travail de rédaction mené à terme, Amy Bellot(189), le metteur en page habituel de *Paris-soir,* peut prendre le relais et la maquette est bientôt récupérée

(187) Il s'agissait du « Soir volé », comme l'appelait alors par dérision les Belges. Le journal avait cessé de paraître lorsque les Allemands avaient investi Bruxelles à la mi mai 1940, mais il avait été relancé peu après, contre la volonté des propriétaires, par des journalistes collaborateurs. A la fin de l'automne 1943, au moment de l'affaire d'Oyonnax, un certain Hergé vient de mettre un point final à la publication du *Trésor de Rackham le Rouge* et nombreux sont ceux qui attendent avec impatience la suite des aventures de Tintin et Milou ! Cette « collaboration » au « Soir volé », bien éloignée de tout engagement politique, vaudra toutefois quelques ennuis au père de Tintin, une fois la guerre finie, mais tout s'arrangera très vite, pour le plus grand bonheur de tous ses lecteurs, de 7 à 77 ans.

(188) In *Lyon dans les chaines*, B. Arnaud éditeur, 1945.

(189) Futur directeur de la rédaction de *Paris Match* au début des années 1950.

par Paul Girin en charge de l'édition. Le moment venu, c'est Eugène Pons, l'imprimeur de la rue Vieille-Monnaie, qui se chargera de lancer les machines.

De son côté, Charles Mohler a longuement réfléchi au meilleur moyen de mettre en place le journal. Il s'agit avant tout de substituer un faux au vrai. Mais comment ? Utiliser la force n'aurait pas de sens, s'attirer la complicité des vendeurs en kiosque est irréaliste. Reste la duplicité. La censure va lui en fournir indirectement l'idée : à écouter les distributeurs de *Paris-soir*, des articles ont quelque temps auparavant fait l'objet de coups de ciseaux de dernière minute alors que le journal était en cours de mise en place dans les kiosques. Il avait alors fallu reprendre en urgence les exemplaires déjà distribués et les remplacer par ceux de l'édition « revue et corrigée ». Un exemple à suivre !

Pendant plusieurs jours, les hommes de Mohler vont s'attacher à connaître dans le détail le mode de distribution du *Nouvelliste*. L'itinéraire des voitures des messageries Hachette, leurs horaires, le nombre de numéros fournis à chaque kiosque, tout est enregistré avec un maximum de discrétion pour ne pas donner l'éveil. Le plan définitif est finalement arrêté : les six véhicules mobilisés pour l'opération suivront à quelques minutes, sur des itinéraires très déterminés, ceux des messageries. Un nombre limité de kiosques et de marchands de journaux, parmi les plus importants, ont été ciblés. L'affaire doit être menée en une dizaine de minutes tout au plus afin de permettre aux équipes de distribution de rentrer à bon port avant qu'un éventuel revendeur acquis à Vichy ait eu le temps matériel de prévenir la police.

Dernière semaine de décembre tout est prêt et l'opération « faux Nouvelliste » peut être lancée.

En deux jours, du samedi 25 au lundi 27, le cliché du bandeau titre, réalisé par André Vacher, en disponibilité du *Progrès*, est ajouté aux textes déjà composés et le tout confié aux « typo » Vernier et Planchet. Eugène Pons est là pour superviser leur travail.

Les feuilles imprimées recto verso s'empilent : il y en a bientôt 25 000. Quarante-huit heures encore pour les livrer dans le garage à partir duquel va être faite la distribution. Au soir du 29 décembre, ils sont une vingtaine de jeunes gens réunis là, à une adresse qui n'est pas passée à la postérité. Les journaux sont rassemblés en paquets aussitôt sertis de la bande « Censure » puis chargés à bord des six camions - pour partie mis à disposition par le patron de *Paris-soir* - qui ont été réunis là, tous arborant leur vignette « Service de Presse ». A minuit, tout est terminé et la plupart des hommes s'installent tant bien que mal pour dormir, sous la garde vigilante de quelques-uns. La nuit est courte. A cinq heures, tout le monde est réveillé et les hommes s'installent trois par trois dans les véhicules : un chauffeur, un livreur et un équipier armé au cas où ! Sur six itinéraires différents, le même scénario va se répéter : le camion stoppe, un des hommes en descend, annonce au vendeur que le *Nouvelliste* est censuré et qu'un autre exemplaire doit le remplacer. Les numéros incriminés sont repris et le camion repart. Il n'y aura aucun incident hormis quelques protestations de pure forme, les uns voulant vérifier le nombre d'exemplaires reçus, d'autres déduire de leurs stocks ceux déjà vendus ! Mais en ce matin du 30 décembre, les Messageries ne sont pas regardantes : on ne compte pas ! Le jour n'est pas encore levé que tous les véhicules sont rentrés à bon port. Ils ramènent quelque vingt mille exemplaires du *Nouvelliste* qui vont finir dans une fosse : tout un symbole ! Dans les rues de Lyon, dans les bistrots, dans les tramways, des milliers de Lyonnais vont apprendre, en lisant le seul grand quotidien qui leur est encore proposé, que l'Allemagne est la cible de bombardements massifs qui ravagent les entreprises et qui mettent à la rue des milliers de sans-abris, qu'Oyonnax « a fêté avec enthousiasme l'anniversaire de la victoire » de 1918, que le Maréchal Pétain a rétabli la République et que les vrais terroristes sont ceux de la Milice qui assassinent impunément leurs compatriotes. Une fois la stupéfaction passée, l'énorme éclat de rire de la cité lyonnaise sera à la hauteur de la supercherie.

Post-scriptum : hormis quelques perquisitions stériles conduites dans les locaux du *Nouvelliste* et ceux du *Lyon Républicain*, cette action de la Résistance n'entraînera aucune représaille et ses auteurs ne seront jamais identifiés. Plusieurs d'entre eux ne verront toutefois pas la fin de la guerre. Ainsi André Vacher, le photograveur, qui sera tué, de même que deux autres de ses camarades, lors de l'attaque par la Milice de l'imprimerie clandestine de la rue Viala, le 17 juin 1944. La veille, Lucien Bonnet, dit *Dunoir*, chef régional adjoint du maquis de l'Ain, arrêté en mars 1944, avait été fusillé à Saint-Didier-de-Formans, avec trente autres camarades d'infortune, par les Allemands. Paul Girin, dit *Pascal*, trouvera lui la mort au combat en tentant d'échapper à ceux qui l'avaient arrêté, le 18 août 1944. Quant à Eugène Pons, l'infatigable animateur-imprimeur de la rue Vieille-Monnaie, arrêté le 22 mai 1944, interné à Montluc, puis déporté vers l'Allemagne, il mourra d'épuisement et de maladie au camp de Neuengamme, en février 1945.

De l'affaire du « faux *Nouvelliste* », seuls témoigneront après-guerre, André Jaboulay, Charles Mohler et Pierre Scize.(190)

(190) L'auteur se sera largement inspiré de leurs écrits pour reconstituer les tenants et l'aboutissant de cette aventure hors du commun.

VIII Les copains

Pierre Scize, Henry Clos-Jouve, les journalistes,
Edmond Locard, le professeur,
Gaston Simonet, Gaby Roch les restaurateurs

«Trois copains qui s'avancent sur une ligne n'ont besoin de personne, ni de la nature, ni des Dieux.»

Jules Romains(191)

Ils furent beaucoup plus que trois à partager leurs vies avec celle de Marcel Grancher. Mais ces cinq-là... !

Les journalistes

Pierre Scize

C'est en 1919 que Marcel Grancher fit la connaissance de Pierre Scize ! Celui-ci, jouait alors à l'hôpital de Neuville, dans le cadre du théâtre aux armées, pour les soldats blessés qui achevaient là leur convalescence. Tous deux ont alors miraculeusement survécu au carnage de la guerre. Pas sans mal loin de là ! Si Grancher est maintenant condamné à « tirer la patte » pour le restant de sa vie, Pierre Scize lui, y a laissé son bras gauche, emporté par un éclat d'obus au combat d'Aubréville, sur le front de l'Argonne, le 8 octobre 1914.

De son vrai nom Joseph Michel Piot, il est né le 17 février 1894 à Pont-de-Chéruy, aux marches de l'Isère, où son père exerçait le métier de meunier. Quelques années plus tard, sa famille est venue s'établir à Lyon, du côté de Villeurbanne tout d'abord, puis au 5 de la rue de Sèze où ses parents ont finalement acheté un « bouchon »(192). Le garçon y termine ses études primaires avant de commencer un apprentissage derrière l'établi d'un menuisier de l'avenue de Saxe. Sa vocation est cependant bien ailleurs : le jeune homme rêve de théâtre et s'inscrit bientôt au cours du Conservatoire de Lyon. Sans fortune il doit cependant pouvoir « à la matérielle » et c'est probablement ce qui le conduit à devancer l'appel sous les drapeaux.

Le 4 mai 1912, c'est un « artiste dramatique » qui se présente à la mairie du 6e arrondissement pour y contracter un engagement de trois ans, au 31e régiment d'infanterie. Il fera ses classes à Paris, à la caserne des Tourelles. Celles-ci terminées, il reçoit l'autorisation de s'inscrire comme auditeur au Conservatoire de

(191) Les copains. Eugène Figuière, Paris, 1913.

(192) Joli nom qui désigne à Lyon un bar à vins où l'on vous sert encore quelques plats aussi simples que conviviaux et traditionnels.

Pierre Scize par Pavil.

Paris cette fois ! La Première Guerre mondiale mettra un terme brutal à ses projets de scène.

Après une longue convalescence, il est finalement réformé et rayé des contrôles en décembre 1915, ses relations lui permettant toutefois de trouver, dans les mois suivants, un emploi de régisseur au *Théâtre aux Armées*. Le hasard des tournées lui fait alors rencontrer un des personnages les plus éminents de la scène française de l'époque, le critique, metteur en scène et comédien Jacques Copeau. On est à l'été 1916 et celui-ci vient d'être missionné par Clémenceau pour faire la promotion du théâtre français aux Etats-Unis. Sa rencontre avec le banquier et mécène américain Otto Kahn, va lui donner bientôt l'opportunité de s'installer au *Garrick Theater* de New York pour y monter des pièces françaises.

Outre les comédiens avec lesquels il travaille depuis quelques années, Copeau recherche alors des administrateurs et c'est ainsi qu'il propose à Michel Piot de le suivre en novembre 1917 dans cette aventure américaine. Elle durera deux saisons, qui fourniront au jeune régisseur mille et un souvenirs qu'il réunira sous forme d'un essai intitulé *Le cycle des avenues*. De retour en France, à Paris, à l'été 1919, son texte intéresse bientôt le quotidien *L'Œuvre* auquel collabore son ami lyonnais Henri Béraud, rencontré avant guerre à Lyon, qui non seulement concourt avec succès à la décision de sa publication, mais encore le fait entrer au tout nouveau quotidien parisien *Bonsoir*, lui ouvrant ainsi une carrière de journaliste.

Il ne la quittera plus !

C'est à ce même périodique qu'appartient également à cette époque Jean Piot, héros de la guerre, journaliste et futur député de Paris ! Aucun lien de parenté entre les deux hommes ! Comme il ne peut y avoir de place pour deux Piot, au plus jeune et dernier arrivé d'y remédier. Il se raconte que, revenu à Lyon pour quelque affaire, et passant du côté de Fourvière, sur le vieux quai Pierre-Scize[193], Joseph Michel Piot se dit qu'il y avait là prétexte à un prénom et un nom que personne ne pourrait lui contester. Ainsi en fut-il. L'exemple reste probablement unique d'un quai qui donna son nom à un homme plutôt que de le recevoir ! Pierre Scize en tous cas venait de naître à la postérité !

Tous ses articles publiés ici et là dans *L'Œuvre*, l'hebdomadaire satirique *Le merle blanc*, le mensuel *Choses de théâtre*, *Bonsoir*, au *Mercure de France* puis *Paris-Journal*, seront dorénavant signés de ce pseudonyme. Il écrit sur Charlie Chaplin, Harry Baur, Louis Jouvet avec qui il a travaillé lors de son séjour aux

Etats-Unis… Il fréquente François Mauriac, André Warnod, Gaston de Pawlowski, Roland Dorgelès, Jacques Hébertot…

A cette même époque, dépassant son statut de critique de théâtre, il confirme un début de carrière littéraire avec un premier roman ayant pour thème le cinéma (déjà !) intitulé *L'or du temps*.(194)

Deux ans plus tard paraît *Le plus bel ivrogne du quartier,* dont on tirera un film au début des années 1950. La consécration vient dans les mois qui suivent, avec son entrée au *Canard enchaîné* de Maurice Maréchal auquel il donne ses premiers papiers dès l'automne 1926.

Toute cette activité ne l'empêche toutefois pas d'enrichir sa production littéraire et en particulier théâtrale en adaptant, avec son ami la comédienne Andrée Méry pour les planches françaises, des pièces anglaises écrites par Jerome K. Jerome ou Noël Coward. Ainsi, *Fanny et ses gens, Week-end…*

En 1932, il est lui-même l'auteur d'une pièce en trois actes, *Ludo*, qui est donnée au théâtre *Michel*, avec Pierre Fresnay dans le rôle principal : c'est un succès.

Parallèlement, c'est vers les montagnes du Dauphiné qu'il choisit de se ressourcer à chaque fois qu'il le peut. S'il a dû abandonner, en raison de son handicap, la pratique de l'alpinisme, il parcourt toujours à pied les sentiers d'alpages et les chemins des vallées de l'Oisans, sources inépuisables d'inspiration, qui l'amène à écrire de superbes nouvelles bientôt réunies dans deux livres, l'un intitulé *En altitude*, luxueusement illustré par Joanny Drevet, qui paraît en 1930, l'autre *Gens des cimes* sortant en 1933.

Laissons l'acteur et auteur de théâtre Michel Duran, un de ses amis proche, faire le portrait de Pierre Scize à cette époque :

> [Il] *est curieux de tout, aimant toujours ce qui est neuf et adorant pardessus tout les voyages. Un train, un bateau, un avion, l'invitent toujours au départ. Ce qui ne l'empêche pas, l'été venu, de se réserver quelques semaines dans sa petite maison près de Grenoble, au milieu des vignes et aller porter ses cent kilos sur les pics de Belledonne ou les glaciers de l'Oisans. Pierre Scize, journaliste, auteur dramatique, romancier, est le meilleur, le plus indulgent et le plus sûr des amis. Il n'a dans son cœur qu'une haine : la guerre. Et pour la combattre, il a tous les courages.*(195)

Tout va donc pour le mieux pour notre journaliste qui a la surprise de se voir décerner le 30 décembre 1933, à titre militaire et comme grand blessé de guerre,

(193) Le nom doit se comprendre comme la « pierre sciée ». Il se dit qu'à l'époque romaine, Agrippa gouverneur de la Gaule transalpine, avait fait tailler le rocher de Thune, qui s'avançait alors jusque dans le lit de la Saône, pour ménager un passage sur la rive droite de la rivière. Définitivement élargie au début du XIXe siècle pour devenir « la route de Paris », l'endroit, de *« petra incisa »* devint au fil du temps la « pierre encize » puis « pierre scize » qui donna son nom au quai.

(194) Il s'agissait là d'une reprise en volume d'un récit publié en feuilleton dans le quotidien *Bonsoir*, à la fin de l'été 1921.

(195) In *Le Petit Dauphinois* du 7 décembre 1933.

Pierre Scize.

la Légion d'Honneur. Revers de la médaille, au sens propre du terme, cela lui vaut après six années de collaboration, d'être spectaculairement congédié du *Canard enchaîné*, les rédacteurs s'étant engagés à refuser toute décoration officielle décernée à titre professionnel ou honorifique. Ce n'est pas le cas en l'occurrence, mais le *Canard* ne veut accepter aucune exception ! Ce renvoi peu ordinaire sera très largement commenté dans la presse et les salons de l'époque et fera date dans l'histoire du journalisme du XXe siècle.

Libre de tout autre engagement, Pierre Scize va dès lors multiplier ses collaborations et abonder les colonnes du tout nouveau *Noir et Blanc*, crée par Pierre Benoit et Roland Dorgelès. Il est à *Candide* où il assure des critiques de théâtre et bientôt de cinéma en lequel il voit l'avènement d'un nouveau mode d'expression. Pour *Marianne*, d'Emmanuel Berl, il propose des articles de fond, sa signature voisinant avec celles de Simenon, H.G. Wells, Jules Romain.... Il renoue enfin avec *Le merle blanc*.

C'est dans ces mêmes années qu'il fait plus ample connaissance avec Marcel Grancher qu'il avait brièvement croisé au lendemain de la guerre : lui aussi a quitté Lyon pour tenter une carrière de journaliste à Paris. Grande est la capitale, rude est la concurrence pour qui veut s'y faire une place. Les relations personnelles, les amis sont d'une aide précieuse. Aussi, les « Lyonnais » ont-ils vite fait de se compter et pris l'habitude de se réunir au sein d'un « Groupe Paris-Lyon »(196). Ils se retrouvent régulièrement pour des déjeuners d'échange et de convivialité, l'occasion pour Grancher et Scize de mieux se connaître. Le courant passe et une amitié de vingt années va s'y forger, d'autant plus forte que tous deux partagent un vrai goût pour l'écriture, la bonne cuisine et le bon vin.

Dépassant bientôt le cadre dans lequel il s'était cantonné depuis plus de dix années, Pierre Scize se lance pour le quotidien *Paris-soir* ou les hebdomadaires *Voilà* ou *Vu* dans de grands reportages qui le mènent dans le monde entier.

C'est à cette même époque que l'on envisage à Lyon, et en son honneur, de créer un prix littéraire à son nom, tant son aura de journaliste est grande. L'adversité locale étant ce qu'elle est, ce prix ne verra toutefois pas le jour et sera finalement amalgamé à un autre projet de prix.(197)

Dans les années qui suivent, ses collaborations aux périodiques de l'époque s'élargissent à de nouveaux titres comme *Le Mois à Lyon*. Marcel Grancher, qui a particulièrement apprécié *Gens des cimes*, récemment récompensé par le *Prix littéraire des Alpes françaises*(198), a obtenu de son auteur l'autorisation d'en publier quelques extraits dans son magazine. Commencée dans le numéro de Noël 1935, la collaboration entre les deux hommes ne s'arrêtera plus.

Ainsi en va-t-il aller jusqu'à la veille de la guerre, la suivante !..

Personnellement engagé dans ce qu'on appellerait de nos jours le « centre gauche », Pierre Scize n'a eu de cesse, tout au long des années 1930, que de dénoncer les politiques nationalistes et militaristes qui ont peu à peu empoisonné les relations internationales, et ce plus particulièrement en Europe. Depuis 1938, la menace d'un nouveau conflit est redevenue une réalité et peu nombreux sont ceux qui mettent en garde contre cette nouvelle marche « à la guerre ». Pierre Scize est naturellement de ceux-là, lui qui a si chèrement payé son tribut lors du précédent conflit. Ainsi les colonnes du nouvel hebdomadaire *Messidor*, qui vient d'être lancé par Léon Jouhaux en mars 1938, ou encore celles de *Paris-soir*, alors dirigé par Pierre Lazareff, lui permettent de dénoncer aussi bien la politique attentiste de la France, que l'hégémonisme allemand. On connaît la suite !

Juin 1940 : bras armé du IIIe Reich, la Wehrmacht a mis à bas les démocraties européennes. Seule demeure la Grande-Bretagne. La France est occupée sur les deux-tiers de son territoire. L'armée allemande s'installe à Paris. Le nouveau « gouvernement » français investit les hôtels de Vichy. Se résigner, accepter, « collaborer » ne sont pas des verbes que Pierre Scize et quelques autres ne peuvent admettre. A l'instar de la plupart des journaux parisiens, le *Paris-soir* de Jean Prouvost a quitté la capitale le 11 juin. Nantes, Bordeaux, Clermont-Ferrand ont été autant d'étapes avant que le journal et une partie de ses collaborateurs ne s'installent finalement à la mi-juillet à Lyon. Pierre Scize y retrouve ses racines et ses amis. Marcel Grancher est bien évidemment de ceux-là, tout comme Henry Clos-Jouve, émigré un temps comme lui à Paris et revenu à Lyon depuis une dizaine d'années. C'est d'ailleurs chez ce dernier, dans sa propriété de Champagne-au-Mont-d'Or, qu'il trouve bientôt le gîte et le couvert après avoir été un temps de passage à l'*Hôtel de Paris*, à Rochetaillée, alors tenu par le célèbre pilote automobile François Lecot, l'homme des « 400.000 kms » dont nous avons déjà relaté les exploits.

Peu après, sa famille ayant pu le rejoindre à Lyon, il s'installe avec elle dans un minuscule appartement situé au 5 de la rue Bouteille, une étroite voie sombre courant tout au bas des pentes de la Croix-Rousse, non loin du quai de la Saône.

Alors qu'une « version allemande » de son journal continue à paraître à Paris, l'édition de Lyon prend sa place en « zone libre » et se démarque bientôt de la politique menée par Vichy, ses journalistes s'exprimant de plus en plus ouvertement contre l'occupant et ses valets. Au nombre d'entre eux bien sûr Pierre Scize, qui se rapproche de ceux de ses confrères « repliés » partageant ses opinions. Plusieurs appartiennent à l'équipe rédactionnelle du *Figaro* et déjà certains agissent dans l'ombre pour faire entendre leur voix.

Dès le printemps 1941, on le retrouve régulièrement à la *Brasserie de la Couronne* de Gaby Roch, en compagnie de quelques amis qui apportent leurs contributions aux *Petites ailes de France*, organe clandestin créé par le Lyonnais Henri

(196) Voir ci-après : Henry Clos-Jouve.

(197) Voir chapitre X Le prix Lugdunum et autres prix littéraires.

(198) Prix littéraire doté de 2 000 francs, institué par le quotidien grenoblois *Le Petit Dauphinois* en 1925.

Frenay et animé par René Cerf Lévi. Lorsque ce dernier lance *Combat* avec ce même Frenay, à la fin de l'année 1941, il est tout naturellement contacté pour participer à la rédaction du premier numéro. Il abondera ainsi régulièrement le journal de ses papiers et ce, prudence oblige, dans la plus grande discrétion.

Officiellement, il consacre le plus clair de son temps à l'écriture. Marcel Grancher et Henry Clos-Jouve lui ont ouvert grand les portes des *Editions Lugdunum* : dix ans après son *Gens des cimes*, il signe avec *Pernette et son amour*, un nouveau recueil de nouvelles qui sera suivi un an plus tard de *Rencontrés sur la route*. Ce dernier titre sort en librairie alors que l'armée allemande a de nouveau investi Lyon : la zone libre a vécu ! Plus que jamais, Pierre Scize œuvre à la presse clandestine. C'est ainsi qu'il est sollicité, à la mi-novembre 1943, pour mettre sa plume au service des *Mouvements Unis de Résistance* qui ont décidé de réaliser et de diffuser, pour la fin de l'année, un faux numéro du *Nouvelliste*. Il s'attelle à la tâche avec enthousiasme et sollicite même son ami Marcel Grancher pour la rédaction de l'éditorial. Aux toutes premières heures du matin du 31 décembre 1943, 25 000 exemplaires du faux journal sont distribués dans les kiosques en lieu et place du vrai et sont vendus avant que la police de Vichy et la Milice n'interviennent… Habitués à lire tout autre chose dans leur quotidien habituel, ceux des Lyonnais qui ont pu se procurer un exemplaire du journal, y découvrent avec stupéfaction, et peut-être beaucoup d'intérêt, des articles entièrement consacrés à la gloire de la résistance française et des armées alliées comme nous l'avons vu.

Dans les mois qui suivent, la situation à Lyon se dégradant au rythme des attentats, des explosions de bombes et des assassinats, en même temps que des interventions de plus en plus brutales de la police allemande et de la Milice de Vichy, nombreux sont les sympathisants de la Résistance qui se résignent à la plus grande prudence et partent se faire oublier « au vert ». Pierre Scize est de ceux-là et quitte Lyon avec son épouse et leur fils pour rejoindre des cousins installés à Saint-Just-Chaleyssin, un village situé aux marches du Dauphiné.

Neuf mois plus tard, Lyon était enfin libéré du joug allemand !

Cette époque particulièrement troublée et violente, Pierre Scize l'aura passé chez Henry Clos-Jouve, à Champagne-au-Mont-d'Or, évitant ainsi à sa famille les tumultes de la rue, tout en se réservant la possibilité de descendre entre Rhône et Saône pour suivre les évènements : il y trouvera là de quoi écrire un de ses plus beaux livres, *Lyon dans les chaînes*, un poignant récit des temps de l'occupation et de la libération, magnifiquement illustré par des lithographies originales de son ami le peintre Julien Pavil et préfacé, excusez du peu, par le Président Edouard Herriot.

La liberté retrouvée, une nouvelle et abondante presse lyonnaise s'est installée à côté des rares titres qui ont été autorisés à reprendre ou à poursuivre leur parution. Ainsi, *Le Progrès*, *Guignol* mais aussi *le mois à Lyon*, auquel Pierre Scize apporte depuis quelques temps maintenant une collaboration active. Malgré les vicissitudes liées aux réglementations et aux pénuries de l'immédiat après-guerre, qui impacteront fortement la vie du journal, celle-ci se poursuivra jusqu'en juin 1947.

Entre-temps, sa situation aura bien favorablement évolué. Après avoir un temps donné ses articles à l'éphémère quotidien *Les Nouvelles du Matin*, de Jean Marin(199) pour lequel il a couvert le procès du Maréchal Pétain, *Le Figaro* lui a ouvert ses colonnes le 1er janvier 1946, en lui proposant une place de rédacteur-chroniqueur qu'il a bien naturellement acceptée : retour à Paris donc ! Dix mois plus tard, le *Journal Officiel* confirmait son inscription, en même temps celle de son ami Marcel Grancher, sur la liste des récipiendaires de la *Médaille de la Résistance*.

A cette même époque, alors que les problèmes de société de l'après-guerre lui fournissent la matière pour de nouvelles investigations journalistiques, il a commencé à élargir son champ d'intervention aux grandes affaires judiciaires en cours. A ses comptes rendus des audiences de jugement des criminels de la *Milice* et autre *Parti Populaire Français* auxquels il a assisté à Lyon, se sont bientôt ajoutés ceux des grands procès du moment comme celui du docteur Petiot ou encore celui de Xavier Vallat. Mais ce sont surtout ses articles sur le premier procès de Marie Besnard, « l'empoisonneuse de Loudun » puis sur l'affaire Dominici et le triple assassinat de Lurs qui feront date et le consacreront comme le premier chroniqueur judiciaire de son temps(200).

En 1953, Pierre Brisson, le directeur du *Figaro*, lui propose comme un pari amical d'investir sur un domaine qu'il n'a pas encore couvert et d'écrire sur le *Tour de France* cycliste, lui qui n'a jamais pratiqué le moindre sport, si ce n'était l'alpinisme dans sa jeunesse ! Trois étés durant, il va pourtant produire de si savoureuses chroniques sur l'ambiance et les à-côtés de la course que le ton en sera donné pour longtemps, inspirant directement celles qu'Antoine Blondin livrera pendant vingt ans à *L'équipe* !

1956 : Pierre Brisson a demandé à Pierre Scize de partir pour Melbourne avec le chef du service des sports du journal et d'écrire sur les Jeux olympiques le même genre de chroniques que sur le Tour. On ne change pas « une équipe qui gagne » et de nouveau il va relever le défi. Ce sera le dernier.

Le 10 décembre, deux jours après la fin de ces jeux, qui ont vu Alain Mimoun remporter avec panache l'épreuve reine du marathon, Pierre Scize s'apprête à regagner la France lorsqu'il est renversé par une voiture. L'accident n'est pas bien grave mais nécessite cependant un transfert vers l'hôpital. Il y décédera brutalement quelques heures plus tard des suites de complications inattendues ! Il avait soixante-deux ans.

Il repose aujourd'hui au cimetière de Bagnolet.

(199) Grand résistant, Jean Marin (1909-1995) se sera surtout fait connaître comme le créateur à la BBC de l'émission *Les Français parlent aux Français*, puis comme directeur de l'*Agence France-Presse* à partir de 1954.

(200) Ainsi qualifié par ses célèbres et médiatiques successeurs, James de Coquet ou Frédéric Pottecher.

En dehors de sa considérable production journalistique et des livres déjà cités, Pierre Scize a laissé une demi douzaine d'autres titres en littérature, tous édités avant 1950, au nombre desquels un autre roman, *La belle de Cargèse*, un reportage illustré, *Aux vendanges de Bourgogne*, un essai *Vingt Dieux de République*, tous parus aux *Editions Lugdunum* et encore une belle biographie romancée de Georges Clémenceau.

De ses trois enfants, nés de son union avec Camille Bardot à la fin des années 1930, Michel Piot se fit un nom comme chroniqueur gastronomique au *Figaro* dans les années 1980-1990, tandis que sa petite fille Hélène mène aujourd'hui de front et avec succès, une belle carrière de journaliste et d'auteur, spécialisée dans l'art du vin et des alcools nobles.

Henry Clos-Jouve

Henry Clos-Jouve.

S'il est un homme de « la bande à Grancher » qui sut réunir tout à la fois une propension constante à la bonne humeur, un goût irraisonné pour le calembour, un humour ravageur, un rire inimitable, un intérêt marqué pour la gastronomie, un sens inné de l'amitié, le chroniqueur fécond que fut Henry Clos-Jouve fut certainement celui-là !

Sa complicité avec Marcel Grancher, Pierre Scize et Curnonsky fut le fil conducteur de sa vie.

Né à Lyon le 4 janvier 1908, Henri Belin, qui ne s'appelait pas encore Henry Clos-Jouve, fut très jeune confronté aux aléas de la vie. Il a onze ans quand ses parents mettent fin à leur union par un divorce. Son père, Luc Belin(201), un artiste peintre reconnu sur la place de Lyon, se remarie à peine trois mois plus tard, sa mère, Elisa Mallet, fille d'une famille de commerçants, convolant à son tour en 1922 avec Edouard George, un riche boutiquier lyonnais qui fait dans la lingerie fine. Le jeune Henri devra à l'avenir grandir entre une famille d'artistes d'un côté, de bourgeois aisés de l'autre. Elevé dans la tradition catholique, il termine ses études secondaires, qu'il va compléter trois années durant par des études de droit qui s'achèvent en 1929. La basoche n'est cependant pas vraiment sa tasse de thé. Les dossiers de jurisprudence pas plus que les pages du Dalloz ou les couloirs des prétoires ne peuvent convenir au jeune homme que seuls le théâtre, la chanson et la poésie inspirent. Exempté de service militaire, il a vingt ans lorsque les circonstances – et la probable recommandation de son beau-père(202) - lui offrent pourtant de s'initier au journalisme. La proposition est tentante et le jeune Henri se retrouve à Aix-les-Bains, au marbre d'une feuille touristique locale animée par Henri Mermoz, le propriétaire du *Grand Hôtel d'Albion*, un des plus beaux établissements de la riche ville thermale des bords du lac du Bourget. Le palace est particulièrement réputé pour sa table et notre journaliste en herbe y éprouve ses premières émotions culinaires. Ses classes faites, Henri Belin monte en grade et se voit bientôt confier la direction du *Bulletin des étrangers*. Lorsqu'enfin il quitte la Savoie pour retrouver Lyon, son penchant héréditaire pour la bonne cuisine, les bonnes maisons et les bons vins est définitivement fondé !

Les Compagnons de la Baleine.

De retour sur les bords du Rhône, c'est au *Cri de Lyon* qu'il livre ses premiers véritables articles de journaliste, articles qui lui valent bientôt d'être traîné en correctionnelle, ses propos ayant semble-t-il été perçus comme outrageants par quelques personnalités du cru ! Mais ce n'est pas cette adversité qui va le décourager, d'autant que ce genre de « papier » est le quotidien du journal. C'est d'ailleurs dans les couloirs de celui-ci que le jeune homme fait la connaissance d'un de ces Lyonnais « montés à Paris » et qui est en train de s'y établir une solide réputation. Il a pour nom Marcel Grancher et, malgré un emploi du temps surchargé, il maintient le lien avec la ville de sa jeunesse en écrivant de temps en temps quelques billets pour l'échotier lyonnais. Est-ce cette rencontre qui décide Henri Belin à se lancer à son tour dans l'aventure parisienne ? Toujours est-il qu'au tout début des années 1930, il part vers la capitale pour y tenter sa chance. A l'image du célèbre journaliste et écrivain lyonnais de l'époque, Henri Béraud, le voilà « flâneur salarié »(203) pour le compte du quotidien *La volonté* alors dirigé par le fantasque et sulfureux Albert Dubarry à qui il a été, semble-t-il, présenté

(201) Pierre Joseph Lucien (dit Luc) Belin (Villeneuve-les-Avignon 1878 – Alix 1959). Ami du peintre lyonnais Pierre Combet-Descombes, il résida longtemps rue David-Girin, autre peintre lyonnais dont il avait repris l'atelier. Son œuvre plutôt postimpressionniste donne une grande place à la nature et aux paysages, inspirée aussi bien par la Provence ou les bords de Méditerranée, la campagne d'entre Saône et Rhône ou encore les Alpes. On lui connaît également quelques beaux portraits. Il repose aujourd'hui au cimetière de Vilette d'Anthon d'où sa famille est originaire.

(202) Outre son grand magasin de la rue Président-Carnot, Edouard George tenait également boutique rue Davat, à Aix-les-Bains.

(203) Titre du recueil de reportages publié aux *Editions de France* par Henri Béraud en 1927.

par Pierre Scize, autre « exilé » lyonnais. Ils sont nombreux en effet ceux qui partagent alors plus ou moins leur vie, pas toujours avec bonheur, entre la capitale de la France et celle des Gaules. Plusieurs d'entre eux se sont connus au sein d'une bachique association dont le « siège » est alors situé place de la Baleine. Compagnons s'estiment-ils… compagnons de la Baleine. Ils sont encore étudiants pour les uns, artistes en devenir pour les autres, déjà installés dans la vie pour d'autres encore. Au premier étage du bistrot chez *Jacques*, ils se retrouvent. Pour chanter et boire le Beaujolais… dans le genre paillard ! Henri Belin est l'un d'eux mais aussi le peintre débutant René Besset(204), le jeune écrivain Pierre Scize, le déjà dessinateur de talent Jean-Albert Carlotti, le journaliste sportif Edouard Dupire, le futur avocat Joannès Ambre, le chansonnier en herbe Michel Herbert, le jeune pharmacien et amateur d'art René Deroudille, dit « le Baron », principal animateur de cette joyeuse cohorte qui va jusqu'à regrouper une trentaine de membres chaque vendredi soir. Marcel Grancher fera leur connaissance à l'occasion d'un reportage alors qu'il est encore parisien et revient régulièrement à Lyon pour assurer la co-rédaction en chef de son magazine *Notre carnet*.

Peut-être y a-t-il là matière à agir pour favoriser et renforcer des liens tout aussi bien littéraires qu'artistiques ou intellectuels entre ceux qui sont encore à Lyon et ceux qui sont devenus parisiens. Un journal par exemple. Notre Henry Belin – qui a entre-temps légèrement modifié son prénom ! – en discute avec ses amis René Deroudille et Maurice Nouguier à la célèbre taverne du *Lion d'Or*, de la rue Pizay. Le cadre y est des plus agréables et la cuisine excellente. L'idée prend forme et c'est vers un nouveau périodique mensuel ayant pour titre *Paris-Lyon* qu'elle va se matérialiser.

Un premier numéro sort en octobre 1931, Pierre Bathille, journaliste parisien et rédacteur en chef de la *Nouvelle Revue Critique* assurant la liaison avec la capitale. Le journal fera toutefois long feu et s'arrêtera au mois de février suivant, faute de trésorerie suffisante.

Laissons Henry Belin raconter la suite :

> *Etant alors de nouveau Parisien, je décidai de ne pas perdre l'effort constitué par l'idée de la revue en continuant le groupe « Paris-Lyon » sous forme de réunion amicale mensuelle où se regrouperaient des Lyonnais égarés à travers Paris.*
>
> *Pierre Bathille fut, pour mener à bien cette tâche, un apôtre aussi zélé que je pouvais l'être. Il me mit en rapport avec Alfred Rosier que j'avais connu à Lyon comme président de l'Association générale des Etudiants et que j'ai retrouvé presque ministre*(205).

L'idée plaît et va se concrétiser sous une autre configuration, celle d'un banquet annuel qui réunirait les Lyonnais exilés à Paris. Beaucoup se sont connus sur les bancs des écoles ou des universités et ont gardé plus ou moins de liens entre eux. Charge aux initiateurs du projet de contacter les uns et les autres pour lancer les invitations :

Alfred Rosier se chargea des fonctionnaires et des personnalités officielles ; Bathille, des intellectuels, écrivains, avocats, médecins, etc. ; et votre serviteur, des journalistes et des peintres[206].

ajoutera encore Henry Belin qui vient de muer à cette même époque, et on se sait pourquoi, en Henry Clos-Jouve, un pseudonyme tout ce qu'il y a de plus « croix-roussien ».

Et c'est finalement le 15 juin 1932 que naissait officiellement le groupe « Paris-Lyon », à l'occasion d'un premier déjeuner amical au *Poulet en Cocotte*, établissement de la rue Geoffroy-Marie, tenu par « un vrai gône du nom de Morestin ». Ce fut un succès ! Premiers à avoir répondu à l'invitation, hormis Pierre Scize, en reportage, et André Dahl, malade, les journalistes Georges Champeaux, de *Gringoire*, Auguste Nardy du *Canard enchaîné*, Marcel Grancher, le peintre René Besset, l'humoriste Michel Herbert, l'avocat Jean Kreher entre autres. On remit donc ça l'année suivante, au restaurant *Nivet*, rue de Douai cette fois, le malheureux Morestin étant décédé entre-temps. Pierre Scize en était, et aussi l'illustrateur-imagier Louis Touchagues, le peintre Jean-Albert Carlotti et bien d'autres à la renommée plus modeste. Le groupe « Paris-Lyon » était définitivement lancé. Il y aura bientôt quatre-vingt-dix ans : il est toujours actif en 2019 !

En tout état de cause c'est en son sein que va se sceller une amitié indéfectible entre Marcel Grancher et Henry Belin, et permettre à ce dernier de s'installer définitivement dans le monde du journalisme.

A la fin de l'année 1932, Grancher a décidé de revenir à Lyon avec des projets bien établis : il veut y créer une maison d'édition ainsi qu'un magazine hebdomadaire. Notre Clos-Jouve lui emboite le pas pour le suivre dans cette aventure. Cependant il faut bien vivre et sa plume de journaliste ne le lui permet pas encore. Aussi, ressortant son diplôme de droit, il installe un cabinet de conseil juridique qui va lui fournir l'ordinaire.

Mais notre homme est du genre bohême : l'expérience ne durera que quelques mois, d'autant que, depuis le décès de son beau-père, en novembre 1933, il s'est réinstallé dans la grande propriété qu'occupe sa mère au pied des Monts d'Or et y a gagné une certaine aisance. Dorénavant, c'est au magazine *La semaine* puis *le Mois à Lyon* qu'il consacrera tout son temps.

La suite a déjà été évoquée par ailleurs. Pendant sept ans, sa contribution au magazine sera permanente et sa complicité avec son rédacteur en chef totale : ne partagent-ils pas deux bureaux communicants. En février 1939, il prend du grade

(204) René Besset (Lyon 1900- Paris 1980) aura été un temps élève de l'école des Beaux-Arts à Lyon. Parti pour Paris, il exposera au salon des indépendants dès la fin des années 1920. La défaite de 1940 le ramènera pour quelques saisons dans sa ville natale avant qu'il ne reprenne le chemin des bords de Seine. Son œuvre est plus particulièrement marquée par son goût des paysages et pour ses portraits de femmes.

(205) Alfred Rosier (1900-1987) se fera un nom dans le monde universitaire en étant nommé secrétaire général du **B**ureau **U**niversitaire de **S**tatistique qu'il aura fondé en 1932, puis comme directeur de cabinet de Jean Zay, ministre de l'Éducation nationale, entre 1937 et 1939. Ses travaux sur l'employabilité de la jeunesse diplômée feront date et orienteront pour longtemps les politiques visant à luter contre le chômage des étudiants.

(206) In *Le mois à Lyon* du 15 mai 1937.

en devenant le secrétaire général de la revue alors que des temps plus sombres s'annoncent. Les semaines, les mois passent et avec eux la menace de plus en plus probable d'une nouvelle guerre : Henri Belin n'attendra pas et fait alors le choix d'un engagement volontaire. On est le 29 août 1939. Le 30, il rejoint déjà le 405e régiment d'artillerie de défense contre avions à Sathonay pour être affecté à la 130e batterie. Deux jours plus tard, l'armée allemande franchissait la frontière polonaise : la guerre reprenait ses droits en Europe. Henri Belin n'en verra toutefois pas la violence. Resté au dépôt du régiment, puis affecté à la Compagnie d'Ouvriers d'Artillerie Automobile de Draguignan, il y attendra sa démobilisation à l'été suivant avant de reprendre sa place au *Mois*.

Si la paix est revenue avec la signature de l'armistice, la situation en France est encore dans le plus grand désordre. Certes Lyon échappe avec l'ensemble de la zone non occupée à la mainmise allemande, une situation qui a conduit des milliers d'exilés de la zone nord à renoncer à rentrer chez eux. Pour des raisons très diverses. Au nombre de ceux-ci, beaucoup d'artistes, d'intellectuels, de journalistes, ces derniers n'ayant eu d'autre choix que de rester auprès de leurs rédactions. Henry Clos-Jouve les connaît bien pour la plupart et c'est avec toute la générosité qu'on lui connaît qu'il va leur ouvrir les portes de la grande maison qu'il occupe au 4 de l'avenue de Lanessan, dans la montée de Champagne-au-Mont-d'Or. En ces temps de disettes en tous genres, « Les étangs » deviennent alors un lieu de rendez-vous et de séjours particulièrement appréciés de quelques amis « repliés » au nombre desquels Pierre Scize, Lucien Farnoux-Reynaud, les peintres Julien Pavil et René Besset, l'auteur de théâtre Michel Duran, plus quelques autres. Marcel Grancher se remémorera près de vingt ans plus tard ces moments rares de la guerre(207) :

> *Le ravitaillement de tout ce joli monde donne à Clos-Jouve bien de la tablature. Mais il aime ça – et il est d'ailleurs futé en diable. Personne mieux que lui ne sait trouver le fin morceau sans tickets, les conserves clandestines, le gibier, les œufs, le beurre... Les pensionnaires d'Henry sont d'heureux gaillards qui engraissent et reprennent de la fine...*
>
> *D'autres hôtes, non moins connus, passèrent également aux « Etangs » - finirent le gigot, vidèrent des flacons, s'essuyèrent aux rideaux et partirent sans donner le pourboire à la bonne - ; d'autres...*

qui oublieront rapidement la générosité de leur hôte ! Il est parfois bien difficile d'être débiteur et reconnaissant !

Malgré cela, pour la plupart de tous ces déracinés à Lyon, la vie reste difficile. Aussi Clos-Jouve décide avec son ami Grancher de les aider à oublier un tant soit peu les difficultés du moment. Ce sera « l'œuvre de la goutte de vin pour les pauvres parisiens repliés » que nous avons déjà évoquée.

Plus encore, les deux acolytes ont réfléchi durant l'hiver suivant à instituer deux nouveaux prix littéraires pour lesquels le recours à des jurys qualifiés serait nécessaire(208). Voilà une autre opportunité pour quelques plumes parisiennes en mal d'activité. La première édition du prix Lugdunum sera un succès, avec la consécration d'un nouveau talent très prometteur, le jeune Frédéric Dard, Clos-Jouve dont l'entregent pour la constitution des jurys aura été déterminant, empochant pour sa part la première édition du prix Claude Le Marguet attribué par les courriéristes. Ce *Prétoire dans la boutique*, un essai fantaisiste sur les tribunaux de commerce, restera sans descendance immédiate.

Quelques mois plus tard, c'est une nouvelle donne qui va se présenter à lui, Grancher ayant décidé de laisser les *Editions Lugdunum* et de passer la main. Tout naturellement c'est à son plus proche ami et collaborateur qu'il va proposer d'en reprendre les rênes. Dix années après sa création, la maison d'édition va y gagner une nouvelle jeunesse, Clos-Jouve ayant tôt fait de faire jouer ses relations pour ouvrir grandes les portes aux Parisiens, rompant ainsi avec les choix initiaux de son prédécesseur, qui reste toutefois un conseiller avisé en tant que « directeur littéraire ».

Le marché du livre s'y prête : jamais dans une France apathique gagnée par la morosité, le goût de la lecture n'a été si fort. Fautes d'autres distractions – un cinéma en berne, une radio aux ordres, une presse défaillante - les gens veulent lire. Malgré le poids de la censure et des difficultés récurrentes pour s'approvisionner en papier, c'est une littérature populaire qui est attendue et demandée. A côté des grandes maisons parisiennes – sous surveillance stricte – les *Editions Lugdunum* vont y pallier. Clos-Jouve est à la manœuvre qui, à la grande surprise de ses amis, fait rapidement montre de compétences insoupçonnées. A sa désinvolture naturelle et à sa distraction quasi permanente, se substituent le sérieux et la pertinence de ses choix. Sélection des manuscrits, rendez-vous avec les auteurs, relations avec les imprimeurs, contrats de diffusion, sont autant de moments incontournables, sans compter les échanges avec les libraires, les correspondances avec les lecteurs les plus fidèles, ou encore le suivi des critiques littéraires… Une activité de chaque instant qui l'amène rapidement à se chercher un collaborateur-secrétaire. Ce sera d'abord Pierre Brugère, un des amis de Frédéric Dard, sans emploi depuis la fin de l'aventure de *l'An 40*, quelques mois plus tôt(209). Le dilettantisme de ce dernier limitera l'expérience à quelques mois. Plus judicieux sera le choix de Robert Laeser, appelé à lui succéder. Discret, sérieux, efficace, le jeune homme sera pour beaucoup dans les succès des *Editions Lugdunum* qui vont ainsi proposer quasi mensuellement un nouveau titre aux lecteurs lyonnais, la diffusion étant assurée vers le reste de la zone libre et jusqu'à Paris via les messageries *Hachette*.

La mondialisation de la guerre, le débarquement américain en Afrique du nord, l'occupation de la zone sud par l'armée allemande, les restrictions croissantes de tous ordres n'entraveront en rien le rythme des parutions, 25 nouveaux

(207) In *Adieu Machonville !..*, Les Editions Rabelais, Paris, 1974.

(208) Voir chapitre X Le prix Lugdunum et autres prix littéraires.

(209) Voir chapitre IX Frédéric Dard.

titres devant s'inscrire au catalogue avant les débarquements des alliés en Normandie puis en Provence, durant l'été 1944.

Tout va cependant changer avec la Libération, les premières conséquences se faisant sentir dès le début de l'année 1945. La roue tourne. Comme il fallait s'y attendre - et Clos-Jouve n'avait pas été le dernier à le prévoir -, le temps est venu pour les Parisiens de rentrer chez eux. Bientôt suivis par les Lyonnais les plus aventureux qui ont compris que leur avenir passait par la capitale.

Les auteurs se raréfient, les bons auteurs il s'entend, ceux dont les noms résonnent aux oreilles des lecteurs, car de nouvelles plumes s'essayent à leur tour à cette littérature populaire sans rencontrer les mêmes succès. Les prix Lugdunum des trois années d'après-guerre en témoignent qui vont récompenser des lauréats qui ne laisseront aucune autre trace littéraire ! Clos-Jouve n'a pas su anticiper, Clos-Jouve est trop généreux qui régale et qui signe trop vite des contrats d'édition trop avantageux pour des auteurs trop verts. Clos-Jouve est retombé dans ses travers de jeunesse ! Et puis la situation à Lyon a bien changé. Les veilles habitudes, la politique politicienne ont repris leurs droits et les prébendes des uns et des autres sont chaque jour qui passe un peu plus jalonnées. Désabusé, Grancher est parti et supervise tant bien que mal la parution de son magazine depuis Paris. Clos-Jouve le suit bientôt et ouvre un bureau place de l'Opéra. Mais on ne dirige pas aisément une maison d'édition lyonnaise depuis les bords de Seine. Problèmes de communication, d'édition, d'imprimerie, de papier, de stockage, de distribution, de diffusion, de suivi… Son secrétaire, Robert Laeser, fidèle au poste ne peut pas tout assurer.

Si 14 titres, dont 3 rééditions ont été mis en vente en 1945, puis encore 9 en 1946, un seul, le lauréat de ce qui sera le dernier prix Lugdunum, sort des presses en 1947. Il est vrai que Clos-Jouve vient de se marier quelques mois plus tôt avec une Marguerite Favre : peut-être a-t-il envie de consacrer un peu de temps à son jeune couple ?

De fait, l'aventure des *Editions Lugdunum* prendra fin au printemps 1948 avec une ultime parution. Son titre : *Vingt ans chez les femmes nues*. Son auteur : Maurice Hermite, producteur et chef d'orchestre aux Folies Bergères. L'imprimeur et le concessionnaire exclusif : Pierre Dupont, à Paris. A en lire les indications portées en tête et en fin du volume, de Lyon il n'est plus nulle part question. La maison d'édition est en faillite et l'affaire se termine devant le tribunal de commerce.

Après quelques mois durant lesquels la verve d'Henry Clos-Jouve s'exercera encore dans les colonnes du *Mois à Lyon* – il y signera un dernier article dans l'ultime numéro de décembre 1949 – c'est à Paris qu'il continuera ses activités littéraires aussi bien que gastronomiques aux côtés de ses amis Marcel Grancher et Curnonsky. Il sera de ceux qui créeront l'*Académie Rabelais*, écrira plusieurs livres mêlant histoire, régionalisme et cuisines de terroir, tout en se faisant un nouveau nom en tant que critique gastronomique. Il s'est discrètement effacé en 1981.

Le professeur

Edmond Locard

Le musée du Laboratoire de la Police Scientifique en 1937.

Plutôt qu'un copain, le professeur Edmond Locard fut une sorte de maître pour Marcel Grancher qui reconnut d'emblée en lui « un savant, un artiste, un écrivain, un orateur » exceptionnel. La première rencontre entre les deux hommes, qu'une génération sépare, eut vraisemblablement lieu à l'occasion d'une série de reportages sur le Lyon de la nuit que Grancher avait entrepris pour le compte de son magazine *la gazette du lyonnais* au printemps 1930[(210)]. Elle prit place au *Laboratoire de Police Technique* que Locard dirigeait alors et qui le fit connaître du monde entier.

Né à Saint-Chamond, à mi-chemin entre Saint-Etienne et Lyon, en 1877, Edmond Locard vit ses premières années à Allevard, en Isère, avant que ses parents ne reviennent s'établir à Lyon. La famille est plutôt de bonne réputation. Qu'on en juge : un grand-père ingénieur - qui a eu à son actif la construction des ouvrages d'art de la ligne de chemin de fer entre Lyon et Saint-Etienne, des gares de ces deux villes et des viaducs de la Mulatière et de Perrache – et un père Arnould Locard, ingénieur lui aussi, connu comme naturaliste, géologue et malacologiste de renommée internationale. Sa mère elle, née Gibert de Sennevières, ne travaille pas et s'occupe bientôt d'une petite fille qui vient enrichir le couple en 1880. Brillant élève dès les débuts de sa scolarité, le jeune homme continuera ses études au collège dominicain Saint-Thomas d'Aquin, à Oullins, où il s'initie aux langues anciennes, études sanctionnées à 17 ans par un baccalauréat en Lettres et en Sciences. L'université le voit successivement s'intéresser au droit puis à la médecine où sa rencontre avec les professeurs Ollier, spécialiste en chirurgie osseuse, puis Lacassagne, professeur en médecine légale, seront déterminantes. En 1902 le voilà à son tour Docteur en médecine après avoir soutenu une thèse sur « la médecine légale sous le grand roy ». Devenu l'assistant d'Alexandre Lacassagne, il poursuit ses recherches avec d'autres pionniers de la nouvelle science criminalistique, en particulier Rodolphe Archibald Reiss[(211)], de l'université de

(210) Cette suite de reportages devait par la suite être regroupée pour donner un livre ayant pour titre *Nuits de Lyon*, dédicacé « Au Docteur Edmond Locard. En témoignage d'amitié et d'admiration. », paru aux éditions Lorge en 1931.

(211) Rodolphe Archibald Reiss (1875-1929) fondera en 1909, l'Institut de police scientifique de l'Université de Lausanne, première école de police scientifique du monde.

Edmond Locard, croqué par Roger Sam.

Lausanne, ce qui le conduit à obtenir une licence en droit en 1905. Par la suite, Edmond Locard va s'attacher à poursuivre les recherches d'Alphonse Bertillon en matière d'études des empreintes digitales avant de créer à Lyon en 1910, suivant en cela l'exemple de Reiss à Lausanne, le premier laboratoire de police technique français. Dès lors, Locard va y développer toutes sortes de méthodes de recherches en matière criminalistique comme l'anthropométrie, la dactyloscopie, la balistique, la toxicologie ou encore la graphologie dont il deviendra un des experts mondiaux.

En 1930, Edmond Locard a déjà 53 ans lorsque Marcel Grancher, de vingt ans son cadet, le rencontre sous les toits du Palais de Justice où il a installé son laboratoire et ses services. Le courant passe immédiatement entre les deux hommes, qui scellera une amitié indéfectible. Et pour cause ! Locard ne s'intéresse pas qu'à la criminalistique : l'homme est musicien, grand amateur d'opéra, défenseur du théâtre de Guignol – on est à Lyon – philatéliste à ses heures, botaniste, linguiste – il parle plusieurs langues et lit le grec et l'hébreu dans le texte-, conférencier, gastronome et encore écrivain. Une demi-douzaine d'ouvrages en témoigne déjà. Pour l'heure il s'est attelé à la rédaction de ce qui sera son œuvre majeure, un *Traité de criminalistique* qui trouvera son terme en 1940 : sept volumes en tout, qui restent de nos jours une référence absolue en matière de science criminelle.

L'homme aime également passionnément la musique et la littérature. Depuis 1904, il a pris l'habitude de faire publier çà et là quelques articles de circonstances sur ces sujets qui lui tiennent à cœur comme pour *La Revue Musicale de Lyon*, *les Arts à Lyon*, les quotidiens *Le Progrès* et *Lyon républicain*, dont certains lui ont valu quelques polémiques retentissantes et quelques inimitiés rédhibitoires. Henri Béraud est de ceux-là pour d'obscures raisons !

Aussi Marcel Grancher va-t-il s'attacher, dès son retour à Lyon, à obtenir sa signature dans les colonnes de *La semaine* et ajouter son nom au catalogue naissant des *Editions Lugdunum*. Coup double ! C'est chose faite au mois d'avril 1933 lorsque paraissent simultanément le premier papier donné par Locard, un conte intitulé *Le défi*, et son premier titre *Contes apaches*, « les plus hallucinants qui furent jamais écrits sur les milieux de la pègre lyonnaise » peut-on lire en annonce. Commençait alors une collaboration qui s'étendra jusqu'aux années soixante.

Elle prendra mille formes, Locard étant toujours partant pour participer à des jurys, voire les présider, donner des conférences au titre du journal, préfacer les livres de jeunes ou moins jeunes auteurs, en accompagner d'autres sur le chemin de la réussite : Frédéric Dard lui en sera particulièrement reconnaissant.

Ami de tout le monde, courtisé de toutes parts, il continue à signer des articles dans nombre de journaux et périodiques et ce jusque chez les concurrents directs de Grancher, *La Vie Lyonnaise* maintenant au fil des numéros « une chronique scientifique » qu'il abonde régulièrement. Toutes ces activités ne seront en aucune manière réduites le temps de la guerre puis de la défaite venu. A l'été 1940, les Allemands sont arrivés jusqu'à Lyon puis sont repartis ; on ne les reverra pas avant la fin de l'automne 1942. Par contre sont restés des milliers d'exilés qui ont fuit le nord de la France au printemps précédent devant l'avancée de l'ennemi. Beaucoup essayent de s'installer tant bien que mal à Lyon ou dans ses environs et parmi eux de nombreux intellectuels, artistes ou journalistes. Le nom d'Edmond Locard est bien connu de la majorité d'entre eux, quelques-uns ayant déjà eu par le passé l'opportunité de faire sa connaissance. Ainsi l'écrivain Alexandre Arnoux qui a été son élève lorsqu'il finissait ses études de droit à Lyon ou encore le chroniqueur judiciaire Géo London qui l'aura croisé dans les couloirs des palais de justice à l'occasion de nombreux procès. Une rencontre n'a pourtant pas encore eu lieu et c'est Marcel Grancher qui va l'organiser. Ce dernier a une admiration sans borne pour Locard, mais aussi pour Charles Faroux, le grand journaliste sportif qu'il connaît depuis plus de quinze ans et dont il a loué, à longueur d'articles et de livres, la très grande culture et l'esprit. Les aléas de la guerre l'ont amené à Lyon avec l'équipe de son journal, tout comme Colette, la non moins célèbre auteur des « Claudine », une amie de longue date de Faroux, que Grancher a quelques fois rencontré durant ses années parisiennes. Faroux aimerait rencontrer Locard et s'en ouvre à Grancher qui est immédiatement séduit par l'idée de faire se rencontrer ces « trois plus beaux esprits » du moment, écrira-t-il plus tard. Rendez-vous est pris pour un dîner chez Morateur, le grand traiteur de la rue Grôlée, tout à côté de l'hôtel Carlton. Repas de gourmets et vins aidant, qui libèrent les esprits, tous les convives n'ont bientôt plus d'yeux et d'oreilles que pour « le professeur » qui, dixit Grancher, fut éblouissant et tint littéralement ses convives sous le charme trois heures durant. Ce charme, cette amabilité, cette gentillesse naturelle vont accompagner Edmond Locard tout au long de la guerre, sans que jamais celui-ci ne se départisse de sa neutralité face à l'administration de Vichy ou à l'occupant allemand.

En réalité, et tout à l'image de l'homme, Edmond Locard restera on ne peut plus discret quand à son engagement dans la résistance à l'envahisseur allemand, même s'il ne fait pas mystère de ses sentiments « gaullistes » dans un cercle d'amis restreint, où l'on retrouve entre autres l'ancien ministre Justin Godart. Ce dernier s'est engagé, dès le milieu des années 1930, dans les mouvements d'aide et d'accueil aux réfugiés allemands fuyant le régime nazi, au nombre desquels beaucoup de ressortissants juifs. Locard et lui se connaissent bien et depuis longtemps et on imagine sans mal que le patriote Locard, ancien major du « Chiffre » de la Grande Guerre, ne reste pas indifférent aux engagements personnels de son ami pas plus qu'à l'émergence des mouvements de résistance qui se mettent petit à petit en place à Lyon et ailleurs.

Ainsi, un épisode, qui aurait pu avoir des conséquences dramatiques, illustre ces traits de caractère. Il survient le 19 mars 1943 alors que son ami Marcel Grancher vient de recevoir, à peine quelques jours plus tôt, l'avis de sa nomination dans l'ordre de la Légion d'honneur, celle-ci pour prendre rang au 23 mai 1940 ! Il s'agit de fêter cela et pour Grancher de réunir quelques amis à la *Brasserie de la Couronne*. Ses invités ne sont encore pas tous arrivés que survient la police allemande. Une sommaire vérification des papiers d'identité des clients présents ne suffit apparemment pas et ils sont une dizaine à être embarqués vers l'hôtel *Métropole* au moment où Locard arrive à son tour. Pas question pour lui de laisser ses amis. Faisant preuve de sa qualité de « policier », un mot qui résonne particulièrement aux oreilles allemandes du chef du détachement, il obtient d'accompagner la petite cohorte. Alors que les interrogatoires se poursuivent un peu plus tard, il parvient à joindre le préfet Angeli pour l'informer de la situation et obtenir sa médiation. Avec succès. Malgré les risques encourus. Tout le monde sera libéré avant la fin de l'après-midi, échappant ainsi au dramatique sort de bien des Français retenus de plus en plus souvent, dans de telles circonstances, comme otages.

Aussi bien, faute de n'avoir jamais vraiment parlé de cette période, c'est après-guerre que l'attribution le 24 avril 1946 de la Médaille de la Résistance apportera quelque éclairage complémentaire dans le motif de sa proposition : « Agent de renseignements en territoire occupé par l'ennemi. Inscrit aux Services de Renseignements le 27 janvier 1941 en qualité de conseiller-secrétaire du réseau. Par ses relations personnelles, a pu fournir et vérifier des renseignements de la plus haute importance, notamment sur la dislocation des troupes d'occupation en France. Profitant de son immense expérience de chef du Laboratoire de la Police, a pu utilement conseiller toutes les personnes du service des faux papiers rattachées au réseau. A vérifié l'authenticité des documents militaires ennemis recueillis par les agents du réseau. A aidé le chef du réseau à entrer en relation avec une usine qui, en 1941, a pu lui fournir un appareil émetteur T.S.F. Surveillé par la Gestapo, a néanmoins continué avec courage son travail, malgré deux perquisitions à son domicile. »

À partir 1941, il préside, à la suite de Justin Godard, la *Société des Amis de Guignol*, dont le but est la conservation et l'enseignement des traditions lyonnaises, la promotion du parler lyonnais et du théâtre de Guignol. Il se passionne également pour la peinture et la philatélie, rassemblant une collection précieuse dont la vente lui permettra d'assurer son existence à la fin de sa vie. Il se retirera de la direction du laboratoire de police en 1951 mais conservera une activité d'expertise privée, et plus particulièrement celle des écritures.

La vieillesse d'Edmond Locard sera à l'image du reste de sa vie : active. Il travaillera jusqu'à sa mort, survenue en 1966, sans doute par passion autant que par nécessité. En effet, n'ayant eu aucun statut précis à la tête du laboratoire de police scientifique sinon celui, fort vague, de « chargé de fonctions publiques » qui lui permettait seulement de se faire rembourser ses frais de déplacements et de nourriture sans lui assurer de salaire, il n'aura bénéficié d'aucune rente ni d'aucune retraite. Seule une rue du 5e arrondissement de Lyon rappelle aujourd'hui son souvenir.

Les restaurateurs

Gaston Simonet

« A Gaston Simonet - Zouave de Charleroi - Affectueusement » ! C'est ainsi que Marcel Grancher dédicaça son livre de souvenirs de guerre *5 de Campagne* à son ami, lors de sa parution en décembre 1937.

Gaston Simonet, vu par Pavil.

« Zouave » : un mot lâché sous le coup de l'exaspération par un certain capitaine Haddock, qui devait entraîner dans une colère épique et inédite son ami le professeur Tryphon Tournesol, l'inséparable ami de Tintin[212], à qui l'épithète avait été lancée !

Le qualificatif en tous cas semble pouvoir être attribué à ce Gaston Simonet qui, des années durant, anima depuis son repaire de la Croix Rousse, la vie littéraire et journalistique de la cité rhodanienne. Il fut sans conteste un « zouave » : généreux, ombrageux, jovial, susceptible, entreprenant, mais aussi un homme de conviction.

Il aura tour à tour été coureur-cycliste, mécanicien-ajusteur, zouave, cheminot, conférencier, secrétaire d'un groupement de commerçants avant de s'établir comme restaurateur-hôtelier à la Croix-Rousse, sa patrie d'adoption, ainsi que nous l'apprend au détour d'une page, le numéro du 15 juin 1941 du *Mois à Lyon*.

Coureur cycliste ! Assurément une ambition de jeunesse pour ce garçon né le 17 mai 1894 à Pont-de-Poitte, un petit village du Jura bordant l'Ain. Un père lamineur, une mère couturière. Moulins, ateliers de filature, scieries, forges des environs offrent du travail à tous ceux qui ne tirent pas leurs revenus de la terre. Pour le cyclisme, il en restera au stade amateur.

Suivant l'exemple de son père c'est vers une formation en mécanique générale qu'il se dirige, une fois ses études primaires menées à bien. Son premier métier sera celui de tôlier. Il ne le sait pas encore mais cette spécialité va lui permettre d'échapper au sort funeste qui attend la jeunesse de cette époque. Il n'a pas encore 20 ans qu'il choisit, peut-être pour s'ouvrir à d'autres horizons, de s'engager pour trois ans dans l'armée. On est le 15 septembre 1913. Gaston Simonet rejoint le

(212) Cf. *Objectif Lune - Les aventures de Tintin*, Hergé, Editions Casterman, 1953.

camp de Sathonay, près de Lyon, pour être incorporé au 5e bataillon du 3e régiment de Zouaves alors en formation. Moins d'une année plus tard débutait la Première Guerre mondiale.

Le 2 août 1914, veille de la déclaration de guerre de l'Allemagne à la France, son régiment fait route vers le nord pour rejoindre la frontière belge. Moins de trois semaines plus tard, c'est le choc frontal : du 21 au 23 août les divisions françaises malgré des pertes en vies humaines effrayantes, résistent avec une détermination sans faille à l'avancée allemande avant de céder la place. Lors de cette terrible bataille de Charleroi, le régiment du zouave Simonet aura perdu plus de 950 des siens, tués, blessés ou disparus. Notre jurassien aura échappé au pire !

Alors que l'Europe s'engage dans une guerre fratricide encore jamais égalée, toutes les ressources humaines sont mobilisées : chacun à sa place au mieux de ses compétences, au front ou à l'arrière. Pour Simonet, après quelques semaines en première ligne, ce sera l'arrière. Ses compétences professionnelles ont joué en sa faveur et il est détaché dès mars 1915 vers une usine d'armement à Saint-Etienne, les établissements Darne(213). Il y restera tout au long de la guerre, en tant que fraiseur, avant d'être « relevé d'usine » à la fin mai 1918, quelques mois à peine avant l'armistice. Après plusieurs affectations plus ou moins administratives dans différents régiments et la fin de la guerre venue, Gaston Simonet reste mobilisé, et compte tenu de ses compétences, reçoit cette fois une affectation spéciale à la 2e section des *chemins de fer de Campagne* basée à Oullins, dans la banlieue sud de Lyon. Sont installés là les ateliers de maintenance du *PLM*, autrement connue comme la *Compagnie des chemins de fer de Paris à Lyon et à la Méditerranée*. Ce séjour sera déterminant pour sa vie future. Car c'est à Oullins que son destin va croiser celui d'une jeune fille prénommée Marie. Elle a 20 ans, elle est sténographe. Originaire de la Nièvre comme ses parents, elle habite avec eux boulevard Emile Zola, à quelques dizaines de mètres de l'atelier où travaille Gaston. Les jeunes gens se plaisent et il ne leur faut que quelques mois pour se décider au mariage. Celui-ci a lieu le 10 juillet 1920 à la mairie d'Oullins. Les années qui vont suivre seront plus laconiques. Rayé des cadres de la compagnie et versé dans la réserve active, Gaston et sa jeune épouse quittent la région lyonnaise pour rejoindre la région parisienne, à Meudon, où ont entre-temps déménagé les parents Simonet. Ils y resteront jusqu'à la fin de l'année avant d'aller s'établir, et pour les deux années suivantes, à Decize, la ville natale de Marie. Décembre 1922 retour à Meudon, à en lire la fiche militaire de Gaston. Et puis, plus rien ! Un blanc de dix années ! Dix années durant lesquelles le personnage va se métamorphoser.

On est en 1931. Nous avions perdu de vue un mécanicien-ajusteur, nous retrouvons un hôtelier ! Hôtelier-restaurateur même ! Et pas n'importe où : à la Croix-Rousse, à Lyon. Gaston Simonet vient d'y reprendre à son compte l'hôtel Jutard, au 157 du boulevard éponyme, une institution du plateau. Il s'y est installé avec son épouse et ses parents qui ont quitté Meudon.

Autrefois café de la Gare – la ligne de la Dombes passe juste devant – l'établissement a été relancé après la guerre par un certain Athanase Jutard(214) qui aura revendu son affaire en décembre 1927 avant que celle-ci ne soit à nouveau cédée, avec l'ensemble du bâtiment cette fois, à Gaston Simonet.

Très vite l'adresse va s'inscrire au nombre des bonnes maisons lyonnaises. Spécialité de l'établissement : banquets et repas de famille. En bas le café, au premier étage, une grande salle de restaurant, au-dessus les chambres de l'hôtel. Très vite, Gaston s'investit dans la vie du quartier. Le voilà bientôt secrétaire d'un groupement de commerçants.

Il est temps de faire un peu mieux sa connaissance : 38 ans, pas très grand, 1,65 mètre, le cheveu foncé, les yeux marron, un visage plein avec un nez fort et brusqué, le plus souvent une casquette sur la tête et une pipe ou une cigarette en bouche. Ajoutez à cela une personnalité pittoresque – il porte volontiers le nœud-papillon, des lunettes à grosse monture, des pantalons de golf -, une bonhomie naturelle et une gentillesse de tous les instants qui attire et fidélise les clients. Parmi eux, bien vite, quelques artistes du plateau, des journalistes de la Presqu'île et, à leur suite, des dessinateurs, des caricaturistes, dont quelques Parisiens de passage. Les a-t-il connus là-bas ? C'est probable car il semble bien que s'il a quitté Lyon pour les bords de Seine une dizaine d'années plus tôt, c'est pour y retrouver ses parents qui ont investi, depuis l'avant-guerre, dans le commerce de vins, le Didot-Bottin, annuaire du commerce de la ville de Paris ayant régulièrement signalé dans les années 1920 un Simonet tenant un débit de vins au 3 rue Guénégaud, dans le 6e arrondissement !

Pour des raisons qui lui sont propres, beaucoup de choses ont changé pendant ces dix ans. Cet autodidacte a semble-t-il pris goût à la chose écrite et aux Lettres en général et, par voie de conséquences, aux auteurs. Au point que c'en est devenu une vraie passion. Réinstallé à la Croix Rousse, il va naturellement y recevoir ses amis au nombre desquels figure un certain... Marcel Grancher. Ce dernier partage alors son temps, en ce début des années 1930, entre la capitale et Lyon, où il voudrait venir se réinstaller. Son idée : y créer un magazine, voire une maison d'édition. Ce sera chose faite à la fin de l'année 1932 avec les *Editions Lugdunum* et l'hebdomadaire *La Semaine à Lyon*.

Le courant est très vite passé entre les deux hommes : ils ont pratiquement le même âge, tous deux sont originaires du Jura, tous deux ont connu les affres de la guerre dans les Flandres, tous deux sont de retour à Lyon après un intermède parisien de plusieurs années où de probables réunions familiales leur ont appris

(213) Cette entreprise, jusqu'alors spécialisée dans la fabrication de fusils de chasse, vient d'obtenir la licence pour fabriquer des mitrailleuses Lewis d'aviation. De quelques unités par jour au début, la maison Darne Père augmentera sa capacité de production au fil des mois et des années suivantes, près de 3 300 mitrailleuses devant sortir de ses ateliers avant la fin des hostilités. Invitée à poursuivre après guerre la fabrication de ces armes en vue d'en améliorer les performances, environ 11 000 mitrailleuses supplémentaires seront encore produites et vendues dans de nombreux pays avant que cette activité « Armes de guerre » ne trouve son terme avec la Seconde Guerre mondiale.

(214) Athanase Jutard, originaire de Vendée, où il est né en 1889, verra ses affaires prospérer dans les années de l'entre deux guerres. Propriétaire de plusieurs brasseries dont celle de *l'Etoile*, à la Guillotière, mais aussi franc-maçon déclaré; il s'opposera avec détermination, à partir de 1940, au régime de Vichy et à la collaboration avec l'Allemagne nazie. Plusieurs fois arrêté puis relâché par la police de l'Etat français, il sera finalement enlevé et assassiné par la Milice le 17 novembre 1943. Son nom a été donné à la place du 3e arrondissement sur laquelle s'ouvrait la brasserie de l'Etoile, à l'intérieur de laquelle une plaque rappelle encore, de nos jours, son souvenir.

Le Ragenau de la Croix Rousse.

à mieux se connaître, tous deux sont passionnés de sports, de littérature et sont amateurs de bonne cuisine, tous deux ont le verbe haut… Et puis Grancher aime les personnages qui sortent du commun : Simonet est de ceux-là.

Nous voilà au printemps 1936. Grancher et Simonet, comme beaucoup d'autres, suivent avec intérêt les péripéties de ce qu'on nomme alors le *Grand Prix Littéraire des Amis de Lyon*. Attribué pour la première fois en 1930, ce prix triennal richement doté – et c'est là son point faible car il faut régulièrement l'abonder - a été de nouveau décerné en 1933 puis en 1936 sans pour autant être en passe d'être pérennisé, tant il est l'objet de « basses manœuvres », de rivalités politiques et de conflits d'intérêts[(215)].

Et puis ce prix n'est attribué que tous les trois ans ! Cela laisse peu d'opportunité pour déceler et faire connaître de nouveaux talents si on ne veut pas que ceux-ci aillent chercher à Paris une consécration méritée. Devant cette carence, il est un ami des Lettres qui ambitionne beaucoup mieux pour sa ville : le docteur Jacques Morel[(216)]. Ce praticien particulièrement estimé sur la place de Lyon est lui aussi un fervent de belles-lettres. Lui aussi n'a pu que déplorer les « ladreries » qui ont déjà entaché le *Prix des Amis de Lyon*. Il s'en est confié à quelques amis proches qui partagent ses goûts littéraires comme le pharmacien Marcel Chamaraud, le libraire Emmanuel Froment, l'industriel Fleury Thomas ou encore notre Gaston Simonet. C'est ce dernier qui, enthousiaste et pragmatique en toutes choses, va finalement convaincre ce petit aréopage de prendre l'affaire en main et de créer ensemble et à leur tour un nouveau prix littéraire aux enjeux certes plus modestes, mais visant à encourager, susciter, récompenser et faire connaître une fois l'an le talent d'un auteur lyonnais.

Le temps d'échanger sur l'idée, d'en discuter les principes, de définir les modalités d'attribution du prix à venir, au mois d'avril 1936, l'affaire « était dans le sac » et 5 000 francs dévolus au futur lauréat. Le docteur Morel prenait naturellement la présidence du comité du prix, Gaston Simonet en devenant le secrétaire général. Quant à la publicité nécessaire pour faire connaître le nouveau prix littéraire, elle serait naturellement confiée aux colonnes du *Mois à Lyon* de Marcel Grancher avant d'être relayée dans les autres organes de la presse lyonnaise.

La consécration vint le 26 octobre suivant… à la Croix-Rousse… au restaurant de l'hôtel Jutard, son établissement, appelé à devenir une sorte de *Drouant* lyonnais !

Vingt-deux candidats, présentant trente-cinq ouvrages : rien que ça !

Simonet n'a rien laissé au hasard, A midi, édiles, journalistes, membres du jury, membres du comité, tous étaient là. A 12h30, le prix était attribué à Marcel Grancher pour son *Via Suez*. A 13 heures, les invités se retrouvaient à table pour faire honneur au repas organisé pour l'évènement. Et quel repas ! Simonet a mis les petits plats dans les grands, sans parler des vins. Jugeons-en :

Le Porto Delaforce de l'année 1914
Les Huîtres fines de Marennes
Le Cénon Monopole 1926
Le Cervelas truffé, pistaché aux pommes vapeur
Le Tavel en carafes
Le Brochet du Rhône, en Belle-Vue
Le Château-Chalon 1926
Les Fonds d'artichauts Clamart
Le Fleurie en carafes
Les Pigeonneaux cocotte à la lyonnaise
Les Têtes de cuvée 1926 de la Côte-Rotie
La Salade Mimosa
Les Fromages de la région
Le Rocher de glace
Le Roederer brut 1926
Les Beaux fruits de la vallée du Rhône
Le Brut 1926 de Drouet-Ponsard
Les Friandises
Le Café filtre
Les Liqueurs fines de Cusenier
et de la Cigogne de Strasbourg.

Bien plus tard dans l'après-midi, Grancher, fier à juste titre de son prix, mettait fin à la manifestation par un discours de circonstance, remerciant l'assemblée pour ce « Grand prix littéraire du lyonnais », entre-temps ainsi requalifié.

L'amitié entre le journaliste-écrivain et l'hôtelier-mécène en sortira renforcée. Et puis Simonet a quelque envie de mettre la main à la plume et de s'essayer à la chose écrite. Les colonnes du *Mois à Lyon* vont ainsi accueillir sa production dès l'automne 1936. Un article sur les vins du Jura par ici, un autre sur la richesse de la cuisine comtoise par là, et puis d'autres encore sur la crise de l'hôtellerie, sur les sociétés de la Croix-Rousse et d'ailleurs – car on est très « société » à Lyon à

(215) Voir chapitre X Le prix Lugdunum et autres prix littéraires.

(216) Jacques Morel (1896-1940). Praticien réputé, ce laryngologiste exerce alors son art à l'hôpital de Givors avec autant de générosité que de disponibilité. Grand blessé de guerre, décoré de la Médaille militaire, c'est un homme éclectique, aussi bien grand voyageur passionné par la photographie que membre actif du *Club alpin*. Cela ne l'empêche toutefois pas d'être également l'ami des artistes et des « belles lettres » et d'animer de nombreuses Sociétés.

Simonet et sa collection de portraits d'écrivains.

cette époque !... Cette collaboration demeurera sans faille jusqu'à la disparition du mensuel une décennie plus tard.

Au début de l'été 1938, Simonet a une autre idée en tête : il voudrait bien à son tour créer un journal périodique, journal qui se voudrait avant tout humoristique. Il en a trouvé le titre : *Rabelais*. L'occasion pour lui de recevoir une recommandation de son ami Grancher pour un jeune garçon de dix-sept ans qui veut « faire du journalisme ». Il s'appelle Frédéric..., Frédéric... Dard. Rendez-vous est pris pour la rentrée de septembre qui devrait voir paraître le premier numéro. Mais voilà, le financement du nouveau journal n'est pas assuré et le projet n'ira pas plus loin. Le jeune Dard sera toutefois embauché au *Mois à Lyon*, Gaston Simonet, pour ce qui le concerne, devenant le nouvel administrateur du magazine[(217)].

A cette même époque la troisième édition du *Grand Prix Littéraire de Lyon* aura trouvé son lauréat : après Grancher et Félix de Chazournes, c'est à Max-André Dazergues qu'il échoit. A chaque fois, des journées mémorables pour lesquelles le talent de Simonet aura été pour beaucoup.

Autant d'efforts, d'investissement personnel, d'engagements, de dévouement à la cause littéraire qui lui vaudront finalement, au printemps suivant... les Palmes Académiques, juste récompense pour cet autodidacte authentique.

La suite va s'avérer plus compliquée. Et ce en trois temps !

Septembre 1939 : l'Allemagne, la Grande-Bretagne et la France sont entrées de plain-pied dans la guerre. Du *Grand Prix Littéraire,* il ne peut en être question même si les manuscrits des auteurs concourants sont parvenus au 157 du boulevard de la Croix-Rousse, chez le secrétaire général du prix ! D'ailleurs, celui-ci va rapidement s'avérer indisponible, comme beaucoup d'autres. Requis, à l'instar de tous ceux qui ont passé l'âge d'aller se battre mais que l'on juge encore capables de participer à l'effort de guerre « à l'arrière ». Voilà Gaston Simonet investi de l'autorité pour la réquisition des voitures destinées à l'armée.

Décembre 1940 : cinq mois ont passé depuis la défaite, sans appel de l'armée française. Occupée quelques jours durant par la Wehrmacht, Lyon est redevenue libre de tout Allemand. Le décès inattendu de Jacques Morel, à la mi-septembre, a cependant bouleversé tout le comité d'administration du Grand prix. Un temps annoncé dans la presse de fin d'année, il ne sera finalement pas attribué.

Février 1942. Pour des raisons personnelles, Simonet a décidé de céder son affaire de la Croix-Rousse : l'hôtel-restaurant Jutard est à vendre. L'hôtel Jutard est vendu ! L'affaire est conclue avec une madame Jane Monier, venue de Toulouse. Quelques mois encore, elle publiera dans la presse un encart publicitaire faisant référence à l'ancien propriétaire, gage de très bonne réputation.

Commis à la réquisition des voitures.

Gaston Simonet est-il pour autant devenu rentier ? En aucune manière. Fort de ses capitaux, il en a réinvesti une partie dès le mois d'avril, pour reprendre un établissement plus modeste, sans hôtellerie ni restauration cette fois, le *Café-comptoir des gourmets*, situé dans la Presqu'île, au bas des pentes de la Croix-Rousse. Réaménagé, transformé, décoré, c'est une sorte de café littéraire qu'il a ouvert à la rentrée du mois de septembre suivant, au 26 rue Paul-Chenavard. L'enseigne ? *Chez Simonet*, tout simplement ! Les murs sont tapissés de photographies dédicacées par les auteurs, les écrivains ou les journalistes venus un jour chez lui, mais aussi par des caricatures faites sur le vif par ses amis dessinateurs. René Besset, Pavil, Roger Sam, Dubout sont de ceux-là. Des amis, celui que le chroniqueur judiciaire Géo London a surnommé le « Robespierre-Gnafron », tant il a le verbe haut et la faconde redoutable, des amis, il n'en manque pas. Outre la réputation qu'il s'est faite depuis longtemps dans les milieux littéraires, son bar voisine maintenant avec la *Maison de la Presse Parisienne*, installée à deux rues de là. Une opportunité idéale pour compléter sa collection et enrichir son Livre d'Or car ils sont nombreux à rapidement fréquenter le nouvel établissement : tous y trouvent un accueil des plus chaleureux que Marcel Grancher se plaît à décrire :

> *Heureux Gaston ! A chaque instant arrivent des amis, des compatriotes jurassiens, des journalistes, des écrivains, des dessinateurs, des membres des communes libres ou des Sociétés chansonnières... On trinque... On bavarde... On rit... Simonet, qui possède un sens très particulier de l'humour, n'est pas le dernier à lancer un bon mot... Il se tient à son comptoir, hilare, écarlate, pétant de joie et de santé, avec la sûreté de soi et la dignité d'un capitaine de vaisseau sur sa passerelle de commandement...* (218)

Son élan vers la chose littéraire semble toutefois avoir marqué le pas après le lancement du nouveau *Prix Lugdunum* auquel il a participé au début de l'année 1941. Pour ce qui est du *Grand prix littéraire de Lyon,* il n'en a guère été question

(217) Si le jeune Dard fera la carrière qu'on lui connaît, l'idée de Simonet renaîtra quelques années plus tard lorsqu'au lendemain de la guerre les difficultés rencontrées par *le Mois* redevenu *la Semaine à Lyon* conduiront à la parution temporaire des *Cahiers Rabelais* puis à la création de *l'Académie Rabelais* et de son prix littéraire éponyme, avant que ce même nom de *Rabelais* soit dévolu à la nouvelle maison d'édition lancée par Grancher au début des années 1950. Voir chapitre IX Frédéric Dard et chapitre XII L'avenir est ailleurs.

(218) In *le mois de Lyon et du Sud-Est* du 15 septembre 1948.

depuis l'automne 1940 : le décès prématuré du docteur Morel, les « tracasseries » venues de Vichy, des difficultés à réunir des fonds, un manque de candidatures et de bonnes volontés ? Deux années se sont écoulées. A l'automne 1942, il semble qu'au comité, maintenant dirigé par Marcel Chamaraud, une nouvelle volonté s'affiche de voir le prix qu'il a créé, de même que le *Prix André-Dahl*, réapparaître. Il est même décidé de faire d'une pierre deux coups et de désigner conjointement les prix 1939, non attribués compte tenu de la situation de l'époque, et les prix 1942. Cinq mille francs sont alloués au premier, dix mille au second ! Et c'est à l'hôtel Jutard – dont les salons vont être loués pour la circonstance - que la manifestation va reprendre naturellement sa place. Malgré quelques contretemps liés à l'intervention de la censure de Vichy, Gaston Simonet va, comme à son habitude, faire montre de ses talents d'organisateur et d'animateur. Le 23 décembre, jury et journalistes étaient en place pour distinguer les quatre lauréats du jour[(219)]. Ce fut une nouvelle fois un succès qui, pourtant, ne se renouvellera pas, les aléas engendrés par la guerre devant définitivement dissuader les organisateurs du prix de songer à l'édition 1943 et plus encore à l'édition 1944.

Qu'importe : Simonet pourra se consacrer entièrement à ses amis et à ses clients. Et puis il y a *le Mois à Lyon* dont il est toujours l'administrateur et pour lequel il rédigera très régulièrement des articles. Sa spécialité : les associations de quartiers, les Sociétés en tout genre, les Amicales de ceci, cela… Sa participation au journal durera jusqu'au dernier numéro, à la veille des années 1950.

Installé derrière le bar de son café, il aura entre-temps vécu les dernières semaines de l'occupation allemande et le premier jour de la liberté revenue à Lyon lui fournira la matière à un article conséquent, quoiqu'un peu romancé, sur ces heures si particulières.

La paix revenue, beaucoup de changements vont interférer avec la vie quotidienne. Très rapidement les Parisiens de la *Maison de la Presse* vont rentrer chez eux, bientôt suivis par des Lyonnais ambitieux qui émigrent à leur tour vers la capitale. Qui plus est, la survie du *Mois à Lyon* est en jeu : rationnement du papier, interdiction de la publicité. De mensuel, il devient hebdomadaire puis trimestriel. Marcel Grancher fait un temps pour le mieux avant de se lasser et prendre à son tour la route de Paris avec son ami Clos-Jouve. L'ambiance de *Chez Simonet* s'en ressent, même si les habitués restent fidèles. Déjà, notre bistrotier a un autre projet en tête et cherche à céder son affaire de la Presqu'île. Après sept années passées rue Paul-Chenavard, il part rejoindre, à l'été 1948, les quais de Saône cette fois, à deux pas du Palais de justice. L'endroit est des plus animés. Chaque jour de la semaine s'y tient le marché de gros de Lyon. Des centaines de tonnes de marchandises, des fruits et des légumes principalement, venus pour une grande part de la vallée du Rhône et de la Méditerranée, s'y échangent tout au long de l'année, avant même les premières lueurs de l'aube et jusqu'en fin de matinée. Au 21 du quai Romain-Rolland, Simonet y a repris un « bouchon » et sert entre autre à ses clients une admirable gratinée comme seule on sait la faire à Lyon. A vrai dire, c'est son épouse Marie qui est aux fourneaux et Gaston au service. L'exiguïté relative de l'endroit lui a inspiré le nom de son nouvel établissement : *Chez Simonet - Intime des routiers* ! Ils sont en tous cas nombreux ceux des camionneurs venus livrer leurs marchandises qui y prennent rapidement leurs habitudes pour y trouver une juste récompense aux efforts consentis durant la nuit. Ils constitueront pour les années suivantes une clientèle des plus assidues… jusqu'en 1961, date à laquelle le marché de gros du quai de Saône partira se réinstaller vers l'extrémité de la Presqu'île. Il sera temps alors pour Gaston Simonet de prendre une retraite méritée. Réinstallé chez lui rue de Cuire, au bout du plateau de la Croix Rousse, il quittera définitivement la scène le 6 août 1970.

Gaby Roch

En pull marin, Gaby Roch mobilisé.

En ces années 1930, et depuis bien longtemps, la place des Célestins est un havre. De jour comme de nuit. En toutes saisons. Au printemps et à l'été, de grands acacias aux feuillages épais lui confèrent ombre et fraîcheur des plus agréables. En son centre, une haute fontaine de pierre d'où ne s'échappe plus d'eau mais dont les vasques ont été fleuries, complète le décor. Aux heures plus sombres des soirées de l'automne et de l'hiver, boîtes de nuit, cabarets et restaurants l'éclairent de leurs enseignes multicolores en réchauffant l'atmosphère. Quelque soit le moment de l'année, le théâtre éponyme, du plus pur style Second empire, trône en majesté avec ses lourds balcons, ses colonnes et son perron dont les marches rythment chaque soir à n'en plus finir le mouvement des Lyonnais venus y chercher quelques distractions.

C'est là que Gaby Roch a décidé de s'installer un beau jour de mars 1932 pour y reprendre le café-brasserie de *La Couronne*. On ne peut mieux choisir tant l'endroit est fréquenté dans la journée par les habitués du marché Saint-Antoine tout proche avant d'accueillir, le soir venu, les noctambules en quête de spectacles et de loisirs. Rien de tel à la sortie du théâtre que d'aller terminer la soirée par un dîner rapide. On s'y presse alors plus particulièrement pour y apprécier qui une gratinée, qui un plat de raviolis ou encore une assiette de roastbeef froid qui font la réputation de la maison, tout comme son banc de fruits de mer en saison. Ce métier, Gabriel Benoit Roch le pratique depuis une dizaine d'années, lui qui a commencé sa vie comme livreur dès la fin de sa scolarité. Né le 28 novembre 1898 dans le 3e arrondissement de Lyon, le garçon est alors orphelin et vit chez

(219) Voir chapitre X Le prix Lugdunum et autres prix littéraires.

Réunion discrète à la Couronne ! Des oreilles ennemies sont à l'écoute. Gaby Roch et Pierre Scize croqués par Pavil.

son oncle. Pas très grand, costaud, il manifeste déjà une énergie à toute épreuve. La boxe lui permet de la canaliser quelque peu. Parmi ses camarades qui pratiquent, comme lui, le noble art, un certain Marcel Grancher ! Ils ont à peu près le même âge : la guerre et les aléas de la vie qui suivront les séparera pour de nombreuses années avant que le hasard ne les ramène tous deux à Lyon.

Fin avril 1917, alors que le Congrès américain vient de voter l'entrée en guerre des Etats-Unis au côté des alliés et que, depuis dix jours, la bataille fait rage sur le Chemin-des-Dames, du côté de l'Aisne, le jeune homme devance l'appel sous les drapeaux et signe un contrat d'engagement de quatre ans dans la Marine.

Affecté comme matelot au 5e dépôt des équipages de la flotte à Toulon, Gaby Roch servira finalement pendant trente-six mois sur différents bâtiments de guerre de la Royale, au gré de ses affectations, avant d'être « renvoyé dans ses foyers » en avril 1920. Sa trace se perd alors. Dix années de blanc pendant lesquelles l'ancien marin « bourlingue », semble-t-il, entre le Pays basque et Nice où on le retrouve au printemps 1931.

Moins d'un an plus tard, il était de retour à Lyon et devenait, en février 1932, le nouveau propriétaire de *La Couronne*. Un beau café-restaurant, très 1900, avec de grandes glaces, des lampadaires et des lambris sculptés. L'histoire ne dit pas comment il a trouvé les fonds nécessaires.

Les débuts sont pourtant difficiles : à Lyon, même si on y est né, rien n'est simple et les nouvelles figures doivent y faire leurs preuves.

Très vite, Marcel Grancher a repéré l'endroit : ses nouveaux bureaux sont à moins de trois cents mètres de là ! Ce patron en chemisette *Lacoste*, à la poignée de main ferme et franche et qui tire si bien des bières mousseuses, il le reconnaît. Dame ! Dix-sept ans ont passé mais les souvenirs reviennent, ceux des salles de boxe en particulier où le bistrot et le journaliste ont fait leurs classes.

Les retrouvailles sont des plus chaleureuses. Que d'histoires à se raconter devant un verre de *Byrrh*, la faiblesse du patron. Grancher a tôt fait d'y entraîner ses amis. Curnonsky, le Prince des gastronomes, en premier, qui va y établir ses quartiers lors de ses séjours lyonnais. Il est bientôt suivi par le journaliste-écrivain Henri Béraud qui, lorsqu'il n'est pas à Paris, s'installe le plus souvent en fond de salle pour y disputer un poker dice[220] avec quelques « disciples ». En quelques mois *La Couronne* est lancée. Le Tout-Lyon des arts, des lettres, de la presse s'y bouscule bientôt à l'occasion de chaque nouveau spectacle donné au théâtre des Célestins. Jusque tard dans la nuit. Sans se départir d'un flegme très british, le patron veille à tout. Laissons Marcel Grancher parler de son ami :

> *Il fallait le voir* [...] *tirant la Colmar crémeuse au bec d'argent du robinet, voltigeant à la cuisine afin d'y surveiller la cuisson des tripes, souriant à celle-ci, lançant un bonjour amical à cet autre, tranchant la grosse pièce, riant, contant la « dernière », caressant sa chienne Mirette, buvant un coup de Byrrh, faisant l'addition, engueulant Popaul, encaissant, [...], passant les cornichons, débouchant une bouteille, grumant un vin, retournant à la cuisine, apportant le gigot, ouvrant les huîtres, re-buvant un coup de Byrrh, battant le Crémeux au poker dice, rebuvant du Byrrh, l'œil à tout, prompt au détail, tenant à ce que ses clients soient pleinement contents, heureux de les satisfaire, et accordant à son labeur, le même entrain, la même précision joyeuse que le gabier Gaby Roch en apportait jadis, à bien servir dans la marine française...*[221]

Puis vinrent des années plus sombres. Oh, pas seulement pour *La Couronne* et son aimable patron, mais pour l'ensemble des Français. La guerre ! Mobilisation générale. Chacun pour sa part. C'est naturellement que Gaby Roch renoue avec la marine. A quarante et un ans, le voilà quartier-maître sur un chalutier armé pour la chasse aux sous-marins. Encore dix mois et notre homme remettra pied à terre, sain et sauf, définitivement cette fois.

Mais le Lyon qu'il retrouve alors n'a plus rien à voir avec celui qu'il avait laissé il y a peu encore. Certes, pas d'Allemands, pas de troupes d'occupation, mais des réfugiés, des transplantés, des exilés... partout. Parmi eux des artistes, des journalistes, des écrivains qui, par contrainte, nécessité ou convenance personnelle ont choisi de s'installer dans la zone dite libre d'une France éclatée. Marcel Grancher connaît bien nombre d'entre eux, en Parisien qu'il a été pendant de longues années. A sa suite, ils vont à leur tour découvrir la brasserie de la place

(220) Jeu de poker se jouant avec cinq dès au lieu de cartes. Devenu le poker d'as en français d'après-guerre.

(221) In *Quartiers de Lyon*, Editions Rabelais, Paris, 1949.

Les amis des halles réunis dans le caveau de la Couronne, décoré par Besset. On reconnaît, à droite, Gaston Simonet.

des Célestins et l'accueil toujours aussi cordial de son patron. On devise à nouveau d'arts et de lettres, on échange autour des dernières informations… A l'apéritif vespéral succèdent les grillades maison que l'on descend déguster dans le caveau décoré il y a peu par le peintre René Besset, encore un copain à Grancher ! Bref la vie reprend après la catastrophe du printemps précédent.

Au début 1941, alors que Gaston Simonet a prévu de vendre son établissement de la Croix-Rousse, siège du *Grand Prix Littéraire de Lyon*, c'est naturellement dans ce même caveau que vont se tenir à l'avenir les délibérations du tout nouveau *prix Lugdunum* organisé et lancé par les éditions du même nom. Le premier lauréat en sera un jeune auteur promis à un grand avenir, un certain Frédéric Dard ! Six autres sessions animeront les années de guerre et d'après-guerre avant que le prix ne disparaisse en 1947.

A chaque fois, le même scénario se répétera, Gaby Roch, réussissant malgré les restrictions de l'époque, à mettre les petits plats dans les grands pour organiser un banquet auquel seront conviés les membres du jury, les journalistes, quelques édiles et les récipiendaires du moment. Tout ceci pour la vitrine officielle.

Car il en est une autre, beaucoup plus discrète, derrière laquelle quelques rares « clients » ont choisi de se rencontrer dès l'automne 1940, pour discuter et échanger sur la situation du moment, six mois après la défaite. Un point les réunit, ils sont « gaullistes ». Oh, ce mot ne dit pas encore grand-chose pour tout un chacun, mais ceux-là ont entendu parler du général félon réfugié à Londres et refusent comme lui de s'abandonner à la « Révolution nationale » et à la collaboration avec l'Allemagne. Gaby Roch est de ceux-là, qui ne cache en aucune manière ses sentiments en la matière. Aussi, et naturellement, *La Couronne* va vite devenir un havre sûr pour ceux qui croient en des temps meilleurs, au redressement du pays et au retour de la liberté. Et c'est à *La Couronne* que vont prendre forme les premières feuilles clandestines comme nous l'avons déjà vu précédemment.

Le changement de décors viendra à la fin de l'automne 1942 avec l'occupation de la zone libre par l'armée allemande. A la police de Vichy va dorénavant s'ajouter celle de la police de sécurité du IIIe Reich et bientôt de ses supplétifs français sans oublier la part de plus en plus importante prise par la Milice, créée depuis peu ! Le temps de la discrétion et de la prudence est venu. Cela n'empêche toutefois pas la tenue de la troisième édition du *Lugdunum* et du *Le Marguet* le 30 janvier suivant. Nombres d'acteurs des deux prix littéraires ont répondu présents à la suite du docteur Locard qui préside cet hiver-là. Parmi eux Lucien Farnoux-Raynaud, Henry Clos-Jouve, Pierre Scize, des habitués de la brasserie. Après une délibération menée dans l'intimité du caveau du restaurant, le *Lugdunum* va cette année-là au journaliste du *Lyon Républicain,* Paul Garcin, un des premiers à avoir participé, avec Pierre Scize, aux premières réunions de « gaullistes » tenues dans cette même *Brasserie de la Couronne* deux années plus tôt : le temps passe ! Une fois encore pourtant, Gaby Roch se sera surpassé pour offrir à ses amis, malgré les premières vraies difficultés de ravitaillement et les limites imposées par les tickets de rationnement, un repas digne de la notoriété des deux prix attribués ce jour-là.

Quelques semaines plus tard, ils sont presque aussi nombreux à avoir répondu à l'invitation de leur ami Marcel Grancher qui veut fêter avec eux sa nomination au grade de Chevalier de Légion d'honneur qui vient de lui être signifiée. Ce 19 mars vers midi, alors que les premiers convives sont arrivés, c'est accompagné du bruit des moteurs de voitures et des freinages puissants que la police allemande fait irruption sur la place des Célestins et investit aussitôt la *Brasserie de la Couronne.* Une dénonciation anonyme a signalé l'établissement de Gaby Roch comme un repère de résistants servant de lieu de réunion et de cache pour des journaux clandestins, voire d'un poste émetteur. Manu militari, le restaurateur est conduit vers le sous-sol où la police ne trouve rien. Qu'à cela ne tienne et après une vérification de l'identité des clients présents, la plupart sont embarqués vers l'hôtel Terminus, qui jouxte la gare de Perrache, pour un interrogatoire plus complet. L'entremise personnelle du docteur Locard auprès du préfet Angeli permettra finalement la libération de tout le monde avant la fin de l'après-midi. L'alerte aura été chaude.

Dans les mois suivants, l'activité de la brasserie va donc se limiter au seul service de la clientèle avant que ne revienne la quatrième cession des prix littéraires. L'ambiance des années précédentes ne sera toutefois pas au rendez-vous-même si Gaby Roch aura une nouvelle fois fait tout son possible. Et pour cause, les deux lauréats ne sont pas de la partie, tous deux retenus comme prisonniers de guerre en Allemagne.

Guère meilleures seront les conditions dans lesquelles seront attribués les prix du cru 1945. Pourtant la paix est alors revenue, l'Allemagne nazie brûlant ses dernières cartouches ça et là dans d'ultimes batailles au cœur de l'Europe. L'hiver qui a suivi la libération du territoire national a été particulièrement maussade et pluvieux. A Lyon, d'importantes précipitations ont fait grossir les fleuves au point que l'eau de la Saône s'est infiltrée un peu partout, inondant les caves des immeubles riverains. Le caveau de la brasserie n'y a pas échappé, la montée des eaux ayant même menacé les peintures bachiques de Besset. Un temps reportée, la cession du 19 février célébrera finalement deux nouveaux lauréats, les acclamations du jour allant toutefois davantage au général de Gaulle et à deux correspondants de guerre américains qui avaient été invités pour la circonstance. Ainsi que l'avait annoncé Gaby Roch un mois auparavant, l'eau de la Saône avait naturellement laissé la place au beaujolais, au champagne et au marc qui égayèrent les cœurs et échauffèrent les esprits.

Ne seraient ce que les restrictions toujours en cours, rappelant des jours plus sombres, la cession 1946 du *Prix Lugdunum* retrouva naturellement sa place aux Célestins, tout comme celle de 1947 qui devait être cette année-là auréolée de la plus grande des publicités avec la mainmise municipale sur la manifestation. Pour la première fois, le prix était doté d'un prix conséquent de 100 000 francs, généreusement, trop généreusement, octroyé à l'initiative du maire Edouard Herriot. En apparence tout se passa bien, très bien même. Placé dans le cadre de la « Grande semaine lyonnaise des lettres et des arts », trois des quatre prix littéraires trouvèrent leurs lauréats et la manifestation se termina comme à l'habitude par un repas conçu par Gaby Roch durant lequel, Pouilly et Brouilly aidant, ses convives de marque, les Locard, Henriot, Curnonsky – pour la première fois de retour à Lyon depuis la guerre– et même Grancher, rivalisèrent d'esprit, de bons mots et d'anecdotes pour clore la manifestation. Ce devait être pour la dernière fois ! Les contraintes et les choix budgétaires de la municipalité, ajoutés aux difficultés rencontrées par les *Editions Lugdunum*, devaient sonner le glas des prix littéraires dès l'année suivante, le *Drouant* lyonnais y perdant dès lors sa raison d'être !

La *Brasserie de la Couronne* devait néanmoins garder sa réputation et continuer à servir sa clientèle avec le même brio tout au long de la décennie suivante jusqu'à ce que Gaby Roch rende prématurément « son tablier » le 5 mai 1955, victime d'une maladie professionnelle dans laquelle le *Byrhh* aura joué le rôle principal !

IX Frédéric Dard

« Le journalisme mène à tout à condition d'en sortir. »

Jules Janin[222]

Nul doute que Frédéric Dard sut suivre le bon chemin !

Le Mois à Lyon

Au matin de ce lundi 17 octobre 1938, c'est un jeune homme blond, discret, endimanché mais décidé qui quitta l'appartement de ses parents, situé au 55 du boulevard des Brotteaux pour rejoindre la Presqu'île. Un quart d'heure plus tard, il s'arrêtait au **54 rue Centrale**, devant un bel immeuble bourgeois proche la place des Jacobins. Il poussa la porte de l'allée, grimpa trois étages et s'immobilisa devant une lourde porte palière ornée d'une grande et belle plaque de cuivre. Il hésita un instant puis sonna et entra : il venait de pénétrer dans les bureaux du journal *Le Mois à Lyon*. Le jeune homme s'appelait Frédéric Dard ; il avait dix-sept ans et son destin était en marche !

A peine quatre mois plus tôt, Frédéric était encore élève à *l'Ecole Nationale Professionnelle de Lyon*, autrement connue sous le nom de *La Martinière*. Il y terminait une formation laborieuse de comptable ! Les chiffres, les balances, le Code du commerce, les actifs, les bénéfices, les dépenses… tout le rebute ou presque. Des études accablantes écrira-t-il plus tard. Lui qui est passionné, depuis son plus jeune âge, par la lecture des livres, journaux et autres magazines – un virus que lui a inoculé sa grand-mère paternelle, la fameuse « Bonne maman » - a trouvé dans ses cours de français puis de littérature un terrain sur lequel il se sent parfaitement à l'aise. Francisque Dard, son père, l'a-t-il compris qui a même été jusqu'à l'inscrire aux matinées poétiques données par Irma Grignon-Faintrenie[223]. Aussi, la « compo française » n'a plus de secret pour lui et il y montre, depuis quelques temps déjà, un certain talent. Il en est même récompensé à la fin de l'année scolaire 1937-1938 par un premier prix ! Mais quant à être plus tard comptable, il n'en est guère question : ses autres notes en témoignent. C'est en fait un dernier bulletin trimestriel calamiteux qui va décider des évènements à venir. Si le père désespère de l'avenir « comptable » du jeune Frédéric, l'oncle Gustave est plus optimiste quant au désir de son neveu d'être journaliste. Le grand mot est lâché ! Qu'à cela ne tienne, il croise régulièrement, dans le garage où il

(222) Jules Gabriel Janin, journaliste, écrivain, critique dramatique et académicien, né à Saint-Étienne en 1804 et décédé à Paris en 1874.

(223) Voir sur ce sujet le livre de Michel Loude *Les très riches « Heures » de Madame Grignon-Faintrenie - Prêtresse d'avant-garde dans une ville de tradition ou La vie culturelle à Lyon au temps d'Edouard Herriot et de Louis Pradel*, paru aux Editions Lyonnaises d'art et d'histoire en 2002

travaille, un de ces derniers, bien connu à Lyon. Il s'appelle Marcel Grancher et dirige le mensuel *Le Mois à Lyon*. Qu'on le laisse faire et il saura obtenir un rendez-vous pour Frédéric sous réserve que celui-ci lui fournisse quelques compositions françaises propres à montrer ses aptitudes. A quelques jours de là, un matin…

Marcel Grancher raconte(224) :

> *… mon ami Jean Rome, lequel tenait un garage rue de la Part-Dieu […] poussa vers moi certain matin, un gars en cote bleue dont l'émotion emperlait le front, déjà magnifiquement enduit de cambouis.*
>
> *Voilà… m'exposa avec embarras ce sympathique travailleur… Ce serait pour mon neveu, qui voudrait devenir journaliste…*
>
> *Drôle d'idée !… fis-je. Quel âge a-t-il, votre neveu ?*
>
> *Il est encore à la Martinière…*
>
> *J'en levai les bras au ciel… Passe encore s'il se fût agi de l'école de la Salle d'où […] sortirent Pétrus Sambardier, Martin Basse, Henri Danjou et moi-même… Mais, de la Martinière – où professait toutefois le bon humoriste Léon Granier… Je me pris à réfléchir…*(225)
>
> *Cependant, l'oncle suivait anxieusement sur mon visage la marche de mes pensées :*
>
> *Il est très doué, se risqua t-il à émettre… Tenez, voyez plus tôt…*
>
> *Et d'extirper d'un attendrissant portefeuille une liasse de feuillets manuscrits que je parcourus d'un œil vague.*
>
> *Quel âge a t-il ?*
>
> *Seize ans*(226)*… il écrit aussi des vers…*
>
> *C'est bien ce que je craignais…*

La suite est connue, ou presque.

Grancher ne répondit pas tout de suite à l'attente du jeune Dard à qui il conseilla – par l'intermédiaire de son oncle – de prendre contact avec un certain Simonet de ses amis, restaurateur à la Croix-Rousse et accessoirement en passe de lancer un journal hebdomadaire satirique. A cette fin, il rédigea un mot de présentation en faveur du jeune impétrant et le lui remit avant de quitter le garage.

Gaston Simonet était alors, comme nous l'avons déjà vu, le propriétaire du célèbre hôtel-restaurant *Jutard*, sis au 157 du boulevard de la Croix-Rousse. Cet homme singulier, autodidacte, affable, avait un amour déclaré pour la littérature et les belles lettres. Son établissement était fréquenté par les journalistes, écrivains et artistes locaux, voire par les Parisiens de passage. Mécène à ses heures, il était à l'origine, avec quelques-uns de ses amis, du *Grand Prix Littéraire de Lyon* dont l'attribution se faisait une fois l'an dans son établissement.

C'est ainsi que Frédéric Dard monta un beau matin du début de l'été 1938 les rudes pentes de la Croix-Rousse - ce Montmartre lyonnais – pour y rencontrer son futur « patron ». Celui qui trônait au milieu de son restaurant vit s'avancer vers lui un jeune homme muet de trac qui lui tendit la lettre introductrice de Grancher. Il la lut puis examina paisiblement son interlocuteur. Ainsi, il voulait être journaliste ! Pourquoi pas ? En quelques minutes, il lui expliqua son projet de lancer un hebdomadaire « gai et satirique » qu'il avait prévu d'intituler *Rabelais*. La candidature du jeune homme tombait bien. Cependant, il était encore trop tôt pour y donner suite dans la mesure où le premier numéro du journal n'était pas prévu avant octobre. Simonet donna donc rendez-vous à notre journaliste en herbe pour le mois de septembre et Dard descendit vers la ville la tête toute illuminée par la perspective de son embauche et par les deux mois de vacances qu'il saurait mettre à profit pour perfectionner son style, rédiger quelques « papiers » et parfaire ses connaissances en grammaire.

Septembre fut vite là et Frédéric Dard reprit le chemin de la Croix-Rousse. Il écrira plus tard :

> *J'étais vêtu à neuf, et bourré de syntaxe. Le restaurant brillait d'encaustique : un soleil débonnaire jouait dans les glaces et éveillait les cristaux. En attendant mon futur « patron », qu'un garçon était allé quérir, je me demandais avec une certaine inquiétude si les bureaux du fameux journal étaient situés jouxte les cuisines.* [...] *Gaston survient, en pantalon de golf et en veste blanche. En me voyant, il fronça le sourcil et parut convoquer sa mémoire pour une petite rétrospective.*
>
> *Bonjour p'tit. Qui a-t-il pour ton service ?*
>
> *Cet accueil inattendu me désespéra :*
>
> *Mais, balbutiai-je, vous... vous ne me reconnaissez pas ?*
>
> *T'es le fils à l'Ernest ? proposa t-il*
>
> *[...]*
>
> *Ah ! J'y suis, triompha Simonet. Tu es le gosse pour le journal...*
>
> *Mon visage s'éclaira.*
>
> *Pas longtemps, hélas !*
>
> *Mon pauvre vieux, enchaîna l'hôtelier-littéraire, je vais te dire, le « canard » est dans l'eau.*
>
> *J'eus le temps de rire du bon mot avant de sentir mon cœur, mes jambes, ma moëlle s'émietter sur le parquet ciré.*
>
> *Instant critique ! Je me retrouvais chômeur avant d'avoir travaillé.*

C'est sincèrement déprimé que le jeune Frédéric rentra chez ses parents qui joignirent bientôt leur déception à la sienne. Que faire ? Relancer Marcel Gran-

(224) Extrait, comme la plupart des articles suivants, du livre *Le cirque Grancher*, de Frédéric Dard, publié aux Editions de Savoie, en 1947.

(225) Marcel Grancher oublie ici que les frères Lumière et surtout Henri Béraud passèrent par cette école !

(226) En réalité dix-sept !

cher comme le préconisait le père ? Tenter la chance auprès des grands quotidiens locaux ? Pourquoi pas. « Après tout, mieux vaut voir grand », conclut ce soir-là sa mère.

Le jeune homme enchaîna alors les visites aux rédactions. Ce fut *Le Salut Public* où son rédacteur en chef, Martin Basse, « un grand bonhomme à barbiche… et au regard malicieux » lui vanta les mérites comparés des métiers d'épicier et de journaliste, le premier « nourrissant » son homme alors que le second le laissait pauvre comme Job. Mieux lui valait finir ses études et devenir comptable !

Le grand hall du journal *Le Progrès* l'accueilli ensuite. Le « rédac-chef » n'étant pas là, c'est son remplaçant qui lui fit savoir, après une longue attente, que la société n'embauchait pas.

Beaucoup plus courtois fut l'accueil d'un certain Francart officiant au *Nouvelliste*. L'entretien fut chaleureux, déboucha sur de vagues perspectives, ensuite de quoi l'homme congédia le jeune garçon.(227)

L'histoire aurait pu en rester là si le père ne s'en était mêlé à son tour. Fidèle à son idée première, il avait demandé et obtenu, par l'intermédiaire de son beau-frère, un vrai rendez-vous avec Grancher. Celui-ci était prévu pour un samedi après-midi d'octobre, dans les bureaux même du *Mois à Lyon*. Conscient de jouer son avenir, Frédéric passa les journées qui le séparaient de cette échéance à peaufiner des textes qui lui avaient déjà valu à *La Martinière* quelques compliments : il lui fallait n'est ce pas faire d'emblée ses preuves !

Le fameux samedi arriva enfin. Vêtu de son costume, cravaté de neuf, sa meilleure composition sous le bras, c'est accompagné de son père et de son oncle que Frédéric partit vers son destin. A trois heures tapantes, le trio sonnait à la porte du *Mois*. Un long silence leur répondit. Une tentative pour pousser celle-ci resta tout autant infructueuse. Surgit de nulle part, un quidam, parvenu sans bruit sur le palier, annonça alors un « il n'y a personne » qui acheva de décourager les visiteurs. L'inconnu, « un être bizarre, maigre et mal rasé, au nez en bec de rapace, et au regard fiévreux » leur expliqua que « Marcel était absent mais qu'il ne tarderait pas à arriver », sur quoi il tourna le dos et descendit les étages qu'il venait de monter. Marcel Veyre, tel était son nom, venait d'entrer dans la vie de Frédéric Dard !

Revenus sur le trottoir, l'oncle Livat, Francisque Dard et le jeune Frédéric se prirent à compter les quarts d'heure en même temps que baissait leur moral. Il était quatre heures quand l'oncle reconnut, arrivant du bout de la rue Centrale, la *Berliet Dauphine* qu'il avait l'habitude de voir au garage. Celle-ci se rangea le long du trottoir et le journaliste en descendit, invectivant au passage un cycliste imprudent.

Sortant visiblement d'un repas bien arrosé qui lui avait donné quelques couleurs, Marcel Grancher invita ses visiteurs à monter à nouveau les trois étages, père, fils et oncle prenant place l'instant d'après dans son bureau. Il raconte encore :

... [c'était] un jour dont il me souvient que j'étais las à mourir... Trop de vacheries de mes « confrères » sans doute... Et trop de beaujolais pour les faire passer... Ce fut donc d'une oreille distraite, et songeant à autre chose que j'écoutai M. Dard père me vanter les mérites de son rejeton.

Il était pourtant gentil, ce rejeton. Sanglé dans son costume du dimanche, joufflu, rond comme une pomme, avec une bonne bille de bébé-Cadum qu'auréolaient des cheveux d'archange, il se tenait bien sagement sur le bord d'une chaise, ses yeux scrutant avec inquiétude celui qu'il considérait comme devant être l'arbitre de sa destinée.

Dard père venant de finir la présentation de son fils, il l'invita alors à remettre à leur interlocuteur le texte que le jeune homme avait préparé. Tremblant d'émotion, Frédéric tendit un rouleau de papier encore entouré de son ruban qu'il n'avait pu dénouer. Grancher tendit la main en même temps qu'il croisait le regard du garçon...

Et immédiatement, tout fut changé... Des yeux d'un bleu de lapis, immenses, très beaux, très purs... chargés d'un émoi attestant [...] d'une sensibilité, d'une qualité réceptrice exceptionnelles. Sans aucun doute, ce petit possédait des nerfs vibrants, ressentait de façon intense, éprouvait, en un mot « pigeait »...

Il convenait donc de voir plus attentivement le style.

Quelques lacunes, une syntaxe mal assurée, mais aussi une image originale par ci, une touche élégante par là, voire un raccourci heureux, tel est le constat que fit Grancher à la lecture de la composition de son jeune interlocuteur. Du style, de la sensibilité, un regard, il n'y avait pas de doute : ce jeune homme aux yeux si bleus avait l'étoffe d'un journaliste, voire d'un écrivain. Pourquoi ne pas lui donner sa chance ? Bien que n'ayant pas besoin d'un employé supplémentaire, le directeur du *Mois* annonça tout de go à son père son intention de le prendre au journal dès le lundi suivant. Il était entendu que le garçon, embauché comme stagiaire, ne serait pas payé : cela viendrait d'ici à quelque temps, après qu'il ait fait ses preuves. Sur ces paroles encourageantes, nos trois visiteurs se levèrent en remerciant leur « bienfaiteur » : l'avenir du jeune Dard ne faisait plus de doute pour son père qui n'eut qu'un conseil à lui donner en reprenant le chemin des Brotteaux : « travaille ».

Le lundi suivant, c'est donc à neuf heures que Frédéric Dard « entra » au *Mois à Lyon*. Grancher, qui était assis à son bureau, se leva aussitôt pour l'accueillir et lui redemanda son prénom. Il le répéta plusieurs fois comme pour mieux s'en souvenir puis lui proposa une première mission d'importance en lui tendant une pièce de cinquante centimes.

- Frédéric, lui dit-il, voulez vous aller me chercher Le Progrès ?

(227) Pierre Francart était alors Secrétaire Général de la Rédaction du *Nouvelliste*.

Frédéric Dard en 1940.

Avec la fierté de la tâche accomplie, notre stagiaire en herbe fut de retour quelques minutes plus tard et Grancher le conduisit alors dans un bureau contigu au sien, un bureau qu'il allait partager avec la secrétaire comptable du *Mois*, Madame Petit, une jeune femme aussi avenante qu'élégante, veuve de surcroît disait-on. Son apprentissage pouvait commencer !

Incité par son mentor à lire avec une attention soutenue les exemplaires de la presse régionale arrivés au courrier du matin, le jeune homme était déjà tout entier accaparé par sa tâche, lorsque commencèrent les allers et venus du petit monde qui composait l'environnement professionnel de Grancher. Ce fut d'abord Louis Dureuil, le secrétaire général du journal, « petit homme prudent et mélancolique », qui lui jeta un regard absent avant de disparaître dans son bureau. Suivirent un peu plus tard et, dans une succession des plus baroques, les courtiers : ils étaient trois. Leur rôle, Dard l'apprit un peu plus tard, consistait à recueillir auprès des industriels, commerçants, restaurateurs et autres bistrotiers lyonnais, des souscriptions pour des encarts publicitaires. Il reconnut aussitôt le premier arrivé : « mal rasé, le regard fiévreux », un visage à nul autre comparable… Marcel Veyre, l'homme qui les avait croisé sur le palier le samedi précédent, venait d'entrer. Son inséparable comparse qui devait prendre bientôt une si grande place dans la vie du jeune stagiaire, suivit peu après. Il avait pour nom Léon Charlaix. Dard raconte :

> *Le premier matin où il me vit Léon me lorgna des pieds à la tête et, se tournant vers la secrétaire interrogea :*
>
> *- Qu'est ce que c'est que c'te bête ?*
>
> *On devine ma confusion. Celle-ci tourna à l'effondrement lorsque, après s'être enquis de mon âge et de mon nom, Léon me demanda si j'étais vierge.*

L'arrivée du « troisième homme » rétablit quelque peu l'équilibre. Charles Dubost était un petit homme « rondouillard », vif et « jovial ». Empressé, distrait, il était un peu la tête de turc de cette fine équipe qui ne manquait pas une occasion de rire à ses dépens. Frédéric n'eut guère le temps de s'associer à ces farces de collégiens, Dubost, qui était par ailleurs négociant en apéritifs, devant décéder d'une « maladie professionnelle » l'année suivante.

Vers 11 heures du matin, tout ce beau monde avait quitté les lieux et le calme se réinstalla. Resté seul avec la secrétaire, Frédéric avait replongé dans ses revues et hormis le passage feutré de Madame Grancher mère qui vint le saluer et lui prodiguer quelques conseils, il commençait à s'ennuyer sérieusement : tout ce silence, ces bureaux vides… Le jeune stagiaire ne tarda pas à en connaître la raison après avoir questionné la secrétaire : c'était ce lundi midi que se décidait l'attribution du Grand Prix Littéraire de Lyon ! D'ailleurs, n'avait-il pas remarqué le passage dans la matinée, en compagnie de Marcel Grancher, d'un homme bien mis, chapeau mou et imperméable sur le bras ? C'était le président du jury en personne, Monsieur Pierre Mac Orlan, le célèbre auteur de *Quai des brumes* ! Et Dard d'écrire plus tard :

> *Quelques heures à peine après mon arrivée au journal, je côtoyais déjà des célébrités !*

Quoi qu'il en soit, la pause de midi arriva sans que l'on sache si Frédéric trouva le temps de rentrer chez ses parents ou s'il déjeuna sur le pouce dans le quartier.

De retour au bureau, c'est Louis Dureuil qui le prit en charge et qui l'invita à le suivre à l'imprimerie du journal : *l'Imprimerie Générale Lyonnaise*, située au 32 du cours Gambetta.

La rencontre avec les deux directeurs, Joseph Chaverot et François Vernay, fut des plus chaleureuses ; la visite de l'imprimerie qui suivit les présentations, des plus intéressantes :

> *Longuement, je me laissais bercer par le bruit des machines ; longuement j'observai le va-et-vient de la tireuse empilant des feuilles fraîchement imprimées. Je m'intéressais à tout : au travail des typographes patients, du lynotypiste (sic !) agile, des papetières rapides. La guillotine du massicot, qu'actionnait Vernay, m'impressionna fortement.*

Aussi bien inspiré par les bruits des machines que par les odeurs d'huile chaude, de papier, d'encre, Frédéric Dard se prit à rêver que toute cette activité serait peut-être un jour déployée pour l'impression d'un premier livre… L'avenir le dirait.

La visite se termina bien évidemment dans un des cafés de la « Guille »(228) où, vin blanc aidant, Vernay interpella le jeune homme :

> *- Vous voulez faire du journalisme, lui dit-il…*
>
> *- Ecrivez moi donc quelques comptes rendus de livres pour* l'Echo de Savoie.
>
> *Je n'en croyais pas mes oreilles.*
>
> *J'avais, dans la même journée, aperçu Mac Orlan … découvert une imprimerie, pris la commande de plusieurs « papiers »…*
>
> *J'étais lancé. Il n'y avait pas d'erreur.*(229)

Ainsi donc, les jours et les semaines vont se succéder, que Frédéric va mettre à profit pour suivre les conseils quotidiens de son maître. Outre une lecture at-

(228) Surnom populaire du quartier de *la Guillotière*, en rive gauche du Rhône, où se trouvait l'imprimerie.

(229) Suivant les conseils de Vernay, Frédéric produira son premier papier pour ce journal, une présentation d'un livre de Mathieu Varille, un auteur lyonnais, publié dès le 11 mars 1939. D'autres suivront.

tentive et détaillée de la presse locale et régionale, il s'agissait de repérer et découper les annonces, de rédiger et timbrer les traites, voire – tâche plus motivante – de lire et corriger les épreuves du numéro à paraître. Pas toujours simple pour notre stagiaire pour qui l'orthographe n'avait jamais vraiment été une amie. Accessoirement, il devait encore aider la secrétaire dans son travail comptable, un travail bien évidemment fait à contre cœur tant il lui rappelait les bancs de *la Martinière*. Mais s'il ne donnait pas satisfaction à son maître de stage sur ce plan, il en allait tout autrement pour ce qui était des petits textes qu'il commençait à rédiger entre deux tâches plus prosaïques !

Premiers écrits

Aussi, à peine quatre semaines après son arrivée, son premier article, non signé, paraissait en première page du numéro de novembre du *Mois à Lyon*. Petit billet d'humeur – et de saison - intitulé *Toussaint*, c'est certainement avec beaucoup de fierté qu'il l'offrit à sa mère en même temps qu'un exemplaire du journal : on pouvait y lire en marge « Pour ma chère Maman, le premier article de son grand ».

Une carrière de journaliste, vite convertie en celle d'écrivain, venait de débuter.

Un nouvel article, signé cette fois – c'est le premier - parait à nouveau en première page dans le numéro de décembre 1938 : il s'intitule *Noël.* En une cinquantaine de lignes, sur une colonne, il décrit avec justesse et poésie l'ambiance de cette fête autant lumineuse que familiale.

Et puis les numéros s'enchaînent et Frédéric Dard est de plus en plus présent, d'autant que Grancher l'a définitivement embauché au salaire mensuel de 200 francs(230). A partir de février il livre deux textes par mois ; en juin, il signe dix articles, rien de moins !

Dans le même temps, son réseau de relations s'est singulièrement et avantageusement élargi. Il s'est lié d'amitié avec Henry Clos-Jouve, journaliste lui aussi, de treize ans son aîné, et avec Max-André Dazergues, le célèbre auteur de romans populaires qui aligne alors plus de 250 titres derrière lui. Tous les deux sont des collaborateurs attitrés du *Mois*. Max-André Dazergues, qui a reçu le Grand Prix Littéraire de Lyon le jour même de l'arrivée de Frédéric Dard au journal, est devenu au fil des mois une sorte de conseiller littéraire du jeune homme qui n'a pas oublié le plaisir qu'il avait eu à acheter et surtout lire, alors qu'il n'avait que onze ans, un des tout premiers romans de son nouvel ami et mentor, *Le traîneau fantôme*, publié en deux volumes dans la collection *Printemps*. Or, Frédéric vient de lui soumettre une nouvelle policière de son cru que Dazergues semble trouver intéressante et prometteuse. Voudrait-il la voir publier ? Depuis quelques mois, lui qui écrit alors « à jet continu » dans de nombreux magazines pour la jeunesse, travaille pour un nouvel éditeur qui pourrait bien être intéressé par la prose de son jeune ami. Pourquoi pas se lancer, se prend à rêver notre Frédéric ? Le temps d'une recopie de sa plus belle écriture sur des feuilles de papier d'écolier, à la plume *sergent-major*, d'une mise sous enveloppe, et le texte partait pour Paris avec un mot de recommandation de Dazergues. Quelques semaines plus tard, paraissait en page 3 du numéro 78 du *Journal de Jean-Pierre*, en date du 10 août 1939, une nouvelle policière intitulée *Le monocle révélateur*, signée d'un certain Fred Dysert.

Frédéric Dard venait de naître à la littérature : *« Un de mes plus grands chocs de ma vie littéraire, de ma vie de romancier »* devait-il dire des décennies plus tard.(231)

Entre-temps, d'autres personnages auront également pris place dans ses relations. C'est le professeur Edmond Locard, le directeur du Laboratoire de Police Technique de Lyon : l'homme le subjugue par son intelligence, son immense culture, sa gentillesse. C'est encore l'avenant Gaston Simonet, celui-là même qui l'avait reçu dans son hôtel-restaurant de la Croix-Rousse, ou encore Gaby Roch, le flegmatique patron de la *Brasserie de la Couronne*, quartier général de la bande à Grancher...

Bien d'autres suivront dans les dix années à venir que Frédéric Dard passera peu ou prou au *Mois*.

A la fin de l'été 1939, le ciel de l'Europe s'assombrit à nouveau : les exigences territoriales de l'Allemagne nazie se font encore une fois plus pressantes et le malaise gagne toutes les couches de la société. Après la Tchécoslovaquie, démantelée par les accords de Munich à l'automne précédent, c'est la Pologne qui suscite l'ire du chancelier Hitler. *Mourir pour Dantzig* est déjà à l'ordre du jour.

Les cartes allemandes s'abattent finalement sur la table le 1er septembre 1939 lorsque les soldats de la Wehrmacht franchissent la frontière polonaise : la Deuxième Guerre mondiale vient de commencer. Le 3 septembre la France, à la suite de la Grande-Bretagne, déclare l'état de guerre avec l'Allemagne.

En quelques jours seulement la nation toute entière est mobilisée : le citoyen devient un soldat en puissance !

L'équipe du *Mois à Lyon* n'échappe pas à la règle, tout au moins ceux qui n'ont pas connu la Grande Guerre, l'autre, celle d'avant... Cela n'empêche toutefois pas Marcel Grancher d'être volontaire pour un service « civil » auprès de

(230) Environ 100 euros d'aujourd'hui, auxquels vont rapidement s'ajouter ses premières piges.

(231) Plus de soixante-dix années passeront avant que cette nouvelle ne soit officiellement réattribuée à son auteur. Et pour cause ! Ce n'est que dans les dernières années de sa vie que Frédéric Dard révéla dans une longue interview, l'histoire de cette première publication, tout en brouillant bien involontairement les pistes. A l'entendre, cette nouvelle, écrite alors qu'il avait « quatorze ans », avait été envoyée au *Journal de Mickey* et avait été publiée dès la semaine suivante ! Une révélation qui devait cependant égarer une décennie durant les collectionneurs avides de vouloir mettre la main sur ce « graal ». La réalité est toute autre qui devait être révélée par l'auteur de ce livre pour la première fois à la toute fin de l'année 2012 : la nouvelle mythique, écrite en réalité à dix-huit ans, n'avait pas trouvé place dans le journal de *Mickey* mais dans celui de *Jean-Pierre*. Qui plus est elle n'était pas signée Frédéric Dard mais Fred Dysert, le premier pseudonyme jamais utilisé par l'auteur. Chacun aura reconnu dans celui-ci l'abréviation de son prénom complété d'une orthographe très libre du nom de son département natal. Rendons à César... A noter encore que cette nouvelle sera reprise in extenso une année plus tard, dans le numéro 7 de *L'An 40*, sous le titre *Le monocle*, grande nouvelle policière de Frédéric Dard (voir ci-après).

la préfecture. Même le jeune Dard est requis. Non pour aller rejoindre une quelconque unité militaire, mais pour participer à l'effort commun. Il est ainsi affecté au service des plans de l'usine SOMUA à Vénissieux, une grosse entreprise qui fabrique aussi bien des camions que des wagons de chemin de fer.

Ses auteurs mobilisés, le rédacteur en chef et ses collaborateurs indisponibles, les imprimeries réquisitionnées, *Le Mois à Lyon* disparaît alors des kiosques. Il faut attendre décembre pour voir reparaître un journal maigrichon et faisant pâle figure, tant son papier est de mauvaise qualité : à la guerre comme à la guerre ! On trouve néanmoins, dans ce numéro « Spécial Noël », un nouvel article de Dard intitulé *Derrière l'affiche*. Il n'y en aura pas d'autres avant longtemps !

Et pour cause ! Depuis quelques semaines, notre jeune journaliste – il a maintenant plus d'un an d'expérience et beaucoup d'ambition – a décidé de « rouler pour son propre compte » en créant un journal. Rien que ça !

Peut-être a-t-il été influencé en cela par son ami Dazergues qui lui a certainement fait part de l'aventure qu'il avait lui aussi tenté quinze ans plus tôt en produisant quelques années durant un « magazine d'art littéraire » mensuel intitulé *L'idée neuve*, comme nous l'avons déjà vu.

Toujours est-il que, pour le moment, la guerre, les financements, le papier, l'impression, la diffusion ne semblent pas devoir être considérés par Frédéric comme des obstacles insurmontables : rien n'est impossible quand on a la volonté. Et celle-ci ne manque pas non plus aux trois garçons de ses amis qui se groupent autour de lui. Il y a là Pierre Brugère, un copain de longue date, grand amateur de cinéma : à lui le titre de directeur. André Rollet lui est un féru de littérature : il sera secrétaire général. Autre ami de jeunesse, Guy Baffie fils de famille, veillera au grain avec la fonction d'administrateur. Le titre de la revue viendra tout seul : se sera *L'an 40* dont le premier numéro est prévu pour janvier : on ne peut tomber mieux !

Confié aux bons soins de l'*Imprimerie Générale Lyonnaise*, le premier numéro sort à la date prévue : quatre pages, quatre auteurs, quatre titres ! *« Cette modeste feuille* [qui] *n'a pas la prétention d'être un périodique »* lit-on dans le petit « édito » sera suivie de onze autres avant que l'aventure ne trouve son terme fin janvier 1941. Entre-temps *L'an 40*, rattrapé par la guerre en mai 1940, aura intégré *Le Mois à Lyon* en tant que supplément mensuel, le nombre de pages noircies par les quatre compères variant sensiblement d'un numéro à l'autre. Frédéric Dard aura cependant sut faire appel à de belles plumes pour compléter sa propre production et celle de ses amis. Ainsi Georges Simenon avec qui il a une correspondance suivie depuis leur rencontre une année auparavant(232), Paul Bénédict, l'oncle de Brugère, ou encore les « locaux » comme Max-André Dazergues, Edmond Locard ou Léon Charlaix.

Mais pour Frédéric, ce journal, « son » journal, a un tout autre intérêt. Il voit là l'opportunité de publier enfin un texte qu'il a écrit et « peaufiné » deux années plus tôt et qui, faute d'avoir cherché un éditeur, dort dans un tiroir. *L'An 40* a t-il besoin de copies, qu'à cela ne tienne : en février 1940 le « conséquent » numéro deux du journal, fort de huit pages, propose à ses lecteurs, sous forme de « Feuilleton Inédit », le premier chapitre d'une nouvelle de Frédéric Dard ayant pour titre *La Peuchère*.

Quatre autres livraisons suivront jusqu'en juin avant que la série soit sans autre explication interrompue et remplacée, dès juillet, par une « grande nouvelle policière » intitulée *Le monocle*, écrite par Frédéric Dard, avec la collaboration d'un mystérieux Alexandre-B. Kirby(233), un recyclage à peu de frais de la nouvelle policière parue un an plus tôt dans le *Journal de Jean-Pierre* ! Ce n'est que dans le numéro 8 de la revue que ses lecteurs apprendront que *La Peuchère* est en passe d'être éditée et d'ores et déjà « vendue par souscription » au prix de 7 francs pour l'édition ordinaire et 15 francs pour l'édition de luxe !

Le livre, tiré à cent exemplaires et dont le manuscrit a été tapé à la machine par Antoinette Compère, l'épouse de Max-André Dazergues, sort finalement au début novembre 1940 aux *Editions Lugdunum* sous forme d'un fascicule de 32 pages, vendu « 5 francs »(234), Marcel Grancher écrivant alors au bas de la notice de présentation qui parait dans *Le Mois* :

> *... avec Max-André Dazergues, qui écrivit pour cette plaquette une excellente préface, je n'hésite pas à conclure : Frédéric Dard deviendra certainement un grand écrivain !...*

« Aux âmes bien nées, la valeur n'attendant pas le nombre des années... », notre « homme de lettres », c'est du moins ainsi qu'il se qualifiera quelques années plus tard, enchaîne dans les semaines qui suivent en écrivant la dernière ligne d'un manuscrit autrement plus ambitieux commencé un mois plus tôt.

Monsieur Joos

C'est au calme, dans une petite chambre de la modeste maison avec jardin qu'occupent à présent ses parents à Sainte-Foy-lès-Lyon, qu'il travaille. Laissé libre par Léon Charlaix, parti s'installer à 200 mètres de là dans le café-restaurant qu'il a acheté à l'été 1940, Frédéric a baptisé ce pavillon, situé au 28 de la rue François Forest, « Swiss-Cottage »(235). Ce nouvel environnement lui ouvre des

(232) Frédéric Dard avait rencontré Georges Simenon à l'occasion d'une conférence donnée par ce dernier au théâtre des Célestins le 19 novembre 1938. Faute de pouvoir l'approcher vraiment le soir même – Grancher et Clos-Jouve l'ayant « enlevé » pour une longue virée nocturne, il sera venu le rencontrer le lendemain matin à la gare de Perrache au moment de son départ pour Paris, Simenon promettant alors à son jeune admirateur, bardé de sa carte de presse du *Mois*, de le tenir au courant de sa future activité littéraire. Il tint parole et Dard reçut comme un véritable trésor un exemplaire dédicacé du *Bourgmestre de Furnes*, point de départ d'une collaboration qui fut aussi fructueuse que tumultueuse.

(233) Manifestement un pseudonyme qui reste encore aujourd'hui assez mystérieux ! Il se pourrait bien cependant qu'il s'agisse d'un nom de plume de Guy Baffie, l'*administrateur* de *L'An 40*, qui aurait dans ce cas repris le texte initial pour en étoffer quelques paragraphes et corriger quelques fautes de typographie. Deux autres articles signés de ce pseudonyme auront été publiés dans de précédents numéros de *L'An 40*, intitulés pour l'un « Réflexions sur le traître de Stuttgart », alias le tristement célèbre Paul Ferdonnet, fusillé pour intelligence avec l'ennemi en 1945 et pour l'autre « Printemps sur le monde ».

(234) En partie publié « à compte d'auteur », le jeune Dard aura trouvé auprès de « bonne maman », sa grand-mère, l'essentiel du financement nécessaire.

(235) En référence au nom de la maison du jeune héros d'un livre de lecture anglais qu'il avait étudié à La Martinière. (Frédéric Dard, *Je le jure*, page 88).

horizons jusqu'alors inconnus qui passent par les nombreuses visites qu'il fait à son ami Charlaix et à sa coquette épouse Maria, mais aussi par la fréquentation de personnages surprenants venant de l'*Hôtel des Invalides du Travail* tout proche. Ils feront le sujet de futurs articles du *Mois* pour lequel il continue son travail de rédacteur tout en mettant la dernière main à un nouveau roman qu'il a commencé aux premiers mois de la guerre. Il en donne bientôt le manuscrit à lire à Grancher[(236)]. Celui-ci, qui achève alors la mise en place des futurs *Prix Lugdunum* et *Claude Le Marguet*, est séduit aussi bien par l'originalité du sujet que la qualité du texte, et propose aussitôt à son auteur, après en avoir acheté les droits, de s'aligner pour le concours qui s'annonce. Après quelques hésitations, cinq exemplaires dactylographiés sont finalement réalisés et bientôt déposés au siège des éditions.

Au 1er février 1941, ce sont ainsi six titres qui sont confiés aux membres du jury, au nombre desquels *Monsieur Joos*, la nouvelle production de Dard.

Quatre semaines plus tard, le 1er mars 1941, c'est dans le caveau de la *Brasserie de La Couronne* que les votes vont décider des lauréats. Frédéric et son ami Henry Clos-Jouve, également candidat, se sont installés au *Café des Jacobins*, à deux pas de la place des Célestins, pour tromper leur attente. Les délibérations vont durer une bonne heure à l'issue de laquelle Gaston Simonet, le toujours secrétaire général du *Grand Prix littéraire de Lyon*, viendra annoncer aux deux jeunes gens le palmarès : à Dard le *Prix Lugdunum*, à Clos-Jouve le *Claude Le Marguet* !

On imagine bien alors la joie des deux jeunes auteurs maintenant promis à la « postérité » dès la parution de leurs œuvres respectives.

L'enthousiasme n'est toutefois pas complètement au rendez-vous pour Frédéric qui commence à cette époque à avoir quelques états d'âme quant à son activité au *Mois à Lyon*.

Six mois plutôt – la chose s'est passée au début de l'été - Marcel Grancher, suite aux défections des uns et des autres, a dû réorganiser l'équipe du journal, en particulier celle des courtiers. Il a pour cela embauché deux nouveaux venus en même temps qu'il a demandé au jeune Dard s'il voulait bien dorénavant prendre en main les encaissements. En contre partie, Grancher lui offrait le titre de « Secrétaire de rédaction » avec son nom en manchette du mensuel !

Comment refuser ? Il avait accepté bien sûr et il s'était retrouvé à arpenter Lyon et sa banlieue, traites à la main, pour visiter les annonceurs du *Mois*. Intéressé et amusé dans un premier temps, il n'a pas tardé à mettre d'autant moins d'entrain à annoter ses bordereaux qu'augmentaient les détours pour visiter les amis, les rencontres se terminant le plus souvent par de longues stations dans les bars et cafés de la ville. La routine et le désenchantement s'installèrent.

Aussi, au lendemain de l'attribution du prix Lugdunum… Mais laissons Dard raconter :

> *… je décidai in petto que ce labeur d'employé du Crédit Lyonnais ne correspondait plus à mon immense talent reconnu par les gloires littéraires.*

L'équipée Lugdunum à Grenoble. Dard, Dazergues, Grancher, Clos Jouve dédicacent leurs derniers romans..

> *J'arrivais donc au journal... avec plus de mollesse encore que de coutume.*

Grancher était déjà là, comme à son habitude. On devine la suite... Dard reprit ses encaissements, sa participation au journal s'enrichissant toutefois d'une nouvelle chronique intitulée *Il paraît que...* La formule devait durer jusqu'à la fin de l'année.

En juin 1941, il en est déjà à mettre la dernière main à son nouveau roman qu'il a commencé à écrire à l'automne précédent. Il s'agit cette fois d'une sorte d'autobiographie nourrie par un certain nombre de « choses vues » lors des premiers mois de la guerre et son affectation à l'usine d'armement S.O.M.U.A de Vénissieux. Le fracas de l'invasion allemande et l'exode mettront un terme dramatique à une idylle naissante du héros. Le manuscrit trouvera le chemin d'une imprimerie de Gap, *Equipe de l'ombre*, puisque tel est le titre du livre, devant prendre place sur les étals des libraires en décembre. Malgré une dédicace au Professeur Edmond Locard et une préface élogieuse d'André Warnod, les critiques qui suivent la parution sont cependant beaucoup plus réservées qu'elles

(236) Pour être précis, le manuscrit se compose d'une grande nouvelle policière intitulée *Monsieur Joos*, que son auteur a jugé bon de compléter par deux autres petites nouvelles très originales ayant pour titres *La plaque tournante* et *Vie à louer*.

Frédéric Dard à Gerbaix peu avant son mariage avec Odette Damaisin. Il pose devant la petite mare qu'il décrira dans son roman *Saint Gengoul.*

ne l'avaient été pour son premier roman. Il est reproché à l'auteur un manque de profondeur des personnages, une vision simpliste du monde ouvrier, une approche trop légère du temps de guerre, et puis surtout une syntaxe, une ponctuation, voire une grammaire par trop négligées. En résumé, le roman a été trop vite écrit et avec trop de désinvolture. La conclusion du nouveau critique littéraire du *Mois*, François Monnet est sans appel :

> *Je crois qu'il est nécessaire maintenant que Frédéric Dard se recueille, soupèse, médite. Il doit ou se marier*, [...] *ou* [...] *voyager et vivre intensément pendant dix ans. Il doit lire les grands auteurs. Il doit enfin trouver un grand sujet.*

Conseils bien difficiles à suivre, s'ils en étaient, dans cette zone dite libre d'une France au deux-tiers occupée par les forces allemandes ! A défaut de grands espaces, Marcel Grancher, le patron du *Mois à Lyon* a pourtant trouvé une porte de sortie en offrant depuis peu à son équipe d'auteurs des « virées » de promotion des ouvrages publiés aux *Editions Lugdunum*. La série a commencé à Grenoble à la fin décembre. Dazergues, Clos-Jouve, Dard en étaient comme en témoigne une photographie faite alors et passée depuis à la postérité.

Lons-le-Saunier, Bourg-en-Bresse, Valence sont dans les semaines suivantes autant d'étapes festives où aux rencontres littéraires succèdent immanquablement les rituelles agapes dans quelque restaurant renommé des environs. Si Dard dédicace « à tour de bras » ses deux premiers livres, cela ne suffit pas à nourrir Frédéric qui voit le plus souvent, dès qu'il retrouve Lyon et ses tournées d'encaissement, ses émoluments (trop) rapidement convertis en mâchons et pots divers. Aussi, depuis le printemps 1941, fort de son prix Lugdunum, s'est-il mis à collaborer régulièrement à d'autres journaux et magazines pour équilibrer son modeste budget. Ses nouvelles et quelques articles journalistiques vont ainsi aller au fil des mois au quotidien « replié » *Le Journal*, à l'hebdomadaire régional *Le Moniteur Viennois*, aux quotidiens d'informations *Paris-soir* ou *Le Soir de Lyon*, au *Dimanche Illustré*, aux hebdomadaires d'actualités *7 Jours* ou *Radio National*, aux magazines féminin *Heures claires* ou *Rose France* et jusqu'au bi-mensuel vichyste *La Voix ouvrière*...

Le 24 octobre 1942, suivant en cela les « conseils » de Monnet, il s'est marié : Odette Damaisin, puisqu'il s'agit d'elle, partagera dorénavant les vingt-six prochaines années de sa vie. Elle est institutrice, elle a vingt ans. Après un rapide voyage de noce vers Marseille et la Côte d'Azur, le jeune couple emménage dans un petit appartement moderne au 62 de la rue de Gerland, non loin de la place Jean Macé. Après trois années d'une vie sentimentale des plus agitées, Frédéric Dard vient de se « ranger », du moins en apparence ! Le travail va peu à peu prendre le pas sur l'insouciance de la jeunesse, d'autant que les évènements liés à la guerre vont profondément bouleverser la donne en cette fin d'année 1942.

François Monnet.

En novembre, au lendemain du débarquement américain sur les côtes du Maroc et de l'Algérie, les forces allemandes ont en effet envahi la zone libre, mettant fin à plus de deux ans d'une paix toute relative. C'est dans un Lyon maintenant réoccupé que les uns et les autres vont devoir s'organiser et continuer à vivre, voire choisir leur camp en acceptant ce qui reste de la tutelle de Vichy ou en s'engageant délibérément dans une « résistance » active contre l'ennemi représenté par les troupes de la Wehrmacht.

Trop jeune et trop éloigné des réalités de la vie politique, Frédéric Dard va adopter une attitude d'expectative tout en manifestant sa préférence pour le camp « gaulliste » de ses amis Grancher, Scize, Clos-Jouve, Monnet pour ne parler que d'eux.

Curieux personnage que ce François Monnet qui s'est rapidement installé dans ce petit monde de la presse et de l'édition. Dard a fait sa connaissance dix-huit mois plutôt alors que Marcel Grancher venait de l'engager pour lui confier la rubrique cinéma du *Mois*. L'homme, ne manquant pas de personnalité, a rapidement impressionné le jeune Frédéric : il écrit vite, il écrit bien et ses propos sont aussi vifs qu'intelligents, mordants quelquefois. Dard en a fait les frais lors de la sortie de son *Equipe de l'ombre* ! Ceci étant Monnet est un homme juste et dans les mois qui suivirent leur rencontre… mais laissons Dard le raconter lui-même :

> *Il fut à la fois un père et un pion pour moi : il avait résolu d'accomplir mon éducation sentimentale et d'améliorer mon orthographe. Père à l'esprit fort large… qui m'offrait parfois à boire au-delà de toute limite et me présentait à des demoiselles fort pittoresques.*

Mais Monnet va plus loin et prodigue bien d'autres conseils à son jeune confrère. Vers la fin de l'année 1942, alors que Dard cherche toujours de nouveaux débouchés pour sa production littéraire, il l'a adressé à un de ses amis avec qui il travaille déjà et qui a lancé une collection de livres pour enfants. La rencontre avec Auguste Crétin, le directeur des éditions *Volumétrix,* est des plus chaleureuse et débouchera sur la publication de trois petits albums pour enfants d'une vingtaine de pages, illustrés par une demoiselle Sauvage de Saint Marc : ainsi *Cacou – l'œuf qui n'en fit qu'à sa tête* parait-il pour les fêtes de fin d'année.[237]

Payé « au pourcentage des ventes », Frédéric touchera là un premier chèque conséquent, celui-ci venant en complément de ses émoluments du *Mois à Lyon* dans les pages duquel il a commencé dès le numéro de janvier 1943 une série de petits reportages transcrits au fur et à mesure dans une nouvelle rubrique intitulée *Les petits métiers des rues* : les portraits sont vifs, incisifs, drôles. Suivent à partir de mars des « papiers d'humeur » qui vont s échelonner jusqu'à la fin de l'été.

A la même époque, Marcel Grancher, « serré de près » par la police allemande a préféré se faire discret à la campagne où, entre parties de boules et parties de pêche, il cultive son jardin ! Une fois par mois, il descend vers Lyon pour superviser la publication du *Mois*. Frédéric Dard le retrouve au cours de rendez-vous quasi clandestins tenus du côté de Rochetaillée. Le patron épluche alors les épreuves du journal à venir, donne quelques instructions et n'oublie pas de récupérer le montant des encaissements. Midi venu, c'est sous la tonnelle d'une guinguette des bords de Saône que la réunion se termine au moment même où quelques amis proches, mystérieusement prévenus, les rejoignent pour le repas. Il en va ainsi pendant quelques mois avant que Grancher, longtemps éloigné de Lyon, ne reparaisse prudemment à l'automne au **54 rue Centrale**, rebaptisée depuis peu en « rue de Brest »[238].

Dard a jusque là consciencieusement « gardé la maison » mais il a maintenant de nouveaux et très ambitieux projets en tête. Aussi profite-t-il du retour du patron pour lui donner sa démission !!

Les raisons : il s'est attelé depuis peu à l'écriture d'un nouveau livre... Après s'être essayé au roman policier puis au roman d'atmosphère, c'est au genre roman d'aventures qu'il s'attaque. Mais ce n'est pas tout.

Les Editions de Savoie

Depuis plusieurs semaines - plus précisément depuis un certain voyage à Paris fait au mois d'août avec l'imprimeur Chaverot – il envisage sérieusement de s'instituer lui-même éditeur et par là même de s'affranchir des *Editions Lugdunum*.

Au début de l'été précédent, devant le succès rencontré partout en France par le chef-d'œuvre de Marcel Carné, *Les visiteurs du soir*, il avait pris l'initiative de solliciter un rendez-vous avec le producteur du film dans l'intention d'obtenir les droits pour écrire un livre à partir du scénario. La rencontre avec André Paulvé ne donna pas le résultat attendu, les trois hommes n'ayant pu se mettre d'accord sur les modalités de l'affaire. Le voyage ne fut toutefois pas inutile, puisqu'une autre rencontre, avec l'écrivain Léo Larguier cette fois, déboucha elle sur un projet commun visant à publier un des prochains titres de l'académicien[239].

De retour à Lyon Dard s'activa avec d'autant plus d'enthousiasme que l'aspect « financier » de l'entreprise ne semblait pas devoir poser question. Joseph Chaverot, l'un des deux actionnaires de *l'Imprimerie Générale Lyonnaise* était prêt à faire la mise de fonds et son associé, François Vernay, directeur du journal *l'Echo de Savoie,* voyait là l'opportunité de relancer une petite société annexe - *Les Editions de l'Echo de Savoie* – jusqu'alors guère active(240). La réputation de ces deux hommes à Lyon n'est plus à faire : si Vernay est connu pour sa discrétion, Chaverot lui passe pour un homme d'affaire haut en couleurs. Laissons Henry Weill, un pigiste de *la Semaine*, en faire un bref portrait :

> *Chaverot est imprimeur. Il est Lyonnais jusqu'au bout de ses doigts épais. Il est rusé, calculateur, précis, intéressé et d'une effrayante primarité. Il sait gagner de l'argent, il sait prévoir, il sait « nager » comme on dit place du Pont, à deux pas de chez lui. Un brave homme au demeurant.*(241)

Frédéric Dard, quant à lui se fait fort de « recruter » parmi les journalistes et les écrivains qu'il connaît, des auteurs disposés à fournir de nouveaux titres ! N'est-il pas, depuis quelques temps, le représentant pour le Rhône de la *Société des Ecrivains du Sud-Est*. A ce titre, il démarche les uns et les autres pour solliciter également quelques contributions à la revue littéraire qu'il envisage alors de faire paraître(242).

Tout semble aller pour le mieux pour le jeune auteur et éditeur en devenir qui a la bonne surprise de voir, fin août, une de ses nouvelles intitulée *Clarisse Valère*, publiée dans le « Grand hebdomadaire littéraire et parisien » qu'est alors *Candide,* en date du 25 août.

« J'ai eu une grande joie en me voyant une nouvelle dans Candide. C'est un journal très hermétique et je connais beaucoup de ''noms connus'' qui s'y sont brisé la plume. » écrira-t-il à la parution. Une fierté bien légitime même si le journal défend une ligne très « vichyste ». Frédéric ne fait pas de politique…

Encourageant en tous les cas pour sa production à venir, d'autant que son nouveau titre est prêt et vient de recevoir l'autorisation de paraître. Le temps de lancer les machines de l'imprimerie *Le Norvégien manchot* inaugurait le catalogue des

(237) Ce livre devait être suivi dans les années à venir par deux autres : *Des animaux petits et gros pour les enfants* en 1944, cosigné par Alice et François Monnet et *Quelques bêtes parmi celles qu'on appelle sauvages* en 1945, en collaboration avec le seul François Monnet.

(238) A la suite des terribles bombardements américains sur le port de guerre breton, le conseil municipal de Lyon avait décidé en date du 8 juin 1943 de renommer ainsi la rue en hommage aux nombreuses victimes civiles de ces attaques aériennes. Prise du temps de « Vichy », cette initiative ne fut pas remise en question à la Libération !

(239) Ecrivain, poète, nouvelliste, critique, académicien Goncourt, Léo Larguier (1878-1950) laissera une œuvre littéraire conséquente. La parution de ce livre, ayant pour thème la révolution de 1848, se fit sans grande publicité au lendemain de la guerre aux *Editions de Savoie*, au point qu'il n'est aujourd'hui que rarement mentionné dans la bibliographie de son auteur. Sa commercialisation resta par ailleurs des plus aléatoire et particulièrement rares sont les exemplaires de *Quarante-Huit* qu'on peut encore trouver chez les bouquinistes !

(240) Imprimé à Lyon, *l'Echo de Savoie* occupait alors, depuis près de vingt-cinq années, une place de choix parmi les périodiques diffusés sur les Alpes. Quant à la société d'édition qui lui était liée, il semble qu'elle n'ait servi qu'en de rares occasions, une demi-douzaine de titres portant sur le régionalisme savoyard ayant été édités dans la décennie précédente.

(241) In *la Semaine à Lyon* n°9 du 15 juin 1947.

(242) Le Docteur Albert Brunerie, Léon Charlaix, Simone Rimbault entre autres, répondront positivement à cette démarche, leurs textes trouvant place dans la revue *Littérature Eparse* dont le seul et unique numéro paraîtra au début de l'année 1944, sans autre postérité !

nouvelles Editions de Savoie. Deux tirages successifs et quelque 8000 exemplaires devaient assurer un succès certain à cette curieuse histoire d'aventures maritimes et de flibuste que son auteur aura situé, allez savoir pourquoi, au Havre !

Deux mois plus tard Henriette Chandet, une journaliste de *Paris-soir*, un temps repliée à Lyon et rentrée depuis à Paris, livrait à son tour *Le vrai roman de la dame aux camélias*, une biographie à peine romancée de Rose Alphonsine Plessis, la jeune courtisane qui avait inspiré Alexandre Dumas fils pour son personnage de Marguerite Gautier.

Les Editions Echo de Savoie venaient de renaître qui devaient produire, sous l'énergique impulsion de Frédéric Dard, secondé par son épouse Odette, nommée gérante, plus d'une trentaine de titres en à peine trois années ![(243)]

En attendant, pour les deux premiers parus, si les critiques sont plutôt positives pour le livre de Chandet, il n'en n'a pas été de même pour celui de Dard. Est-ce en raison d'une pointe d'animosité liée à son départ du *Mois*, voire sa désertion des *Editions Lugdunum*, toujours est-il que Marcel Grancher se livre à une « descente en règle » du dernier roman de son ancien poulain. Le livre est « mauvais »..., *« ne fait pas du Mac Orlan qui veut »* écrit-il. *« Il s'agit d'un roman d'aventure [où] il ne se passe rien ».*

Même s'il admet toutefois retrouver *« au tournant des pages ... de ces notations pleines d'humour et de sensibilité qui sont le signe certain d'un tempérament d'écrivain »* il conclut par *« [...] ce dernier livre est une mesure pour rien ».*

L'histoire ne dit pas comment le jeune auteur reçut les critiques sévères de son mentor, celles-ci venant à l'évidence conforter celles émises par Monnet au moment de la sortie de son précédent roman !

Quoiqu'il en soit, les livres se vendent, et se vendent même bien ! Voilà une rentrée d'argent qui tombe au bon moment car notre auteur-éditeur a maintenant le souci d'un foyer et ce d'autant plus que son épouse Odette est enceinte. Il s'investit donc chaque jour davantage dans ses travaux d'écriture et dans son activité de directeur littéraire des *Editions de Savoie*, dont ses amis Vernay et Chaverot viennent de lui concéder la licence.

Deux nouveaux romans vont attester de cette activité au cours des six premiers mois de 1944, qui vont connaître des sorts très différents.

Curieusement le premier, *Georges et la dame seule*, une histoire d'amour contrarié, est publié aux *Editions Ophrys* installées à Gap ! Problème de disponibilité des machines à Lyon ; problème de papier, d'encre ?... Problème de diffusion ? En tous les cas, celle-ci va être des plus aléatoires au point que le livre passera pratiquement inaperçu[(244)].

C'est un sort que ne connaîtra pas *Croquelune*, un « roman gai » écrit durant l'hiver 1943-1944. Le livre, dédié à Clément Bouvetier, son ancien professeur de français à la Martinière, parait en juin suivant[(245)]. Ce titre se révèle être beaucoup plus un roman d'atmosphère « à la Simenon » qu'une histoire de « gauloiseries » façon Grancher. Malgré les difficultés innombrables que doit alors affronter le pays, le livre va bien se vendre alors que les bruits de la guerre sont chaque jour davantage perceptibles à Lyon qui connaît ses premières heures dramatiques. Outre les heurts de plus en plus sanglants entre les membres de la Milice et ceux des différents mouvements de résistance, sans compter le jeu particulièrement trouble de la police et de la justice de Vichy, la capitale rhodanienne a subi ses premiers bombardements par l'aviation américaine. L'attaque majeure est survenue le 26 mai peu avant 11 heures : sept groupes de bombardiers, soit environ 230 quadrimoteurs B-24 Liberator, ont pris ce jour-là pour objectifs les installations ferroviaires de Perrache et de Vaise.

Frédéric Dard et le commissaire Grégory Alexinsky fêtent la libération à une fenêtre de la mairie de la Croix-Rousse.

Ils ont laissé derrière eux plus de 1 800 victimes, près de 300 immeubles totalement détruits et 20 000 sinistrés.

Dard travaillait à ce moment-là dans son bureau des *Editions de Savoie*, au 4 de la rue Lanterne. Il ne lui a pas fallu longtemps pour réaliser l'ampleur du drame d'autant que la fumée des incendies s'élevait plus particulièrement au-dessus des quartiers sud de la ville, là où il habitait. Faute de trams, c'est à pied qu'il a rejoint la place Jean Macé où se trouve un important abri antiaérien dans lequel son épouse et lui se sont déjà plusieurs fois rendus. L'immeuble qui le surmonte est sérieusement « amoché » et en partie écroulé sur les caves. Odette s'y est-elle réfugiée ? C'est le cœur dans les chaussettes qu'il poursuit toutefois sa route vers leur appartement de Gerland. Heureusement, son épouse est là, bouleversée par la violence des explosions, mais saine et sauve. Le souffle des bombes a cependant réellement mis à mal leur immeuble : les fenêtres sont brisées, les rideaux arrachés, des éclats de verre et des gravats en tous genres jonchent les étages. Le jeune couple se doit de trouver un autre logement. En attendant, Frédéric et Odette n'ont d'autre choix que d'aller s'installer temporairement chez les parents du jeune homme à Sainte-Foy-lès-Lyon où naîtra, le 9 juillet suivant, le petit Patrice:

(243) C'est Odette Dard qui allait ainsi concevoir ce qu'on appelle de nos jours le « logo » de la nouvelle maison d'édition, à savoir les deux lettres « ES » qui devaient prendre place sur toutes les couvertures des livres à venir.

(244) Ecrit durant l'hiver 1941-1942 à Sainte-Foy-lès-Lyon, ce texte assez court dédié au docteur Albert Brunerie, avait été primitivement intitulé *La marche au soleil*. C'est en tous les cas aujourd'hui un des titres les plus rares et des plus recherchés par les collectionneurs et les bibliophiles.

(245) Plusieurs années durant, entre 1942 et 1946, Frédéric Dard va entretenir une correspondance suivie avec ce professeur qui lui a certainement donné le goût de l'écriture à défaut de parfaire son orthographe. Même si celui-ci n'habite plus Lyon mais Marseille, notre jeune auteur lui soumettra à plusieurs occasions certains de ses manuscrits pour « relecture » et commentaires critiques. Mais pas que… En ce printemps 1944, de nombreux doutes sinon quelques états d'âme l'assaillent de nouveau. Il lui écrira encore : *« J'ai l'impression d'avoir manqué ma vie »* avant de lui confier entre les lignes quelque confession intime : *« Je vous envie d'être libre, quelle triste chose que le mensonge. Et je suis obligé de mentir. Je mens pour cacher ma joie ou ma peine, cela me permet de mesurer l'insignifiance d'un Français moyen »*. Quel secret personnel se cache derrière cette déclaration ? sinon l'aveu d'une vie sentimentale quelque peu chaotique.

la lignée des Dard était maintenant assurée. Quelques semaines plus tard, c'est une amie d'Odette qui les met finalement sur la piste d'un modeste appartement « en ville » et la petite famille s'établit bientôt au 4 de la rue Calas, au cœur même de la Croix-Rousse(246). Frédéric y prend de nouvelles habitudes et fait bientôt la connaissance d'un certain Gregory Alexinsky, commissaire de police de son état, avec lequel il se lie rapidement d'amitié. C'est ainsi qu'il va vivre à ses côtés les journées particulièrement tumultueuses et dramatiques de la libération de Lyon. Dans la folie du moment, il côtoie un temps comme observateur un groupe « d'épurateurs » dont les exactions sanglantes marqueront à jamais sa vie. Frédéric Dard vient de prendre conscience de ce que peut-être la violence, la perversité et la cruauté des hommes ! Elles pourvoiront bien des romans qu'il sera amené à écrire par la suite.

Gregory Alexinsky

Commissaire de police en poste à la Croix-Rousse durant l'été 1944, cet homme apparemment « haut en couleurs » inspirera semble-t-il Frédéric Dard lorsqu'il s'agira pour lui de donner vie à un certain San Antonio, « policier » de roman promis au plus grand des avenirs !

Une courte biographie de ce personnage jusqu'alors bien mystérieux est enfin donnée aujourd'hui. Grégory Alexinsky est né le 16 septembre 1908 à Genève, d'un père écrivain, ex-député à la Douma – la chambre basse de l'empire russe - et d'une mère infirmière. Vingt ans plus tard, à Paris, il est licencié es-Lettres et consacre encore deux années supplémentaires au droit et aux Langues Orientales. Lorsqu'il intègre la police en qualité d'inspecteur en octobre 1937, ce catholique orthodoxe parle l'allemand, le russe, l'anglais et se « débrouille » encore en polonais et en bulgare ! Un an après la défaite de la France, en juin 1941, il est promu commissaire de police. Ses protestations à propos de l'arrestation arbitraire de Russes à Vichy, son esprit « non-conformiste et indiscipliné » lui valent d'être déplacé peu après à Montbrison. Démarqué du régime de Vichy, suspecté de « gaullisme », il se distingue particulièrement en apportant une aide discrète mais déterminée aux opposants du régime en place et aux réfugiés israélites, tout en établissant des liens avec les représentants de l'Armée Secrète des Forces Françaises de l'Intérieur. Le 16 mai 1944, il est muté à Lyon et se voit confier le commissariat de la Croix-Rousse. Il prend aussitôt contact avec des représentants des Mouvements Unis de la Résistance et participe activement, sous le pseudonyme de « Xavier », à la libération de Lyon en arrêtant dès la fin août, et avant même le départ de l'occupant, quelques agents auxiliaires de la police allemande. Après avoir été détaché un temps, dans les premiers mois de l'après-guerre, au camp de la Courtine, où il intervient principalement comme interprète dans l'instruction des dossiers, il poursuivra sa carrière à Paris, après avoir été nommé, en novembre 1945, à la Direction de la Surveillance du Territoire, puis à Freiburg i/Br. et Baden-Baden en Allemagne, comme Chef de Mission pour le compte de l'Office National d'Immigration. Il terminera sa carrière à Paris où il sera rentré à la fin de l'année 1953. L'histoire ne dit pas s'il aura jamais eu connaissance des romans policiers du commissaire San Antonio, ni si Frédéric Dard et lui se seront rencontrés à nouveau !

Tous deux sont décédés à trois mois d'intervalle en 2000, Frédéric le 6 juin, Grégory Alexinsky le 16 septembre, jour de son 92e anniversaire !

Heureusement la paix revient bien vite. Le quotidien reste pourtant assez difficile. Il faut vivre, travailler, publier. Aussi, Frédéric ne rate-il pas l'opportunité de participer à l'un de ces nouveaux journaux qui se lancent dès le lendemain de la Libération. Et c'est en tant que rédacteur en chef de *Dimanche*, « hebdomadaire artistique et littéraire », qu'il reprend son métier de journaliste. Mais cela ne peut suffire à nourrir son homme et sa petite famille, d'autant que le journal fera rapidement long feu ! Aussi relance-t-il à cette même époque et en quelques semaines nombre de ses amis pigistes ou auteurs pour leur soutirer quelques titres propres à enrichir le nouveau catalogue de « sa » maison d'édition. Il va même jusqu'à écrire à « son ami » Georges Simenon, alors retiré sur la côte vendéenne, pour le solliciter dans ce sens. Il a en tête de lancer une nouvelle collection de romans policiers pour laquelle il fournit le premier titre qui sort au début novembre 1944. Ainsi paraît dans « La collection du gendarme » et, pour la première fois sous un nom d'emprunt, *Le mystère du cube blanc*. Le roman est signé d'un certain F. D. Ricard qui ne trompe cependant personne et surtout pas la critique(247) !

Peu après, Max-André Dazergues est le premier à répondre positivement à Dard, en proposant *Feu l'assassin*, un roman policier qui parait à l'approche de l'hiver avec une belle couverture illustrée en couleurs : une première ! François Monnet ne sera pas en reste, qui proposera à son tour *La mort a son parfum,* qui sort en mars 1945. On peut y lire, sur la quatrième de couverture, l'annonce de la parution prochaine d'une « série de romans d'aventures anglais » (sic !) proposée par un certain Sydeney... Décidément notre éditeur ne manque pas d'idées!

(246) L'appartement est en fait mitoyen de celui d'une ancienne compagne de classe d'Odette qui fréquente alors un jeune chef d'entreprise de gravure chimique. Voisinage aidant, Frédéric et Francisque Collomb, puisque tel est son nom, deviendront très vite des amis avant que notre industriel n'embrasse par la suite une carrière politique pour devenir sénateur puis maire de Lyon, un poste qu'il occupera de 1976 à 1989.

(247) Ce pseudonyme, le deuxième venu après le « Fred Dysert » du *Monocle révélateur* de l'été 1939, est dénoncé dès la parution du livre dans la rubrique « Les lettres » de *La semaine de Lyon et du sud-est* où il est écrit : « Le livre est signé F.-D. Ricard. Mais il suffit de l'ouvrir pour reconnaître à la syntaxe et aux fautes d'orthographe qu'en réalité ce bouquin est le dernier né de notre ami Frédéric Dard ». On a toujours la dent dure du côté de la rue de Brest !

Frédéric Dard par Philibert Charrin.

Parallèlement, et fort de vouloir affirmer toujours davantage la vocation de sa maison d'édition pour la littérature, Dard organise, en début d'année 1945, à Paris s'il vous plaît, une manifestation semblable à celle des *Editions Lugdunum,* en instituant un *Prix Etincelles,* visant là encore, à faire reconnaître le talent d'un jeune auteur pour un premier manuscrit. A la clef, un contrat aux *Editions de Savoie* ! (248) Constitué autour de Claude Farrère, un jury réunissant entre autres Francis Ambrière, Noré Brunel, Marius Riollet ou Pierre Chanlaine, attribue le prix pour la première fois le 28 mars à son ami Jacques Grancher, fils de Marcel, pour un roman intitulé *Celui d'en face*.

Dans la foulée, Dard décidé à faire flèche de tout bois, lance une nouvelle « collection littéraire » ayant pour titre générique *Les étincelles*. Le premier numéro, ainsi présenté, regroupe trois « textes inédits des meilleurs auteurs contemporains », les noms de Pierre Chanlaine et Marc-André Jangot(249) étant précédés de celui de Simenon ! Faute d'obtenir quelque nouvelle inédite, Dard, qui veut à tout prix garder contact avec « le maître », a en effet pris sur lui de publier le texte de la conférence sur *L'aventure,* que Simenon avait donné à Lyon, aux Célestins, en novembre 1938(250). Le livre sortira des presses au printemps.

Ces coups d'essais ne seront toutefois pas des coups de maître ! Du *Prix Etincelles*, il n'y aura pas d'autre tour, Jacques Grancher n'écrira jamais d'autre livre et le premier numéro d'*Etincelles* restera le seul !

Ces échecs n'interféreront toutefois pas avec l'activité des *Editions de Savoie* qui publieront plus d'une quinzaine de titres dans l'année.

Frédéric l'écrivain étant là pour pallier les aléas de Dard l'éditeur, ce sont pas moins de quatre livres qui prennent cette année-là le chemin des marbres. Ainsi, les machines du cours Gambetta imprimeront elles *Les pèlerins de l'enfer*, un roman littéraire dédié à Simenon, qui sort au début du printemps et qui reçoit (enfin) un accueil très chaleureux de la critique. Ne lit-on pas dans *la Semaine* du 5 avril : *« Ce livre est excellent, passionnant, courageux, neuf. [...] Tel quel, c'est un Goncourt des bonnes années. Frédéric vient de nous donner son premier livre d'homme. »*

Suivra en avril un nouveau roman « alimentaire », *La mort silencieuse*, annoncé quelques semaines auparavant et que Dard signe cette fois du pseudonyme de Sydeney. Curieusement, le personnage principal du livre, un certain Dudly Fox, tout en rappelant Arsène Lupin, annonce un autre personnage appelé à « faire carrière »(251).

L'Imprimerie Générale Lyonnaise ne pouvant tout prendre en charge(252), notre auteur confiera encore l'impression d'un nouveau roman *Saint-Gengoul* aux *Edi-*

tions Cartier puis celle d'un étrange recueil de sept contes fantastiques intitulé *La mort des autres* aux *Editions Optic*, ce dernier livre devant sortir au tout début de l'année suivante.

Saint-Idesbald. Partie de boules la paix revenue. De gauche à droite : Jacques Grancher, Marcel Grancher, Frédéric Dard et Joseph Chaverot.

Le cru 1946 s'avérera beaucoup plus paisible, avec la seule parution de *La Crève* aux *Editions Confluences*. Le thème en est très sombre : la période de « l'épuration » qui suivit la libération de Lyon. Dard, qui a vécu de très près ces jours dramatiques et sanglants, se libère là de toutes les scènes d'horreur auxquelles il a assisté et qui l'ont marqué à jamais. Le roman est accueilli très favorablement par la critique et installe définitivement son auteur parmi les véritables écrivains de l'époque.

Côté édition, l'activité de *l'Imprimerie générale Lyonnaise* faiblit également, moins d'une dizaine de titres s'ajoutant au fil des mois au catalogue des *Editions de Savoie*. Les « bouquins » policiers et les romans de genre ou d'aventures y voisinent avec une nouvelle édition d'un roman de Balzac richement illustré par Jean-Albert Carlotti, un recueil de poèmes du docteur Albert Brunerie(253) ou un album de dessins humoristiques de Paul' Philibert-Charrin sur le temps du S.T.O.(254). Ces derniers livres ont coûté cher et malgré des tirages limités, se vendront mal !(255)

(248) Annoncé dès octobre 1944 sous le nom de Grand prix littéraire de «Dimanche», l'hebdomadaire éponyme dont Dard aura été l'éphémère rédacteur en chef, ce prix, amputé de sa dotation initiale de 5000 francs, aura été entre-temps réduit au seul contrat d'édition.

(249) Ami de Frédéric Dard, Marc-André Jangot (1924-1980) était alors un tout jeune journaliste lyonnais qui ne laissa semble-t-il pas d'autre trace dans la littérature française ! Il se fit cependant un nom dans le monde de la presse et de la radio dans les décennies suivantes en occupant des postes de premier plan à *France-Soir*, *Europe 1* ou *VSD* sous le nom de Jean Gorini !

(250) Faussement daté de 1937 dans le livre !

(251) Ce livre sera réédité en 1952 aux *Editions Jacquier* à Lyon, sous le titre *Signé « tête de mort »*, avec le pseudonyme de Max Beeting. Curieusement, le point de départ de l'intrigue, un homme qui inscrit le message en langage morse que lui fait parvenir le saxophoniste de l'orchestre en feignant d'accorder son instrument, sera repris dans un autre roman de Frédéric Dard qui fera date lors de sa parution aux Editions Fleuve Noir, en 1950. Son titre : *Laissez tomber la fille*. L'auteur : un certain San Antonio ! On connaît la suite !

(252) Dard ira jusqu'à leur confier, à l'automne 1945, l'édition de « romans de gare », une formule qui avait eu un grand succès avant-guerre mais qui commençait alors à s'essouffler sérieusement. La *Collection les heures de rêves* ne devait finalement donner que deux titres, fournis par Max-André Dazergues et publiés sous le pseudonyme d'André Mad. Il ne semble pas que ces deux petits livres aient été en fin de compte commercialisés !

(253) Ami de Frédéric Dard, qui l'aura rencontré au *Mois à Lyon*, auquel il collabora occasionnellement, le docteur Albert Brunerie (1901-1975) aura été plusieurs années durant chef de clinique de l'hôpital psychiatrique du Vinatier à Bron. Auteur dans les années vingt de plusieurs livres de poésie, cet authentique bourguignon aura accessoirement été un acteur important de la vie littéraire lyonnaise et un gastronome déclaré.

(254) Service du Travail Obligatoire.

(255) *Le curé de Tours, Poèmes* et *S.T.O 100 dessins inédits*. Mis en vente dans les premières semaines de 1946, le livre de Philibert-Charrin était présenté comme le premier d'une *collection Daumier* qui n'eut pas de suite. Enrichi d'une belle préface de Frédéric Dard et d'un portrait original de celui-ci par l'auteur, cet ouvrage rare (réédité récemment) est aujourd'hui particulièrement recherché par les bibliophiles et les collectionneurs.

Cette année est également celle des retrouvailles avec Marcel Grancher. La parution du *Mois à Lyon*, entre-temps redevenu *La Semaine*, étant bloquée par les contingentements de papier, celui-ci s'est retiré dans sa maison des Flandres et y coule des jours tranquilles au milieu de ses amis belges. Aussi invite t-il Frédéric à venir le voir. Les deux hommes, qui s'étaient pratiquement perdus de vue depuis deux ans, se retrouvent au début de l'été. Chaverot a accompagné Dard, qui découvre à cette occasion la Belgique. Ses paysages de pluie, les dunes, la mer du Nord, sont autant de nouveautés qui impressionnent le jeune écrivain. Les visites de Nieuport, de Furnes, d'Ostende et de Bruges achèvent de le ravir. Il ramènera ainsi à Lyon une multitude d'images qu'il n'oubliera pas de réintroduire dans des nouvelles ou ses livres à venir avec infiniment de fidélité. Plus concrètement, ces « retrouvailles » lui ont donné l'envie de revenir sur les huit années passées et d'en raconter l'histoire, son histoire. Les personnages, les anecdotes, les rencontres, la guerre, ses premiers pas dans le journalisme puis dans la littérature guident bientôt sa plume, avec Marcel Grancher et son *Mois à Lyon* comme fil conducteur.

Commencé dans la chaleur du mois d'août, le livre se termine aux brouillards de novembre et parait au début de l'année 1947 aux *Editions de Savoie*. Le ton en est donné dès la couverture illustrée par une composition de Roger Sam : représentés en saltimbanques, il y a là Clos-Jouve, Monnet, Simonet, Veyre, entourant le jeune Dard en Monsieur Loyal qui voit sortir du cerceau de papier qu'il brandit, Grancher, Dazergues et Charlaix : *Le Cirque Grancher* est en piste qui sert de titre au livre !

Coïncidence ou concours de circonstances, c'est à cette même époque que Dard a retrouvé le journal qui l'a vu débuter. Ce dernier, après bien des aléas, a repris depuis le mois d'octobre 1946 sa place dans les kiosques sous forme d'un mensuel intitulé *La Semaine* (sic !) *: s*on sous-titre « périodique satirique… et légèrement vache » annonce la couleur ! Frédéric a naturellement repris la plume pour assurer la rubrique des *Lettres* et écrire de nouvelles chroniques successivement intitulées *Silhouette lyonnaise* puis *Jeu de massacre ou les caricatures écrites*. Un certain nombre de figures de ses amis y sont présentées avec toujours beaucoup de bienveillance. En juillet suivant ainsi que l'annonce l'éditorial du numéro *la Semaine* redevient *Le Mois à Lyon*. Grancher pilotera dorénavant son journal depuis Paris et il institue un nouveau comité de rédaction où l'on retrouve les copains de toujours, Henry Clos-Jouve, Gaston Simonet, Paul Garcin et… Frédéric Dard. A lui la tâche de remplacer Grancher en son absence et d'animer l'équipe en assurant dorénavant la « responsabilité rédactionnelle » des numéros à venir.

En réalité, cette nouvelle activité déployée par le Dard journaliste-écrivain vient bien à propos pour pallier celle du Dard éditeur dont l'entreprise marque le pas depuis quelques temps. Chiffre d'affaire en baisse, auteurs défaillants… Avec deux titres seulement sortis des presses du cours Gambetta au cours du premier semestre 1947, l'aventure des *Editions de Savoie* s'essouffle sérieusement d'autant qu'elles sont en concurrence directe avec les *Editions Lugdunum* de l'ami Clos-Jouve qui ne vont guère mieux.

Frédéric Dard va finalement boucler tant bien que mal l'année en travaillant à un nouveau roman dont il soumet bientôt le manuscrit à Georges Simenon pour que celui-ci en fasse la préface. Celle-ci viendra sous forme d'une lettre particulièrement élogieuse à l'égard du jeune auteur et de son œuvre. Ainsi adoubé, *Au massacre mondain* parait dans les tous premiers jours de 1948 aux *Editions P. Chatelet et Cie.* Le « style » Dard achève de s'y mettre en place en s'inscrivant délibérément dans la ligne de la plupart de ses précédents livres : personnages complexes, tension dramatique soutenue et fatalité inexorable sont au rendez-vous !

Un élément nouveau vient également y prendre place qui tient plus aux états d'âmes de l'auteur qu'à ceux du romancier ! Ainsi ce personnage du livre qui tergiverse dès les premières pages entre une vie d'artiste confinée en province et les horizons prometteurs d'un ailleurs encore mal perçu.

N'est-ce pas la question qui revient de plus en plus régulièrement dans les réflexions personnelles de Frédéric. Comment envisager dorénavant la suite de sa carrière ? Quel avenir pour un jeune écrivain lyonnais ? Peut-il demeurer envers et contre tout un auteur « de province » ? Doit-il continuer à s'investir dans le journaliste et courir après les piges ? Quid de son investissement personnel comme éditeur ?

« Paris, 410 kilomètres »

Depuis la fin de la guerre, deux années plus tôt, Dard a vu, mois après mois, s'éloigner de Lyon la plupart de ses amis journalistes ou écrivains. Après avoir pris leur mal en patience, les « repliés » sont naturellement retournés vers Paris. Las des coups bas et des mesquineries lyonnaises, Marcel Grancher les a suivi, bientôt imité par Henry Clos-Jouve. Pierre Scize est également reparti pour la capitale pour y conforter une carrière déjà bien remplie...

Suivre le mouvement ? Pas évident... !

Pas évident parce que Dard ne peut encore concevoir vivre loin de sa famille : ses parents, « Bonne Maman », sa jeune sœur, ses amis lyonnais. Autant d'attaches qu'il ne peut remettre en cause. Odette son épouse, qui partage avec lui l'idée qu'il se fait d'une carrière littéraire, reste également très attachée à ses parents et à leur existence aussi honorable que paisible : s'éloigner de Lyon serait prématuré et trop risqué, d'autant qu'elle est enceinte de leur deuxième enfant !

Sans véritable réponse, le statut quo s'impose.

(256) Vieille de près de trente ans - le premier numéro est paru en décembre 1921 -, cette nouvelle » revue, relancée six mois auparavant dans une formule simplifiée, prend une forme plus élaborée à partir du numéro en date du 1er novembre 1947. Fort d'une vingtaine de pages le nouveau périodique, dont l'aspect rappelle en bien des points celle du *Mois à Lyon*, se veut être une sorte de trait d'union entre les Savoyards de Savoie et les 50 000 Savoyards « expatriés » à Lyon ou ailleurs en axant sa ligne éditoriale sur le tourisme et la vie savoyarde en général à l'exception de la politique. Ce titre perdurera jusqu'au numéro 182 paru en 1956.

Frédéric Dard dans son bureau à la Croix Rousse, rue Callas.

En ce début d'année 1948, la concurrence très active de nouveaux éditeurs – *Optic*, *Gutenberg* - sur la place de Lyon a eu raison des *Editions de Savoie*. Qu'à cela ne tienne, Dard réinvestit alors sur le bimensuel *l'Echo de Savoie* nouvelle formule qu'il contribue à relancer avec l'appui de l'incontournable François Vernay[(256)]. Bombardé rédacteur en chef, il quitte naturellement l'équipe de rédaction du *Mois à Lyon* qu'il continuera cependant à abonder d'un « papier » mensuel. Avec les quelques articles placés à la nouvelle revue *Les Arts à Lyon* ou dans la revue *Comic Burlesc*, Dard peut pour le moment voir venir.

Reste l'édition !

Parmi les nouveaux venus sur le marché, *Les Editions du Puits-Pelu* se sont rapidement distinguées en occupant un segment laissé jusqu'à présent libre : la littérature dite populaire. Le couple formé par Clément Jacquier et son épouse déborde de projets : ils ont amené dans leurs cartons une nouvelle collection de romans policiers, une autre de romans d'amour, une série de livres pour enfants ainsi que de nouveaux magazines d'humour « sexy ». Max-André Dazergues ne s'y est pas trompé, qui a déjà vu plusieurs de ses romans publiés par le nouvel éditeur.

Dard, qui a apparemment écrit avec beaucoup de facilité les deux romans policiers publiés trois ans plus tôt sous des pseudonymes, voit là une piste possible pour persévérer dans le genre, d'autant que son pastiche de Peter Cheney, paru sous le titre *Une aventure vénitienne de Teddy Laution et de Betty Rumba* dans le numéro spécial été de *Comic Burlesc*, l'a particulièrement amusé. L'entrevue avec Jacquier, arrangée par Dazergues, le confirme bientôt, engagement étant pris de part et d'autre pour le lancement d'une nouvelle revue d'humour, prévu pour la fin de l'année en cours.

Disposant dès lors d'un peu de temps libre, Dard va en profiter pour aller s'installer quelques temps à l'écart de Lyon. C'est à Saint-Chef, le village de son enfance, qu'il va trouver l'inspiration pour commencer à écrire son quinzième roman dans lequel il compte remettre en scène quelques personnages de *La crève* paru deux ans plus tôt.

Septembre le voit de retour à la Croix-Rousse où les évènements vont brusquement s'enchaîner pour précipiter la suite de sa carrière !

Le premier de ceux-ci est un « coup au cœur » qu'il reçoit avec autant de force qu'il vient de son mentor Marcel Grancher. Ce dernier publie depuis quelque temps dans *Le Mois* une série d'articles consacrés aux différents quartiers de

Lyon[257]. Celui qui parait en septembre a pour objet la célèbre rue Mercière et les environs de l'église Saint-Nizier. Au détour d'un paragraphe Dard peut lire ceci :

> *Pauvre Frédéric ! Encore un qui, par fidélité à Lyon [...] à ses menus habitudes et à la douce vie, à l'existence facile [...] a manqué le coche. Parmi les quelques révélations qui se firent jour à Lyon dans le domaine littéraire au cours des dernières années, Dard représente incontestablement [...] l'un des éléments les plus heureusement doués, l'un de ceux possédant ce que l'on pourrait appeler la « classe internationale ».*
>
> *Servi par un sens admirable de la couleur, de l'atmosphère, de l'image, Frédéric Dard dont le tempérament rêveur, imaginatif, un tantinet morbide, fait songer à Marcel Aymé, est un romancier-né. S'il avait travaillé d'arrache-pied ; s'il n'avait pas été gâté par des succès faciles ; s'il avait trouvé, dans les nécessités de la lutte, l'adjuvant réclamé par son caractère lymphatique, nul doute que la plus brillante des carrières se fut ouverte à lui.*
>
> *Il lui eût fallu Paris, l'ambiance électrique des petites chapelles, où eussent fait miracle son front d'archange et ses yeux d'enfant... Il aurait dû pour cela – voyez Verdot [...] Armorin, Bressy et tant d'autres – profiter des ouvertures crées par la Libération qui dota – si l'on ose dire - la France de tellement de feuilles que les journalistes en venaient à manquer ...*
>
> *Après tout il n'est jamais trop tard... Frédéric est encore jeune... Que les muses le préservent de l'affreux sort consistant à diriger, lunetté d'écailles et le ventre en avant* un périodique confidentiel, et à passer une existence sans fantaisie, entre le 421, le banquet de la Société de Secours mutuels, les cinq à sept des Célestins et les revues militaires à Bellecour, avec pour récompense les médisances des petits « confrères » qui s'imaginent être journalistes parce qu'ils portent la livrée de l'épicerie du coin.

Le choc est bien rude pour le jeune écrivain qui voit là nettement tracé devant lui un avenir « en cul de sac » ou un destin qu'il ne peut ou ne veut pas encore envisager.

La question d'un départ pour Paris continue à se poser, avec à chaque jour qui passe un peu plus d'acuité, sans qu'il ne puisse encore y trouver une réponse.

Tout à ses incertitudes, c'est à cette même époque qu'il a de nouveau pris contact avec Georges Simenon dans la perspective d'obtenir les droits pour écrire une adaptation radiophonique de *L'aîné des Ferchaux*, paru trois ans auparavant.

C'est une discipline à laquelle il s'est déjà essayé, avec quelques succès depuis la fin de la guerre. Encouragé par Lucien Farnoux-Reynaud, homme de théâtre

(257) Commencée dans le numéro du 15 avril 1948, cette série d'articles rassemblés deviendra un livre qui paraîtra aux Editions Rabelais en juillet 1949.

et critique à ses heures, il a en effet produit, deux ans plus tôt, une petite pièce en trois actes, *Qui perd gagne*, qui a été diffusée sur *Radio-Lyon* en août 1946.

Il a, par la suite, récidivé en transposant, pour ce mode de diffusion, son livre *La mort des autres*. Un essai concluant qui lui aura valu le **Prix du Théâtre Radiophonique**, décerné lors de la *Grande Semaine Lyonnaise des Lettres et des Arts* en février 1947.

Un succès en appelant un autre, il aura encore coécrit, dans les semaines suivantes, avec son ami Farnoux-Reynaud une dramatique, *Les jardins romantiques de Lyon*, qui a été diffusée au début juillet 1947.

Fort de ces essais réussis, pourquoi donc ne pas voir plus large et investir dans un projet ambitieux avec un titre de Simenon ? Mais la réponse vient, qui n'est pas celle attendue. Le romancier belge lui écrit mi-septembre qu'il a déjà cédé les droits à « un confrère de Paris » mais il lui suggère alors de lire son nouveau roman sur le point de paraître en librairie. Le huis clos de *La neige était sale* va inspirer à ce point Frédéric Dard qu'il fait aussitôt connaître à son auteur son désir d'en tirer l'écriture d'un drame radiophonique. Mais le temps passe trop vite et, une fois encore, il doit déchanter après s'être vu répondre à peine un mois plus tard que les droits pour la radio ont déjà été cédés ! Simenon ne ferme toutefois pas la porte, qui ajoute en post-scriptum de sa lettre :

> *Bien entendu,* la Neige *reste libre pour la scène et je continue à croire que c'est le plus adaptable de mes romans. Mais je ne veux pas vous forcer la main.*

Il n'en faut pas plus à Frédéric pour saisir l'occasion et se lancer aussitôt dans cette nouvelle aventure. Dès décembre 1948, il a terminé l'écriture de son adaptation et c'est une grosse enveloppe qui prend aussitôt la route de l'Arizona, où Simenon s'est établi depuis quelques temps. Sa réponse parvient rue Calas peu après la mi janvier : enthousiaste et motivé, le père de Maigret, tout en manifestant l'intérêt qu'il a trouvé à lire le manuscrit de la pièce, a très largement repris le texte initial des trois actes écrit par Dard.

> *Lorsque j'ai reçu votre manuscrit, je me suis attablé à ma machine avec l'idée d'y apporter quelques changements et surtout de vous adresser un certain nombre de suggestions. […] et voilà qu'après cinq à six heures de machine à écrire je me retrouvais avec (le) prologue et le premier acte entièrement réécrits. Et le second jour, j'écrivais le second acte. Un jour encore pour le troisième.*[258]

Dard apprend également que l'auteur de *La neige était sale* a déjà négocié les droits en langue anglaise et qu'il leur reste « à mettre tous deux la version française au point », l'adaptation du roman, à le lire, devant être cosignée des deux noms. Que dire ? Frédéric en accepte l'idée, lui qui a pour principale préoccupation de subvenir par son travail aux besoins de sa petite famille. Et puis…, voir son nom accolé à celui du célèbre romancier !

Cinq semaines plus tard, nouvelle lettre des Etats-Unis. La pièce, après quelques retouches de dernière minute, est maintenant dans sa forme définitive : elle est dorénavant entre les mains de son agent à Paris. Le nom magique vient de résonner une fois de plus aux oreilles de Frédéric Dard ![259]

Notre jeune auteur en est là de ses réflexions lorsque paraît, dans les semaines qui suivent, son nouveau roman auquel il a travaillé tout au long de l'automne. *Batailles sur la route*, imprimé sur les presses lyonnaises de *l'Echo de Savoie* et publié aux *Éditions Dumas*, à Saint-Étienne. Cette suite en quelque sorte de *La crève* – on y retrouve quelques personnages - rencontre dès sa sortie un succès d'estime auprès de la critique, d'aucun y voyant là son meilleur[260]. Prémonition ou signe que l'auteur a enfin pris une décision, la couverture illustrée du livre montre une borne kilométrique indiquant « Paris, 410 kilomètres » : la distance qui sépare Lyon de la capitale !

A vrai dire, Frédéric Dard y voit à présent plus clair. Sa famille s'est enrichie d'une petite Elisabeth, née au mois d'octobre précédent : il lui faut maintenant trouver un logement propre à abriter son petit monde.

Côté édition, il s'est associé avec quelques amis pour lancer une nouvelle revue visant à couvrir la vie régionale. *Sud-Est 49*, son titre. Toute votre région dans la poche, son sous-titre. On y trouve les signatures de Locard, de Dazergues, de Grancher père et fils, de Brunerie, de César, de Jacques Robert... tous présentés avec emphase et fautes de typographie par Dard lui-même. Fort de 48 pages, en petit format, couverture illustrée par Roger Sam, le numéro 1 est daté de janvier 1949. On ne sait s'il n'y eu jamais de numéro 2 !

Côté écriture, il a commencé, ce même hiver une nouvelle collaboration avec l'éditeur Jacquier à qui il a livré une douzaine de petites nouvelles qui vont trouver leur place avec succès dans les colonnes du mensuel érotico-comique *Oh !* Trois textes de Dard, dont deux signés de pseudonymes comme ceux qui les ont précédés, sont ainsi parus dans le numéro de mars 1949. L'éditeur lyonnais, particulièrement séduit par la prose enlevée de l'auteur, lui a passé commande pour un travail plus conséquent qui pourrait déboucher sur un roman policier en « bon uniforme »[261]. Frédéric s'est mis immédiatement à l'œuvre !

Parallèlement - c'est ainsi que le veut la légende dûment entretenue plus tard par l'auteur – il a trouvé dans une charcuterie lyonnaise, l'annonce d'un couple

(258) Pour ces deux derniers extraits : lettres de Georges Simenon à Frédéric Dard en date des 15 octobre 1948 et 19 janvier 1949, communiquées par Odette Cuene-Grandidier.

(259) Commencée dans l'enthousiasme, cette collaboration littéraire amènera paradoxalement les deux hommes à se brouiller définitivement peu après la sortie de la pièce sur les planches parisiennes en décembre 1951. Fêté comme il se doit lors de son retour en Europe, au mois de mars suivant, Simenon s'attribuera en public et en présence de Dard, le seul mérite de l'adaptation théâtrale de son roman ! La blessure restera à jamais ouverte dans le cœur de Frédéric qui gardera rancune sa vie durant à celui qui avait été près de quinze années l'objet d'une admiration sans faille.

(260) Ainsi Georges Simenon, Jacques Lemarchand ou encore Pierre Seghers. Le roman sera d'ailleurs récompensé par le Prix du Club des Transports, doté de 100 000 francs (un peu plus de 3 000 euros de nos jours) et attribué par la fédération du même nom.

(261) Calembour pour « bonne et due forme » qui viendra bientôt dans la prose d'un certain Alexandre Benoit Bérurier, futur personnage oh combien sanantonionesque !

qui cherche à échanger leur pavillon de la banlieue parisienne pour un appartement à Lyon. *« Il n'est jamais trop tard »* a écrit Marcel Grancher quelques mois plus tôt ! Aussi, c'est par une déprimante journée d'hiver qu'il débarque finalement à la gare de Lyon pour rejoindre Les Mureaux, petite ville des bords de la Seine, au nord-ouest de la capitale. Il y découvre au 45 de l'avenue du Maréchal Foch une maison vieillotte mais suffisamment vaste et surtout entourée d'un grand jardin. Celui-ci emporte la décision et Dard signe le compromis qui va enfin faire de lui un parisien. De retour à Lyon il lui faudra faire preuve de beaucoup d'enthousiasme pour faire partager à la mère de ses enfants son choix. Remise en état avec l'aide de son beau-père, c'est finalement cette modeste villa qui accueille la famille Dard au tout début du printemps 1949 : la carrière lyonnaise de Frédéric Dard s'achève, ou presque...

Les premières semaines parisiennes du jeune couple ne sont pas aussi souriantes qu'ils pouvaient l'espérer. Les quelques contacts que Frédéric a ici et là avec les éditeurs de la capitale ne sont pas encourageants. C'est tout juste si on ne lui conseille pas de renter sur les bords du Rhône, là où il a eu quelques succès. Les économies fondent au fur et à mesure des semaines qui passent, à l'image des espérances de notre auteur. C'est Odette qui réagit la première. Elle écrira :

> *J'étais partie de Lyon à regret, mais l'idée de rentrer dans ces conditions ne me plaisait pas du tout. C'est à ce moment que je lui ai suggéré l'idée d'un policier, genre Peter Cheyney – il avait déjà publié de petits articles, parus dans des revues, à la manière de...*
>
> *Il trouva l'idée bonne et chercha un pseudonyme à consonance américaine. Il étala une carte sur la table et pointa le doigt au hasard : il tomba sur San Antonio. Déçu par ce nom latino, il le garda tout de même, peut-être par superstition.*(262)

Dès lors, les choses vont aller très vite. Le manuscrit du nouveau roman est écrit en quelques jours. Dactylographié, il prend bientôt la direction des bureaux de Clément Jacquier. Il rejoint ainsi un autre roman policier que Dard a commencé et bouclé quelques temps auparavant.

Il n'y a plus qu'à lancer les machines de la *Société d'Imprimerie et d'Edition du Puits-Pelu*.

Aux premiers jours de juillet, Frédéric Dard et son épouse vont refaire une dernière fois le voyage de Lyon afin d'assister à la sortie de ses deux nouveaux romans. Le premier, *L'agence « S.O.S »*, signé Frédéric Charles, parait sous forme d'un fascicule de 126 pages dans la *Collection Policière Le Glaive*, une collection inaugurée cinq ans plus tôt par son ami Dazergues.

Quant au second, il prend la forme d'un gros livre relié de 320 pages, couvert d'une jaquette illustrée en couleurs, imitant sans vergogne les couvertures racoleuses mises à la mode par les *Presses de la Cité*. Un titre en gros caractères en barre le haut : *Réglez-lui son compte !*

L'auteur ? Un certain commissaire San Antonio, un Américain semble-t-il, qui livre là ses « révélations ». La page de garde, outre le prétendu titre original en anglais, *Kill Him*[(263)], précise que celles-ci ont été « adaptées et post-synchronisées » par Frédéric Dard. La quatrième de couverture nous apprend encore que ce San Antonio, qui *« écrit davantage avec ses poings qu'avec sa plume »* publiera une série d'ouvrages appartenant à la littérature d'action : ainsi *Le nègre dans la baignoire*, *Du plomb dans les tripes*, *Le boulevard des allongés* ! Si le « nègre » devait rester au fond de sa salle de bains, les deux autres titres allaient trouver, à quelque temps de là, le chemin des presses, non plus lyonnaises, mais bien parisiennes cette fois, celles des *Editions du Fleuve Noir*, récemment installées dans le monde des éditions dites populaires. Avec elles, un « nouvel auteur » venait de naître qui devait définitivement faire son chemin.

L'avenir de Frédéric Dard, quant à lui, s'écrirait désormais ailleurs.

(262) Lettre à l'auteur. Le deuxième prénom de Frédéric étant Antoine, ceci pourrait peut-être expliquer cela !

(263) Littéralement *Tuez le*.

X Le Prix Lugdunum et autres prix littéraires

« ...il faut multiplier les jurys et les prix littéraires à l'infini – comme les bistrots – puisqu'ils travaillent en même temps pour l'esprit. »

Louis-Ferdinand Céline(264)

La petite histoire ne dit pas comment Céline - Prix Renaudot 1932 avec son *Voyage au bout de la nuit* - apprécia en son temps l'effort fait par « l'establishment » lyonnais pour suivre son conseil et promouvoir et la ville et la littérature locale, à travers les auteurs du cru !

Toujours est-il qu'avant même la fin des années 1920, le besoin s'était fait sentir de prouver qu'on pouvait faire aussi bien, toutes proportions gardées, à Lyon qu'à Paris.

La ville n'avait-elle pas déjà vu deux de ses enfants, Claude Farrère et Henri Béraud récompensés au cours des deux décennies précédentes par le Prix Goncourt !(265)

Allaient ainsi se succéder des initiatives plus ou moins heureuses pour créer et faire vivre des prix littéraires visant selon les moments ou les acteurs :

- à consacrer un auteur pour son œuvre littéraire,
- à faire connaître Lyon,
- à promouvoir un ouvrage récemment paru,
- à encourager un jeune écrivain en herbe, voire un journaliste débutant

ou encore à récompenser un « homme de lettres » en mal de notoriété.

Le Prix des Amis de Lyon et le prix Paul Lintier

Aussi, dès 1929, commence t-on à réfléchir, dans certain milieu lyonnais, et plus précisément au sein des membres du Syndicat d'Initiative, à ce que pourrait être un prix récompensant un ouvrage susceptible de faire « connaître et aimer Lyon ».

(264) In *Le style contre les idées*, Editions Complexe, Bruxelles, 1987.

(265) Henri Béraud (1885-1958) est à cette époque un journaliste engagé, un écrivain reconnu et un polémiste redoutable. La consécration est venue en 1922 lorsque le prix Goncourt lui a été attribué pour deux de ses romans, *Le Vitriol de lune* et *Le Martyre de l'obèse*. Marqué très à gauche lorsqu'il écrivait pour Le canard enchaîné, il dérivera au fil du temps vers une droite classique avec l'hebdomadaire Gringoire. A partir de 1940, sans jamais se compromettre avec l'occupant allemand, ses positions anticommuniste, anglophobe et antisémite lui vaudront pourtant d'être arrêté, jugé et condamné à mort le 29 décembre 1944 pour intelligence avec l'ennemi ! Plusieurs écrivains, dont François Mauriac, interviendront en sa faveur et il sera finalement gracié par Charles de Gaulle. Malade, il sera libéré en 1950 et mourra huit ans plus tard dans sa maison de l'île de Ré sans qu'il ne soit jamais revenu à Lyon. Outre une prolifique production d'articles de presse, on lui doit une cinquantaine de romans, de reportages et d'essais qui marquèrent définitivement son époque.)

Tout un programme pour une ville dont la réputation semble alors définitivement établie : Alphonse Daudet ne l'a-t-il pas décrite comme une ville grise et sale, au ciel « couleur de suie », trop souvent envahie par le brouillard montant des deux fleuves, une ville où ses habitants vivent dans des taudis hantés par les rats et les cafards !

A la fin des années 1920, soit soixante ans plus tard, cette réputation reste et colle à la cité comme l'humidité qui est censée y suinter ! On comprend mieux l'objectif visé alors.

On est en 1930 et, sous l'égide de monsieur le maire qui s'est rapidement positionné en « patron », la situation évolue rapidement.

On trouva tout d'abord un nom : ce serait le « **Prix des Amis de Lyon** ».

On décida ensuite qu'il serait attribué tous les trois ans à une *« œuvre de haute tenue littéraire,* [...] *écrite depuis 1927, au plus tard ; - à la gloire de Lyon ; pour inciter le lecteur à visiter la Ville et à l'aimer ».* Il était encore spécifié dans l'article 9 du règlement qu'à défaut on pouvait attribuer le prix *« à un ouvrage célébrant Lyon ancien, ses mœurs, ses coutumes, son langage ».* Tout un programme !

On le dota... richement : 25 000 francs[266].

On fit la publicité nécessaire.

On sélectionna divers ouvrages déjà parus dont on afficha les titres aussi bien dans les librairies que les bureaux de tabac, voire les rédactions.

On réunit enfin, au soir du 30 mai 1930, à l'hôtel Carlton, un jury de neuf personnalités du « tout Lyon intellectuel » où figurait en bonne place le premier magistrat de la ville, Edouard Herriot, de même que l'incontournable Henri Béraud, double lauréat du Prix Goncourt 1922 avec son *Vitriol de lune* et son *Martyre de l'obèse* ou encore le globe-trotter Claude Farrère, lui-même lauréat de ce même prix en 1905.

Ceci dit, la cuvée 1930 ne s'avérait pas a priori être du meilleur cru tant les onze œuvres sélectionnées restaient de peu de valeur littéraire. Un seul ouvrage se détachait du lot, largement plébiscité par les critiques littéraires, à savoir le *Myrelingues la brumeuse*, une saga médiévale de près de 400 pages publiée à compte d'auteur par le journaliste Claude Le Marguet. Evoqués encore les noms d'Albert Giuliani pour *Vous êtes mon Lyon*, David Cigalier avec *Deux ôtés de Trois* et encore celui de Jean Dufourt pour son *Laurette ou les amours lyonnaises*, pâle succédané de *Calixte*, un titre et un livre qui l'avait consacré aux yeux du public quatre années plus tôt.

« Et le gagnant fut »... *Laurette...*, son auteur raflant par là même la mise !

Annoncé le lendemain midi lors d'un déjeuner tenu dans les salons Berrier et Milliet, le célèbre traiteur de la place Bellecour, le résultat du vote provoqua un scandale qui devait être à la hauteur de l'évènement. Contre toute attente, le prix allait à un écrivain accompli, évidemment récompensé pour l'ensemble de son œuvre et en particulier pour son précédent livre. Cette « bluette » de commande de son éditeur *Didier & Richard*, disait-on, n'en avait été que le prétexte(267). En tous cas l'heureux récipiendaire empocha le chèque sans que vraiment la littérature régionale y ait gagné quelque chose !

Jean Dufourt (1887-1953)

Issu d'une famille de « soyeux », Jean Dufourt est né à Lyon le 28 octobre 1887. Après avoir fait des études chez les Jésuites – comme il se doit dans *toute bonne famille lyonnaise* -, c'est un jeune homme qui se prépare à entrer à l'Ecole de Commerce, pour un jour succéder à son père. Un goût affirmé pour la littérature arrache cependant le jeune élève à l'Ecole ! D'une carrière littéraire, la famille ne veut toutefois pas entendre parler et, pour ne pas aviver la déception des siens, Jean Dufourt s'oriente alors vers la basoche. La faculté de droit et l'école de notariat l'accueillent bientôt mais le décès prématuré de son père, alors qu'il n'a que vingt ans bouleverse ses projets. A la fin de ses études, c'est une place de clerc de notaire qui l'attend. Adepte des brèves étapes, le jeune tabellion abandonne toutefois, au bout de quatre mois, et débute en 1911 dans les lettres en publiant une fantaisie sur les chansons populaires : *La famille Cadet-Rousselle,* qu'il signe du pseudonyme de Gabriel Salvat. Suivent deux romans, l'un inspiré des contes de Perrault, *La Barbe bleue*, l'autre intitulé *Dans quel monde*. Mobilisé en 1914 à titre civil, Jean Dufourt, qui a été exempté du service militaire, évite les batailles de la Grande Guerre et se retrouve, à l'issue de celle-ci, engagé comme journaliste à l'*Echo de Paris* de Franc-Nohain. En 1919, son nouveau roman *Marielle, Roman d'une lyonnaise*, édité chez Plon sous son véritable patronyme cette fois, trouve un écho très favorable auprès du grand public, écho qui se confirme huit ans plus tard, et, après trois autres titres parus entre-temps, par le succès de *Calixte ou l'introduction à la vie lyonnaise*, toujours édité chez Plon. Après la « consécration » venue indûment avec *Laurette*... suivront des années plus discrètes, Jean Dufourt acceptant plus rarement de participer à quelques manifestations officielles comme celle de l'attribution du premier Prix Lugdunum en 1941. Devenu membre de l'Académie des sciences, belles-lettres et arts de Lyon à partir de 1943,

(266) Environ 16 000 euros de notre époque. Outre des fonds publics venus de la mairie de Lyon ainsi que de la préfecture, le comité du prix avait fait appel à nombreux « généreux donateurs » issus du monde du commerce, de la banque ou de l'industrie. On écrivit à l'époque que la famille Gillet, réputée être la première fortune d'Europe et la troisième fortune mondiale, s'était inscrite pour la somme de ... 50 francs !

(267) L'intérêt du livre résidait avant tout dans son illustration par de nombreuses eaux-fortes de Joanny Drevet, qui montraient Lyon sous un aspect des plus séduisant. Il se dit à l'époque que A. Didier, de Didier & Richard, les célèbres libraires grenoblois, éditeurs du livre, avait fait de nombreuses fois le voyage de Lyon et fréquemment rencontré Edouard Herriot. L'auteur de *Sous l'olivier* était alors en pourparlers pour faire paraître chez ces mêmes Didier et Richard un nouveau titre : *La Route de Napoléon*. Aussi, l'intérêt personnel d'Herriot dans l'attribution du prix ne manqua-t-il pas d'être expressément repris par la presse, un journal ayant même ouvertement évoqué *« combinaises* (sic !) et *ristournes »* !

> il écrira encore une demi-douzaine de romans dont *Les malheurs de Calixte* et *Mes belles-filles dans mon jardin*, son dernier livre paru en 1950. Décédé le 28 février 1953, il repose aujourd'hui au cimetière de Loyasse.

Bref, tout le monde resta sur sa faim et, dans cette même soirée qui suivit l'annonce du résultat, certains courriéristes littéraires lyonnais décidèrent de passer outre cette proclamation pour créer, à l'instar du prix Renaudot, un prix purement honorifique qu'ils baptisèrent le **Prix Paul-Lintier**(268). Ils l'attribuèrent à l'unanimité à *Myrelingues la brumeuse* !

Heureuse initiative qui n'atténua pourtant en rien la déception de Claude Le Marguet, grand perdant de cette première édition du prix des Amis de Lyon(269)!

Il n'avait pas vraiment tort car les dispositions du règlement lui donnaient toutes ses chances, face à la piètre valeur des œuvres qui étaient en concurrence avec la sienne ! Quoiqu'il en soit, il en conçut un vif ressentiment, en particulier à l'encontre d'Edouard Herriot qui l'avait semble-t-il assuré de son soutien et de son vote !

Dès lors, Le Marguet aligna une prose vengeresse à l'égard du maire, utilisant pour ce faire les colonnes du journal satirique *Le Passe-partout*, où il avait ses entrées. La polémique enfla rapidement, allant même jusqu'à impliquer Marcel Grancher, partagé à cette époque entre Paris et Lyon, qui avait voulu ménager – à son détriment – et Le Marguet et Herriot. Le malentendu faillit se terminer par un duel entre les deux journalistes qui finalement se réconcilièrent lors d'un déjeuner *au Châteaubriant*, le réputé restaurant de la place Kléber tenu alors par Marcel Thibaud.

La suite fut encore plus cocasse. Trois ans passèrent...

En partie dépités par les conséquences inattendues de la première attribution du prix et le scandale qui s'en était suivi, mais en butte surtout aux difficultés rencontrées pour une nouvelle levée de fonds propres à assurer la dotation suivante, les membres du Comité annoncèrent, au début novembre 1932, dans les colonnes du *Progrès*, vouloir différer l'expérience pour la reporter à 1934, en raison de la « crise » ! Déjà ! C'était sans compter avec l'ire que provoqua cette annonce chez Henri Béraud. Celui-ci réagit très vivement et publia dans le même journal une longue lettre où, après avoir rappelé les conditions dans lesquelles avait été créé le prix, il fustigeait « l'insuffisance pécuniaire » avancée par les banquiers, les industriels et autres commerçants, qui à les entendre les rendaient incapables pour l'heure d'abonder le prix. Et Béraud de continuer :

> *Sans doute, si l'on se fût adressé au menu peuple, eût-on trouvé cet argent que les plus fortunés refusent.*
>
> *Voyons, messieurs, moyennant 25.000 francs-papier tous les trois ans, soit 700 francs par mois, deux cents opulents bourgeois pouvaient jouer aux mécènes et substituer une ceinture dorée à la réputation beaucoup moins*

reluisante dont ils jouissent par le monde. Trois francs par tête et par mois, deux sous par jour ! Il parait que même à ce tarif, la protection des arts leur a paru trop onéreuse. [...]

L'on savait de reste que nos richards ne sont guère généreux. Du moins pouvaient-ils, à bon droit, se flatter de faire honneur à leurs engagements.

Après avoir ainsi vertement précisé son point de vue, Béraud terminait sa diatribe en refusant de s'associer davantage *« à une mesure* [...] *aussi funeste qu'humiliante »* et annonçait sa démission de membre du jury.

La tenue de la deuxième édition de ce qui venait d'être rebaptisé en toute modestie le **Grand Prix Littéraire des Amis de Lyon**, n'avait pas encore eu lieu qu'un nouveau scandale l'éclaboussait à nouveau !

L'écho de cette intervention devait en réalité avoir un heureux impact sur les « porte-monnaie » lyonnais, l'argent de la dotation du prix étant finalement réuni dans les semaines suivantes.

Ces aléas perturbèrent un long moment la réflexion de ces messieurs qui en avaient même un temps oublié d'avertir les concurrents suivants : on en comptait déjà une douzaine et Le Marguet était à nouveau sur les rangs, de même que, cette fois, Marcel Grancher, de retour depuis peu sur les bords du Rhône : dame ! Vingt-cinq mille francs.

Henri Béraud parti, il laissa sa place au jury qui accueillit alors Léon Daudet, de l'Académie Goncourt. Sébastien Charléty, recteur de l'académie de Paris et Arthur Kleinclausz, doyen de la faculté des Lettres de Lyon, remplacèrent encore André Rivoire, poète viennois décédé entre-temps et Auguste Ehrhard, ex-doyen de la faculté des Lettres « atteint par la limite d'âge » qui s'était particulièrement discrédité lors de la précédente vacation. L'écrivain–aventurier Claude Farrère, Jules Aymard, le président du Syndicat d'Initiative, Georges Lecomte(270), de l'Académie Française, Antoine Sallès(271), avocat et député du Rhône ainsi qu'Eugène Vial, lui-même auteur et membre de l'Académie de Lyon, tous déjà présents lors de la première attribution du prix, étaient prêts pour une deuxième délibération.

Tout aurait été pour le mieux si Monsieur le Maire n'avait pas eu à siéger en compagnie de Léon Daudet, un de ses plus ardents adversaires politiques. Dans l'impossibilité prévisible de pouvoir cette fois encore « manœuvrer » son monde

(268) Paul Lintier (1893-1916), originaire de Mayenne, était venu à Lyon pour y faire ses études de droit. Il y avait fondé *Le Lyon-Etudiant*, une revue appréciée alors pour son esprit et sa verve. Engagé en 1914, il avait été sérieusement blessé dès les premières semaines de guerre avant d'être à nouveau volontaire pour l'artillerie à l'été 1915. Il aura été finalement tué sur le front en mars 1916. Sa notoriété sera venue au lendemain de sa mort après la publication de ses souvenirs de guerre, consignés au jour le jour dans ses carnets : *Ma pièce, souvenirs d'un canonnier*, publié en 1916 et *Le Tube 1233, souvenirs d'un chef de pièce* en 1917. Son ami Henri Béraud écrira de lui *« Ce qu'il nous laisse et qui suffirait à la carrière de maintes notoriétés, n'est rien au prix de ce qu'il eût construit ».*

(269) Quatre voix, dont celle de Claude Farrère, s'étaient portées sur son livre contre cinq sur celui de Dufourt ! Cette très courte majorité fut très mal assumée par les membres du jury qui firent savoir très hypocritement à Le Marguet qu'il pourrait représenter son œuvre à la session suivante prévue pour 1933 !

(270) Georges Lecomte (1867-1958) romancier et auteur dramatique fut élu membre de l'Académie française en 1924 et en devint le secrétaire perpétuel en 1946. Il fut également directeur de l'École Estienne.

(271) Antoine Sallès (1860-1943) fut député du Rhône entre 1928 et 1940. Il fut également rédacteur au *Salut Public* et un des membres fondateurs de l'*Académie des Pierres Plantées*.

comme il l'avait fait trois ans plus tôt, il préféra déserter. Prétextant des obligations parisiennes, Edouard Herriot s'arrangea donc pour se décommander le soir même de l'attribution.

Treize auteurs et treize ouvrages concouraient donc, un livre se détachant du lot à en croire la presse de l'époque, celui de Magali Cabanes, livre ayant pour titre *Le Masque de Lyon*(272). On parlait également de celui de Grancher, *Lyon de mon cœur*, de *Pique-Puce* de Louis Chaffurin et bien sûr de *Myrelingues la brumeuse*, la saga moyenâgeuse de Le Marguet que tous savaient maintenant très malade(273). Il se disait alors que ce dernier s'était laissé forcer la main par son nouvel éditeur parisien qui voyait là une opportunité « en or » pour rentrer dans ses fonds !

Est-ce l'état de santé de l'auteur malheureux de 1930, sa « proximité politique » avec Daudet(274), trop content de l'absence de Herriot, ou encore les remords du jury, toujours est-il que la voie était désormais libre pour que, le samedi 3 juin 1933, lors d'un nouveau banquet républicain chez Berrier et Milliet, Georges Lecomte annonce aux nombreux invités présents le résultat du vote. Le prix fut ainsi attribué à l'unanimité des voix au deuxième tour à *Myrelingues la brumeuse*, Claude Le Marguet étant enfin récompensé. L'heureux lauréat n'eut toutefois guère le temps de profiter de sa nouvelle notoriété puisqu'il mourut quelques jours plus tard des suites de sa terrible maladie. Sic transit gloria… !

Magali Cabanes fut elle récompensée par le prix Paul-Lintier.

L'affaire aurait pu en rester là, mais il n'en fut rien. Trois ans plus tard, les mêmes acteurs « remettaient le couvert ». Le bruit du scandale des deux premières éditions s'étant apaisé, la sérénité semblait devoir être de mise pour une nouvelle attribution du prix.

Vingt et une œuvres, d'intérêt très inégal, avaient été retenues, au nombre desquelles l'inénarrable *Clochemerle*(275) de Gabriel Chevallier, qui alignait encore *Clarisse Vernon*, Marcel Grancher n'étant pas en reste avec deux titres également dont un grand et beau livre coécrit avec son ami Curnonsky à la gloire de la cuisine lyonnaise : *Lyon, capitale mondiale de la gastronomie*(276) Noré Brunel, déjà candidat en 1930, revenait cette fois avec un roman au titre prometteur de *Guignol*. Des seize autres auteurs en lice, seuls Tancréde de Visan avec *Sous le signe du Lion*, paru chez *Denoël et Steele*, et Marcelle Magdinier avec son *Cantedor*, édité chez Calmann-Lévy, deux livres imprimés dans les mois précédents, pouvaient raisonnablement prétendre au titre.

Ainsi, le 6 juin 1936, et en l'absence de la moitié des membres du jury, retenus par diverses obligations ou indispositions, il revint à Messieurs Farrère, Kleinclausz, Aymard et Vial d'honorer de leur présence le déjeuner qui suivit l'annonce du résultat du prix, celui-ci ayant été attribué à *Sous le signe du Lion* de Tancrède de Visan.

Pour la première, et dernière fois, la presse dans son ensemble se félicita pleinement de ce choix qui effaçait enfin « le mauvais souvenir », voire « la fâcheuse erreur » ou encore la « tromperie » de l'attribution du Prix des Amis de Lyon 1930 !

Le prix Paul Lintier, quant à lui, alla à Madame Jean Larnac pour un livre publié en 1934, ayant pour titre *Louise Labé La belle cordière de Lyon.*

L'aventure du **Prix Littéraire des Amis de Lyon** devait cependant s'arrêter là ! Dans la foulée, le comité du prix, composé - rappelons-le - d'industriels et de commerçants lyonnais, avait décidé de se séparer et de consacrer le reliquat de ses fonds à l'édition d'un autre titre consacré à Louise Labé.(277) Exit !

Le Prix Pierre-Scize

Revenons au début des années 1930 ! Ne pouvant se satisfaire d'une récompense « littéraire » triennale, qui plus est particulièrement sensible aux interférences venues du « microcosme » politique local et de ses arcanes, nombreux étaient ceux qui souhaitaient voir mettre en place un véritable prix qui consacrerait annuellement la seule valeur littéraire d'une œuvre originale émanant d'un auteur lyonnais ou régional.

La première initiative vint, dès l'automne 1934, d'un groupe « d'amis des lettres », journalistes pour la plupart, animé par le docteur Jacques Morel, un praticien réputé, connu pour sa grande générosité et sa passion pour la littérature. Avant même la mi-octobre un projet prenait forme, la finalité du futur prix étant de récompenser le meilleur reportage portant sur un sujet d'actualité régional et d'encourager par là même de jeunes journalistes locaux.

Un règlement fut arrêté et le montant du futur prix – 3 000 francs en espèces – fixé ; le comité du prix s'engageait en outre à faire publier l'œuvre si celle-ci avait été présentée sous forme de manuscrit ou seulement publiée dans les journaux.

Enfin, on détermina la composition du nouveau jury appelé à rendre son verdict pour la mi-décembre suivante. Devaient en faire partie José de Berys, auteur de romans populaires alors en vogue, Georges Champeaux, du journal *Gringoire*, Henri Danjou de *Détective*, Aimé Sapin dit Sap, du *Progrès de Lyon*, Pierre Bathile, de *La Nouvelle Revue Critique*, Auguste Tardy de *L'œuvre* et Tancréde de Visan, de *Notre carnet*, le docteur Jacques Morel assurant le secrétariat général

(272) Ce livre, illustré par des bois de Frédérique Charlaix, sœur de Léon Charlaix (voir chapitre V) avait été publié par les éditions *Au pigeonnier* en 1932, avec un tirage limité, Une réédition courante, revue et augmentée, venait alors de sortir.

(273) Ces deux derniers livres étant respectivement parus en 1928 et en 1930, témoignent de la difficulté qu'avait eu le jury pour sélectionner les titres correspondant à la finalité du prix.

(274) Il est à noter cependant que le livre de Le Marguet avait été proposé pour le Goncourt l'année précédente et que c'est ce même Léon Daudet qui avait fait obstacle à sa sélection, arguant de l'âge de l'auteur lyonnais et du fait que le livre avait déjà concouru pour un prix !

(275) A noter que l'histoire contée dans ce roman se déroulant exclusivement en Beaujolais, ce livre n'aurait pas dû être retenu dans la sélection du jury puisque n'entrant pas dans le cadre défini par le règlement du prix !

(276) Cf. chapitre XI Journalisme et gastronomie.

(277) Selon toute vraisemblance, il devait s'agir d'un titre proposé par les frères Joseph et Ennemond Trillat : *Dame Loÿse, la belle cordière*, ce livre, illustré par des bois gravé de Frédérique Charlaix, devant finalement être publié en 1937.

et le rôle de trésorier. Pierre Scize, éminent journaliste et reporter aussi bien connu des Lyonnais que des Parisiens, compléta l'équipe et s'en vu confier la présidence, le nouveau prix étant appelé tout naturellement à porter son nom : le **Prix Pierre-Scize** était né.

Pas pour longtemps !

Car c'était sans compter que le bébé était venu au monde (lyonnais) avec une maladie locale incurable dont les causes avaient pour noms mesquinerie, jalousie et envie. Dans les jours qui suivirent l'annonce du prix, ce fut dans le microcosme journalistique régional une tempête de critiques acerbes et courroucées, principalement soulevées par des « confrères » laissés pour compte, du moins devaient-ils le prendre ainsi ! Ne sous-entendaient-ils pas que le prix était joué d'avance et pour ainsi dire déjà attribué, le nom du récipiendaire supposé étant même annoncé à demi-mot par certain[(278)].

Aussi, dut-on temporiser et les semaines passèrent…

Le Prix Littéraire du « Comité du Cercle Lyonnais des Relations Intellectuelles »

A la même époque, une autre réflexion était menée par les membres du *Comité du Cercle Lyonnais des Relations Intellectuelles*[(279)]. Cette association, très active en matière d'animation de la vie culturelle locale, souhaitait alors aider à la promotion d'auteurs en devenir en créant un prix littéraire annuel.

Après plusieurs réunions conduites sous l'égide du Président Emile-René Simonnet, un règlement fut élaboré, une dotation arrêtée, un jury pressenti.

Ainsi, à la mi-janvier 1935, les journaux lyonnais pouvaient finalement annoncer la création du **Prix Littéraire du « Comité du Cercle Lyonnais des Relations Intellectuelles »**, prix doté de 2 500 francs. Un rapprochement avec le comité du Prix Pierre-Scize, qui n'avait pas été attribué (et pour cause), fut aussi positif que fructueux, le docteur Morel apportant 1 500 francs supplémentaires à la dotation initiale. Une somme totale de 4 000 francs allait pouvoir être attribuée à un auteur appartenant à la région lyonnaise et n'ayant jamais été couronné ! Tous les genres, roman, nouvelle, reportage étaient admis à concourir.

Le Secrétaire général du Cercle, Maître Antoine Loyet, fut chargé de recevoir les candidatures et les manuscrits avant la date du 20 février 1935 pour une attribution prévue à la fin du mois de mars suivant.

Les prétendants ne tardèrent pas à se manifester.

C'est ainsi qu'une cinquantaine de livres et de manuscrits furent déposés dans les délais impartis. Le temps de vérifier l'éligibilité des œuvres et de leurs auteurs, une quinzaine de titres fut initialement retenue avant qu'une nouvelle sélection ne ramène ce nombre à une dizaine. Encore y avait-il là à peine quatre ou cinq auteurs qui pouvaient légitimement revendiquer le statut de « lyonnais », les autres s'étant depuis longtemps par trop éloignés de la capitale des Gaules !

Candidat malheureux lors de la précédente attribution du Prix des Amis de Lyon, deux années plus tôt, Marcel Grancher, qui livrait alors un titre par an, était de nouveau sur les rangs avec un nouveau roman de bonne facture intitulé *Au Mal Assis.*

C'était oublier les nombreux ennemis qu'il avait à cette époque sur la place, le succès de son magazine mensuel *Le Mois à Lyon*, de même que celui de sa maison d'édition commençant alors à faire pas mal d'ombre à la vieille presse locale et à ses acteurs, suscitant beaucoup de jalousie parmi certains de ses « confrères ». Aussi n'était-il pas question de lui laisser le champ libre et encore moins d'amener les projecteurs sur lui à l'occasion du prix. La veille de l'attribution, trois périodiques lyonnais allèrent même jusqu'à unir leurs efforts pour porter « le coup de pied de l'âne » à Grancher, mettant en cause sinon l'intérêt littéraire de son livre, du moins le style de l'écriture jugée trop « réaliste », voire le fond par des mises en situation « trop osées ». L'un d'eux allait jusqu'à qualifier l'ouvrage, sans le nommer bien sûr, de « roman pornographique ». Diable, on y parlait de cul, de fesses, d'emmerdements et de bordels ! L'article mettait même en garde « ceux des membres du jury qui portaient soutane » ou ceux qui passaient pour être « bien pensant » contre un vote que le public ne manquerait pas de connaître et de commenter !

De fait, l'histoire du « Mal Assis » ne ménageait en aucune manière le monde feutré d'une bourgeoisie lyonnaise décadente, incapable de surmonter la crise de la soierie, une industrie qui avait jusqu'alors fait sa fortune !

Quoi qu'il en soit, le samedi 18 mai 1935, tout était en place pour l'attribution du nouveau prix et le jury, normalement composé de douze membres, put enfin se réunir au *Restaurant Albert Renault*. En l'absence de l'écrivain Pierre Mac Orlan qui n'avait pas fait le déplacement, il y avait là l'abbé André Chagny[(280)], historien et archéologue, Henri d'Hennezel, conservateur du musée historique des tissus, le criminologiste Edmond Locard, Louis de Longevialle, de l'Académie des Sciences, les journalistes Martin Basse et Tancrède de Visan ; l'avocat Antoine Loyet, le député Antoine Sallès, les docteurs Pierre Morel et Clément Sahuc ainsi que l'ingénieur Emile-René Simonnet : un aréopage des plus hétéroclites s'il en était !

Présentations faites, les délibérations et les votes se succédèrent et, au bout de trois tours, le choix du jury se porta sur *« le manuscrit …* [d'une] *vieille dame, qui ne fut jamais imprimé »,* ainsi que le rapporta plus tard et avec un peu de ran-

(278) cf. *La vie lyonnaise* du 15 octobre 1934.

(279) Issu en 1930 de l'*Union Lyonnaise des Travailleurs Intellectuels* créée en 1926, le « Cercle Lyonnais des Relations Intellectuelles » devait très rapidement réunir plus de quinze cents personnes venues de tous les horizons. Principalement animée par son secrétaire général, l'ingénieur Emile-René Simonnet, promu ultérieurement président, l'association organisa, près de dix années durant, de très nombreuses manifestations : conférences, causeries, concerts, visites de musées et d'expositions, sorties archéologiques, ventes caritatives au profit de la Caisse de secours aux intellectuels déshérités. La guerre de 1940 devait sonner le glas de cette institution.

(280) André Chagny (Pont-de-Vaux 1872 - Lyon 1965). Sociétaire, entre autres, de l'Académie des Sciences, Belles-lettres et Arts de Lyon, il fut longtemps professeur d'histoire à l'Institut catholique de Lyon, et c'est en tant qu'écrivain qu'il aura publié un grand nombre d'ouvrages et d'articles, souvent illustrés par les photos de Georges-Louis Arlaud, le « Nadar lyonnais » (Genève 1869 – La Ciotat 1944)

cœur Marcel Grancher qui, de son côté, avait obtenu quatre voix. La vieille dame en question, professeur de philosophie de son état, s'appelait en réalité Henriette Waltz et avait déjà été dans le passé l'auteur de deux ou trois romans. L'œuvre proposée cette fois était intitulée *Images* mais elle resta effectivement à l'état de manuscrit, sinon sous forme d'une rubrique dans Le Salut Public tout au long des mois suivants.

A peine venu au monde, le nouveau prix avait vécu !

Hôtel-restaurant Jutard dans les années 1930.

Emmanuel Froment et Gaston Simonet, deux des initiateurs du Grand prix littéraire de Lyon.

Le Grand Prix Littéraire de Lyon et le Prix André Dahl

Il en aurait fallu plus pour faire renoncer l'infatigable docteur Morel qui, resserrant le cercle de ses amis, entreprit de constituer un nouveau Comité dont l'indépendance devait être garantie. Ainsi, Emmanuel Froment, le président de la Chambre Syndicale de la Librairie, le tout nouvellement élu député Alfred Elmiger, l'industriel Fleury Thomas(281), le pharmacien Marcel Chamaraud ou le restaurateur Gaston Simonet se retrouvèrent-ils pour définir ce que serait à l'avenir le « véritable » prix littéraire lyonnais. Un capital de 5 000 francs fut réuni, destiné à récompenser le futur lauréat. Autant que pour le prix Goncourt !...

Un jury regroupant des personnalités « incontestables » fut constitué où les « parisiens » étaient particulièrement représentés : avaient donné leur accord Pierre Mac Orlan, Roland Dorgelès, Josef Kessel, Francis Carco, Pierre Scize, Joseph Jolinon et Georges Champeaux mais encore les délégués du Comité du prix, Messieurs Morel, Leroudier(282) et Elmiger. Le maire de Lyon, Edouard Herriot était également pressenti. A l'instar de ce qui se faisait à Paris, on institua un déjeuner qui aurait lieu à la Croix Rousse, à l'hôtel *Jutard*, précisément tenu par Simonet. Ce dernier, nommé secrétaire général du Comité, avait été chargé de réunir les œuvres des postulants. A la mi-mai 1936, la presse pouvait annoncer la création du **Grand Prix Littéraire de Lyon**, un prix qui serait attribué à la mi-octobre - concomitamment aux fêtes gastronomiques - à un auteur lyonnais ou habitant Lyon, pour un titre en particulier – déjà édité ou non - ou pour l'ensemble de son œuvre.

Parallèlement un **Prix André-Dahl**(283), purement honorifique celui-là, était appelé à remplacer le Prix Paul Lintier, Paul Garcin, un de ses instigateurs(284), expliquant une nouvelle fois que ce prix devait être au *Renaudot* ce que le Grand Prix de Lyon allait être au *Goncourt*. Aux âmes bien nées, la valeur n'attend point le nombre des années, dit-on !

Maurice de Person, du *Salut Public* et Paul Soupiron, du *Progrès*, attendent les résultats du Grand prix littéraire de Lyon 1936.

Cette même presse informait ses lecteurs à la rentrée de septembre suivante, que le jury, présidé par Edouard Herriot, aurait à choisir, le lundi 26 octobre, parmi vingt-deux auteurs et trente-cinq ouvrages !

Même si Monsieur le maire et quelques autres n'avaient pas pu faire le déplacement, tous firent néanmoins connaître, le jour venu, leur choix, ne serait-ce que par correspondance.

Et le Grand Prix revint finalement, après trois tours de scrutins, à Marcel Grancher pour son *Via Suez*, paru quelques mois plus tôt aux Nouvelles Editions Latines. David Cigalier et Bernard Sarrazin avaient été un temps dans la course, de même que Marius Riollet qui, arrivé en seconde place, se vit décerner par les courriéristes littéraires présents le **Prix André Dahl** pour son livre *La roue*.

A 13 heures, il fut temps de passer à table et, pour la première fois, un repas des plus festifs, contrastant avec les banquets guindés qui avaient précédé ou clos les attributions de prix lors des autres années, réunit tous les participants.

Grand prix 1938. De gauche à droite : Max-André Dazergues, le lauréat, l'abbé Chagny, Jacques Morel, Pierre Mac Orlan, Fleury Thomas, Jean Dufourt et Emmanuel Froment.

Tard dans l'après-midi, le lauréat du jour Marcel Grancher assura le discours final en proclamant avec vigueur le plaisir qu'il éprouvait, avant de célébrer

(281) Industriel… et chocolatier. Fleury Thomas présidait alors aux destinées de la Société Révillon dont le produit phare était, et reste de nos jours, la célèbre papillote de Noël renfermant de subtils chocolats somptueusement enveloppés dans leur papier doré.

(282) Egalement connu sous le pseudonyme de Glaudius Mathevet, Emile Leroudier, adjoint au maire de Lyon et croix-roussien pur souche, était le créateur et le directeur de l'Almanach des Amis de Guignol. Il devait décéder l'année suivante.

(283) Ecrivain et pamphlétaire, né à Lyon en 1886, André Dahl avait été un temps journaliste au *Canard enchaîné* avant de créer en 1922 à Paris le *Théâtre des deux ânes*. Il était décédé en 1932.

(284) Les autres ayant eu pour noms Paul Bénédict, Henry Clos-Jouve, Marcel E. Grancher et Louis Jasseron.

la gloire de Lyon où, malgré la légende, « on se divertit, on mange et l'on boit mieux qu'ailleurs ».

Un an plus tard, le Grand Prix Littéraire de Lyon 1937 fut attribué à Félix de Chazournes pour une nouvelle intitulée *Jason - Portrait des Tropiques*, publiée en 1935 chez Gallimard(285).

Le Prix André Dahl 1937 alla à Louis Dupire(286), pour *Sentiers*, un recueil de poésies préfacé par Pierre Scize et publié six mois plus tôt par les *Editions Lugdunum*.

A l'automne de l'année 1938, le Grand Prix lyonnais distingua simultanément deux auteurs, Henri Duquaire pour *Découvrir l'âme du Maroc*, un essai philosophique paru en 1935 (!), dans une *Edition du Sagittaire* et Max-André Dazergues pour son *Montée des Anges*, un roman d'amour psychologique qui avait été présenté sous forme de manuscrit.

Si le premier n'eut pas à se soucier du devenir de son ouvrage, pour le second il en fut autrement. Directement impactée par la situation politique de l'époque – on était à la veille de la guerre – l'édition du livre de Dazergues fut reportée *sine die*.

Cette cuvée devait cependant être à l'égale des deux précédentes avec une nouvelle fois un menu brillant concocté par le nouveau *Ragueneau* lyonnais, Gaston Simonet, en son restaurant de la Croix-Rousse. Qu'on en juge :

L'apéritif d'honneur
« L'Ambassadeur »
Le cervelas truffé, Pommes vapeur
Le Mâconnais blanc en carafes
Le Pâté de Quenelles maison
Le Château-Chalon 1933
Les Fonds d'Artichauts forestière
Le Chateauneuf-du-Pape en carafes
Les Poulets de Bresse grillés
à l'américaine
Les têtes de cuvées 1933 de la Côte-Rôtie
de Vidal-Fleury
La Salade de Saison
Les Fromages de région
Le Rocher de Glace
Le Champagne Brut
Les beaux Fruits de la vallée du Rhône
Le Café maison
La Prunelle
L'Extra-Sec Orange de Cusenier

Ce qui fit dire à Pierre Mac Orlan, président du jury cette année-là : *« Les Prix littéraires lyonnais offrent cette supériorité sur les autres, c'est qu'on y mange bien... ».*

Moins d'un an plus tard, on songeait déjà à la cession suivante, des annonces dans la presse précisant, dès juillet, que les exemplaires destinés au jury devaient être déposés au plus tard le 31 août. Le rendez-vous devait être particulièrement manqué !

Le 1er septembre l'Allemagne, était passée à l'offensive en attaquant militairement la Pologne, prélude à l'embrasement général qui devait conduire à la Seconde Guerre mondiale.

D'un jour à l'autre, toute la population française se retrouva sur le pied de guerre, l'économie nationale étant aussitôt mobilisée pour la défense du pays. Le monde littéraire, celui de l'édition et celui du journalisme n'échappèrent pas à la règle, la majorité de ses acteurs étant bientôt requis à un titre ou à un autre pour assurer les priorités liées au nouveau conflit naissant. Pour l'attribution du quatrième *Grand Prix Littéraire de Lyon*, on verrait plus tard !

Treize mois bien sombres allaient suivre qui verraient finalement l'armée française s'écrouler devant la puissance de la Wehrmacht et les forces militaires allemandes s'installer pour de longues années sur une grande partie du territoire métropolitain. Investie en juin 1940 par les troupes ennemies, la ville de Lyon fut occupée durant quelques semaines avant que les conditions de l'armistice et la détermination de la zone dite « libre » ne la fasse échapper au sort des grandes villes françaises du nord, de l'est et de la Côte atlantique. Courant juillet, les derniers soldats allemands quittèrent la région et un calme relatif s'instaura sous l'administration du nouveau gouvernement de Vichy.

Les institutions lyonnaises ayant retrouvé leur légitimité, la tenue de la quatrième session du Grand Prix Littéraire fut annoncée un moment dans la presse à l'automne pour le début de l'année 1941, en même temps que la création du nouveau Prix Lugdunum, réservé celui là aux auteurs non encore publiés. Le décès inattendu du docteur Jacques Morel à la mi-septembre en bouleversa une nouvelle fois la programmation. Puis le silence s'installa !

Deux années ont passé. La situation internationale aussi bien que militaire reste particulièrement inquiétante, la guerre s'étant étendue de l'Europe à l'Afrique, de l'Atlantique au Pacifique.

C'est dans ce contexte que le comité du Grand Prix Littéraire de Lyon s'est enfin reconstitué. Marcel Chamaraud a remplacé Jacques Morel, Gaston Simonet agissant toujours en tant que secrétaire général. Il a, à ce titre, conservé par devers lui les ouvrages qui auraient dû être soumis au jury à l'automne 1939. Ne serait-

(285) La suite devait confirmer s'il en était besoin les choix judicieux des jurys lyonnais puisqu'aussi bien de Chazournes que Grancher furent consacrés l'année suivante à Paris, le premier recevant le *Prix Fémina* pour un roman ayant pour titre *Caroline ou le départ pour les îles*, Grancher étant lui récompensé par le *Prix Courteline* attribué à son *5 de campagne*.

(286) Frère cadet d'Edouard Dupire, journaliste sportif à Lyon dans les années 1930-1940. Né comme son frère à Singapour, en 1910, Louis Dupire qui, très jeune s'était orienté vers la peinture et la poésie, décédera six années plus tard, le 20 octobre 1943 à Warocquelz, près de Mons, en Belgique, des suites d'une longue maladie. Ses poèmes, d'une rare qualité, auront été récompensés à plusieurs reprises, en particulier par le Prix des Rosati de Flandre en 1935 et par le Prix Auguste Angellier en 1936.

il pas normal et juste de rattraper le temps perdu et de proposer à leurs auteurs, pour ceux qui le veulent bien, de concourir à nouveau, d'autant qu'un nouveau mécène, en la personne de Rudolphe Bavoillot, un fabricant d'outillage, vient d'abonder le prix d'un chèque de 5 000 francs qui s'ajoutent aux 10 000 francs déjà réunis. On pourrait ainsi procéder à l'attribution de deux prix, l'un rétroactivement au titre de l'année 1939, l'autre pour l'année 1942.

Judicieux également d'ouvrir le prix aux auteurs venus de toute la France : l'époque n'est plus à l'entre-soi. Décision prise, les nouvelles modalités du prix sont aussitôt diffusées par voie de presse fin octobre : ouvert aux manuscrits aussi bien qu'aux livres déjà publiés, les auteurs sont invités à adresser leurs exemplaires avant la fin du mois de novembre au secrétaire général, Gaston Simonet, 26 rue Paul-Chenavard. Celui-ci a en effet cédé son affaire de la Croix-Rousse pour ouvrir un modeste « café littéraire » à cette nouvelle adresse. Alors que manuscrits et livres s'accumulent, la situation militaire va, une nouvelle fois, interférer avec la bonne marche de l'attribution du prix. Le 9 novembre 1942, l'armée américaine a pris pied en Afrique du nord, entraînant deux jours plus tard la réaction allemande avec l'invasion de la zone libre. La Wehrmacht est de retour à Lyon et la censure venue de Vichy redouble, affairée plus que jamais. La liste des concourants au grand prix va justement en être la cible. Parmi les quinze auteurs qui se sont fait connaître, un pose question. Son tort : proposer un livre portant sur la campagne de Norvège en avril 1940 au titre évocateur *Narvik.* Jusque-là rien à redire car cette brève opération en Mer du nord a permis à l'armée française de se distinguer avec succès contre les troupes alpines allemandes. Le livre est paru depuis quelques semaines chez *Fayard* et se vend particulièrement bien. Un hiatus cependant : il est préfacé par le général Béthouard, qui commandait alors les forces françaises. Or, depuis quelques jours, celui-ci a rallié le camp des alliés à la suite du débarquement américain sur les cotes du Maroc. Devenu *persona non grata*, il ne peut être question de lui proposer une vitrine quand bien même ce serait dans le livre de M.J. Torris. Celui-ci sera donc retiré de la liste publiée dans la presse.

Loin de ces considérations, c'est finalement le mercredi 23 décembre 1942 que le jury du Grand Prix Littéraire parvint à nouveau à se réunir à l'Hôtel Jutard dont les salons ont été loués pour la circonstance. Son ancien propriétaire, Gaston Simonet, y accueille, à partir de 11 heures, outre le nouveau président du comité du prix Marcel Chamaraud, les « Parisiens » André Billy et André Warnod, les « Lyonnais » Gabriel Chevallier, Joseph Jolinon, Marius Riollet et Max-André Dazergues, ainsi que le journaliste Martin Basse. Présidé par Fleury Thomas, le jury attribua alors, comme prévu, deux « Grand Prix », l'un au titre de l'année 1939 à Jean-Pierre Le Lyonnais pour son livre *Le Polisson Sabotier des bois*, sorti de l'*Imprimerie du Salut Public*, l'autre pour l'année 1942 à … M.J. Torris, l'auteur de *Narvik* mis à l'index par la censure. En toute liberté et avec courage, le jury avait choisi de récompenser le livre pour sa valeur historique et littéraire, sans tenir compte de l'oukase de Vichy.

L'attribution des deux prix André Dahl se fit dans les mêmes conditions, la « cuvée » 1939 allant à *L'aurore de minuit*, un recueil de poèmes présenté par Jacques Reynaud, l'édition 1942 échéant à Louis Walter pour *Derrière les barbelés*, un livre témoignage sur les officiers français retenus prisonniers en Allemagne, édité chez Aubanel, à Avignon.

Le palmarès ne fut annoncé que deux jours plus tard, sans que soit fait mention du livre de Torris ![(287)]

L'histoire du *Grand Prix Littéraire de Lyon* devait finalement s'arrêter cet hiver-là. Le *Prix Lugdunum* continuerait désormais seul l'aventure.

Le Prix Lugdunum et le Prix Claude Le Marguet

Après que la déclaration de guerre eut mobilisé, à partir de septembre 1939, l'ensemble des forces de la nation, la « drôle de guerre », puis l'offensive allemande et enfin la défaite achevèrent de bouleverser la vie civile en France. A l'été 1940, le retrait des troupes de la Wehrmacht de Lyon avait permis de restaurer en partie celle-ci, l'équipe du journal *Le Mois à Lyon*, mise en sommeil forcé depuis septembre 1939, commençant à reprendre quelques couleurs. Les « mobilisés » étaient revenus les uns après les autres à l'exception du seul Marcel Veyre, « ramassé » sans avoir combattu dans les derniers jours de l'invasion allemande et transféré depuis vers un camp de prisonnier.

De son côté Marcel Grancher, tout auréolé de ses deux prix littéraires, avait repris ses habitudes lyonnaises et commençait à réfléchir à ce que pourrait être un nouveau prix orchestré à partir de sa propre société : *Les Editions Lugdunum*. Les différentes manifestions littéraires des années précédentes avaient en effet démontré leur inefficacité quant à promouvoir de nouveaux talents dans la mesure où les œuvres proposées sous forme de manuscrits, n'avaient pour la majorité pas trouvé d'éditeur ! Cela avait été le cas pour Henriette Waltz et plus récemment pour Max-André Dazergues, sans compter les auteurs qui n'avaient pas été primés et qui pouvaient avoir produit qui des romans, qui des nouvelles, voire des pièces de théâtre ou de la poésie, dignes d'intérêt.

Grancher, pour sa part, avait auprès de lui quelques jeunes collaborateurs qui se piquaient d'écrire et qui pouvaient d'ores et déjà s'aligner honorablement pour un concours littéraire.

Par ailleurs, son entregent personnel et le réseau d'amitiés qu'il s'était constitué au fil des années, depuis sa « période parisienne » et jusqu'à l'avant-guerre, lui facilitait beaucoup la tâche pour constituer une équipe de réflexion propre à définir les conditions d'un nouveau prix littéraire, a priori complémentaire au Grand Prix de Lyon alors dans une incertitude totale après le décès brutal et prématuré au mois de septembre précédent du bon docteur Jacques Morel.

Grancher n'était-il pas en relation avec des écrivains aussi connus que Pierre Mac Orlan ou Roland Dorgelès ? N'avait-il pas ses entrées à l'Hôtel de Ville auprès du maire Edouard Herriot ? Ne comptait-il pas le professeur Edmond Locard

Brasserie de la Couronne, place des Célestins.

au nombre de ses amis ? Et que dire des écrivains locaux et des journalistes comme Tancrède de Visan, Guy Mazeline et quelques autres ?

Bref, à l'entrée de l'hiver 1940, le dossier était bien avancé et le journal *La Croix* pouvait simultanément annoncer dans son numéro des 22-23 décembre, non seulement la résurrection, après deux années « sans », du Grand Prix Littéraire de Lyon, mais aussi la création du nouveau **Prix Lugdunum** qui serait décerné dans les prochains mois. Toujours secrétaire général du comité du premier prix, Gaston Simonet se voyait également délégué pour recevoir les manuscrits des auteurs concourant pour le second.

Pendant du futur Lugdunum et successeur affiché des éphémères prix Paul-Lintier et André-Dahl, et surtout du fantomatique prix Pierre-Scize, un nouveau prix visant à récompenser le travail d'un journaliste lyonnais viendrait concomitamment rappeler le souvenir d'un des leurs : le **Prix Claude Le Marguet**.

Les semaines qui suivirent furent mises à profit pour arrêter la composition des différents jurys. Outre les amis habituels, Grancher comptait bien maintenant associer à son projet quelques-uns des Parisiens « repliés » qu'ils soient auteurs, scénaristes, poètes ou journalistes. Ainsi André Warnod, Pierre-Jean Launay et Jean Marèze[288], Henri Danjou ou Robert Destez[289].

A la date du 31 janvier, tous les manuscrits – cinq exemplaires dactylographiés par candidats – étaient arrivés au **54 rue Centrale**, sur le bureau du directeur littéraire des éditions Lugdunum : leur lecture pouvait commencer.

Un mois plus tard, le samedi 1er mars 1941 tout était en place pour la remise des prix.

A midi tapante, c'est à la *Brasserie de La Couronne*, l'établissement en vogue de la place des Célestins, que le « Tout Lyon » littéraire et journalistique se retrouva pour l'évènement.

Si le président pressenti, le docteur Edmond Locard, malade, et Pierre Scize, alors en déplacement, étaient absents – ils avaient néanmoins fait connaître leur choix par correspondance -, il y avait là les « lyonnais » Joseph Jolinon, Jean Dufourt et Tancrède de Visan, mais aussi Guy Mazeline, André Warnod, Henri Danjou, Robert Destez et Lucien Farnoux-Reynaud.

Quant aux journalistes venus pour le prix Claude Le Marguet, avaient répondu présents René Brécy de *L'Action Française*, Michel Béligny du *Soir*, André Billy du *Figaro*, Géo London du *Journal*, ainsi que Guy Vardot du *Lyon Républicain*, François Monnet du *Mois à Lyon*, Anrich du *Progrès*, Lapierre de *Lyon-Soir* et Jean Clère de *Radio-Lyon*.

Vint le temps du vote. Six manuscrits avaient été en définitive retenus.

Pour le Lugdunum, un tour, deux tours ne suffirent pas à départager les concurrents, Colette Cariou disputant les voies à Frédéric Dard, le très jeune protégé de Marcel Grancher, Henry Clos-Jouve et encore Simone Rimbault étant toujours en lice. Le suspense demeura au troisième puis au quatrième tour et jusqu'au cinquième où les voix se répartirent également entre Cariou et Dard. Il fallut alors la voix prépondérante du président du jury pour départager les deux auteurs et, après une heure de délibération Lucien, Farnoux-Reynaud, rapporteur, pouvait annoncer à la presse que le prix Lugdunum allait en fin de compte à Frédéric Dard pour son *Monsieur Joos,* un roman d'atmosphère « à la Simenon », Colette Cariou recevant quant à elle un très honorable accessit pour *Le village et le troubadour*, un conte montagnard rafraîchissant.

Beaucoup plus aisé fut le choix du jury pour le Claude Le Marguet, le prix étant attribué à l'unanimité à Henry Clos-Jouve pour « *Le Prétoire dans la boutique* », un « récit-farce » sur les tribunaux de commerce.

Tout à la joie du succès rencontré par la manifestation, Grancher, magnanime décida dans l'instant de publier non seulement les deux manuscrits primés mais encore celui de Colette Cariou. Quant au manuscrit de Simone Rimbault intitulé *La maison fermée*, il trouverait également la voie des presses, quatre nouveaux titres allant finalement enrichir le catalogue des *Editions Lugdunum.*

C'est dans la bonne humeur et « dans la limite des tickets de rationnement » qu'un déjeuner réunit les membres des deux jurys rejoints pour la circonstance par René Bressole, le directeur des *Messageries Hachette* et Gaston Simonet, le (toujours) secrétaire général du (fantomatique) Grand Prix Littéraire de Lyon. Ainsi que l'écrivit Clos-Jouve en conclusion d'un article de presse, « ce fut simple, charmant, touchant et gai ».

Une année plus tard, les acteurs du Prix Lugdunum étaient à nouveau en place pour le tour de piste suivant. Quelques nouveaux venus avaient pris place dans le jury en remplacement de ceux qui en étaient partis. Ainsi, Alexandre Arnoux, Pierre Humbourg, Léon Vallas ou encore Marcel Grancher, maintenant libéré de la charge des *Editions Lugdunum* qu'il venait de céder à son ami Clos-Jouve.

Le samedi 31 janvier 1942, la *Brasserie de la Couronne* accueillait donc tout ce beau monde dans son caveau pour faire un choix parmi la sélection de manus-

(287) Fort de son prix, Le Lyonnais reçut la dotation de 5 000 francs et vit son livre, écrit en 1937 et publié une première fois en 1938, réédité dans les mois suivants par Les Editions Françaises Nouvelles, de Grenoble. Quant à Marcel-Jean-Marie-Joseph Torris, il profita de la réévaluation substantielle du montant de la dotation et obtint 10 000 francs avant d'être à nouveau primé pour ce même livre par l'Académie française. Cet ex-secrétaire d'ambassade, après avoir participé aux opérations de Norvège comme lieutenant de la Brigade de Haute Montagne, sera encore engagé en tant qu'officier de liaison dans les opérations de libération de la Corse à l'issue de laquelle il rédigera à nouveau un récit de guerre qui paraîtra en 1944. Le capitaine Torris détaché auprès du Ve corps d'armée américain, trouvera la mort avec les trois autres membres de l'équipage de son engin blindé lors de la libération de Noyon le 1er septembre 1944. Son nom est aujourd'hui inscrit au Panthéon sur la liste des 36 écrivains morts au champ d'honneur, à côté de celui d'Antoine de Saint-Exupéry !

(288) Pierre-Jean Launay (1900-1982) était un journaliste et un écrivain, doublement récompensé trois ans plus tôt, en 1938, par le Prix Renaudot et le Prix des Deux Magots pour son roman *Léonie la bienheureuse*. Jean Marèze (1903-1942) pour sa part, et outre qu'il était le frère de Francis Carco, était un compositeur et un parolier qui écrivit pour de grandes chanteuses de variétés comme Damia, Suzy Solidor ou Edith Piaf.

(289) Robert Destez (1892-1962) était un journaliste et un auteur de romans populaires.

crits préalablement effectuée par Lucien Farnoux-Reynaud, rapporteur du prix. Après un éparpillement des voix sur sept titres au premier tour, le second consacrait par neuf voix contre une madame René Daumière[290] pour son ouvrage *Ariel Cheval*. Dès le résultat connu, un collège de courriéristes littéraires particulièrement renouvelé se réunit son tour pour attribuer le Prix Claude Le Marguet au manuscrit de leur confrère Edmond Delucinge, du *Petit Dauphinois*, manuscrit ayant pour titre *Le poids des jours*.

Le Grand Prix de Comédie et le Prix Gahide

Singulière histoire que celle de deux prix éphémères qui animèrent la vie littéraire et théâtrale au printemps 1942 ! Dans les quelques semaines qui suivirent l'attribution du Lugdunum, Henry Clos-Jouve, le nouveau patron des éditions du même nom « surfait » à nouveau sur la vague des prix littéraires en publiant le tout nouveau **Grand Prix de Comédie**, attribué au manuscrit d'une pièce de théâtre en trois actes ayant pour titre *La comédie de M. de Mérignac*, écrite par un certain Georges-Charles Gahide, initiateur du dit prix. Deux tours de scrutin avaient suffi. Magnanime, celui-ci décida immédiatement de reverser le montant du prix – 5 000 francs en espèces – d'une part à la Maison de la presse parisienne pour ses écrivains et ses comédiens prisonniers et de l'autre à l'Union de la presse pour les journalistes lyonnais retenus en captivité en Allemagne.

Plus encore, tout au désir de conforter sa place au sein du monde du théâtre lyonnais de l'époque, ce nouveau venu instituait dans la foulée un autre prix littéraire auquel il allait donner son nom, le **Prix Gahide** ! Doté par ses soins de 1 500 francs, celui-ci était censé encourager un auteur de théâtre pour une pièce inédite en un acte. Un jury fut rapidement constitué sous la présidence de l'incontournable Edmond Locard - qui avait déjà officié lors du jury du prix précédent - regroupant Marcel Grancher, Henry Clos-Jouve, Lucien Farnoux-Reynaud, le peintre Julien Pavil, Max-André Dazergues, la comédienne Suzette Guillaud ou encore André Warnod. Réuni à la *Brasserie de la Couronne*, ce collège attribua le prix le 8 mai 1942 à Madame Jean Bach-Sisley pour une pièce ayant pour titre *L'heure rouge*. A la différence du Prix de Comédie qui fut décerné une seconde fois en août 1943 à Jacques Roland pour sa pièce *Jerry*, le prix Gahide ne survécut pas à son initiateur, arrêté par la police allemande quelques jours auparavant pour faits de résistance !

Georges-Charles Gahide.

Georges-Charles Gahide (1888-1945)

Personnage bien curieux et tout autant atypique que ce Belge, né à Courtrai le 8 mai 1888. Emigré vers Paris alors qu'il avait à peine vingt ans, c'est d'abord une vilaine affaire d'abus de confiance qui le mène devant les tribunaux parisiens. Sa véritable carrière débute par un modeste emploi administratif au *Théâtre des Variétés*. Au plus près des meilleurs dramaturges et des grands comédiens de l'avant-guerre, ses talents de peintre l'ont rapidement conduit à faire à l'occasion les portraits des prestigieux pensionnaires du théâtre et de son illustre directeur le fastueux Fernand Samuel, portraits qu'il n'avait pas tardé à proposer avec succès à *Comœdia*, le célèbre journal consacré aux Arts, aux Lettres et au théâtre, magistralement dirigé par Gaston de Pawlowski. Jeune écrivain à ses heures, il eut encore, dès cette époque, l'opportunité d'écrire et de voir une de ses premières œuvres, intitulée *Ministre*, jouée un temps et avec succès au *Théâtre du Gymnase*. Devenu un proche des grands artistes de l'époque comme Max Dearly, Jeanne Granier, Albert Brasseur ou Eve Lavallière, il abandonne pourtant ce monde artistique pour venir s'installer dès 1912 à Lyon où il se fait bientôt une place dans… l'industrie métallurgique. En 1920, c'est donc un « industriel-constructeur » qui épouse Irma Mathy, une Lyonnaise, fille de forgeron. Son entreprise, installée semble-t-il à Sathonay-Camp, s'étend bientôt à l'imprimerie, domaine dans lequel il dépose des brevets dès 1923 ! On le retrouve au début des années 1930 à la tête de plusieurs sociétés dont les bénéfices lui permettent bientôt de créer tour à tour deux périodiques, l'un à vocation politique *La Classe Moyenne*, dont le premier numéro sort en juin 1937 à Lyon, puis un autre plus orienté vers l'actualité artistique *La Page,* créée à Nice et dont le directeur littéraire sera un temps Edmond Locard. Trente ans après ses débuts, son goût du théâtre ne l'a pas quitté. Désireux de renouer avec ce milieu, il a l'idée de lancer un prix littéraire de comédie auquel il présente avec succès *La comédie de M. de Mérignac*, une pièce écrite par lui quelques années plus tôt. Sans attendre, il fonde un second prix littéraire qui, cette fois, portera son nom, et le dote de la somme conséquente de 1 500 francs !

Ce **Prix Gahide** restera sans lendemain, le destin de son auteur trouvant brutalement un terme dramatique l'année suivante. Engagé dans la résistance contre l'occupant allemand au sein du réseau d'origine belge *Reims*, Georges Charles Gahide fût arrêté avec son épouse le 30 juillet 1943 dans les bureaux de son journal *La Page*, au 21 de la rue Belle-Cordière. Internés au fort de Montluc, à Bron, Irma Gahide sera remise en liberté le 20 septembre, son mari étant lui ultérieurement transféré vers le camp de Com-

(290) René Daumière est alors le pseudonyme choisi par Edith Blanchet, une journaliste parisienne originaire de Limoges qui, après avoir travaillé dans l'entre-deux guerres pour *l'Intransigeant*, est alors « repliée » à Lyon avec l'équipe du *Journal*. Elle publie là son premier roman, qui sera suivi de quelques autres titres comme *Adieu Printemps* ou encore *La vie de famille* dans les années suivantes.

piègne puis déporté avec 1583 autres prisonniers par le transport du 27 janvier 1944 à destination de Buchenwald. Ayant survécu seize mois durant aux terribles conditions des camps de concentration, il décédera le 2 mai 1945 au camp de Dachau récemment libéré, peu avant son rapatriement vers la France.

Le Prix Lugdunum s'installe dans la pérennité

Le 30 janvier 1943, alors que les forces allemandes, après avoir envahi la zone libre, occupent à nouveau Lyon, toute l'équipe du Lugdunum se remet en place – le cœur un peu en berne - pour la troisième édition du prix. Un nouveau, André Billy, remplace Léon Vallas. Est-ce un signe du temps ? Les délibérations sont particulièrement courtes et, pour la première fois, le Prix Lugdunum est décerné à l'unanimité et, au premier tour, au manuscrit présenté, parmi quarante autres, par Paul Garcin : *Toilette du bourreau*. La force de son sujet, le cheminement d'une obsession criminelle, et le classicisme de son style ont fait le plein des voix !

Tout aussi simple est le choix du jury du Prix Claude Le Marguet, qui est attribué à Paul Soupiron pour *La fille aux yeux de jade*, un roman exotique inspiré d'un poème chinois du XIIIe siècle. La manifestation se continua comme les années précédentes par un déjeuner des plus réussis, même si Gaby Roch avait dû jongler entre les incontournables tickets de rationnement et les difficultés d'approvisionnement du moment. Edmond Locard et Marcel Grancher fermèrent le ban et l'on se donna rendez-vous pour l'année suivante que certains (trop) optimistes voyaient comme la dernière année de guerre.

Douze mois plus tard, le ton était au désenchantement. Ainsi François Monnet, qui écrivit en préambule du long compte rendu qu'il fit de l'évènement, publié dans le numéro du 15 février 1944 du *Mois à Lyon* :

> *Prix Lugdunum !... Quatre années, déjà, se sont écoulées depuis sa fondation en 1940, [...], dans une France qui ne voulait pas mourir, qui, plus que jamais, veut vivre... Quatrième Prix Lugdunum : quatre journées marquées d'une petite pierre blanche parmi tant de jours lapidés.*
>
> *D'année en année, au cours de cette tragédie mondiale qui, elle, devra bien finir un jour, le Prix Lugdunum prend de l'importance. Il a déjà son rite, ses traditions. La presse en fait, à juste titre, un grand évènement littéraire. Cette fois, le Ciné-Journal de France était aux aguets, les caméras braquées...*

Le jury 1944 du Lugdunum n'a alors guère changé : Pierre Humbourg et Henri Danjou ont été cependant remplacés par Yves Gandon et François de Roux[(291)], ce dernier, absent de Lyon, de même qu'Alexandre Arnoux et Paul Soupiron, ayant choisit comme eux de voter par correspondance. Même chose pour Marcel Grancher, toujours en « délicatesse » avec la police allemande, qui est lui sagement resté « au vert ».

Du côté des courriéristes, la situation est comparable, Georges Ravon du *Dimanche Illustré*, Lapierre du *Salut Public* et Angèle Veyre de *La Page* siégeant pour la première fois.

De nouveau réunis dans les caves de la Couronne, le jury du Lugdunum n'aura besoin que de trois tours pour se déterminer, *La Grande eau*, de Jean Prajail(292), un roman de « terroir », réunissant sept voix, quand quatre autres se portaient sur *Les idées noires* de Luc Decaunes, qualifié par lui-même comme « une anthologie de ses amours littéraires »(293).

Tout aussi rapide était le choix pour le Claude Le Marguet, neuf voix sur douze allant dès le deuxième tour à *Approche de la nuit*, un roman psychologique sur la « cinquantaine », présenté par Pierre Larthomas(294).

La fête ne devait toutefois pas être complète car les deux auteurs primés ne sont pas là : l'un comme l'autre sont alors prisonniers en Allemagne, tout comme l'est également Luc Decaunes !

Ainsi François Monnet :

> *Que soit bénie cette coïncidence qui hurle que, dans l'épouvantable éloignement, dans leur épouvantable misère physique et morale, les prisonniers ont la force de tenir, et bien haut, le flambeau. Cela prouve aussi l'espoir que notre pays peut mettre pour l'avenir dans la qualité de ses fils présentement sacrifiés. Et quelle joie cela aura été pour les deux lauréats d'apprendre, le soir même, par les ondes, la distinction dont ils venaient de bénéficier ! Puisse-t-elle les aider dans leur souffrance ! Puissent-ils vite revenir.*(295)

Il leur faudra encore attendre plus de quinze mois !

Entre-temps, le débarquement des alliés en Normandie puis en Provence aura définitivement sonné le glas des armées allemandes et entraîné leur retrait de France. Lyon est ainsi libéré dès les premiers jours de septembre 1944 et une période trouble s'ouvre pour la ville, à l'image de ce qui se passe sur tout le territoire national. L'heure est à la liquidation du passif de « l'Etat français » et aux règlements de comptes. En décembre 1944, un semblant de calme est revenu et une vie civile apaisée reprend peu à peu son cours. Les cinémas, les théâtres ont rou-

(291) Lauréat du Prix Renaudot 1935.

(292) Jean Prajail est alors le pseudonyme utilisé par Etienne Laguionie, un auteur né le 9 mars 1909, à Cherveix-Cubas, un village des environs de Périgueux. Sa carrière d'écrivain s'arrêtera semble-t-il après ce premier essai, un seul autre titre, un conte pour enfant, devant être publié sous son véritable nom après son décès survenu dans les années 1980.

(293) *Les idées noires*, sera publié par les éditions Robert Laffont en 1946. Luc Decaunes, né en 1913 à Marseille et décédé à Paris en 2001, fut tout d'abord instituteur à Paris où il fréquenta poètes, écrivains et peintres comme Prévert, Aragon, Paul Eluard – dont il épousera la fille – ou encore Picasso... Il deviendra après-guerre un homme de radio, un journaliste et un organisateur de festivals reconnu. Amateur de musique et de chansons, il aura laissé derrière lui une œuvre littéraire conséquente composée de nombreux recueils de poésie, de romans et de plusieurs anthologies. Il repose aujourd'hui dans le cimetière de Belmont-de-la-Loire.

(294) Cet auteur, né le 4 juin 1915 à Sainte-Foy-la-Grande, devait faire par la suite une brillante carrière universitaire, comme professeur de littérature à la Sorbonne entre autres, ses ouvrages ultérieurs étant consacrés au théâtre, à la littérature et à l'art dramatique. Il est décédé en 2000.

(295) Jean Prajail, lieutenant au 5e R.A est alors en captivité à l'Oflag III C, Pierre Larthomas, aspirant au 25e R.T.S., partageant un sort comparable au Stalag I A.

Jury Prix Lugdunum 1946. De gauche à droite : Henry Clos-Jouve, Pierre Scize, Edmond Locard, François de Roux, Marcel Grancher et Andre Warnod.

vert leurs portes. La presse, débarrassée de nombreux titres trop compromis avec le précédent régime, se cherche à travers de nouvelles équipes : la concurrence est d'autant plus rude que les restrictions de papier d'imprimerie sont lourdes. L'édition n'est pas en reste mais malgré tout de nouveaux candidats sont là qui ont déposé en temps et en heure leurs manuscrits pour la session 1945 des prix lyonnais, le nouveau quotidien parisien *Ce soir*, dirigé par Louis Aragon, allant jusqu'à présenter le prix Lugdunum comme ayant « pris rang parmi les grands prix littéraires français ». Est-ce toutefois le manque de place sur les maigres pages des quotidiens du moment, l'absence dans les kiosques de nombreux périodiques maintenant interdits, toujours est-il que l'attribution des deux prix est presque totalement passée sous silence dans la presse. Seule *la Semaine* qui s'est substituée au *Mois à Lyon*, relatera finalement l'évènement.

C'est donc le 19 février 1945 que les jurys des deux prix se sont finalement retrouvés. Un temps rendu inaccessible par une crue de la Saône qui a détruit les fresques bachiques peintes quelques années plus tôt par René Besset, le caveau de la *Brasserie de la Couronne*, résonne à nouveau des éclats de voix et des rires des participants habituels auxquels se sont joints deux correspondants de guerre américains. On acclame le général de Gaulle, on rend hommage aux hôtes d'outre atlantique et aux Etats-Unis avant de finalement se décider, après plusieurs tours de scrutin, pour l'attribution du Lugdunum à un roman présenté par Claude Marcheix intitulé *Voie sans issue*. Dans les mêmes conditions, le prix Claude Le Marguet va à Claude Orlanes pour *Le kasmet de Danka*, un roman dont l'action prend place en Bulgarie.

Prévenue, l'heureuse lauréate put venir honorer l'assistance de sa présence, ce que ne put faire le récipiendaire du Lugdunum qui habitait Grenoble.

Point d'orgue de la manifestation, le repas préparé par Gaby Roch « dans le cadre des restrictions » fut une fois de plus plébiscité, les deux Majors américains ayant manifesté un intérêt certain pour le Beaujolais et le marc avec lequel tous trinquèrent à la gloire des Nations-Unies.

L'affaire ne devait toutefois pas en rester là ! Vraisemblablement engagé auprès d'autres éditeurs, Claude Marcheix ne donna pas suite à son prix, son roman étant finalement publié ultérieurement aux Editions du Seuil, sous le titre *Impasse*, celui-là même avec lequel il avait été présenté sans succès au Goncourt quelques semaines plus tôt ![296]

Aussi, le comité du Lugdunum se résolut-il à reporter son choix sur le manuscrit venu en seconde place, manuscrit particulièrement soutenu jusqu'au dernier tour par Joseph Jolinon et Marcel Grancher. C'est ainsi que le Prix Lugdunum 1945 alla en fin de compte au récit de guerre romancé présenté par Jean Poisson, intitulé *Groupe Franc 3*.(297)

Directement impactée par la crise du papier, la parution des deux livres attendra le mois d'août pour celui de Claude Orlanes et novembre pour celui de Jean Poisson !

Lorsque la cession 1946 du prix s'ouvre, à la fin de l'automne suivant, pas mal de choses ont évolué dans la capitale des Gaules qui retrouve son statut d'avant-guerre : les « repliés » ont rejoint Paris, avec dans leur sillage de nombreux jeunes auteurs lyonnais et plus encore de journalistes qui entendent bien faire carrière dans la capitale ; une nouvelle presse régionale s'est mise en place de même qu'une nouvelle équipe municipale. Monsieur le maire lui, est de nouveau là. Revenu de tout, Edouard Herriot est plus que jamais « incontournable » et tout est bon pour lui, qui va dans le sens de la promotion de sa bonne ville, d'autant que le politique qu'il est a quelque projet national en tête !

Ainsi peut-on lire dans les colonnes du *Progrès* du 28 janvier 1946 :

> *Les Prix Lugdunum et Claude Le Marguet sont maintenant une éclatante démonstration de la possibilité d'une heureuse décentralisation en matière littéraire. Nous n'en voulons pour preuve que le nombre important de manuscrits soumis aux deux jurys – manuscrits venant de tous les coins de France – et l'intérêt que portent aux deux prix lyonnais les écrivains parisiens.*

Le samedi 26 janvier 1946, et pour la sixième fois, ce sont pour la plupart des habitués qui se réunissent à la *Brasserie de la Couronne* pour la nouvelle attribution des prix. Les Parisiens sont revenus, qui se retrouvent avec un peu de nostalgie sur cette place des Célestins qu'ils fréquentaient il y a peu encore. André Billy, Pierre Scize, Yves Gandon, François de Roux, André Warnod, Georges Ravon, ont fait le voyage et se sont joints à leurs amis lyonnais Joseph Jolinon, Marcel Grancher et le docteur Edmond Locard. C'est ce dernier, désigné pour présider la manifestation, qui annonce finalement les résultats lors du traditionnel banquet, le Lugdunum allant, dès le deuxième tour, à Pierre Marquet, un écrivain parisien, pour *Le messager boiteux*, un roman policier historique, Robert Maurice obtenant le prix Le Marguet dans les mêmes conditions pour *Suprême refuge*, un roman colonial. Pas plus que leurs prédécesseurs, ces deux auteurs ne persévéreront dans la carrière littéraire !

(296) Le prix Goncourt devait aller cette année-là un jeune auteur en devenir, Jean-Louis Bory, pour son livre *Mon village à l'heure allemande*.

(297) Ancien élève de l'école militaire de Saint-Maixent, Jean Poisson combattait alors comme adjudant sur le front des Alpes. Une fois encore ces « coups d'essai » resteront sans grand lendemain. Si Claude Orlanes produira encore deux autres romans de même que quelques traductions de romans anglo-saxons dans les années suivantes, ni elle pas plus que Claude Marcheix ou Jean Poisson ne laisseront d'autres traces dans l'histoire de la littérature.

Lucien Farnoux-Reynaud.

Est-ce le constat de ne pas voir concourir aux prix lyonnais plus de plumes prometteuses, même s'il est assez difficile d'anticiper sur une carrière d'écrivain à venir, toujours est-il que, dans les mois qui suivirent le « cru 1946 », le maire de Lyon qui se voit déjà « immortel »(298), décide d'impliquer sa ville dans l'attribution du Prix Lugdunum et de proposer la modification de son statut en remplaçant le contrat d'édition qui avait prévalu jusqu'alors par une importante dotation financière de cent mille francs !(299)

A l'automne 1946, la chose était entendue et, dans la foulée, deux autres prix littéraires étaient créés, et dotés. Ainsi le **prix de la Belle-Cordière**(300), destiné à couronner le manuscrit d'un premier recueil de poésie, et le **prix Sébastien-Gryphe**(301), visant lui à récompenser un jeune illustrateur, qui outre vingt mille francs offerts par le Comité des fêtes, se verrait encore proposé un contrat des *Editions Lugdunum* pour illustrer une édition de luxe d'un des ouvrages primés le même jour.

Quant au Prix Claude Le Marguet, vingt mille francs encore iraient à l'heureux lauréat, offerts par ces mêmes *Editions Lugdunum* et son directeur Henry Clos-Jouve.

C'est encore à cette époque que Lucien Farnoux-Reynaud, un des rares animateurs de la vie culturelle locale resté à Lyon après la fin de la guerre, inspiré par les dernières décisions de la municipalité visant à promouvoir la vie littéraire lyonnaise, eut l'idée d'inscrire ces changements dans le cadre d'une grande manifestation culturelle qu'il se proposait d'organiser. Si un certain scepticisme se manifesta d'emblée, d'autres concours, plus positifs ceux-là, se révélèrent rapidement qui devaient conduire à la programmation de la *Grande Semaine Lyonnaise des Lettres et des Arts* pour la mi-janvier 1947.

L'entregent de Farnoux-Reynaud fit le reste qui vit bientôt associés pour cette manifestation chansonniers, musiciens, écrivains et poètes, acteurs, peintres, danseurs…

La manifestation étant prévue du 18 au 26 janvier 1947, l'annonce des prix littéraires était programmée pour le samedi 25.

Une fois de plus, c'est à midi, à la *Brasserie de la Couronne*, que tout un apanage « municipal » envahit le devant de la scène, à commencer par monsieur le maire-académicien, Edouard Herriot en personne, mais aussi Pierre Cuilleret son adjoint aux Beaux-arts, et même Auguste Pinton, conseiller de la république, qui avait été l'objet de biens des railleries de la part de l'équipe de *La Semaine*.

Quant au jury… Laissons François-Jean Armorin, journaliste aux *Lettres Françaises*(302) nous le présenter :

Clos-Jouve est toujours là, vaste, le nœud papillon palpitant, d'attaque dans le caveau aux cochonnailles... Grancher surgissait de Belgique. Il y avait bien sûr André Warnod, Pierre Descaves, Julot Pavil, Ambrière (Francis*), Yves Gandon, Ravon l'œil rond, le ventre autant ; Edmond Locard entre deux expertises, quelques autre entre deux vins et puis le « Prince » Curnonsky, pas trop vieilli et qui séchera ses pots de beaujolais avec le même entrain que les cadets.*

Curnonsky revenait à Lyon pour la première fois depuis la guerre ! La manifestation va vite cependant se résumer à un « banquet républicain ». Un déjeuner fastueux concocté par Gaby Roch, l'heureux propriétaire de *La Couronne*, servi aux nombreux convives rassemblés pour l'occasion. Une fois de plus, ce fut le Président Edouard Herriot, qui Pouilly et Brouilly aidant, sut ravir son auditoire par un brillant discours, émaillé de nombreuses anecdotes.

Un gueuleton trop solennel, durant lequel on décerna entre poire et fromage, quelques prix littéraires, écrira encore Armorin qui ajouta qu'il y avait quelque chose de changé.

Le cru 1947 avait été cependant tout aussi terne que les précédents. Si le Lugdunum alla, au bout de trois tours, à Andrée Minguin pour son roman provincial *Les trois femmes de M. de Grimoire*, deux suffirent pour désigner le lauréat du Le Marguet, celui-ci étant attribué à Henri Badet, rédacteur à l'Agence France-Presse, pour un mystérieux *Les Almogavares*, une étude romancée de l'histoire espagnole du XIVe siècle, titre qui ne fut semble-t-il jamais édité ! Quant au disputé Sébastien-Gryphe, il récompensa le travail de George Manillier(303) pour son illustration de *La Citadelle*, le best-seller de l'écrivain écossais A. J. Cronin.

Enfin, du prix Belle-Cordière il ne fut pas question, la médiocrité des cent cinquante (!) œuvres présentées ayant amené les membres du jury à ne pas l'attribuer !

Lorsque tout ce beau monde se sépara, tard dans l'après-midi, pommettes empourprées et démarche hésitante, tous s'empressèrent de se donner rendez-vous pour l'année suivante. La messe était pourtant dite !

(298) Edouard Herriot sera élu à l'Académie Française le 5 décembre 1946.

(299) Soit environ 8 000 euros, 2018.

(300) Surnom donné à Louise Labé, poétesse, qui anima la vie culturelle lyonnaise à l'époque de la Renaissance.

(301) Né en Allemagne, cet imprimeur-libraire du XVIe siècle, se sera établi à Lyon pour le compte d'une compagnie de libraires vénitiens, vers 1520. En trente années d'activité entre Saône et Rhône, il aura publié les plus grands savants et écrivains de son temps comme Erasme, Maurice Scève, Etienne Dolet, Guillaume Budé ou encore François Rabelais.

(302) Né à Crest en 1923, François-Jean Armorin s'était fait connaître durant la guerre en prenant part à la presse clandestine de la Résistance puis en accompagnant les forces françaises de libération vers l'Allemagne. Grand reporter, ses missions d'après-guerre l'emmèneront en Algérie, aux Pays-Bas, en Pologne avant d'embarquer sur un cargo d'immigrants juifs en partance pour la Palestine. Sa carrière trouvera un terme brutal le 12 juin 1950 au retour d'une mission en Asie du sud-est, son avion ayant explosé au-dessus du golfe persique dans des circonstances mystérieuses, faisant 46 morts. Son corps n'a jamais été retrouvé.

(303) Georges Manillier (Château-Thierry 1906 - Saint-Bel 1981) se fera connaître dans les années suivantes comme un peintre humaniste particulièrement inspiré par le monde ouvrier, laissant à la postérité une œuvre conséquente mêlant peintures, sculptures, mosaïques, vitraux et ferronneries.

A l'heure du bilan, deux semaines plus tard, le constat fut fait de ces journées toutes entières consacrées aux lettres et aux arts : il était plutôt en demi-teinte. Par trop élitiste, la manifestation avait été plutôt boudée par les Lyonnais et n'avait touché qu'un public restreint. Le palmarès des prix attribués était lui resté assez terne, au point qu'un des quatre prix n'avait pas été attribué.

Dans les mois qui allaient venir s'ajouteraient bientôt des restrictions budgétaires venues des édiles municipaux, peu enclin à investir dans une nouvelle manifestation de ce type. De son côté, la société des *Editions Lugdunum*, faute de titres suffisamment populaires, allait voir les difficultés financières s'accumuler, au point de menacer son existence. Enfin, nombre d'acteurs-animateurs de la vie lyonnaise en étaient à considérer que l'avenir passait dorénavant par Paris. *La Grande Semaine des Lettres et des Arts* risquait de disparaître et, avec elle, les prix littéraires lyonnais. Faute de dotation, sans perspective d'édition pour les lauréats, les Prix Lugdunum et Claude Le Marguet étaient condamnés !

De fait, la belle aventure s'arrêta définitivement à l'automne 1947.

XI Journalisme et gastronomie

« ...un pays de becs fins et de ventres farcis... »

Henri Béraud[304]

Au travail, on fait ce qu'on peut ; mais à table l'on s'efforce, aurait ajouté Catherin Bugnard, pseudonyme derrière lequel se dissimula un temps Justin Godart, Lyonnais d'entre les Lyonnais. Avocat, homme politique, maire de Lyon, député et sénateur du Rhône, mais aussi fin lettré, il sut toujours associer la gastronomie aux grandes heures de la vie journalistique et littéraire de la capitale rhodanienne.

« Lyon, capitale mondiale de la gastronomie »

Il se dit que c'est en 1934 que Curnonsky, le prince des gastronomes, lâcha la célèbre formule au sortir d'un repas qui s'était tenu au *Café neuf* de la place Bellecour, chez Marius Vettard[305]. Un an auparavant, la mère Brazier avait été la première femme à obtenir trois étoiles au guide Michelin.

Il se dit encore que c'est le 5 mars 1935, lors du deuxième dîner de la rédaction du *Mois à Lyon* qui se tint chez Blanchot, le chef de la *Table ronde*, place de la Croix-Rousse, que fut définitivement arrêté le sommaire et le titre d'un livre qui ferait le panégyrique de la cuisine d'entre Saône et Rhône : *« Lyon, capitale mondiale de la gastronomie »*.

Curnonsky par Camille Labroue.

La formule de Curnonsky rejoignait la suite littéraire imaginée par Marcel Grancher. Nombreux devaient être les auteurs de tous horizons qui allaient y témoigner, voire y apporter leur concours, tant le bien-manger et le bien-boire tiennent au cœur des Lyonnais. Ainsi Max-André Dazergues, Tancrède de Visan, Louis Maynard, Mathieu Varille et bien sûr Marcel Grancher. Curnonsky, quant à lui, se contentera, au-delà d'avoir apporté le titre, d'une préface de deux pages !

Aura-t-il été un précurseur en la matière ? Pas vraiment si l'on s'en tient aux traditions de la bonne cuisine et de la bonne chère qui sont depuis longtemps l'honneur de la cité.

(304) In *Vous ne connaissez pas mon pays,* chez H. Lardanchet, Lyon, 1944.

(305) En réalité, cet énoncé était apparu pour la première fois en juin 1933, dans un article donné par Curnonsky à *La semaine à Lyon*.

Déjà les Romains ! Un certain Septimanus n'avait-il pas une auberge du côté de la rue Sainte-Hélène, qui savait préparer le cochon comme aucun autre.

« ...Septimanus un bon accueil avec la table – Qui descendra ici s'y trouvera bien ».[306]

Et Rabelais, le médecin de l'hôtel Dieu, qui vante les mérites de la cuisine lyonnaise en citant :

> *... hures de sangliers, gigots à l'aillade, fressures, fricandeaux, gras chapons au blanc mangier, hochepots, carbonades, cabirotades, hastereaux, esclanches, carpes farcies, lavarets, craquelins et macarons, bugnes...*

Et puis encore Erasme, l'humaniste et le théologien de la Renaissance en personne, qui s'enthousiasme :

> *On n'est pas mieux traité chez soi qu'on ne l'est à Lyon dans une hôtellerie* [où on vous prie] *d'agréer ce qu'on nous servira. La table est en vérité somptueuse et je ne conçois pas comment font les aubergistes de Lyon pour traiter ainsi leurs hôtes moyennant un prix si modeste. On dirait qu'ils y mettent du leur et qu'ils visent plutôt à pratiquer la vertu d'hospitalité qu'à amasser du bien.*[307]

Stendhal, également, de passage à Lyon en 1837 :

> *Je ne connais qu'une chose que l'on fasse très bien à Lyon, on y mange admirablement, et, selon moi, mieux qu'à Paris. Les légumes surtout y sont divinement apprêtés. À Londres, j'ai appris que l'on cultive vingt-deux espèces de pommes de terre ; à Lyon, j'ai vu vingt-deux manières différentes de les apprêter, et douze au moins de ces manières sont inconnues à Paris.*

Quelques décennies plus tard, Léon Daudet, écrivain, journaliste et hédoniste déclaré :

> [Il y a] *trois raisons pour lesquelles Lyon est la capitale de la gastronomie française. La première est que cette ville gastronomique incomparable est voisine de la Bresse où se trouvent, avec les quenelles onctueuses, les meilleures volailles du monde. Les poulardes engraissées selon les sages méthodes et comme bardées d'un or adipeux. La seconde est qu'elle a, sur les marchés, des écrevisses devenues introuvables partout ailleurs et dans la saison des morilles noires. La troisième est qu'en dehors de la Saône et du Rhône, elle est parcourue par un troisième fleuve, celui-ci de vin rouge, le Beaujolais, et qui n'est jamais limoneux, ni à sec.*

Un avis que partagera le journaliste et gastronome Pétrus Sambardier, natif de Regnié, qui ajoutera :

> *De tous temps, l'architecture d'estomac et la philosophie de boyaux ont tenu une place capitale dans les arts, les sciences et le commerce lyonnais. Il y a cent ans, l'hôtellerie était la plus bruyante des industries lyonnaises,*

nous voulons dire celle qui faisait le plus de réclame. Ouvrez un journal de Lyon en 1824, vous ne trouverez qu'annonce de gourmandise.

Le dernier en date des thuriféraires de la cuisine lyonnaise d'alors n'est autre que Mathieu Varille qui, avant de rédiger pour son ami Grancher un historique de la gastronomie à Lyon à travers les âges, aura été l'auteur magistral de *La cuisine lyonnaise,* édité quelques années plus tôt(308).

Tancrède de Visan et Marius Guillot dégustant le Montagnieu au Mal-Assis.

En tout état de cause, le nouveau livre cosigné Curnonsky-Grancher est bouclé à l'automne et sort de l'imprimerie en décembre 1935. Nombreux sont ceux qui y ont apporté leur contribution : Edouard Herriot en tête, le ministre d'état et député-maire de Lyon, mais aussi le préfet Emile Bollaert, l'écrivain Roland Dorgelès, le sénateur du Rhône Justin Godart, le docteur Edmond Locard, les amis Pierre Scize, Tancrède de Visan, Jacques Morel, autant d'auteurs qui ont pris la plume pour témoigner de leur assentiment. Max-André Dazergues, Emile Leroudier, Mathieu Varille, Joë Imbert-Vier(309) ont eux pris en charge qui un chapitre sur les vins du Beaujolais, un autre sur les grands chefs et les restaurants d'autrefois, un autre encore sur les marchés lyonnais, les abattoirs (il en faut bien !), les halles, voire encore les spécialités lyonnaises… Ces mises en bouche passées, Grancher s'est réservé la part du « lion » en dressant la liste exhaustive des « bons coins… : grands restaurants et petites boites ». Chaque établissement est présenté avec adresse, spécialités, commentaires et prix : une mine d'informations. La formule devait faire date et a toujours cours de nos jours(310).

(306) Inscription lapidaire latine au musée gallo-romain de Fourvière à Lyon, citée par Félix Benoit, *Lyon secret*, Editions des traboules, 1993.

(307) par Sylvie Girard, Christophe et Emmanuel Valentin, *Lyonnais*, collection « Cuisines régionales de France », 1994.

(308) A la Librairie P. Masson, à Lyon, 1928. Mathieu Varille (1885-1963), Lyonnais authentique, industriel et homme de lettres, joua un grand rôle dans la vie civile et artistique de la ville tout au long de la première moitié du XXe siècle. Son érudition, son ouverture d'esprit, son humanisme l'amenèrent à s'intéresser aussi bien à l'archéologie qu'à l'histoire, à l'aviation alors naissante ainsi qu'aux techniques industrielles, à la littérature ou encore à la gastronomie.

(309) Joë Imbert-Vier (1891-1953) était un ami de Marcel Grancher. Chroniqueur et journaliste à ses heures, il fut aussi poète et laissa à la postérité, outre ses nombreuses publications dans la presse régionale mais aussi nationale, un recueil de poésies édité en 1912 : *Le Chemin entre les haies.*

(310) Les Lyonnais, mais pas que… - « il en faut ben d'un peu partout » dixit l'aphorisme de Claudius Mathevet - peuvent toujours consulter de nos jours un mini-guide largement inspiré du livre de 1935, initié par André Mure en 1970 et dont la dernière édition 2019-2020 nous présente dans la même forme les établissements qui font la renommée gastronomique de Lyon et de ses alentours. Le premier *Lyon gourmand* comportait 96 pages, le dernier *Lyon Poche Gourmand* en propose 170 !

En tout état de cause, le livre fera entrer définitivement la cuisine lyonnaise dans la gastronomie moderne.

Maurice Edmond Saillant dit Curnonsky « Prince des gastronomes » (Angers 1872 – Paris 1956)

Cet Angevin « monté » à Paris eut de nombreuses vies. Journaliste, écrivain, publiciste, gastronome…, il marqua profondément son époque à bien des points de vue. Fils d'une vielle famille catholique angevine, orphelin de mère, abandonné par son père et élevé par sa grand-mère, il arrive à Paris en 1890 pour finir ses études secondaires au collège Stanislas, de la rue Notre-Dame-des-Champs.

Cet établissement privé bénéficie alors d'une excellente réputation et particulièrement nombreux sont les fils de famille qui y font, y ont fait, ou y feront leurs classes. Notre Maurice Saillant ne compte pourtant pas parmi les élèves les plus assidus, préférant rapidement l'ambiance chaude des cabarets de Montmartre à celle des cours de rhétorique supérieure. Bientôt *le Chat noir* de Maurice Donnay est devenu son point d'attache où il fait déjà montre de réels talents d'humoriste au détriment des enseignements prodigués par ses professeurs. L'un d'eux, Roger Peyre, agrégé d'histoire du sus-dit collège, est accessoirement l'auteur d'un *Napoléon et son temps* et d'une *Histoire générale des Beaux-Arts* qui ont déjà fait date. Son originalité : mettre à l'honneur les personnages secondaires qui ont été, à un titre ou à un autre, acteurs de la Grande histoire ! Il surprend un jour sa classe en imposant une composition ayant pour thème « les partages de la Pologne ». Cette interrogation écrite impromptue devait paradoxalement déterminer la vie de Maurice Saillant pour qui le sujet est tellement neuf qu'il n'en sait pas le premier mot ! Qu'à cela ne tienne. Puisque le professeur aime tant les destins singuliers, il allait lui en servir un de sa composition, totalement imaginé après quelques instants de réflexion. Il remit finalement à l'heure une copie fournie qui retraçait les faits et gestes d'un prince Curnonsky(311) qui laissa, dans un premier temps le maître perplexe. Roger Peyre ne fut pas dupe longtemps mais n'accabla pas son élève : bon joueur, il se contenta de noter la copie d'un conséquent hors sujet et la rangea dans le tiroir des oublis. La bonne histoire avait cependant, dès le premier soir venu, essaimé du côté de Montmartre et, en peu de temps, le nom du prince Curnonsky devint inséparable de celui de son auteur. Bientôt la créature recouvrit son maître avant de l'éclipser totalement. Maurice Saillant devait y perdre définitivement son patronyme !

Début dans les lettres

Le temps d'un rapide passage en Sorbonne, notre Maurice « Curnonsky » se trouve bientôt des talents de journaliste : il lui faut bien gagner sa vie. C'est probablement de sa grand-mère, fine lettrée, et de ses professeurs au très catholique externat Saint-Maurille d'Angers que Maurice Saillant tient toute son éducation, et surtout un goût certain pour la littérature qui va le conduire, dans un premier temps, vers l'écriture de chroniques, voire de nouvelles. Il place, dès le début des années 1890, sa production à *Gil Blas, L'Aurore*, à *La revue d'art dramatique* ou à *La Vie parisienne.* Gagnant en notoriété, il succède bientôt à Alphonse Allais, dont il reprend la chronique « La Vie drôle », dans *Le Journal.*(312)

Cernons davantage le personnage. En 1899, il a 27 ans et outre sa taille - 1 mètre 85 – et son poids – 120 kilos – il a *« du ventre déjà, et des joues grasses qui tombent ; une démarche lente et paresseuse, des yeux de bon enfant qu'habite un binocle, un rire sonore qui gronde dans son gosier et sort en intarissables secousses. [...] il griffonne si peu qu'il ne sied pas d'en parler et les livres qu'il prépare, ses amis en attendent vainement depuis des années la retentissante publication. Ses occupations féminines sont trop nombreuses, son italienne fainéantise le retient trop au lit et les boissons américaines le charment trop. Mais il a de l'esprit : causeur potinier, il possède le sens du comique, et n'oublie pas de le montrer, en exerçant ses railleries sur ses camarades, ses ennemis, ses connaissances. [...] Que voulez-vous ? Il aime mieux vivre en dilettante qu'écrire, et, comme il a des rentes, le rôle qu'il choisit de jouer vaut qu'on l'envie un peu ».*(313)

Maurice Curnonsky écrit pourtant... sous pseudonyme, un autre ! Il est devenu l'ami l'année précédente de Paul-Jean Toulet, un poète aussi fantasque que talentueux. Les deux hommes, qui hantent à l'unisson les nuits montmartroises, ont rapidement sympathisé au point de collaborer en écriture. Il en résulte bientôt deux romans, *Le bréviaire des courtisanes* et *Le métier d'amant*, les deux signés « Perdiccas ». Cette collaboration cessera brutalement trois ans plus tard après la parution de leur troisième roman *Demi-Veuve*, initialement paru en feuilleton puis signé du seul nom de

(311) *Cur non* sky : tant qu'à inventer notre potache reprenait là l'expression latine « pourquoi pas » pour lui adjoindre une terminaison russe en « sky » du meilleur effet !

(312) Il a été admis jusqu'à présent que c'est ce même Alphonse Allais qui lui aurait conseillé alors de prendre un pseudonyme construit à partir de la locution latine *Cur non*, complétée par une terminaison en *sky*, en ces temps où la mode était à la Russie. La version inédite rapportée ci-dessus repose sur le témoignage d'un de ses condisciples du collège Stanislas, livré par un journaliste du *Progrès* dans un article paru le 19 août 1956, au lendemain de la mort d'Edmond Saillant. Un pseudonyme que celui-ci aura jugé tout au long du restant de sa vie comme « ridicule » !

(313) In *Humour et humoristes*, Paul Acker, H. Simonis Empis, éditeur à Paris, 1899.

Curnonsky, après que son coauteur ait renié l'édition illustrée par Florane… jugée « obscène ».

Qu'à cela ne tienne ! Curnonsky a entre-temps fait de nouvelles rencontres et en particulier celle d'Henry Gauthier-Villars, plus connu sous son nom de plume de Willy. C'est une figure incontournable du Paris littéraire de l'époque, critique musical et auteur prolixe, qui plus est mari d'une jeune et jolie femme venue de Saint-Sauveur-en-Puisaye, qui connaîtra une immense gloire littéraire sous le nom de Colette. Willy a entre autres la réputation de s'entourer à l'occasion de quelques collaborateurs à qui il confie la réécriture de certains de ses manuscrits, voire la rédaction de quelques autres qui complètent sa production personnelle et qu'il cosigne avec eux en toute notoriété, quant il ne s'en attribue pas la pleine et entière paternité. Ainsi Colette, son épouse, qu'il aura spoliée sans vergogne de ses premiers *Claudine*. On évoque alors, parmi tous ceux qui ont rejoint à un moment ou à un autre « les ateliers Willy », les noms de Francis Carco, de Tristan Bernard, de Pierre Veber… Curnonsky intègre finalement cette équipe et outre sa participation restée anonyme, il cosigne finalement, en 1905, avec Willy un curieux *Chaussettes pour Dames* ayant pour sous-titre *Défense et illustration du mollet féminin*, illustré par Mirande.

Car il faut le dire Curnonsky, qui restera toute sa vie célibataire, connaîtra durant ses années de jeunesse un réel succès auprès de la gent féminine, mais pas que… avant de se dévouer corps et âme à la gastronomie. On y reviendra.

Curnonsky « Prince des gastronomes »

Plus de quinze années vont passer. Et une guerre aussi. Curnonsky - Saillant, qui ne manque pas une opportunité, a quelques temps durant occupé une lucrative activité de secrétaire auprès du duc de Montpensier. C'est dire ! Il dispose maintenant, outre ses quelques rentes, de ses droits d'auteur et de ses émoluments de journaliste à *Comœdia*, à l'hebdomadaire *Le Rire*, à *Paris-soir*, au *Matin*, au *Journal*... Il fréquente de nouveaux amis. A Paul-Jean Toulet, décédé de ses excès au lendemain de la Première Guerre mondiale, a succédé Marcel Rouff, un Genevois, fils d'éditeur, poète, romancier, auteur de théâtre et gastronome. Les deux hommes vont rapidement partager cette passion commune. Maurice Saillant a su apprécier tout au long de sa jeunesse la riche, simple et authentique cuisine de sa province natale et il y a pris goût. Devenu parisien il s'est vite fait connaître comme un gourmet fréquentant les meilleures tables de la capitale. Un séjour de deux années en Extrême-Orient fait au lendemain de l'exposition universelle de 1900, lui aura permis de découvrir entre autres la diversité de la cuisine chinoise. Aussi, à son retour à Paris, a-t-il choisit naturellement d'abonder à l'occasion *Le Journal* de chroniques gastronomiques. L'habitude devait être prise qui ne le quittera plus. En tous les cas, sa collaboration avec Rouff va rapidement déboucher sur l'aboutissement d'un projet commun : une collection de livres mettant en exergue les richesses des provinces françaises en matière de cuisine. Parait ainsi en 1921 le premier volume de *La France Gastronomique*, un *guide des merveilles culinaires et des bonnes auberges françaises*. Une sorte de guide *Joanne* de la gourmandise ira-t-on jusqu'à dire. Le premier tome est consacré à la Bretagne. Vingt-sept autres volumes viendront s'y ajouter dans les années suivantes sans pour autant ralentir une activité littéraire qu'il avait un temps mis en veilleuse. Au moins quatre romans et un recueil de citations seront ainsi livrés aux éditeurs dans le même temps, tous écrits en collaboration avec un certain Wladimir Bienstock, un auteur qui s'était jusqu'alors cantonné à l'histoire de la littérature russe. Cur non ? !

C'est cependant *La France Gastronomique* qui va marquer définitivement sa carrière, alors que lui colle encore l'étiquette de journaliste humoriste. La mode de l'époque est à l'adoubement de « princes ». Ainsi Paul Fort, élu « Prince des poètes » en 1912 par un large collège de personnalités, Han Ryner élu la même année « prince des conteurs » par les lecteurs de *L'Intransigeant* ou encore André de Lorde proclamé « Prince de la terreur » à la même époque. En 1920, c'est *Le Journal Amusant* qui a eu l'idée d'organiser l'élection d'un « Prince des humoristes » : Gabriel de Lautrec un cousin du peintre, en est le lauréat. Curnonsky, tout comme Courteline, Forain ou Tristan Bernard étaient au nombre des concourants mais le titre leur a échappé ! Une autre opportunité devait cependant se présenter quelques années plus tard. On est en 1927 et le quotidien *Paris-soir*, en association avec la revue *La bonne table et le bon gîte* ont décidé d'organiser une sorte de référendum pour élire un prince d'un nouveau genre, échappant cette fois au domaine littéraire ! Un prince des gastronomes. Le tout Paris, de même que tous ceux qui comptent en la matière, sont invités à se prononcer sur un certain nombre de noms qui circulent. On parle de Paul Poiret le couturier, d'Auguste Escoffier « le roi des cuisiniers », du romancier Romain Coolus, de l'écrivain et gastronome belge Maurice Des Ombiaux, de son compatriote le journaliste Camille Cerf, et bien sûr de Curnonsky. Le dépouillement des voix ne laissera aucune ambiguïté : 1823 se seront portées sur son nom contre 1037 sur celui de son confrère belge, Camille Cerf, complétant ce trio avec 513 voix. Le 4 mai 1927, Maurice Saillant, dit Curnonsky, était élu « Prince des gastronomes » et passait à la postérité.

Curnonsky par Gassier.

Son autorité devait être rapidement confirmée dans les années suivantes avec la création, en 1930, de *l'Académie des Gastronomes* dont il sera un des membres fondateur et le premier président. Enfin, en 1947, le lancement du magazine *Cuisine et Vins de France* l'installera définitivement dans la modernité : près de soixante-dix ans plus tard, ce bimensuel régale toujours autant les gastronomes amateurs !

Lisons-le encore une fois :

« Vers le début de ce siècle [entendre le XXe siècle*], l'éminente et millénaire supériorité de la cuisine française fut menacée par deux fléaux : le snobisme de la cuisine anonyme et cosmopolite qui sévissait dans tous les palaces et caravansérails de l'univers, et le goût suranné de cette cuisine compliquée et tarabiscotée qui tendait à dissimuler les saveurs et les arômes et à présenter sous des noms bizarres et prétentieux des plats où la chimie se mêlait à la prestidigitation. »*

Soixante ans après sa disparition, ce jugement du Prince reste toujours d'actualité. Après avoir connu dans les années 1970 la « nouvelle cuisine », qui envahit un temps nos tables avec tous ses excès, nous en sommes aujourd'hui à la « cuisine moléculaire ». *Sic vita est* !

Amicales, sociétés et autres clubs

Lorsque Marcel Grancher, lassé de la vie parisienne, fait son retour à Lyon, la réputation gastronomique de la ville y est depuis bien longtemps établie. Lui-même y a fait ses classes si l'on peut dire, ses premières émotions en la matière l'ayant été à la suite de son père - lui-même fin mais fantasque cuisinier - chez *La mère Fillioux*, la célèbre enseigne de la rue Duquesne. C'était en 1903 et le jeune garçon avait six ans ! *La mère Fillioux* – marchand de vins – à en lire son enseigne, passe à cette époque pour être le plus célèbre restaurant du monde, dit-on. Pas moins ! Et on y sert une sublime volaille demi-deuil que la mère en personne détaille au moyen du petit couteau, affûté comme un rasoir, qui ne la quitte jamais. Son secret : faire cuire en même temps une vingtaine de poulets de Bresse sous la peau desquels on aura aussi subtilement que généreusement glissé de fines tranches de truffe. Histoire de faire en sorte que toutes les saveurs, tous les fumets se mélangent et s'harmonisent. Quelques années plus tard, Grancher, devenu employé de soieries, accompagne à l'occasion des clients de passage vers d'autres établissements, d'autres « gloires » lyonnaises : la mère Coquit, rue Pléney, à qui succédera le débonnaire Léon Déan, inventeur de la « cervelle de canuts » puis, toujours à cette même adresse, Paul Lacombe et encore son fils Jean-Paul qui accueillera, un soir de juin 1996, les grands de ce monde lors d'un *G7* resté dans les mémoires lyonnaises.

D'autres noms encore constelleront ces temps bénis : celui d'Eugénie Brazier, au bas des pentes de la Croix-Rousse, de la mère Caron à la Part-Dieu, du restaurant Morateur, entre la bourse et les halles… Et tant d'autres.

En ce début du XXe siècle, il est une tradition déjà bien ancrée dans l'époque, celle des sociétés et autres académies. À côté du monde des arts, du sport, la gastronomie n'y échappe pas et fait même bonne figure. A Paris, on se bouscule pour faire partie du *Club des Cents* né avec le tourisme automobile. Fondé en 1912, on y retrouve le champion motocycliste Dominique Lamberjack. Courue également, l'*Académie des gastronomes* inaugurée en 1928 par Curnonsky. L'un comme l'autre deviendront des amis de Marcel Grancher, « monté » à Paris à cette époque.

Lyon n'est pas en reste et de nombreuses sociétés, plus ou moins populaires s'adonnent périodiquement au bien-manger. Ainsi le *Groupement Amical Lyonnais* qui a ses habitudes chez *Garcin*, où l'excellence de la cuisine se marie à la qualité artistique des manifestations qui suivent le repas. Ainsi encore *Les Amis de Montauban* réputés pour la démesure des dîners que l'association donne régulièrement. Ainsi encore les sociétés boulistes, musicales, chansonnières et leurs banquets…

Aussi, inspiré par de pareils grands aînés, et de retour à Lyon quelques années plus tard, c'est tout naturellement que Grancher aura à cœur de reprendre à son compte de telles initiatives en créant successivement le *Concours du meilleur « pot de rouge »*, l'*Académie Lyonnaise des gastronomes*, puis *Les Amis des Halles*.

Le concours du meilleur « pot »

Du concours, lancé à l'automne 1933, dans le cadre de la *Semaine commerciale d'automne*, il s'agit tout d'abord d'un coup d'essai visant à récompenser, parmi les quelques « bistrotiers » que l'on a l'habitude de fréquenter, celui proposant le meilleur beaujolais de comptoir. Une idée sympathique a priori mais qui va s'avérer plus compliquée à mettre en œuvre. La première difficulté est de convaincre les futurs concourants : on est à Lyon et les choses ne sont jamais simples. Méfiance, suspicion : quelle quantité de vin doit-on fournir, que fera-t-on du vin non consommé, nous rendra-t-on les pots présentés pour le concours… Quelques-uns – ils ne sont pas les plus nombreux - ne s'y sont pas trompés qui ont vu tout de suite le bénéfice à tirer d'une telle publicité. D'autres subodorent quelques « combines » :

- Paraît que c'est tout arrangé à l'avance…

- Y a des bouteilles qui sont marquées…

- C'est Marius, du « Mal Assis », qui doit gagner… C'est un copain à Grancher.

Heureusement, l'ami Clos-Jouve est là pour prospecter et convaincre les sceptiques au côté de Grancher. Parallèlement, un jury est constitué et doit réunir pour la circonstance quelques noms connus et moins connus : pressentis le prince élu des gastronomes, l'incontournable Curnonsky, mais aussi Raymond Baudoin, le directeur de la *Revue du vin de France*, Paul Duvivier, le président de l'association de la presse hebdomadaire lyonnaise ou encore les journalistes Clément Sahuc ou Tancrède de Visan, plus quelques autres.

Et puis, il faut penser à la future récompense du vainqueur à venir. A lui un diplôme et une coupe. Grancher a vu grand et en a confié le dessin à son ami Ergé et la confection - à ses frais - à la grande maison d'orfèvrerie lyonnaise Grünthaler dont le magasin *Au globe* offre ses vitrines rue du Président-Carnot. Au final, un solide socle en bois, supportant un pot, un verre et une grappe de raisin en métal argenté. Le lauréat verra son nom gravé sur une plaque de cuivre apposée sur la base de la coupe qu'il conservera par devers lui jusqu'à la session suivante. Qui plus est, le règlement prévoit qu'elle lui sera définitivement attribuée après trois récompenses annuelles.

Finalement, le lundi 30 octobre 1933, quarante-sept candidats ont accepté le challenge et la foule s'est pressée au *Palais de la Foire* où Grancher et Clos-Jouve ont amené depuis la Brasserie des Archers où ils ont été précédemment rassemblés et répertoriés, l'ensemble des précieux flacons proposés pour le concours.

Au final, un vainqueur, le *café Brunet* de la rue Claudia pour un vin qui aura réuni six des sept voix du jury. Remis également ce jour-là, un prix spécial du comité des fêtes commerciales, qui sera allé à la *brasserie-café du Commerce*, du cours Gambetta, pour un Brouilly primeur vendangé à peine deux mois plus tôt !

Quant aux « échantillons » non utilisés par le jury, ils prirent aussitôt la route des hôpitaux lyonnais pour être servis aux malades ! Autres temps, autres mœurs.

La formule ayant eu l'heur de plaire, partie fut remise pour le 15 novembre de l'année suivante, cette fois dans le cadre des *Journées de Cuisine Lyonnaise*, organisées par le Comité des fêtes de la ville, en coordination avec le syndicat des limonadiers et restaurateurs. C'est dire ! Ouvert cette année-là aux seuls vins nouveaux, le succès fut total dont l'écho se répercuta jusque dans la presse parisienne. La manifestation revint chaque année, un nouveau nom s'ajoutant à celui du précédent lauréat sur le socle du trophée. Après le *Palais de la Foire*, le concours se transporta à *la Maison Dorée*, place Bellecour, puis encore vers la *brasserie Thomassin,* sise dans la rue éponyme.

La défaite du printemps 1940 et la mauvaise récolte de l'automne suivant devaient cependant porter un coup d'arrêt sérieux à cette joyeuse manifestation.

Elle ne devait renaître qu'en janvier 1950 sous une forme nouvelle, la coupe devant dorénavant récompenser un cafetier ou un restaurateur lyonnais pour la qualité de ses vins, rouges et blancs, servis tout au long des saisons précédentes. Une prime à la régularité en quelque sorte, décernée par un jury d'amateurs éclairés, déliés de toutes attaches avec des producteurs ou des intermédiaires. La coupe du meilleur pot – la première de l'après-guerre - devait aller une nouvelle fois à Célestin Brunet, le célèbre bistrotier de la rue Claudia, qui avait été le premier récipiendaire de la coupe, en 1933 !

Trois autres éditions lyonnaises devaient suivre, de plus en plus « parasitées » par des intérêts corporatistes, commerciaux, voire politiques, remettant insidieusement en cause la neutralité de la manifestation. Grancher avait alors quitté Lyon pour se lancer dans de nouvelles entreprises, en particulier celle des Editions Rabelais et de son nouveau périodique *La table et la route*. Lassé par toutes les intrigues d'entre Saône et Rhône, qui avaient déjà conduit à la disparition du Prix Lugdunum, il choisit cette fois de reprendre définitivement son bien ainsi que son idée après que la coupe ait été attribuée une dernière fois à un établissement de la rue Mazenod tenu par Pierre Rampon pour ses vins servis durant l'année 1952.

L'année suivante, elle devait trouver sa place dans un restaurant parisien de l'avenue de La Motte-Picquet et ne plus quitter la capitale. Organisée aujourd'hui par *l'Académie Rabelais*,(314) c'est aux heureux propriétaires d'un authentique bistrot proche de la très chic rue de la Paix, *Le Petit Vendôme*, qu'est revenue en 2019 la 66e édition parisienne de la Coupe du Meilleur Pot ! Rare exemple de pérennité !

L'Académie Lyonnaise des gastronomes

Soucieux avant de tout de se faire une place à Lyon et de faire connaître sa maison d'édition et son magazine, Marcel Grancher va tout mettre en œuvre en ces années 1933-1934 pour animer, avec plus ou moins de publicité, les saisons lyonnaises. A l'instar de celle qu'il fréquente depuis plusieurs années à Paris, il lance l'idée d'une copie lyonnaise de la dite académie et parvient à réunir quelques sommités locales comme le Docteur Jacques Morel, le journaliste Tancrède de Visan, le juriste Alexandre Chambre et quelques autres. C'est ainsi que, le vendredi 2 mars 1934, tout ce beau monde, en vérité une demi douzaine de personnes, se réunit au *Cintra*(315) : le temps d'un repas, justement arrosé, et les statuts sont déjà arrêtés, de même qu'une première liste de 32 membres nommés à vie est établie. A eux de développer, propager et faire connaître la grande cuisine lyonnaise et de maintenir par l'exemple ses vénérables traditions culinaires. Quatre cessions annuelles sont prévues qui réuniront en des déjeuners ou des dîners dont les menus et les vins seront soumis à l'appréciation d'une commission, à en lire les statuts de l'académie.

En fait de réunions annuelles, deux furent programmés et tenues dans les mois suivants, la première en décembre 1934 au restaurant *Farge* de la place des Cordeliers, l'autre, à la fin du printemps 1935, chez *La mère Guy* au quai Jean-

(314) Voir chapitre XII L'avenir est ailleurs.

(315) Au 43 de la rue de la Bourse, le Cintra, café-épicerie fondé en 1921, devenu dans les années 1930 un établissement cossu et réputé où le «tout-Lyon» aimait à se réunir pour savourer de fameux vins doux tirés des tonneaux directement arrivés du Portugal, maintient de nos jours ces mêmes traditions au milieu d'un décor resté authentique.

Jacques-Rousseau. Râbles de lièvre aux deux sauces, bécasses sur canapé et, parmi d'autres bouteilles, un Richebourg 1929, constituèrent certainement des moments forts lors du premier rendez-vous, le homard à l'absinthe, le coq de Bresse en croûte accompagné d'un Corton-Charlemagne 1921, ayant dû être les points d'orgue du second.

Lorsque l'académie des gastronomes y tient sa deuxième session, cela fait près de 200 ans que des générations de Lyonnais s'y succèdent pour y apprécier le cadre verdoyant et rafraîchissant de ce quartier de la Mulatière où les eaux du plateau de Langres et du Haut-Jura rejoignent définitivement celles des Alpes. Trente ans avant la révolution de 1789, la guinguette d'une certaine dame Guy, installée au bout du chemin des Etroits, qu'aime à fréquenter Jean-Jacques Rousseau, est à cette époque léchée par le Rhône, les travaux gigantesques de l'ingénieur Perrache visant à repousser loin vers le sud le confluent des deux fleuves n'ayant pas encore eu lieu. On y déguste alors plus particulièrement les produits de la pêche ramenée par son mari et ses matelotes d'anguilles font sa réputation. Bien des décennies plus tard, à la veille de la guerre de 1870, ce sont ses petites filles qui relanceront la maison tandis que la Saône coule maintenant au bas du quai qui a pris le nom de son illustre promeneur. Quelques années plus tard, de nouveaux pavillons, des salons, s'ajoutent aux constructions précédentes. Aux Durand et Chargueraud succèdent les frères Philippe et Jean Foillard, qui vont faire de *La mère Guy* un des plus grands restaurants de France. Les « académiciens lyonnais » ne s'y seront pas trompés, l'établissement se voyant décerner dès l'année, suivant leur passage une troisième « étoile » par le guide Michelin. Les deux frères la conserveront jusqu'à la Seconde Guerre mondiale. Au lendemain de celle-ci, ils sauront trouver, avec Roger Roucou qu'ils auront été chercher jusque dans le sud-ouest, un digne successeur, ce dernier retrouvant très vite deux « étoiles » au Michelin. Ainsi relancée, *La mère Guy* rayonnera encore près de cinquante années durant avant de fermer définitivement ses portes en 1995. De ces temps oubliés, rien n'a subsisté ! Tout comme le restaurant de *La mère Fillioux*, de la rue Duquesne : un immeuble moderne a pris aujourd'hui sa place.

Quand au restaurant *Farge*, c'est une banque qui occupe de nos jours les locaux. Installé à la fin du XIXe siècle, il sera longtemps resté la propriété d'une même famille avant d'être repris en 1924 par François-Joseph Branche, restaurateur de son état. Au fur et à mesure des rénovations et des agrandissements, ses salles et ses salons « meublés à l'ancienne » attirent une clientèle toujours plus nombreuse, venue y déguster la cuisine de qualité que l'on y prépare. Au début des années 1930, Farge est devenu l'un des meilleurs restaurants de Lyon : on s'y bouscule pour ses préparations de gibiers et surtout sa sole au gratin. L'aménagement d'un frigorifique transparent *« dans l'intérieur duquel on voit des choses qui vous font venir l'eau à la bouche »*[(316)] puis l'ouverture d'un bar luxueux parachèveront la renommée de l'établissement. Il devait recevoir ses derniers clients en 1977, six ans après la démolition de la vieille halle voisine des Cordeliers et son remplacement par un parking à étages !

Les Amis des Halles

Les Halles de Lyon vers 1930.

Pour aller de chez Farge, à la halle des Cordeliers, il n'y eut pendant des décennies, que la petite rue Buisson à traverser(317). Construite en 1858, à partir des plans de l'architecte Tony Desjardins, cette grande structure métallique avait été inaugurée le 1er mars 1859. Toute proche du quartier des soyeux, en face de l'église Saint-Bonaventure et du Grand Bazar, elle fut plus de cent années durant le temple de la gastronomie lyonnaise. Laissons Marcel Grancher l'évoquer :

Les Halles de Lyon constituent une grande famille, où tout le monde se connaît et, chose assez rare, tout le monde s'estime. […]

Six heures du matin, rue Claudia. Le coin le plus joyeux, c'est le magasin des frères Besson, les mandataires bien connus. On y rit, on y plaisante, on s'y interpelle et quand « Fifi » et « Jeannot » se trouvent en verve, je vous assure que c'est quelque chose !… Et voici, leur donnant la réplique, Georges, le « roi de l'Agotiau », et « Pépé des Halles », ex-entraîneur du boxeur Decico, flanqué de son Pylade : « Adrien de la Trinité », qu'il ne quitte d'autant moins que l'infortuné est à moitié aveugle. Un peu plus loin, un camion déverse des tonnes de porc rose et blanc... Plus loin, encore, des « daubiers » attendent le moment où ils pourront acheter des marchandises de second choix, qu'ils colporteront ensuite, d'étage en étage, de café en café. Dans les célèbres bistrots avoisinants : chez Célestin, chez la Fifine ou chez l'un des nombreux Brunet du quartier, on discute des cours, tout en tâtant d'un beaujolais irréprochable. Puis on va s'en boire un dernier au Petit Centra, chez la mère Patri, dont le passe-tout-grain est justement réputé : le métier exige que l'on se soutienne…

Passons en revue les éventaires… Çà et là, à chaque pas, un sourire jovial vous arrête… Lucien Bourillot, le gros Balleydier, le poissonnier Jacquemoud, l'aimable Mme Pichon, et Rousseau, dont les huîtres sont imbattables… Le moyen, vraiment, de ne rien acheter – et de ne pas retourner vider un pot ?

Symphonie de fumets, symphonie de couleurs !... Roseurs nacrées des poissons et des crevettes ; pourpres cardinalices des homards et des écrevisses ; ors crémeux des fromages ; chinés des grands lièvres roux ; tendres gris des perdreaux ; bruns délicats des alouettes et des grives ; Van Dyck des jambons ; Véronèse des Belons et des Portugaises …

(316) dixit *Lyon capitale mondiale de la gastronomie.*

Vous marchez, narines au vent… Vous humez en gourmet… Vous aspirez à pleins poumons …

Et soudain, vous vous apercevez que vous avez faim ![318]

A peine rentré de Paris, notre journaliste-rédacteur-en-chef de *la Semaine à Lyon* a commencé par retrouver ses marques, voire quelques habitudes contractées durant sa première jeunesse. La quête des comptoirs où l'on boit et où l'on mange bien et le plaisir du partage ou de l'amitié, l'amène à réunir quelques comparses qui, comme lui, privilégient les bonnes adresses. Parmi eux et entre autres, le boulanger-pâtissier Duny, le grossiste Leplant, les restaurateurs Soumille, Roch, Bigot, le chausseur d'origine suédoise Liljekwist, le courtier Dubost, le négociant en spiritueux Payen et encore Chapurlat, Besseyre, Springer, Dumontet…

Tout ou partie de ce beau monde se retrouve régulièrement vers 9 heures du matin pour de singuliers petits-déjeuners. Des mâchons dit-on à Lyon. Qu'on en juge : chez la mère Patri *« rognons sautés au Chablis ou du bœuf gros sel »* ; chez Rousseau *« des moules marinières »*, chez Mme Gros du navarin, et encore des huîtres chez Léon Sibuet…[319] Il faut préciser qu'à cette époque on était à l'ouvrage bien tôt et de tels casse-croûtes étaient les bienvenus après trois voire quatre heures de labeur. Sans tomber dans l'excès, ces joyeux compagnons décident un beau jour, à l'automne 1935 et à l'initiative de Marcel Grancher, de pérenniser leurs agapes en se dotant d'un statut. L'association « Les Amis des Halles » était née. Au-delà d'un siège social *Au petit Centra* - temple des moules, huîtres et autres escargots - un règlement intérieur est établi qui prévoit l'élargissement du groupe des membres fondateurs à de nouveaux impétrants par un vote secret à l'unanimité. Le but de cette société : *« un plantureux casse-croûte hebdomadaire pour apprendre ainsi à mieux se connaître, pour s'aider l'un l'autre à l'occasion ».* Jean-Charles Dubost en est le premier président. Dans un premier temps, il est prévu de se retrouver dès 9 heures sous les Halles ou dans un établissement des alentours proches. Un en-cas par trop matinal pour certains qui peinent à être à l'heure. Aussi fut rapidement adopté le principe d'un déjeuner. Tous les jeudis. La plupart des établissements du quartier ayant été « visités », on s'enquit d'élargir le champ de prospection à toute la ville et jusqu'à la grande banlieue. Par ailleurs est institué le principe d'un banquet saisonnier pouvant mener les disciples des Amis des Halles jusque vers l'Ain, les Monts d'Or ou le Beaujolais. Leitmotiv : découvrir et faire connaître les maisons où l'on mange bien et à un prix raisonnable, soit de 20 à 25 francs[320].

Juin 1937. Marcel Grancher a pris la relève de Jean-Charles Dubost élevé à la dignité de président d'honneur. Marcel Payen, un ami de longue date est trésorier, Clos-Jouve archiviste, Gaston Simonet, le patron de l'hôtel Jutard à la Croix-Rousse secrétaire général délégué à la presse, Céleste Serratrice, un nouveau venu est délégué aux réjouissances. Boulanger de son état, c'est un géant de 2 mètres qui affiche ses 130 kilos !

Juin 1939 : près de quatre années ont passé. Le cercle d'amis a un peu grandi : certains sont décédés, d'autres sont arrivés. Le calendrier des sorties est régulièrement annoncé dans les colonnes du *Mois à Lyon*. On se réunit maintenant à *la Couronne*, place des Célestins, chez Gaby Roch. Les Amis des Halles n'ont pas chômé. Près de 200 établissements ont reçu nos joyeux drilles, comme ils se qualifient eux-mêmes. Alors que l'été est maintenant là et que l'on attend des orages estivaux qui rafraîchiraient l'atmosphère, c'est pourtant un ciel beaucoup plus menaçant qui monte au-dessus de l'Europe. La foudre tombera finalement le 1er septembre suivant. La tourmente qui l'accompagnera bientôt mettra un coup d'arrêt à la grande majorité des activités civiles quelles qu'elles soient. A une « drôle de guerre » puis à la défaite, les Amis des Halles n'y survivront pas. Pourtant Marcel Grancher restera à l'initiative et renouvellera bientôt la formule dans le fonds, sinon dans la forme : ce sera *l'Œuvre de la Goutte de vin* destinée à abreuver et satisfaire une fois la semaine l'appétit des « pauvres parisiens repliés » de la zone occupée, puis après-guerre *l'Académie Rabelais*.

Une histoire déjà évoquée pour l'une et définitivement parisienne pour l'autre.

(317) Devenue la rue Antoine Salles en 1962.

(318) In *Reflets sur le Rhône*, Editions Lugdunum, Lyon, 1941.

(319) In *Quartiers de Lyon*, Editions Rabelais, Paris, 1949.

(320) Soit au plus une quinzaine d'euros de nos jours.

XII L'avenir est ailleurs !

« La France, c'est un pays où la littérature s'appelle Paris, exclusivement Paris»

Albert Thibaudet(321)

« Quoiqu'en rêve l'imagination de nos petits journalistes locaux, les écrivains, peintres et comédiens de Paris réfugiés entre Saône et Rhône, ont plus souci de retourner vivement sur les bords de la Seine que de créer en notre ville une capitale de décentralisation intellectuelle ! En attendant la fin de leur exil, nos amis de Paris n'aspirent qu'à prendre en patience leur déportation temporaire sous la colline de Fourvière... »

écrivait dès décembre 1940 Henry Clos-Jouve dans sa rubrique du *Mois à Lyon*. Prémonitoire ou simple bon sens ?

Marcel Grancher, la guerre et les lendemains qui déchantent

C'était au lendemain de la débâcle de juin 1940 ! Loin de subir sans réagir le pessimisme et la perte de repères nés de la défaite, Marcel Grancher s'est particulièrement investi dès l'automne pour relancer un temps soit peu une vie lyonnaise tombée en catalepsie. La mise en place de *L'œuvre de la Goutte de Vin pour les pauvres parisiens repliés*, puis l'organisation et la remise du premier Prix Lugdunum au mois de janvier en auront été les deux temps forts.

Les mois ont passé. Au printemps 1941, Marcel Grancher a fait le choix de rester à la campagne pour y suivre de loin les vicissitudes lyonnaises du moment. Délaissant sa location des Monts d'Or, il vient d'acheter une grande maison sur les bords de la Saône, à Reyrieux, non loin de Trévoux. Potager sur le devant, verger derrière, elle est aussitôt baptisée « 5 de campagne » en référence au roman qui a fait son succès à la veille de la guerre.

Une fois par semaine, le mercredi, c'est en car qu'il rejoint les bureaux du *Mois* pour gérer les affaires courantes. Revue du courrier, coups de fil à l'imprimeur, prises de décisions en tous genres, rendez-vous... Très rapidement, il a évité la *Maison de la presse*, où trop d'oreilles « vichystes » voire germanophiles traînent, pour établir son « quartier général » à la brasserie *La Couronne*, chez son ami Gaby Roch.

Les beaux jours revenus, et comme à son habitude, il met à profit la quiétude qu'il trouve dans sa nouvelle résidence pour écrire, entre parties de pêche et concours de boules, les premières lignes d'un nouveau recueil de souvenirs :

(321) In *La République des Professeurs*, Bernard Grasset, Paris, 1927. Albert Thibaudet (1874-1936) fut un auteur et un critique littéraire très actif pendant la période de l'entre-deux guerres. On lui doit encore l'aphorisme *« si Paris est la capitale de la France, Lyon est la capitale de la province »*.

Marcel Grancher chez lui à Reyrieux, avec son chien Poum.

« ... voici qu'une fois de plus, je me tourne vers le passé. Incorrigible, je vous le dis ! » annonce-t-il en guise d'avertissement au lecteur. *Reflets sur le Rhône*, qui se veut avant tout un antidote au pessimisme du moment, est mis en vente dans l'été.

A peine l'ouvrage terminé, une autre idée lui est venue qui pourrait constituer la trame d'une nouvelle aventure littéraire. Loin de la grisaille du quotidien, des difficultés d'approvisionnement, des pénuries en tous genres, il a la chance de vivre des jours somme toute agréables dans sa campagne trévoltienne. Il y fréquente des amis pittoresques qui, mis en scène dans le cadre d'un roman, pourraient alimenter une chronique des jours heureux où la guerre n'avait pas encore sa place. Du moins dans le manuscrit auquel il s'attelle et dont l'histoire est censée commencer à l'automne 1938 ! Deux cent trente feuillets plus tard, il ponctuait la dernière ligne de *Mâchonville*, saga haute en couleurs de personnages tout autant picaresques que rabelaisiens.

Visé par la censure en mars 1942, le roman sort des presses au début juin. *Le charcutier de Mâchonville*, puisque tel est son titre définitif, va pour la deuxième fois dans sa carrière être un formidable succès de librairie et distraire tous tirages confondus près d'un million de lecteurs dans les années suivantes, assurant à son auteur de nouvelles rentes substantielles tout en apportant aux *Editions Lugdunum* un peu de trésorerie supplémentaire pour continuer son activité !

En fait, de ces *Editions Lugdunum*, Grancher ne s'occupe plus vraiment. Il les a cédées au mois d'octobre précédent à son comparse Clos-Jouve pour ne garder que le titre honorifique de directeur littéraire ! Autant dire que son éloignement de la vie lyonnaise se concrétise chaque mois qui passe un peu plus.

L'été, l'automne filèrent ainsi. Puis vint un nouvel hiver, le quatrième de cette guerre. C'est en partie à Lyon que Grancher revient régulièrement après avoir trouvé un appartement sur le boulevard des Belges : il aime le quartier depuis son enfance car il y a ses racines.

Libéré pour un temps de ses allers-retours vers Reyrieux, il se retrouve le plus souvent en bonne compagnie place des Célestins. La *Brasserie de la Couronne* est devenue depuis quelque temps un des points de ralliement de ceux qui partagent maintenant l'espoir de voir venir de la Grande-Bretagne le salut de l'Europe occupée. Il faut dire que depuis quelques semaines déjà les Américains ont débarqué en Afrique du Nord et que le joug allemand s'est en conséquence étendu à toute la France. De plus en plus nombreux, même si encore bien minoritaires, sont les Français qui n'attendent plus rien d'un vieux maréchal installé à Vichy et reportent maintenant leur attention vers un jeune général félon établi à Londres et qui invite plus que jamais à la reprise du combat contre l'occupant aux côtés des alliés britanniques et américains. Marcel Grancher et ses camarades sont de ceux-là et bientôt soupçonnés de gaullisme !

Marcel Grancher rend visite à son voisin du Château de Saint-Bernard, le peintre André Utter, beau-père d'Utrillo.

1943 : année de tous les dangers

Un premier avertissement bien inattendu survient le 19 mars 1943. Ce jour-là, Grancher a prévu de réunir quelques-uns de ses amis pour fêter sa Légion d'Honneur. Oh, elle ne vient pas de lui être subitement attribuée pour avoir initié l'œuvre de la Goutte de vin ou encore le prix Lugdunum. Pas plus d'ailleurs que pour d'éventuels bons et loyaux services rendus à l'Etat français, sis à Vichy. Non, elle lui a été décernée aux pires heures de la déroute de mai 1940 pour « faits de guerre » ! Seulement voilà. L'ampliation du décret a été envoyée à son ancienne adresse lyonnaise où il n'habitait plus, avant d'être redirigée vers la Belgique qu'il avait entre-temps quittée pour fuir l'avance allemande ! La bonne nouvelle ne devait finalement le rattraper que trente mois plus tard. Ça s'arrose a-t-il pensé. Rendez-vous a été pris à *La Couronne* où Gaby Roch trouve toujours, dans ces circonstances, le moyen de préparer un honorable repas malgré les restrictions.

Le gigot aux haricots devait cependant attendre.

Vers midi, alors que les derniers convives ne sont pas encore arrivés, la police allemande fait irruption ! Dénonciation, contrôle inopiné ? C'est semble-t-il un poste émetteur qui est recherché. A moins que ce ne soit quelque stock de journaux clandestins ? La visite du sous-sol ne donnant rien, on embarque tout le monde. Direction l'hôtel Terminus, proche la gare de Perrache, pour des vérifications d'identités. Malgré le détachement feint par Lucien Farnoux-Reynaud, la dizaine de clients raflés qui accompagnent Marcel Grancher et Henry Clos-Jouve, ne sont guère rassurés. Finalement c'est le préfet Angeli, qu'Edmond Locard a pu informer de la situation, qui obtient leur libération en milieu d'après-midi, après que les fiches de chacun des interpellés aient été dûment mises à jour par les policiers ! On apprendra plus tard qu'une lettre anonyme les avait dénoncés comme militants gaullistes du mouvement *Combat*.

Dès lors, tout va se compliquer pour notre auteur.

A l'entrée de l'été 1943, et depuis plusieurs semaines, « des amis qui lui veulent du bien », connus ou moins connus, le mettent régulièrement en garde quant à une certaine liste noire établie par les services allemands et sur laquelle figurerait son nom ! Lorsque Gaby Roch relaie à son tour le bruit qui court, après qu'un client de passage à *La Couronne* lui ait curieusement parlé de son ami, Grancher commence à prendre tous ces avertissements au sérieux et allonge de plus en plus

Au cimetière de Montcony. De gauche à droite : Gutt Grancher, Marcel Grancher et Roger Duboeuf.

souvent ses séjours « au vert », dans sa campagne de Reyrieux.

C'est là qu'il va comprendre que les évènements se précipitent lorsqu'un beau midi de la fin juillet, alors qu'il déjeune au bord de la Saône au restaurant *des Sports* de Quincieux, le rejoint son secrétaire, le jeune Frédéric Dard, venu de Lyon sur son vélo. A peine remis de ses efforts et le souffle court, ce dernier l'informe que deux policiers allemands se sont présentés le matin même au journal pour s'enquérir de son rédacteur en chef. En réalité, ce n'est pas le journaliste qui les intéressaient, mais l'auteur de *Fascicule bleu* ! Télégramme de Paris en main, ils voulaient en savoir davantage sur l'imprimeur, la date d'édition, le tirage…

Sorti des presses un mois à peine avant l'invasion allemande de juin 1940, le livre est paradoxalement resté en vente durant tout ce temps, aussi bien en zone occupée qu'en zone libre. Aussi, à entendre Dard, Grancher devra se présenter au siège de la police allemande, rue Berthelot, dès son retour à Lyon. Il en est bien question !

« Barbier » attendra ![(322)]

Il s'agit maintenant de se faire oublier. Après avoir déménagé les derniers exemplaires du livre incriminé de même que quelques documents des bureaux de la rue Centrale, Dard a eu la bonne idée d'afficher sur la porte du *Mois à Lyon* « Fermé jusqu'au 31 août pour cause de vacances » avant de se mettre lui-même au vert. Pour Grancher, la route sera plus longue. Son épouse étant restée dans leur maison de Reyrieux, il part à l'invitation d'un de ses amis avec son fils vers les sauvages gorges de la Sioule. Il y a bien peu de chance qu'on vienne là-bas l'y chercher. Dans les semaines et les mois suivants, on le verra du côté de Gannat, de Clermont-Ferrand, de Saint-Amand-les Eaux. Entre deux passages discrets sur les bords de Saône pour voir son épouse et son fils, il court encore les routes du côté de Marseille et de Toulon où l'attend le pitoyable spectacle de la flotte française sabordée un an plus tôt. Au début novembre, il est en Franche-Comté où il retrouve son cousin Gutt Grancher, un des acteurs de la résistance locale, qui lui a proposé de venir rendre hommage le 11 novembre à l'équipage d'un bombardier de la R.A.F., composé d'aviateurs anglais et canadiens, qui s'est écrasé treize mois auparavant, le 23 octobre 1942, vers le village de Montcony, en Saône-et-Loire. Quatre hommes se retrouvent au jour dit devant les tombes des malheureux occupants du *Halifax* : Grancher, son ami Roger Dubœuf qui l'a accompagné depuis Lyon, le cousin Gutt et un de ses camarades de la résistance franc-comtoise, Edouard Camuset, dit *Camus* ou encore *Castor*. Des photos sont prises à cette occasion qui risquent de le compromettre un peu plus ! D'autant que celles-ci sont censées « passer » en Angleterre après avoir été remises à des agents du S.O.E.(323)

Coup sur coup, les malheureux agents britanniques ont été arrêtés par la police allemande mais les photos leur échappent !

L'affaire n'ira pas plus loin pour les deux Lyonnais qui devront cependant redoubler de prudence dans les semaines suivantes.(324)

L'espoir… au bout de la nuit ?

Tout au long des premiers mois de l'année 1944, l'atmosphère lyonnaise, comme partout ailleurs en France, est devenue particulièrement pesante et malsaine. Les positions des uns et des autres se radicalisent, les attentats se multiplient, assassinats et règlements de comptes sont devenus quotidiens. La Milice de Vichy est omniprésente en ville. Les « terroristes » occupent le terrain dans les campagnes et les montagnes. La police allemande opère rafle sur rafle et se constitue un sinistre réservoir d'otages.

La majorité de la population, manipulée par la propagande de Vichy, espère encore dans la sagesse du vieux maréchal devenu la marionnette de ses ministres, plus engagés que jamais dans la collaboration avec l'Allemagne hitlérienne.

La guerre, telle que travestie par la presse du moment, se déroule encore très loin de nos frontières même si elle s'en rapproche chaque mois qui passe un peu plus : l'Afrique du Nord est entièrement libérée, et tout le sud de l'Italie ! A l'Est, l'Armée rouge avance inexorablement à travers l'Ukraine et la Biélorussie.

A Lyon comme dans le reste de la France, on en est réduit à l'expectative et surtout à la prudence tant chaque nuit, et de plus en plus souvent en plein jour, la violence se manifeste et les arrestations se multiplient.

Le 26 mai 1944, la guerre rattrape brutalement la capitale rhodanienne, lorsque les quadrimoteurs américains viennent s'en prendre à ses installations ferroviaires. Les bombes ravagent plusieurs quartiers populaires et font près de sept cents morts et au moins mille blessés. Dix jours plus tard, le 5 juin 1944, le maréchal Pétain, chef de l'état, vient en personne réconforter la population et vi-

(322) Ainsi orthographié dans son livre *Au temps des pruneaux*, publié en janvier 1946. Un renvoi en bas de page le décrivait comme « un des plus sinistrement célèbres parmi les chefs de la Gestapo à Lyon. ». Hormis que l'homme n'appartenait pas à la Gestapo (**Ge**heime **Sta**ats**po**lizei – police secrète d'état, qui opérait essentiellement sur le territoire du Reich), mais au Sipo-SD (**Si**cherheits**po**litzei -**S**icherheits**d**ienst – Police de sécurité du Service de sureté), tout le monde aura reconnu là Klaus Barbie qui « officia » à Lyon entre février 1943 et août 1944, avant de passer plus tard au service… des Etats-Unis !

(323) Sigle de « **S**pecial **O**perations **E**xecutive », soit la direction des opérations spéciales, un des services secrets britanniques qui opéra pendant la guerre avec pour mission de soutenir les divers mouvements de résistance, agissant dans les pays de l'Europe occupée.

(324) Les tribulations ultérieures d'Auguste Grancher et d'Edouard Camuset seront-elles beaucoup plus dramatiques. « Gutt » Grancher, arrêté à son tour par la Milice le 30 mai 1944, réussira toutefois à s'évader en pleine nuit, menottes aux mains et, à moitié nu, après des heures d'interrogatoire. Il reprendra sa place au combat dès le lendemain du débarquement et participera activement, armes à la main, à la libération du Jura. Edouard Camuset sera également pris par la Milice l'hiver suivant. Remis à la police allemande, il réussira à s'échapper après trois mois d'internement, lors de son transfert vers Compiègne, et rejoindra le Jura pour reprendre le commandement de son groupe au sein de la Résistance.

siter les hôpitaux avant d'aller constater les dégâts occasionnés dans le quartier de Vaise. Le soir même, il rejoint le château du Tourvéon, à Collonges-au-Mont-d'Or, pour y passer la nuit. Le lendemain matin, à son réveil, il apprendra le débarquement anglo-américain sur les côtes normandes !

Une nouvelle bataille de France vient de s'engager qui se soldera cette fois par la libération du pays et la fin de l'occupation allemande.

Marcel Grancher : le temps de la discrétion

Pour Marcel Grancher, ces premiers mois de 1944 ont été synonymes de discrétion.

Certes, il est revenu de temps à autre à Lyon : journal oblige. Mais aussi dans des circonstances plus douloureuses : le décès de sa mère survenu le 15 février. La situation est alors si délicate que la famille a décidé de ne pas publier de faire-part dans les journaux du matin et de réserver l'avis pour *Le Salut Public*. Seuls ses amis les plus proches l'accompagneront pour la cérémonie à Saint-Nizier et ce malgré les risques, plusieurs d'entre eux dont le journaliste parisien Géo London ou le boulanger Céleste Serratrice étant comme lui en délicatesse avec les services allemands ou la police de Vichy.[(325)]

Précautions d'autant plus valables qu'à cette même époque on lui rapporte que le titre de son dernier best-seller a été utilisé l'été précédent dans un des messages de la B.B.C. destinés à la Résistance française ![(326)]

Après une arrestation au printemps, des démêlés au sujet de son livre à l'été, l'affaire de Montcony à l'automne, celle du faux « Nouvelliste » durant l'hiver et maintenant cette histoire de message, cela commence à faire beaucoup !

Du côté du journal, cela ne va guère mieux. *Le Mois à Lyon* souffre des carences en tous genres qui affectent la presse de l'époque : 26 pages au total, dont l'équivalent d'une douzaine ont été consacrées aux encarts publicitaires disséminés ça et là dans le premier numéro de l'année. Même si Grancher continue à signer régulièrement les éditos et que les contributeurs « historiques », François Monnet, Lucien Farnoux-Reynaud ou Joë Imbert-Vier alimentent toujours les colonnes du journal avec leurs rubriques habituelles, les lecteurs n'ont plus grand-chose à se mettre sous les yeux. Un nouveau venu cependant, Jacques Hernot, le propre fils de Grancher qui a rejoint l'équipe du mensuel depuis une petite année pour se lancer à son tour dans le journalisme en utilisant à l'occasion le nom de sa mère comme pseudonyme. Fidèle à son poste, Henry Clos-Jouve assure le secrétariat général, tandis que l'ami Dubœuf, celui de l'escapade dans le Jura, a pris en charge l'administration[(327)]. Anecdote concernant le numéro de juin, le journal n'est plus domicilié au 54 de la rue Centrale mais au 54 de la rue de Brest, ceci un an après la décision de redénomination officielle de la voie pour rappeler le martyr du port breton, ravagé par les bombes américaines !

En tous les cas, l'heure de la libération de l'Europe a bel et bien sonné avec comme corollaire l'intensification d'une sorte de guerre civile. Plus un jour ne se passe à Lyon et dans ses alentours, sans que l'agglomération ne soit marquée par les explosions des bombes, les assassinats et de sanglantes représailles.

Le 31 juillet, c'est à nouveau lors d'une cérémonie d'enterrement que Grancher retrouve certains de ses amis… et de ses ennemis. Tony Saunier est devenu de ceux-là, lui qui quelques années auparavant fréquentait *les Amis des Halles* quand il ne recevait pas dans son restaurant les convives du mariage de Léon Charlaix.

Il est maintenant un membre actif du P.P.F. de Doriot et nervi des Allemands à l'occasion. Pressent-il des temps à venir qui déchantent ? Toujours est-il que, prévenu de la présence de Marcel Grancher, il vient à sa rencontre pour l'assurer de son éventuel soutien au cas où ce dernier aurait quelque démêlé avec la Milice ou la police allemande. Attend-il quelque réciprocité au cas où..? La roue tourne ![(328)]

Cinq semaines plus tard Lyon était libéré.

La Libération…, enfin !

15 août 1944 : avec le débarquement des forces américano-françaises sur les côtes du Var s'ouvre le second front tant attendu qui va précipiter la défaite de l'armée allemande et la libération du pays. Remontant par les routes des Alpes et la vallée du Rhône, les alliés sont à Sisteron dès le 20 août et atteignent Grenoble deux jours plus tard. Anticipant leur arrivée, les forces de la Résistance investissent Bourgoin le 23 mais ne peuvent poursuivre plus avant dans l'Est lyonnais fortement défendu.

A Villeurbanne pourtant, des éléments des *Francs-Tireurs et Partisans* sont passés à l'action dès le 24 en occupant la mairie avant d'élever des barricades dans la plupart des rues. Mais les Allemands réagissent avec détermination et re-

(325) Géo London (1885-1951), pseudonyme de Georges Samuel, était juif et ne s'en cachait pas, même en ces temps particulièrement troubles de la guerre ! Grand reporter, journaliste judiciaire pour le journal *Ce soir*, il eut à ce titre l'occasion de rencontrer le célèbre Al Capone et de couvrir les grands procès en France à la charnière des années 1920-1930. Par la suite, il s'essaya avec succès à l'écriture de romans largement inspirés par les petites histoires glanées directement dans les prétoires. Au lendemain de la guerre, il couvrit encore les grands procès du moment comme ceux de Maurras, Laval ou Pétain. Titulaire des Palmes Académiques, il fut en outre nommé Officier de la Légion d'honneur et membre actif de l'*Académie de l'humour*.

(326) « Le charcutier de Mâchonville est un rigolo » annonçait le premier parachutage d'armes en Dordogne. Il eut lieu le 12 août 1943 sur le territoire de la commune de Prigonrieux et livra aux maquisards du sous-secteur de La Force, de l'Armée Secrète, une demi-douzaine de containers de matériel et d'équipements.

(327) Curieux personnage que ce Roger Dubœuf, alors représentant en tissus, qui apparaît dans l'entourage de Grancher en 1943 et à qui il dédicacera son roman *Le bistrot du porc*. Son nom s'effacera rapidement des pages du magazine après qu'il ait été arrêté à la suite d'une tentative d'assassinat de son amie à coups de revolver dans les premiers temps de l'après-guerre.

(328) Membre occasionnel des « Amis des Halles » durant les années 1930, Antonin Saunier, dit Tony, n'aura pas fait le bon choix une fois la guerre venue, en se rangeant du côté de Vichy dans un premier temps, puis en intégrant le *Parti Populaire Français* de Jacques Doriot après l'occupation de la zone libre par l'armée allemande en 1943. Prétendument producteur de cinéma à ses heures, il mène alors grand train d'autant qu'il est maintenant accompagné de la jeune et belle actrice Josseline Gaël, alors très en vogue, séparée depuis peu de son célèbre mari, le comédien Jules Berry. Devenu un des acteurs principaux de la répression sanglante qui vise les membres de la Résistance durant le printemps et l'été 1944, il sera arrêté à la libération de Lyon, jugé, condamné à mort et finalement fusillé au fort de la Duchère le 9 mars 1946, en même temps que cinq autres tortionnaires de son équipe. Il avait trente-trois ans !

André Warnod, par Pavil.

prennent le contrôle de la ville en vingt-quatre heures. Il faudra encore attendre un peu.

Plus au sud, le long du Rhône, les forces américaines finissent par dépasser Montélimar le 29 août après de très violents combats. Valence est libérée à son tour par les *Forces Françaises de l'Intérieur* le 30 août, Vienne le lendemain. Lyon n'est plus qu'à vingt kilomètres !

2 septembre 1944 : depuis plus de quarante-huit heures, le reflux des troupes de la Wehrmacht en direction de la Dombes et de la vallée de la Saône est continu. Tout ce qui roule a été mis à contribution et jusqu'à y compris les bicyclettes et les carrioles à cheval : un flot ininterrompu de camions, de blindés en tous genres, de chars, tous bardés de filets de camouflage et de branchages coupés en chemin, glisse le long des berges de la Saône et du Rhône, laissant derrière eux les ponts de Lyon. Leur défense étant aussi illusoire que dépourvue d'intérêt, tous ont été méthodiquement minés pour que, le moment venu, ils soient transformés en autant d'obstacles pour les poursuivants.

La journée entière ne suffira pas aux deux équipes de démolition désignées pour cette mission et se poursuivra jusque dans la nuit. Tous les ponts vont sauter les uns après les autres depuis la Mulatière jusqu'au bas de Caluire pour commencer, avant que les destructions ne se poursuivent jusque tard dans la nuit en direction de Vaise et au-delà.

Témoin de cet épisode, André Warnod, réinstallé avec son épouse et sa fille dans deux pièces laissées libres d'un grand appartement de la *maison Thomassin*, place du Change, une adresse que lui avait indiquée quelques temps auparavant son ami Armand Salacrou. Laissons-lui une dernière fois la parole :

> *On vit passer les convois couverts de feuillages de l'armée allemande en déroute, et on apprit, un samedi où la pluie tombait à verse que les occupants faisaient sauter les ponts, le travail n'était pas terminé quand la nuit tomba. Bien que le pont du Change, à quelques mètres de notre maison, fût encore debout, imprudemment nous décidâmes de rentrer [nous] coucher. Dans la nuit nous fûmes tout d'un coup réveillés par un fracas épouvantable, le pont sautait. Ce n'était pas tout. Au bruit de l'explosion s'en ajoutaient d'autres. Les murs de la maison s'écroulaient. Le buffet de la salle à manger s'était affalé sur le plancher* [...].
>
> *Ma fille s'éveillait sous la verrière effondrée sur son lit, et les chambres si soigneusement cadenassées s'ouvraient devant nous dans un amas de gravats.*

Au petit jour, la place s'emplit du tumulte que faisaient les habitants des maisons qui, mieux avisés que nous, étaient allés coucher ailleurs et pataugeaient dans les ruines de leurs demeures, les morceaux de verre, les débris de toutes sortes qui craquaient sous leurs pas... Soudain, sur le quai apparut une auto-mitrailleuse avec à son bord des marins et des soldats français. Le pompon rouge d'un matelot se voyait de loin. Il y eut un moment d'émotion bouleversante, pas un mot, pas un cri. Tout le monde pleurait. Un vieux bonhomme sortit de sa maison en agitant un drapeau tricolore. De partout surgissaient des drapeaux. D'abord comme un murmure puis chantée à pleine voix, s'éleva la Marseillaise.

Nous étions libérés...(329)

Le 3 septembre 1944, huit jours après Paris, Lyon et les Lyonnais retrouvaient enfin la liberté tandis que l'armée allemande en déroute refluait maintenant en direction de la Bourgogne et de la Franche-Comté.

Le retour vers la démocratie ne va cependant pas se faire dans la quiétude, l'heure étant maintenant à « l'épuration », aux règlements de comptes à tous les niveaux et à la violence la plus brutale. Un chaos qui va durer près d'une semaine : arrestations arbitraires, chasse aux « collabos » de tous poils et surtout aux miliciens honnis, représailles en tous genres, en particulier envers les femmes réputées avoir « approché » de trop près quelques « boches ». Mais aussi agressions, vols, exécutions sommaires, assassinats... On comptera près de 300 victimes !

Puis les choses se calment. Les forces de l'ordre se remettent en place, des tribunaux officiels sont réactivés, de nouveaux édiles prennent en main l'administration de la cité. Le 9 septembre, les journaux reparaissent(330).

Le « ménage » a cependant été fait. Trop compromis avec le régime de Vichy, quand ce n'était pas dans une collaboration active, les titres que l'on trouvait en kiosque encore un mois plus tôt, ont tous disparu après avoir été interdits par les nouvelles autorités. Exit *Le Nouvelliste*, le *Lyon Républicain*, *l'effort*, *Le Journal*... Leur place a été prise par une nouvelle presse directement issue de la Résistance. *Le Progrès,* quant à lui, reprend le terrain qu'il avait courageusement et volontairement abandonné deux ans plus tôt. Aux mêmes causes, les mêmes effets, les quelques hebdomadaires et autres mensuels qui n'avaient pas sombré avec la guerre, cessent de paraître : *La Vie Lyonnaise* est de ceux-là.

Trois d'entre eux seulement n'ont pas connu ce sort funeste : l'hebdomadaire satirique *Guignol*, le mensuel littéraire *Confluences* et le magazine d'actualité... *le mois à Lyon.*

Au moment de la Libération, le numéro de septembre est déjà bouclé et il est trop tard pour reprendre la mise en page. Son rédacteur en chef, Marcel Grancher

(329) In *Drôle d'époque*, Arthème Fayard, 1960.

(330) Ils avaient été à vrai dire précédés par l'éphémère *Lyon Libéré* qui avait abondé dès le dimanche 3 septembre et en cinq parutions, les Lyonnais en proclamations, communiqués, avis et autres recommandations venus des nouvelles autorités.

ne peut qu'insérer un encadré sous le bandeau titre et annoncer la parution pour le 15 octobre suivant d'un numéro *« entièrement consacré à* [la] *libération, avec des textes spéciaux de nos collaborateurs habituels et un grand nombre de photographies ».* Et de fait, un mois plus tard, tous ont répondu présents, les Pierre Scize, Max-André Dazergues, Gaston Simonet, Edmond Locard, Paul Garcin, Paul Soupiron apportant leur témoignage sur ces journées qui ont vu la fuite des occupants et l'arrivée des libérateurs français et américains. François Monnet, dont le beau-frère a été fusillé à Bron en août[(331)], Henry Clos-Jouve et Joë Imbert-Vier assurent leurs rubriques habituelles.

Les lecteurs étant au rendez-vous, tout semble aller au mieux pour le magazine qui va aborder envers et contre tout sa treizième année d'existence. Les circonstances vont toutefois en décider autrement et faire entrer à nouveau le journal dans des temps de vives turbulences.

Premier coup du sort pour la presse toute entière et pour *le mois* en particulier : un arrêté du ministère de l'Information parait fin septembre interdisant dorénavant l'insertion de publicités commerciales ! Or *le mois à Lyon*, comme toutes les revues de ce genre qui coûtent cher à fabriquer, ne peut s'en passer. On en voudrait pour preuve que sur les 60 pages du numéro « spécial Libération » du 15 octobre 1944, l'équivalent de 28 ont fait la part belle aux 250 annonceurs qui ont choisi d'y inclure leurs encarts publicitaires ! « Etre ou ne pas être » tel est le dilemme qui doit être rapidement résolu. Continuer ou disparaître ?

En réalité la question ne se pose même pas et toute l'équipe du *mois* est derrière Grancher lorsque celui-ci décide de ne pas céder à l'adversité. Une fois de plus ! Puisqu'il devient impossible de maintenir le mensuel en l'état, avec ses 30 pages habituelles, on va « réduire la voilure » tout en augmentant la fréquence de parution.

Et le *Mois* redevint *La Semaine* !

Daté du 16 novembre 1944, paraissait ainsi le premier numéro d'une nouvelle série intitulée *La Semaine de Lyon* et du *Sud-Est*. L'allocation de papier a permis l'impression de trente mille exemplaires. Quatre pages format presse quotidienne. Comité de rédaction : Pierre Scize, Marcel Grancher et Henry Clos-Jouve. Excepté son aspect visuel, le nouveau journal diffère peu de son prédécesseur quant à son contenu et reprend la plupart des rubriques sur un nombre de pages réduit et sans publicité.

Les Lyonnais vont cependant rapidement s'habituer à cet « hebdomadaire satirique du jeudi » proposé au prix de 3 francs. Pour l'équipe de rédaction, il n'y avait plus qu'à fournir l'équivalent de seize pages par mois, au lieu des trente de la version précédente, vendue 5 francs. Pour une diffusion identique, le journal engrangeait finalement plus du double de rentrée financière. De quoi voir venir.

La tourmente ne va pourtant pas s'arrêter. Dès le numéro 2, la référence au « Sud-Est » disparaît, les communications interrégionales n'étant pas vraiment rétablies. Dans les numéros suivants se font jour les premières inimitiés vis-à-vis de ceux qui représentent les nouvelles autorités : un certain secrétaire général du ministère de l'Information, un conseiller municipal influent...[332]. Le journal satirique qui les brocarde régulièrement ne se fait pas que des amis !

Fin janvier 1945, ce sont de nouvelles directives en matière d'attribution de papier destiné à l'édition de presse qui viennent impacter la bonne marche du journal. Les tirages doivent être réduits par la force des choses.

Le coup de pied de l'âne vient six mois plus tard. Cette fois, ce sont les journaux satiriques de province (sic !) qui sont visés : juge-t-on en « haut lieu » que l'heure n'est plus à la dérision, que d'autres priorités doivent être établies pour la presse ? Toujours est-il que ce sont à nouveau les difficultés en approvisionnement de papier qui sont invoquées, cet ukase touchant plus expressément *la Semaine*.[333]

Pour dire vrai, c'est à l'inimitié du même secrétaire à l'information déjà évoqué, que Grancher doit ce coup bas. C'est un secret pour personne que les deux Lyonnais ne s'aiment pas, d'autant que leur cohabitation durant les années de guerre a été singulièrement marquée par des engagements politiques divergents. Face aux attaques par trop humoristiques et répétées du journal, le « politique » a eu le dernier mot. Très provisoirement, comme toujours avec Grancher. Le 15 avril 1945 parait ainsi le dernier numéro de « l'hebdomadaire satirique... et légèrement vache » lyonnais qui annonce en même temps dans ses colonnes la parution prochaine d'un *Almanach de la Semaine* imprimé sur une partie du contingent de papier alloué aux *Editions Lugdunum*.

L'Almanach de la Semaine et le prix Rabelais

De fait, un peu plus d'un mois plus tard, les lecteurs lyonnais se voyaient proposer pour 20 francs un nouveau trimestriel fort de 68 pages, exemptes de toute publicité, mais riches de nouvelles inédites, de contes, de dessins humoristiques, complétés des chroniques habituelles du *Mois* et de *la Semaine*, le tout au format « fascicule ». En première page un encadré précise qu'il s'agit là du numéro 1 des *Cahiers Rabelais littéraires et humoristiques* !

Trois autres livraisons devaient suivre jusqu'à l'entrée de l'hiver 1945-46, auteurs, chroniqueurs et dessinateurs de la bande à Grancher ayant dix mois durant abondé de leurs écrits et dessins ce succédané de « *la Semaine* mise en chômage par la grâce de M. Teitgen » comme l'auront rappelé chaque couverture et chaque éditorial.[334]

(331) Autrichien juif réfugié en France avant guerre, Alfred Martin, de son vrai nom Alfred Nadler, aura laissé une jeune veuve de vingt-deux ans, mère d'une enfant née en janvier 1944 et alors enceinte d'une seconde qui naîtra en novembre de la même année ! Un drame absolu.

(332) Tous deux futurs ministres !

(333) Peu nombreuses sont en réalité ces feuilles satiriques diffusées à cette époque en France : *Le Canard enchaîné* à Paris, *Le Bavard déchaîné* à Marseille, voire *L'Os Libre* de Pierre Dac. Si le premier réussira tant bien que mal à paraître, son alter ego du Sud sera lui aussi un temps réduit au silence, la parution annoncée du troisième devant être finalement repoussée jusqu'en octobre 1945.

(334) Pierre-Henri Teitgen était alors le ministre de l'information du premier gouvernement Charles de Gaulle.

Le bout du tunnel semble toutefois se faire sentir avec le numéro 4 des *Cahiers* qui parait à la mi-décembre 1945 lorsque les lecteurs voient revenir les premiers encarts publicitaires. Autre signe des temps on apprend dès l'éditorial que le ministre de l'Information vient d'être appelé à d'autres destinées, remplacé par *« un gars du métier, un écrivain – et un homme ! – que nous admirons »* : un certain André Malraux ![335]

C'est dans ce même numéro 4 que ses lecteurs apprennent la création d'un nouveau prix littéraire inspiré par l'esprit des cahiers éponymes : le Prix « Rabelais » ! Un jury est déjà constitué où on annonce la participation de nombreux journalistes, parisiens cette fois : Yves Gandon, Michel Herbert, Géo London, André Warnod, mais aussi Pierre Scize, André Sap, et jusqu'à Pierre Mac Orlan, Tristan Bernard ou Pierre Dac, sans oublier Pierre Bénard et Noré Brunel. Marcel Grancher aurait-il une nouvelle idée en tête ? Une nouvelle maison d'édition par exemple pour laquelle ce prix pourrait servir de tremplin ? Bénard et Brunel ont déjà chacun un manuscrit à lui soumettre. A n'en pas douter, le prix Rabelais devrait permettre de trouver de nouveaux auteurs. Vingt-cinq mille francs[336] et un contrat d'édition sont à la clé pour le lauréat. Un temps annoncé pour l'automne 1945 puis reporté, c'est cette fois la date du 6 avril 1946 qui a été retenue, les manuscrits devant être adressés aux bureaux des Editions Lugdunum avant le 28 février à venir. Un seul impératif : qu'il s'agisse d'un roman distrayant alliant gaîté et bonne humeur – un genre développé par Grancher lui-même aux pires heures des années de guerre.

Cette première cession du prix qui sera placée sous le double patronage des vins du Beaujolais mais aussi d'une froide journée de pluie et de vent sera à l'image de l'amitié sincère que partagent Grancher et ses amis. Qu'on en juge : c'est sur les tables du caveau de la Couronne aux Célestins que Gaby Roch a disposé les premières bouteilles de Pouilly pour accueillir les membres du jury… et quelques autres qui ont refait pour la première fois depuis la fin de la guerre, le voyage depuis Paris… Les crus du Beaujolais vont les accompagner tout au long de l'expédition vers Juliénas. Les étapes se suivent à Villefranche, à la côte de Brouilly, à Fleurie. A chacune, le car qui les emmène, libère ses passagers vers les profondeurs des caves que les municipalités ont aménagées et décorées pour la circonstance. A chaque arrêt, c'est le parisien André Warnod, grand cordon de chevalier du Tastevin autour du cou qui règle le tempo. L'équipée se terminera dans les caves du château des Capitants où les membres du jury les ont précédés. Seuls manquent Mac Orlan qui n'aura pu prendre le train prévu et Tristan Bernard, victime de son âge. Grancher, juché sur un foudre, annonce bientôt le résultat des délibérations : le premier prix Rabelais est attribué ex-æquo à Paul Vincent et à Tony Tizeau pour leurs romans *Derrière l'église* et *Profitons du soleil*. Douze mille cinq cents francs chacun et la perspective d'être édités. Les Editions Rabelais peuvent maintenant voir venir. La suite de la fête réunira près de soixante convives à l'auberge du *Coq au vin* pour un banquet « littéraire, vinicole et démocratique » : elle laissera ses traces jusqu'à tard en soirée pour nombre de participants.

Mais ce n'est pas tout ! Fort de l'amitié retrouvée pour la plupart de ceux qui avaient partagé les sombres heures des années d'occupation, l'envie est là de renouveler et de pérenniser l'expérience : ce sera chose faite une année plus tard avec la création de *l'Académie Rabelais*, définitivement parisienne celle-là. Ne vient-elle pas de fêter en 2019 son 71e anniversaire. Elle porte toujours avec la même conviction la défense de l'humour, de la gastronomie et le même appétit pour les nourritures spirituelles après avoir été couronné du prix Rabelais, et entre autres, Jean Teulé, Bernard Frangin, Alphonse Boudard, Pierre Perret, Cavanna, Maurice Dennuzières, René Fallet ou Jean-Claude Carrière, pour ne citer que ceux-là ! Seul changement, le lauréat d'aujourd'hui ne reçoit plus de chèque mais... 50 bouteilles des meilleurs crus du Beaujolais !

Tel le Phénix

A la même époque, l'autorisation du recours à la publicité pour les périodiques va enfin porter ses fruits. Des semaines, voire des mois ont été nécessaires pour les magazines qui lui ouvrent leurs colonnes, pour retrouver leurs annonceurs historiques mais surtout les nouveaux venus sur le marché. Beaucoup d'établissements ont disparu dans la tourmente des temps de guerre, le plus souvent remplacés par de nouvelles enseignes : restaurants, magasins, entreprises... Cette quête aura duré près de six mois pour *la Semaine* avant que l'équipe voit enfin le bout du tunnel et la possibilité de revenir au grand jour dès la fin de l'été.

Le 15 octobre 1946, tel le Phénix, le magazine retrouvait son format et sa périodicité. Enfin, pas tout à fait ! Pour cette énième nouvelle série, *la Semaine*, toujours *« périodique satirique... et légèrement vache »*, est *« le seul hebdomadaire du monde paraissant une fois par mois »*, dixit le bandeau du bas de la première page : le financement du journal est tout juste assuré et on fait avec les moyens du moment ! Dix-huit pages, couvertures comprises, dont l'équivalent de cinq pour les encarts publicitaires. On est encore loin du compte. Mais l'équipe est au complet : autour de Grancher et de Pierre Scize, qui viennent de se voir attribuer la Médaille de la Résistance, Simonet, Clos-Jouve, Monnet, mais aussi quelques amis que l'on croise plus souvent depuis quelques mois comme le chansonnier-dessinateur Michel Herbert ou Paul Garcin, le *prix Lugdunum 1943*. Et même des revenants ! Frédéric Dard et Léon Charlaix sont à nouveau de la partie, l'un pour quelques papiers, l'autre pour la reprise de ses fables, abandonnées dix ans plus tôt. L'aventure de « l'hebdomadaire mensuel » va s'étendre sur neuf livraisons avant que la situation du journal ne retrouve enfin l'équilibre.

Le 15 juillet 1947, les Lyonnais redécouvraient avec surprise le magazine mensuel qu'ils avaient pu connaître dans les années 1930 et jusqu'en 1943 : même couverture, même graphisme, même mise en page, même papier. Un retour aux

(335) A Pierre-Henri Teitgen avait entre-temps succédé en juin Jacques Soustelle, André Malraux prenant sa suite en novembre 1945. Il ne devait occuper ce poste que deux mois avant que ce ministère ne disparaisse pour plusieurs années.

(336) Soit 2000 euros aujourd'hui.

sources en quelque sorte. Sans qu'on en connaisse la véritable raison, Grancher a choisi de renouer avec le passé. Seul changement notable mais d'importance : le journal est dorénavant domicilié au 32 du cours Gambetta, avec des bureaux au 36 de l'avenue Junot, dans le 18e arrondissement de Paris ! Exit le **54 rue Centrale**, entre-temps devenue rue de Brest.

Cette dernière adresse est celle du nouveau domicile de Marcel Grancher qui a en effet choisi de s'éloigner de Lyon et de retourner s'établir au pied de la butte Montmartre. Déçu par les intrigues politiques et l'ambiance délétère qui règnent de plus belle dans la capitale rhodanienne, il a préféré mettre de la distance entre lui et son activité journalistique et observer depuis les bords de Seine, voire les landes de Belgique, le microcosme lyonnais. Aussi, l'éditorial du journal qui annonce aux lecteurs :

> *Comme il était nécessaire, par suite de l'absence de Marcel E. Grancher, fixé à Paris, de le remplacer en tant qu'animateur "sur place", c'est sur son disciple le plus cher, celui qui est, dit-il, le plus près du «Lyon de son cœur", que nous avons fixé un choix que nos lecteurs ne manqueront pas de ratifier :*
>
> *C'est en effet Frédéric Dard, le jeune et talentueux auteur de "Monsieur Joss", prix Lugdunum et journaliste de valeur, qui, à dater du présent numéro, supportera la responsabilité rédactionnelle du "Mois", secondé par un Comité de Rédaction, où figure avec Marcel-E. Grancher précité, Henry Clos-Jouve, Gaston Simonet, et notre cher Paul Garcin qui continuera à assumer le secrétariat général de la rédaction.*

Ainsi « ressuscité », ce *Mois* allait durer treize numéros.

Les Editions Lugdunum pendant ce temps-là

Nous avions laissé les *Editions Lugdunum* au lendemain de la défaite du printemps 1940, alors que beaucoup restait à faire pour relancer la maison d'édition lyonnaise sur un marché totalement désorganisé. Très vite, Marcel Grancher, son propriétaire-directeur, a repris l'initiative pour la replacer au milieu de la concurrence, son implantation en zone libre le soulageant de l'emprise des services de la censure allemande sévissant auprès des grandes maisons parisiennes, telles *Gallimard*, *Denoël* ou *Flammarion*. La création du prix littéraire éponyme en aura été le point d'orgue.

Particulièrement actif dans la bonne marche du périodique *le Mois à Lyon*, comme nous avons pu le constater, Henry Clos-Jouve s'est également investi sans compter dans les *Editions Lugdunum* qu'il a animé avec conviction tout au long de 1941 avant de les reprendre à son compte à la fin de cette même année. Le « filon » des auteurs lyonnais étant semble-t-il épuisé, une nouvelle opportunité s'est faite jour avec la présence à Lyon des « repliés » parisiens. Beaucoup de journalistes parmi eux, ainsi que quelques plumes de renom. Tous courent un peu le cachet car les revenus sont limités. Et puis il faut bien s'occuper, les colonnes de journaux, réduits le plus souvent à une feuille, n'offrant plus guère d'opportunité pour y placer quelque article de fond. Henry Clos-Jouve connaît bien nombre d'entre eux et n'hésite pas à leur ouvrir les portes de la maison d'édition qu'il dirige maintenant. Suivant en cela l'exemple de René Daumière, prix Lugdunum 1942, nombreux sont ceux qui vont à leur tour trouver le chemin du **54 rue Centrale**, une douzaine de nouveaux titres étant inscrits au catalogue cette année-là. Pierre Scize, Alexandre Arnoux, Jean Fichter ou Pierre Humburg pour ne citer qu'eux, ont été de ceux dont les manuscrits ont été retenus. Le cru 1943 sera un peu moins riche avec seulement sept titres nouveaux venant s'ajouter à quelques rééditions. André Billy, Pierre Scize de nouveau, Yves Gandon seront parmi les auteurs du moment.

Paradoxalement, c'est l'année 1944, lourde de menaces et marquée par les restrictions, qui va voir littéralement exploser la production des *Editions Lugdunum* : dix-sept titres vont être proposés aux lecteurs, neuf avant l'été puis huit encore après la Libération. Du roman historique avec Pierre Mac Orlan, Joseph Jolinon…, des recueils de poésie avec Simone Rimbault ou Gilbert Prouteau(337), un curieux roman policier d'un certain Léo Flake(338), des histoires romanesques proposées par Paul Soupiron… Des ouvrages plus politiques également, une fois que la guerre se sera éloignée : évocations des années de l'occupation avec Paul Garcin, grands procès de l'époque de Vichy avec Paul Soupiron ou portraits des grands hommes du moment avec Pierre Scize.

Et puis encore des publications plus ambitieuses : de la belle édition ! Grancher est à la manœuvre qui donne carte blanche à des illustrateurs en vogue pour des rééditions de ses meilleurs succès. Un premier essai avec Jean Marin en mai 1944 pour *Le charcutier de Machônville,* republié avec les éditions *Audin,* ayant été un succès, il récidive à la fin de l'année, cette fois au bénéfice des *Editions Lugdunum*. Paraissent ainsi successivement *Dombes* illustré par Julien Pavil puis *Au mal assis* qui aura été confié au peintre croix-roussien Marius Dejean. Deux beaux livres qui feront de parfaits cadeaux de Noël, bientôt suivis par *Aux vendanges de Bourgogne*, de Pierre Scize, dont l'illustration sera une nouvelle fois revenue à Julien Pavil(339).

(337) Gilbert Prouteau (1917-2012) se fit connaître en son temps comme athlète de haut niveau, littérateur, scénariste ou cinéaste. Paradoxalement, ce n'est pas en tant qu'international d'athlétisme qu'il se distingua aux Jeux Olympiques de Londres en 1948 mais comme poète, à une époque où figuraient encore au nombre des épreuves en lien avec le sport, la peinture, la sculpture, la musique, l'architecture et la littérature. Son recueil de poésies intitulé *Rythme du Stade*, publié aux *Editions Lugdunum* quatre années plus tôt, lui aura valu cette année-là et dans cette dernière catégorie une médaille de bronze ! Ami de Picasso, d'André Malraux ou encore de Jean Cocteau, il se distingua par la suite en tant que cinéaste avec son film *La vie passionnée de Clémenceau*, sélectionné au Festival de Cannes en 1953, puis en littérature en publiant une cinquantaine de biographies, essais ou romans dont *Le sexe des anges* présenté au Goncourt en 1961. Avant tous les autres, Henry Clos-Jouve avait su reconnaître son talent !

(338) Nom d'auteur ou pseudonyme, occasionnellement attribué à Frédéric Dard, mais jamais confirmé, ce roman policier n'a pas jusqu'à aujourd'hui de paternité reconnue !

(339) Fils du peintre montmartrois Elie Anatole Pavil, venu d'Ukraine dans les années 1870, Julien Pavil (1897-1952) commença sa carrière après la Grande Guerre comme dessinateur-humoriste pour de nombreux journaux illustrés comme *La Baïonnette*, *Le Frou-Frou*, *Fantasio*, puis *Paris-soir* ou *L'Intransigeant*… Egalement caricaturiste et affichiste, on lui doit les remarquables illustrations de *Lyon dans les chaines* de son ami Pierre Scize, de même que celles d'une œuvre plus personnelle *Les Dicts de la vigne*, inspirée par son penchant immodéré pour la vigne et le vin. Outre Grancher, Dazergues ou Charlaix, il fut encore un des mentors de Frédéric Dard qu'il initia pour partie aux attraits du « beau sexe » !

C'est à cette même époque que le lecteur attentif aux productions « Lugdunum » aura pu noter l'apparition d'une nouvelle adresse, parisienne celle-là, venue s'ajouter à l'adresse lyonnaise. C'est en effet au 4 place de l'Opéra qu'Henry Clos-Jouve a décidé d'installer de nouveaux (et modestes) bureaux, anticipant ainsi le retour inévitable du centre de gravité de la vie littéraire et artistique vers la capitale.

Si la priorité reste donnée aux auteurs lyonnais, une place importante est laissée aux ex « repliés », maintenant rentrés chez eux. C'est ainsi que l'année 1945 voit paraître un curieux *Le diable, sa vie son œuvre*, concocté par Louis Gabriel-Robinet dans les bibliothèques lyonnaises au lendemain du sabordage du *Figaro*. Une dizaine d'autres titres enrichiront le catalogue de Clos-Jouve, avec les lyonnais Joseph Jolinon ou Simon Gantillon et encore et toujours Pierre Scize, sans oublier les auteurs du cru 1945 des prix Lugdunum et Le Marguet.

Très comparable sera l'année 1946 : une dizaine de nouveaux titres proposés par quelques auteurs qui ne laisseront guère de trace dans la littérature, si l'on excepte Marcel Grancher qui publie de nouveaux souvenirs, ceux des années 1940 et de l'occupation. *Au temps des pruneaux*, qui se veut une nouvelle fois un livre « gai » sur ces heures sombres, sera le dernier qu'il publiera aux *Editions Lugdunum*, celles-là même qu'il avait fondé treize ans plus tôt. Cette même année verra également, avec *La belle de Cargèse,* la dernière production de Pierre Scize, un gros roman de plus de 400 pages écrit à Lyon à la toute fin de la guerre.

Le cru 1947 sera dans la continuité de l'année précédente : une dizaine de publications au total. Mais cette fois les bonnes plumes font défaut. Au catalogue des signatures jusqu'alors inconnues : il faut bien débuter un jour ! Une exception cependant : un roman, *L'âne de Buridan*, proposé par Francis de Miomandre, un auteur prolifique connu pour sa fantaisie et son humour, qui décrocha en son temps le Goncourt… mais c'était en 1908 ! Malgré cette « bonne pioche », il semble bien que la quête d'auteurs menée par Clos-Jouve soit de moins en moins aisée. Autre signe peu encourageant, alors que les prix Lugdunum et Le Marguet 1947 sont repris en main par la ville de Lyon et cette fois richement dotés, seul le premier, attribué à une certaine Andrée Minguin, trouvera le chemin de l'imprimerie. Problèmes de trésorerie ? Probablement !

Il faut dire qu'Henry Clos-Jouve, maintenant définitivement installé à Paris, a quelques soucis avec la gestion de sa maison d'édition. Sa confiance et sa générosité envers des auteurs débutants – ne conclut-il pas des contrats au forfait plutôt qu'en droits d'auteur - hypothèquent sérieusement ses possibilités d'investissement. Et puis difficile d'être « au four et au moulin ». Imprimeries à Lyon, bureaux à Paris, auteurs ici et là ! Les frais induits sont conséquents. Toujours est-il que *Les trois femmes de M. de Grimoire*, prix Lugdunum 1947, ne porte plus aucune mention se rapportant à la ville de Lyon : pas d'adresse et un imprimeur parisien ! Ce sera le seul livre publié cette année-là. Douze mois passeront encore avant que ne sorte en librairie *Vingt ans chez les femmes nues*. Son auteur : Maurice Hermite. Sa qualité : auteur-compositeur, chef d'orchestre et producteur aux Folies-Bergères. Des années durant, il a accompagné les artistes lors de tournées dans le monde entier. Joséphine Backer est de ses amies, c'est dire. Un livre de souvenirs savoureux en somme. Qui plus est, un certain Peynet en a réalisé la couverture[340]. Ce sera malheureusement là le soixante-quinzième et dernier titre publié par les *Editions Lugdunum*. Avec une trésorerie défaillante, des créanciers impayés toujours plus pressants, Clos-Jouve doit déposer le bilan. L'aventure commencée quinze années plus tôt trouve, en ce printemps 1948, son terme : plus de cinquante auteurs connus et moins connus y auront participé. Aucune autre maison d'édition lyonnaise ne saura reprendre la place laissée vacante.

Un cycle s'achève, un autre commence

Septembre 1948 : la course chaotique du *Mois à Lyon* se continue tant bien que mal pour tenter de reprendre la place qui était la sienne à la veille de la guerre. A l'entrée de l'automne, une nouvelle couverture est proposée aux lecteurs en même temps qu'une nouvelle tentative pour élargir la zone de diffusion du magazine vers la Provence et la Côte d'Azur.

Du déjà-vu cependant : l'équipe de rédaction s'est simplement décidée à reprendre la mise en page des derniers numéros de la guerre, apparue trois années auparavant. Un bandeau latéral de couleur, illustré en pied d'un guignol dansant avec le lion emblème de la cité et une grande photo surmontée du titre revu et corrigé : *le mois de Lyon et du Sud-Est*. On se rappellera que la précédente tentative faite avec le premier numéro de *la Semaine* avait été abandonnée dès le numéro suivant. Cette fois cela semble être la bonne. Huit numéros paraîtront avec cette couverture avant que le magazine disparaisse subitement des kiosques. Un blanc de cinq mois !

Et puis, comme si rien ne s'était passé, le titre réapparaît. Le numéro 1 d'une nouvelle série, peut-on lire en couverture. On est en octobre 1949. Bien des choses ont entre-temps changé et plusieurs acteurs du journal ne sont plus là. Pierre Scize a repris du service au *Figaro* et rejoint depuis plusieurs mois déjà les rives de la Seine. Après la liquidation des *Editions Lugdunum,* survenue un an auparavant, Henry Clos-Jouve a choisi de demeurer à Paris. Même Frédéric Dard s'est décidé au grand départ vers la capitale et a quitté Lyon. Grancher lui, toujours habité par son goût du changement et du déménagement, a pris un chemin contraire et délaisse maintenant de plus en plus souvent la capitale pour le soleil de la Provence. On le retrouve en couverture de ce numéro spécial « salon de l'automobile », prenant la pose devant les palmiers de sa nouvelle villa de Boulouris-sur-Mer pour présenter sa 4 cv Renault.

Aussi, du côté de la rédaction lyonnaise, il ne reste plus grand monde.

(340) Né à Lyon, Maurice Hermite avait souvent séjourné à Aix-les-Bains durant sa jeunesse. Peut-être y aura-t-il alors fait la connaissance de celui qui devait devenir Henry Clos-Jouve ? Quant à Raymond Peynet (1908-1999) dessinateur et illustrateur, il restera pour la postérité le créateur des célèbres « amoureux » à jamais indissociables de son nom.

Premier numéro d'une nouvelle série qui n'en comptera que trois ! Une page va bientôt se tourner.

Simonet et Charlaix sont le plus souvent accaparés par leurs commerces. Et même si Grancher revendique toujours la rédaction en chef, ni Marcel Veyre, maintenant responsable de la publicité, pas plus que Georges Gayet, un nouvel administrateur, n'ont les compétences pour « faire » le journal. Les pages sont de plus en plus difficiles à remplir et les articles proposés par les anciens, ceux des tout débuts, les César, Locard et autre Brunerie, peuvent tout juste suffire à compléter les reportages réalisés par Jacques Grancher, le fils.

Le prix de la revue est en conséquence et compense en partie le déficit des ventes. En novembre, c'est encore un numéro spécial, consacré à la gastronomie cette fois, qui sort des presses. Il est suivi en décembre par un autre numéro spécial de Noël, mis en kiosque au prix de 40 francs ! En deux années le prix de vente du magazine a été multiplié par quatre ! Même si cette inflation galopante s'applique à pratiquement l'ensemble du commerce des biens et services à cette époque, le prix de vente du *Mois* a augmenté deux fois plus vite que l'indice des prix. Le lecteur ne suit plus !

De fait, ce numéro de décembre 1949 du *mois de Lyon et du Sud-Est* devait être un des tous derniers de la longue collection commencée dix-sept années plus tôt. A l'image des *Editions Lugdunum*, le magazine trouvait là semble-t-il son terme.[341]

Un an plus tard, en janvier 1951, Marcel E. Grancher lançait *la Table et la Route*, « organe trimestriel au service de la gastronomie, du tourisme et de l'automobile » : 116 pages, au format « digest » pour mieux le glisser dans une poche. Au nombre des principaux collaborateurs : Curnonsky, Pierre Scize, Henry Clos-Jouve, le docteur Edmond Locard, Max-André Dazergues, Joë Imbert-Vier, Jacques Grancher entre autres, les dessinateurs Julien Pavil, Moisan, Roger Sam… et les incontournables correspondants régionaux, Victor del Pietro ou Marius Veyre pour ne citer qu'eux. On prend les mêmes et on continue. Images de la fidélité en amitié ? En tous les cas, cette aventure-là devait encore se poursuivre plus de deux décennies supplémentaires mais s'écrirait désormais loin de la capitale des Gaules.

Toute histoire a une fin et porte en elle un éternel recommencement.

Post-scriptum : Marcel Grancher a finalement retrouvé temporairement Lyon, sa « ville de cœur ». Décédé le 7 janvier 1976 à Nice, à l'âge de 78 ans, il aura reposé un temps au cimetière de Loyasse aux côtés de sa mère et de son épouse… en toute discrétion !

Et puis son goût invétéré pour le voyage l'aura repris : c'est au bord du bassin d'Arcachon, bien loin du Jura, que la famille Grancher a décidé depuis de s'installer – définitivement cette fois.

(341) Des recherches approfondies n'auront pas permis d'établir précisément les tenants et aboutissants de la disparition du magazine, le dernier exemplaire connu de l'auteur à ce jour étant daté de février 1950. Un mystère cependant : signalé dans la bibliographie d'un ouvrage intitulé *Mandrin et ses compagnons, sur les rives du Guiers*, paru en 1967 et écrit par Marius Veyre, le frère de Marcel, un article intitulé *L'Alsace, terre d'histoire et de souvenirs*, soit disant paru dans le numéro d'avril 1950 du *Mois à Lyon* !? Erreur d'un typographe ou numéro fantôme ? Dès qu'il s'agit de Mandrin, il faut s'attendre à tout.

Annexes

1927

Premier roman.

7e Année — N° 210 10 Octobre 1930 Le Numéro : 1 fr. 50

Notre Carnet

la gazette du lyonnais

L'inauguration du Monument aux Lyonnais morts à la guerre
***A la tribune :* le bâtonnier Verney**

Photo Krahenbühl.

51, Rue de l'Hôtel-de-Ville — LYON

Notre carnet La gazette du lyonnais.

1930

La gazette du lyonnais.

1932

Lyon de mon cœur. Premier titre des Editions Lugdunum.

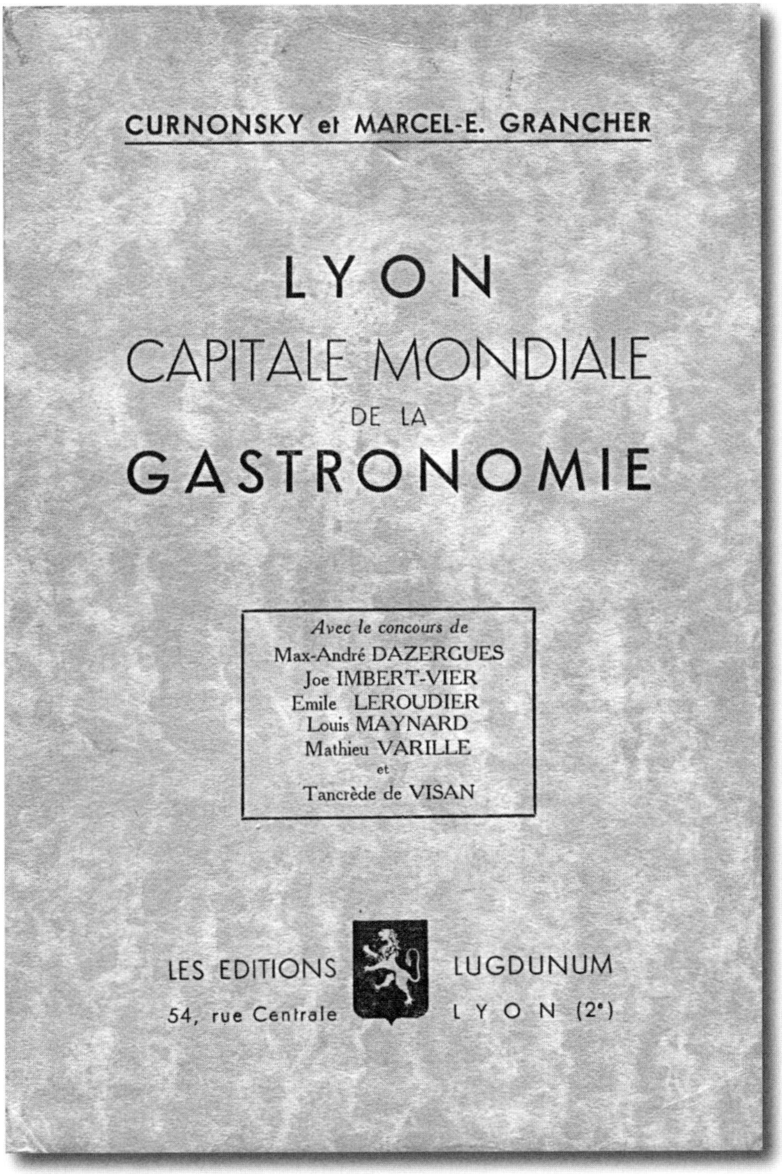

Lyon, capitale mondiale de la gastronomie.

Le Mois à Lyon.

PREMIERE ANNÉE — N° 5 MAI 1940

L'AN 40

Directeur : .... Pierre BRUGERE
Rédacteur en chef : .. Frédéric DARD
Secrétaire Général : .. André ROLLET
Administrateur : .... Guy BAFIE

Il faut s'entr'aider — surtout en période de guerre. La conjoncture présente qui, pour tout le monde, rend les temps difficile, est singulièrement funeste à la chose imprimée. C'est pourquoi nous sommes heureux de conjuguer nos efforts avec ceux de la récente — et pourtant déja si vivante — Revue : « L'An 40 », animée par le souffle ardent de jeunes qui aiment profondément les Lettres et les Arts. Désormais, « L'An 40 » constituera un supplément régulier du « Mois à Lyon » et nos lecteurs seront heureux d'y trouver d'excellentes chroniques.

Marcel-E. GRANCHER

Afin d'inaugurer comme il se doit notre liaison avec le « Mois à Lyon », nous offrons à nos lecteurs ces quelques pages de Georges Simenon, *extraites de la conférence qu'il fit voici un an aux Célestins, et qui ont pour titre :*

L'Aventure

par Georges SIMENON

Jamais je n'ai connu, comme en écrivant, l'ivresse de l'aventure !

Permettez-vous que je raconte comment cela se passait ?

J'habitais alors place des Vosges et mes fenêtres donnaient sur le square le plus slassique de Paris.

Pourquoi je garde surtout un souvenir d'hiver ? Je l'ignore. Toujours est-il que je me levais avant l'aube. Il fallait allumer la lampe et le brouillard se dissipait lentement sur la place, laissant des traînées de givre ou d'humidité. D'autres fenêtres s'éclairaient par ci, par là, et des gens partaient vers leur autobus ou vers le métro tandis que, le dos au poêle, je faisais tourner ma mappemonde.

Car avant tout, il fallait trouver un pays de mystère, comme le désert de Gobi, la région des cataractes...

Voilà ! Nous allons prendre la région des Cataractes, que je ne connaissais pas encore et que j'imaginais, au cœur de la monstrueuse Afrique, comme un monde bâti à l'échelle des mammouths et des iguanodons, avec des montagnes qui, superposées à la façon d'escaliers géants, étaient impuissants à contenir les eaux des lacs...

N'avais-je pas lu quelque part que ce pays d'apocalypse était peuplé par les hommes les plus petits du globe, les Pygmées gravitant comme des fourmis dans un univers de cyclopes ?

Le titre était trouvé, un beau titre ma foi : « Les Nains des Cataractes ».

Et, dans une odeur rassurante de pipe et de café, tandis que le jour se levait peu à peu sur la place des Vosges, en ne m'interrompant que pour recharger le poêle, il me restait à ouvrir une encyclopédie, au mot **Pygmée** d'abord, puis à **Cataractes** ,à **Congo**, à **Afrique**, que sais-je?

Au mot Afrique, je découvrais toute une série de végétaux blus biscornus les uns que les autres : les rogniers, le doum, le baobal et une plante dont le nom me fait encore rêver aujourd'hui, Dieu sait pourquoi : le **Welwitschia Mirabilis** !

La faune m'offrait gazelles, antilopes, outardes, gangars, francolins, sans compter les zèbres, les lions, les girafes, les serpents **échis** et les serpents **najas**...

Et la gravure donc, sur la page gauche de mon Larousse, cette négresse hottentote sur la croupe de laquelle deux personnes auraient pu s'asseoir à l'aise !

Qu'importait, dès lors, que la place des Vosges fût sous la pluie du matin au soir, avec ses grilles plus noires, ses arbres dessinés à l'encre de Chine et sa fontaine qui faisait un bruit de robinet déréglé.

Je vivais, moi, cinq à six jours durant, dans un paysage merveilleux. Avec mes personnages, avec surtout mon héroïne, que des pièges attendaient à chaque pas, j'errais parmi les singes verts, les perroquets, les palétuviers, les Pygmées et les Zoulous et je racontais, en deux cents pages de roman, tout ce que les encyclopédies contiennent d'Afrique.

Je crois même, Dieu me pardonne, que j'en remettais un peu !

Puis, un beau jour, à Marseille, rue Saint-Ferréol, (je revois nettement la boutique !) je suis entré chez un chapelier et, avec une désinvolture assez bien jouée, j'ai demandé un casque colonial.

Cette minute-là, pendant laquelle j'essayais le casque devant un miroir, a été, je crois bien, ma dernière minute de vraie vie aventureuse.

J'avais encore la foi ! jusqu'au moment de prendre place à bord du bateau qui allait m'emmener au Caire, je pouvais à ma guise peupler le monde de tout ce que je voulais et même y planter des avenues entières de **Wellwitschia Mirabilis**.

Georges SIMENON

Une heure plus tard, le commissaire du bord, tout comme un contrôleur de train, me réclamait mon billet...

Mon billet d'aventure, en somme !

Mon billet de rêve...

Et, sans comprendre la solennité de cette minute, il apposait un timbre humide en prononçant :

— Cabine 667... Deuxième coursive à gauche... Le maitre d'hôtel vous désignera votre table à la salle à manger...

Trop tard ! je venais d'entrer de plein pied dans la réalité.

L'An 40.

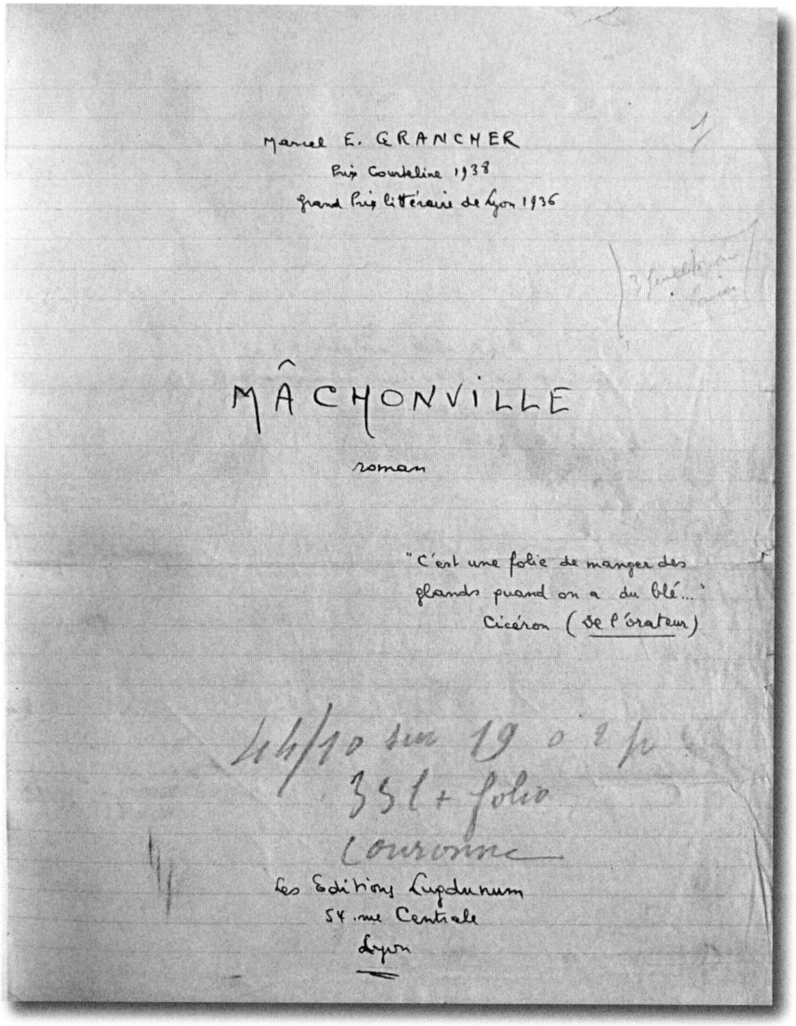

Marcel E. GRANCHER
Prix Courteline 1938
Grand Prix littéraire de Lyon 1936

MÂCHONVILLE

roman

"C'est une folie de manger des glands quand on a du blé..."
Cicéron (De l'orateur)

351 + folio
Couronne

Les Éditions Lugdunum
54 rue Centrale
Lyon

Page de garde du manuscrit du *Charcutier de Mâchonville.* (avec l'aimable autorisation de la Librairie Clagahe, à Lyon).

Le charcutier de Mâchonville.

Le Mois à Lyon, Spécial Libération.

NOUVELLE SÉRIE. — LE NUMÉRO : TROIS FRANCS

la semaine

hebdomadaire satirique du jeudi

Comité de Rédaction : Pierre SCIZE, Marcel-E. GRANCHER, Henry CLOS-JOUVE

Thème pour la défense de Maurras :

Ne touchez pas au rasoir !

Quel drôle de rêve !

par Pierre SCIZE

Le gouvernement ayant décidé de réduire de 50 % les attributions de papier, nous nous trouvions placés devant trois solutions : diminuer le tirage ; diminuer le format ; ne paraître que tous les quinze jours.

Cette dernière solution eût évidemment été la meilleure, du point de vue de l'exploitation.

Mais figurez-vous que nos rédacteurs mangent tous les jours...

Et puis, nos lecteurs tiennent peut-être à avoir leur « Semaine » chaque jeudi...

Alors, nous paraîtrons hebdomadairement, comme par le passé, et nous allons réduire le tirage.

Vous éprouverez peut-être, de ce fait, quelque difficulté à trouver chez le marchand votre journal favori...

Arrangez-vous pour vous le passer entre copains.

Ou abonnez-vous, surtout si vous habitez dans un petit patelin...

Les restrictions ne dureront pas longtemps, espérons-le...

Et, du moment que les Boches prennent la trempe, tout va bien...

Gardez le sourire... Nous ferons tout notre possible pour vous y aider...

NOS GRANDES ENQUÊTES

Par qui remplaceriez-vous les académiciens Goncourt défaillants ?

par Marcel-E. GRANCHER

LA FRANCISQUE

LE SURNOM DE LA SEMAINE

Pour notre chanteur de charme remis en liberté :

Tino... Sorti...

L'heure de charme

— Ange pur, ange radieux...

Chez les Radicaux

La Semaine.

Almanach de la Semaine.

Le cirque Grancher.

1950

Février 1950, la fin d'une aventure.

La table et la route.

Marcel Grancher aura dédicacé sa photo à son cher disciple, Frédéric Dard. (Collection Guerdoux/Aurousseau.)

Achever d'imprimé en avril 2020 sur les presses de Pulsio
pour le compte des Editions Heimdal